THINKr
新思

新 一 代 人 的 思 想

卢比孔河

罗马共和国的衰亡

RUBICON

THE LAST YEARS *of* THE ROMAN REPUBLIC

Tom Holland

[英] 汤姆·霍兰………著

梁永安………译

中信出版集团 | 北京

图书在版编目（CIP）数据

卢比孔河：罗马共和国的衰亡 / (英) 汤姆·霍兰著；梁永安译. -- 2版. -- 北京：中信出版社，2021.7

书名原文: Rubicon: The Last Years of the Roman Republic

ISBN 978-7-5217-3048-7

Ⅰ.①卢… Ⅱ.①汤… ②梁… Ⅲ.①古罗马–历史 Ⅳ.①K126

中国版本图书馆CIP数据核字(2021)第064245号

卢比孔河——罗马共和国的衰亡

著　者：[英] 汤姆·霍兰
译　者：梁永安
出版发行：中信出版集团股份有限公司
（北京市朝阳区惠新东街甲4号富盛大厦2座　邮编　100029）
承 印 者：天津丰富彩艺印刷有限公司

开　本：880mm×1230mm 1/32　　印　张：13
插　页：16　　字　数：302千字
版　次：2021年7月第2版　　印　次：2021年7月第1次印刷
京权图字：01-2015-5056
书　号：ISBN 978-7-5217-3048-7
定　价：88.00元

各界推荐

在我读过的关于罗马帝国的史书中，最吸引我的就是霍兰的《卢比孔河》。

——鲍里斯·约翰逊（Boris Johnson），英国首相，
《星期日电讯报》（*Sunday Telegraph*）2005 年年度选书

精彩极了。我要感谢作者将罗马帝国活灵活现地呈现在我眼前，也让其所产生及影响过的人物跃然纸上。

——乔安娜·特罗洛普（Joanna Trollope），英国畅销作家，
《观察家报》（*Observer*）2005 年年度选书

这是一部绝佳的叙事史……它真的很吸引我，确切地说，令我着迷……内容包含血腥与迷宫似的政治阴谋与斗争、精彩的演讲、惊人的征服与残忍的行径。霍兰的叙述清晰，步调拿捏得恰到好处。霍兰并没有浮泛地对比罗马和我们的时代，但你可以通过他见证人类长久以来对权力与和平进行调和的困难。

——伊恩·麦克尤恩（Ian McEwan），布克奖得主、《赎罪》作者

古典通俗史的绝佳范例……述说了一段引人入胜的历史……自塞姆（Ronald Syme）的《罗马革命》（*The Roman Revolution*）以来，关于罗马共和国晚期最具可读性的著作……下回若有人问我为何我们应该研究罗马历史，《卢比孔河》将成为我推荐的第一本书。

——理查德·迈尔斯（Richard Miles），
《迦太基必须毁灭：古文明的兴衰》作者，《卫报》（*Guardian*）

这是罗马对共和主义进行实验的故事，其中包括恺撒、庞培、加图和西塞罗这些巨人。内容清新、机智风趣并具有严谨的学术性。

——安德鲁·罗伯茨（Andrew Roberts），历史学家，《拿破仑大帝》作者

令人瞠目结舌……从任何标准来看，《卢比孔河》内容异常丰富，对大量但并非过多的人物的描写让人动容。人物花名册上不仅仅有马略、苏拉、庞培、克拉苏、恺撒和西塞罗这些预期中的人物，还有都会美型男、高级生蚝供货商、过誉的桌上舞者、后巷妓女与小咖政治玩家——所幸并非全都能够指名道姓。霍兰让他的叙事保持在大赛马车的速度。

——科里·布伦南（Corey Brennan），

《罗马共和国的统治》作者，《新闻日报》（*Newsday*）

霍兰笔下充满奇妙的热情……这是一次愉快的阅读过程，也是一本绝佳的学术著作。作为一本罗马史导论，恐怕难有出其右者。

——克里斯托弗·马修斯（Christopher Matthews），《每日邮报》（*Daily Mail*）

对古典学学者或当代政治系所的学生来说，霍兰对罗马共和国最后一个世纪的叙述都相当合时。它让读者看见一个系统缓慢而血腥的崩解，引人入胜之余，这还是个寓意十足的故事……本书扣人心弦的叙述，使那些曾经塑造当今世界却多半被遗忘的人物与事件一一复苏。有鉴于两个帝国型共和国有许多相通之处，这是本对大西洋两岸资深政治家都颇具启发性的读物。

——安东尼·艾福瑞特（Anthony Everitt），

《罗马的崛起》作者，《独立报》（*Independent*）

古代历史鲜活地呈现在关于这场动荡事件的生动编年史之中，这些事件促使恺撒穿过一条隔开了罗马共和国与灾难性内战的小河。霍兰以其广播界杰出人才和小说家的叙事才华，让读者深深陷入阴险的罗马政治当中。

——布赖斯·克里斯坦森（Bryce Christensen），

美国图书馆协会《书单》杂志书评（ALA *Booklist* Starred Review）

罗马城市生活迷人的画面……在这个故事各个层面，霍兰娴熟地使我们对罗马人如此陌生又熟悉。

——《洛杉矶时报》(*Los Angeles Times*)

极其聪明，充满活力和机智。

——华盛顿时报（*The Washington Times*）

《卢比孔河》是一项杰出的成就，即使政治潮流改变也值得一读……想了解罗马共和国历史的入门读者，若对聆听他人喋喋不休述说罗马人为我们留下什么感到厌倦，但仍想知道罗马人为他们自己做了什么（以及如何做的），这本书可说是绝佳选择。

——彼得·斯托瑟德（Peter Stothard），
《泰晤士报文学副刊》(*Times Literary Supplement*)

带着绝大的风趣、活力和洞察……重新述说罗马共和国最后几十年的血腥戏码……这出戏里的角色何其不凡！作者以小说家的笔触让角色复活了，不只照亮了那个失去的世界，也照亮了我们的世界。

——克里斯托弗·哈特（Christopher Hart），
《星期日独立报》(*Independent on Sunday*)

霍兰具有罕见的天赋，能够让深奥的学术研究变得明白易懂且扣人心弦。一部精彩且完全把人攫住的著作。

——A. N. 威尔逊（A. N. Wilson），《维多利亚人》作者

霍兰的《卢比孔河》让历史读起来宛如惊悚的黑手党史诗。在我这种普通读者看来，一些原本只是隐约听过的罗马时代名人，全都变得栩栩如生。

——葛里夫·里斯·琼斯（Griff Rhys Jones），年度选书

罗马共和国如日中天时的历史……此书的刺激之处在于，不论是一座山或一个文明，一旦抵达巅峰，向下坠落就在所难免。

——贝丽尔·班布里奇（Beryl Bainbridge），年度选书

这是一本对罗马共和国最后的日子杰出且可读性极高的研究。

——约翰·贝利（John Bayley），年度选书

一位述说细节的真正行家……《卢比孔河》无与伦比地扯下了恺撒等人冠冕堂皇的道德外衣。

——弗雷德里克·拉斐尔（Frederic Raphael），
奥斯卡最佳原创剧本奖获奖作家，《星期日泰晤士报》（*Sunday Times*）

这是霍兰对于罗马共和国覆亡的杰出新研究……可谓新生代作家重新对罗马的评估。

——罗伯特·哈里斯（Robert Harris），惊悚作家协会大奖得主，
《影子写手》作者，《星期日泰晤士报》

我们会接触到古代史，通常不是通过学术著作便是通过古装动作片。霍兰的成就在于撷取二者之长，写出一部现代气息浓厚、节奏感十足而且评述精到的历史作品，兼具知识性与娱乐性。

——伊丽莎白·史佩勒（Elizabeth Speller），《观察家报》

罗马共和国赢得了一个帝国，但在过程中毁掉了自己。霍兰述说了这件事是如何发生的，讲得气韵十足……笔法精到有如麦考莱。

——艾伦·马西（Allan Massie），《观察家杂志》（*Spectator*）

引人入胜……一种活泼的叙事风格……一个有价值且适时的写作计划，这部关于影响西方历史甚巨的时代之记述，成功做到明白易懂又不失之过简。

——哈里·艾尔斯（Harry Eyres），《每日电讯报》（*Daily Telegraph*）

清新、传神……霍兰的强项在于叙事史，关于公元前 100 年到公元前 44 年纠葛的政治事件，没有比《卢比孔河》更佳、更清晰的向导了……古代史若要重新吸引大批读者，有赖《卢比孔河》此类著作铺路。

——弗兰克·麦克连（Frank McLynn），《新政治家》（*New Statesman*）

《卢比孔河》不是枯燥的史著，它具有高度的可读性，是严谨学术与活泼叙事的完美结合……霍兰笔下的人物有血有肉、活灵活现，有时他们甚至会说话。

——戴维·威沙特（David Wishart），《苏格兰人》

霍兰为罗马世界画了一幅鲜明的社会肖像……本书是小布什理想的床头读物。

——马克斯·黑斯廷斯（Max Hastings），《星期日电讯报》

很有爆炸性……这是一部关于罗马帝国晚期、兼具严肃和睿智的历史，近乎小说所能达到的地步。聚焦于人物和他们的互动，叙事技巧跌宕起伏，以锐气和热忱写成……它是为我们的时代而写的历史……我们可以想象一位有如保罗·沃尔福威茨（Paul Wolfowitz）的古典学家在白宫里拿起这本书，要找出与那些难搞的中东人交涉的方法……一本极度让人愉悦的书，也是对于晚期罗马共和国相当锐利的解读。

——彼得·琼斯（Peter Jones），《英国广播公司历史杂志》（*BBC History Magazine*）

霍兰以其出色小说家的写作技巧，记载了罗马共和国活泼的特质及导致其灭亡的问题，并编写了引起轰动的政治和历史阴谋的故事。

——《出版人周刊》（*Publishers Weekly*）

霍兰让见于数千种教科书里的名字活过来了……给予他们生命及与

当代的相关性……值得推荐给对古代世界感兴趣的人。

——《好书指南》(*Good Book Guide*)

好读、精彩……对古代史感兴趣者必读之作。不过，它比许多直接谈论当代政治与社会议题的书更关乎我们的现代文明……霍兰吹走了蒙在一个古代文明表面的灰尘，让我们看到过去仍有许多值得我们学习的地方。

——《星期日商业邮报》(*Sunday Business Post*)

霍兰让一批大相径庭的人物变得栩栩如生，他对于古罗马人使诈、奢侈与卑鄙的描写深具娱乐性。

——《黄昏先驱报》(*Evening Herald*)

目　录

人性普遍渴望自由，痛恨被奴役。

——恺撒，《高卢战记》

只有少数人偏好自由，绝大多数的人只想找到一个好主人。

——撒路斯提乌斯，《历史》

序　言

卢比孔是亚平宁半岛东北部一条河流的名字，位于今天意大利里米尼城以北的不远处。虽然这条河自罗马时代便被视作意大利和山南高卢之间的分界线，但和半岛上的那些著名的大河，如阿尔卑斯山南麓的波河以及罗马城附近的台伯河相比，它向来都是一条默默无闻的小河。其河水之浅，甚至用小溪形容也不为过。然而，在某个特定的历史时刻，这条河流却因罗马将军朱利乌斯·恺撒发起的那个业已改变欧洲历史走向的军事行动而名垂史册。公元前 49 年 1 月 10 日，在高卢总督一声号令下，罗马军团全副武装渡过卢比孔河，进入意大利境内。内战由此爆发。这场战争所引发的连锁反应最终埋葬了古老的罗马共和国。

英国作家汤姆·霍兰以恺撒渡过卢比孔河为引子，写了一部可读性极强的罗马史通俗著作。《卢比孔河——罗马共和国的衰亡》（下文简称《卢比孔河》）初版于 2003 年，次年便荣获英语写作非虚构类文学奖——赫塞尔-蒂尔特曼奖。在过去十几年中，《卢比孔河》数次再版，销量一直位居古代史畅销书前列，深受广大读者喜爱。在本书开篇中，霍兰首先采用倒叙手法，栩栩如生地描绘了公元前

49 年恺撒率领军团渡过卢比孔河，向意大利进军的历史场景。接下来，他将读者的目光带到了恺撒出生前的那一代，即充满矛盾和危机重重的公元前 2 世纪的罗马社会。以此为起点，就像一幅徐徐展开的卷轴，霍兰向读者生动呈现了共和国最后 50 年中，政治舞台上所发生的一幕幕惊心动魄的故事。

罗马共和国晚期的历史之所以具有强大的吸引力，就在于它像一张逐渐拉满的弓，张力极强，戏剧化的故事和人物冲突充斥其中，再加上罗马共和国时代创作而保留至今的书信、史籍和演说词中的很大一部分出自这一时期，这两个因素让人们对共和国晚期的历史充满了浓厚兴趣。近年来，由 BBC、HBO（鼎级剧场）和 Netflix（奈飞）等英美著名影视公司制作的一系列以罗马史为背景的纪录片和历史剧中，至少有一半的选材都来源于这一时期，其魅力可见一斑。

虽然霍兰将叙事聚焦在罗马共和国晚期，但读者须知，罗马从台伯河岸边的一个蕞尔小邦变成一个土地面积横跨亚、欧、非三大洲，支配人口达数千万的大帝国，这一过程花了 5 个世纪之久。放眼这 500 年的时光，尽管城邦内外阻力重重，但它却是沿着一条螺旋通道不断上升的。罗马的第一次破局，是打败了盘踞北部数百年之久的伊特鲁里亚人，同时它在和周边近邻的持续斗争中达成一致，最终走出了狭窄的拉丁姆平原。这一阶段历时约 150 年。在此期间，罗马一方面通过订立条约、授予不同等级的公民权等方式，将战败的城邦变为受其支配的同盟者，这样就为罗马进一步向外征服储备了大量的人力资源。另一方面，在战争过程中，罗马不断向外移民，并在新征服的土地上建立了一批殖民地。这些殖民地不仅缓解了罗马日益严重的人口压力，同时还充当了对外扩张的桥头堡和基地，为日后的民族融合打下基础。到公元前4世纪中叶，罗马已将触角扩展到意大利半岛中部。它和好勇斗狠的山地民族萨谟奈人之间的战争艰苦卓绝，断断续续持续了半个多世纪。曾遭受了轭下之辱的罗马军团最终在公元前3世纪初平定了这一地带。在打败了来自亚得里亚海对岸的希腊僭主皮鲁士之后，罗马最终于公元前268年左右完成了对意大利的统一。就在这一年，罗马执政官塞普罗尼乌斯·索弗斯成功征服了意大利东海岸的皮凯特人。他奉献了一座地母神庙，将一幅象征意大利的地图刻绘在了神庙的墙体之上。然而，罗马向外扩张的野心很快遭到了非洲强国迦太基的阻挠。罗马人数次倒在了布匿人强大的海军和战象之下。但狼族子孙坚持到了最后。扎马一役的胜利宣告了迦太基天才将领汉尼拔的落幕，也把某些罗马寡头的野心和骄傲撑到了最大。

如果说公元前3世纪下半叶地中海世界的主旋律是罗马和迦太基之间的争霸，到公元前2世纪，舞台转移到了东部地区。场景变换，但唯一相同的是罗马依然是世界的主角。战胜汉尼拔的战争号角吹响仅过了一年，罗马人的铁骑就踏上了开往马其顿的征程，这意味着共和国已进化成一个残酷而成熟的战争机器。公元前146年又是一个值得载入史册的特殊年份。西方的迦太基和东部名城科林斯在同一年陷落，标志着罗马彻底成为地中海世界无可置疑的王者。早在近20年前，在罗马人打败马其顿君主珀尔修斯，攻下罗得岛时，当时的希腊历史学家波里比阿就问，究竟是什么原因让罗马人在短短56年的时间内成了世界的主宰？除了所谓的"天命时运"以外，他认为罗马共和国拥有的一套独特的"混合政体"是其在短时间内称霸"全球"的关键因素。元老精英的集体决策避免了多数人的暴政，而执政官大权又保障了长期处于战争状态下的国家做出高效决策。同时，公民大会和年度选举保留了一定的民主特色，这样就避免了权力过于集中于个人手中。波里比阿的这一理论在下一个世纪的政治家西塞罗的著作中得到进一步诠释，并在 1 000 多年后，经马基雅维利、孟德斯鸠和亚当斯等人的推崇演绎，发展成对近代欧洲政体理论影响最为深远的学说之一。这一奇妙的政体，被现代政治理论家塞缪尔·芬纳誉为“历史上最早的权力制衡政府”。

公元前 4 世纪之后的 200 年中，罗马反复演练着这种在寡头、个人和大众之间达成平衡和妥协的政治实验。它最初源于罗马共和国早期罗马世袭贵族和平民的斗争。在竞争中，由古老的世袭贵族把持的席位逐渐向平民子弟开放，其中的精英分子进入城邦的政治决策和宗教领域。到公元前 3 世纪中叶，罗马城邦体制已经今非昔比。这是一个充满活力和凝聚力的新的领导集体。贵族精英们为了获得个人荣誉而彼此展开激烈竞争，这推动了海外扩张的步伐。在另一方面，个人的野心又受到集体领导的牵制而无法发展过甚。对于下层社会而言，连绵不断的对外战争恰好缓解了城邦日益紧张的人口压力和土地压力，而战争带来的财富和身份的提升反过来也刺激了众多的公民及同盟者参军的欲望。

但是，一旦罗马从虎狼环伺的丛林环境中冲出，变成了地跨三洲的大帝国，拥有十几个海外行省，内乱的种子就已种下。对外战争带来的巨额财富导致了社会阶层之间贫富差距的不断拉大。士兵长年累月在外征战，退役后却发现家乡的土地被兼并。他们或成为依附于贵族的佃农，或流落到城市成为新的无产者。原来建立在小农基础上的公民兵制度呈现出瓦解之势。战争带来了奴隶贸易的繁荣，它在改变着意大利原有生产结构和耕作方式的同时，也慢慢积累着新的阶层仇恨。数百年来，意大利同盟者为罗马出生入死，急迫地希望在政治决策中分一杯羹。贵族集团内部的个别有识之士，已认识到社会的重重危机而推行改革，却被不愿牺牲的众多保守派人士阻挠。公元前 133 年，提比略 · 格拉古被贵族同僚用元老院议事厅的板凳群殴致死，以此血腥的方式揭开了共和国最后 100 年暴力的序幕。

在后人眼里，罗马共和国晚期就是这样一个群雄竞逐的时代。时势造英雄。元老院面对复杂难解的危机束手无策，这恰恰给强人提供了施展个人能力的舞台。在格拉古兄弟死后，马略于 7 年内 6 任执政官又是一次对共和国传统建制做出的大胆挑战。苏拉独裁下的改革似一剂猛药，意欲挽回旧贵族的集体权威，实则反过来证明元老寡头统治早已是强弩之末，病入膏肓。共和国最后的 30 年里，军阀之间的竞争已到了白热化的程度，以至于很难分清他们到底是为了清除社会的沉疴弊病，救共和国大厦于将倾而战，还是希望解决数以十万计的士兵的生计，不得已被时代的战车裹挟前进，而再没有回头的余地。以上动机都被掩盖在了追求荣耀和维护尊严的古老口号之下，只是其光芒再也无法像先人那样，通过凯旋式上的蛮族俘虏和祭坛上的供品彰显出来。恺撒渡过卢比孔河，一如 30 多年前的苏拉从诺拉掉头向罗马进军一样，在很大程度上就是为了个人“尊威”（dignitas）而战。在极为强调个人荣誉的古罗马社会，当尊严受到严重挑战时，手握重兵而又对现状早已不满的强人们是难以理性地做出敌我之别的。恺撒十分清楚他率军越过卢比孔河的意义。在渡河前，他留下的那句千古名言——“色子已经掷出”——与其说是表达了誓将与敌人决一死战的信心，毋宁说是个人荣誉严重受辱而发出的无奈呐喊。

前文提到，从建城时坐落在巴拉丁诺丘脚下的数间茅屋到公元前 1 世纪的“无疆帝国”，罗马的崛起就像一条扶摇直上的直线。如果换个视角，我们也可将罗马视作一个从山顶向下滚落的雪球。最初雪球的体积很小，但随着它不断下落，其重量和速度越来越大，最终失去控制造成雪崩。到公元前 2 世纪中叶，原来建立在城邦和民主制基础上的旧共和政体架构已不能容纳帝国的实际规模，也无法满足罗马不同社会阶层利益的需要。强人们抛开腐朽不堪的元老群体，意欲通过一种更集中而高效的方式管理政府，但持续了 500 年之久的共和国传统所造就的强大约束力使任何试图以独裁来取代寡头统治的举措难以实施。恺撒或许是一个例外，但他还是以悲情的方式，身带 23 处伤孔死在了同僚——一群自称共和国解放者的人手中。恺撒之死重复的是 100 年前格拉古的悲剧。早在他渡过卢比孔河之时，共和国已经名存实亡。从名义上将共和国彻底埋葬的人是他的继子，一个来自意大利殖民市的 18 岁金发少年屋大维。在公元前 27 年更名奥古斯都的他，历经将近半个世纪之久确立了王朝的统治。然而极具讽刺意味的是，奥古斯都为他自己所修建的陵墓前耸立的金光闪闪的铜柱上，镌刻着他一生伟大的功业，其中他仍不忘标榜自己是那个失落的共和国的恢复者。

复旦大学历史学系　王忠孝

2021 年 4 月 15 日

前 言

公元前 49 年 1 月 10 日，也就是罗马建城第 705 年，太阳早已落在亚平宁山脉背后，第 13 军团的士兵在黑暗中排列成行军队形。那晚的天气也许寒气逼人，但他们已习惯这样极端的情况。8 年来，他们穿过风雪、顶着烈日，追随高卢总督打了一场又一场血腥战役，直到世界的边缘。现在，从北方的蛮荒地带回来，他们发现自己被部署在一条非同寻常的边界上，前方流淌着一条狭窄的河流，军团一侧是高卢行省，另一侧是意大利和通向罗马的道路。然而，如果踏上那条道路，第 13 军团将会犯下大不韪，不仅会越过他们行省的界线，还会逾越罗马人民最严峻的法律，他们将不啻是挑起内战。不过，当军团向边界开过来的时候，他们对这种灾难性的后果已心知肚明。他们一面跺脚抵御寒冷，一面等待号角声响起，呼唤他们采取行动：拿起武器向前进，越过卢比孔河。

号角声会在什么时候响起？在昏暗夜色中，卢比孔河因为山脉融雪的灌注而大涨，人们可以听到水声隆隆，却仍然听不到号角声。第 13 军团的将士竖起耳朵，他们不习惯等待。通常他们赶赴战场的速度快如闪电，他们的将军高卢总督以果敢、出其不意和行军快速知名，而且越过卢比孔河的命令当天下午就发布了。所以，当最终到达边界后，他们为什么忽然停住脚步？很少有士兵能在黑暗中看见他们的将军，但在围绕他四周的高级将领眼中，他备受犹豫折磨。盖乌斯·朱利乌斯·恺撒（Gaius Julius Caesar）没有指示人马前进，反而默默无语地凝视着卢比孔河的河水。他静默着，内心却并不平静。

罗马人有一个形容这种时刻的词语：discrimen，指紧张得让人痛苦的危急时刻。此时此刻，一个人的毕生成就悬于一线；就像任何追求伟大的罗马人一样，恺撒的事业就是由一连串这种危急时刻构成的。他一次次拿自己的未来冒险，又一次次从险境中胜出。对罗马人来说，这正是一个男人的标记。然而，站在卢比孔河前的恺撒面临着一个让人特别痛苦的两难抉择，而且这两难恰恰缘于他先前的成功。之前他曾在不到10年之内，以武力迫使800座城市、300个部落和整个高卢投降。然而，这种过高的成就让罗马人民忧喜参半，毕竟他们是共和国的公民，没有任何公民被容许永远独领风骚。恺撒的政敌嫉妒他的功劳，害怕他的权势，早就策划要剥夺他的指挥权。现在，在公元前49年冬天，他们终于成功地把他逼到墙角了。对恺撒而言，见真章的时刻终于到来。他不是选择服从法律、交出指挥权并面对事业被毁，就是选择渡过卢比孔河。

“色子已经掷出。”[1]

只有成为一个赌徒，并出于一个赌徒的热情，恺撒最终才能命令他的军团前进。换成其他人，经过理性计算后一定都会觉得赌注太高，而不敢贸然行动。另外，后果也实在是难以预料。恺撒知道，他进入意大利势必要冒着引起一场世界大战的风险，他对同伴如此吐露过，也对这样的前景不寒而栗。虽有先见之明，但连恺撒也无法充分预测他的决定造成的全部结果。discrimen 一词除了有“危急时刻”的意义外，还可以指“分界线”。在各种意义下，卢比孔河都是一条分界线。越过它之后，恺撒除了让世界陷入战争，还会导致古罗马自由制度的毁灭，并在其残骸上建立起君主制度——这些都是西方历史上有着无与伦比意义的事件。即使在罗马帝国崩溃了很久之后，卢比孔河勾勒出的对立——自由与独裁的对立、混乱状态和秩序的对立、共和国和专制统治的对立——也将继续萦绕在罗马后继者的脑海中。既狭窄又隐蔽的卢比孔河如此重要，虽然它的坐落地点最终被人遗忘，但它的名字至今仍然被铭记着。这并不奇怪，恺撒渡过卢比孔河的决定意义如此重大，以至于卢比孔河此后被用来指涉任何攸关生死的决定。

随着恺撒跨出这一步，一个时代结束了。整个地中海地区一度星罗棋布着自由的城市。在希腊地区和意大利，居住在这里的城市中的不是法老或“万王之王”的顺民，而是公民，他们为拥有区别于奴隶的权利而自豪，这些权利有：言论自由、拥有私有财产和受到法律保护。然而，随着一些新帝国的兴起——最先是亚历山大大帝和其继承者的帝国，然后是罗马帝国，各个地方公民的独立性被抑制了。到了公元前 1 世纪，只剩下一个自由城市硕果仅存，那就是罗马。随着恺撒渡过卢比孔河，共和国崩盘后，便再也没有任何一个自由城市了。

因此，维持了 1 000 年的公民自治传统自此结束，要等到漫长的 1 000 年之后才会再次出现。自文艺复兴以后，人们曾多次尝试摆脱专制统治，回到卢比孔河的另一边。英国、美国和法国的革命都是有意识地以罗马共和国为榜样。托马斯·霍布斯曾经抱怨说："那些反抗君主统治的叛乱，最常见的起因便是读了古罗马人和古希腊人论政策和历史的书。"[2] 当然，我们能从罗马历史剧中学到的不只是一个自由共和国的价值。毕竟，拿破仑也是先做执政官再做皇帝。而在整个19世纪，最常用来形容波拿巴式政权的字眼便是"恺撒主义"。到了20世纪20、30年代，当各地的共和国一一崩溃时，幸灾乐祸的人马上指出它们和古代先驱的相似之处。1922年，墨索里尼蓄意宣传他那种恺撒式的进军罗马的神话。他不是唯一相信新的卢比孔河已被越过之人。希特勒日后承认："若不是因为有黑衫党，褐衫队八成不会出现。向罗马行军，是历史的转折点之一。"[3]

随着法西斯主义的出现，西方政治的一个悠久传统抵达丑陋的高峰，然后绝迹。墨索里尼是最后一位受古罗马榜样启发的世界领袖。法西斯分子会心仪古罗马，当然是因为它的残忍、狂妄自大和力量，但在今天，就连它最高贵的理想——曾让托马斯·杰斐逊大受感动的积极公民生活理想——都已不再时兴。它们太过一本正经、太过严以律己。在我们这个咄咄逼人的后现代时代，没有东西比古典精神更令人厌烦了，崇拜罗马人有股19世纪的调调。就像约翰·厄普代克（John Updike）所说，我们已经"从所有那些具有压迫性的罗马价值里解放出来了"。[4]

曾有好几个世纪，它们构成了现代公民权的主要成分，但现在不一样了。在一个古人闻所未闻的大洲上，少有人会停下来好奇，为什么第二个元老院（Senate）会盖在第二座卡比托利欧丘（Capitol Hill）上。帕台农神庙（Parthenon）也许仍在我们的想象中闪耀着光芒，但罗马广场（Forum）却已暗淡无光。

然而，在西方的民主国家，我们常常以为，我们的根源只能回溯至雅典。但事实并非如此，不论好坏，我们还是罗马共和国的继承人。若不是有人用过，我本来想以“公民们”（citizens）作为本书的书名，因为他们才是本书的主角，而且共和国崩溃的悲剧也是他们的悲剧。最后罗马人民也厌倦了古代的价值观，宁取被奴役与和平的好处，选择“面包和马戏”，而非无止境的内战。正如罗马人自己所知晓的，他们的自由包含了自毁的种子——这种反省在尼禄或图密善（Domitian）统治时期启发了许多悲观的教诲，并在后来的许多世纪，也从未失去让人不安的力量。

当然，说罗马人的自由不是一种高调的冒牌货，并不是说罗马共和国是一个社会民主的乐园。绝非如此。自由和平等之于罗马人是很不同的事。只有戴着镣铐的奴隶是人人平等的。对一个公民来说，人生的本质是竞争，财富和选票则是公认的成功标志。基于竞争的共和国，当然是一个超级强权，其幅员和霸权在西方历史上都史无前例。而这些考量并没有降低罗马共和国与我们时代的相关性。

的确，自从我开始撰写本书后，将罗马和今日美国相提并论变得寻常。对历史学家来说，他们通常会被当代事件所吸引。有些历史时期在时间和空间上都距离我们相当遥远，却因当代事件而突然落入焦点。20 世纪 30 年代晚期，牛津大学著名的古典学家罗纳德·塞姆曾经说过，恺撒的崛起预示了法西斯主义独裁者的时代。所以，罗马一再被人们根据世界的摆荡去诠释。塞姆所继承的是一个漫长和备受尊敬的传统，一路可追溯到马基雅维利。马基雅维利把罗马共和国的历史教训用于自己的母城佛罗伦萨，以及与罗马共和国的毁灭者同名的切萨雷·波吉亚（Cesare Borgia）。“审慎的人喜欢说，谁想预测将要发生什么事，便应反思已发生过的事，因为在这个世界上，任何时候发生的任何事，都与从前发生过的事非常近似。这番话并非轻率的或无理的。”[5]若有哪些时代看来可适用这番见解，那么现在显为其中之一。罗马是世界上第一个崛起成为世界强权的共和国，而我们真的很难想象，有哪个时代比罗马时代与我们的时代更相像了。这面镜子让我们瞥见地缘政治、全球化和“美国治下的和平”（Pax Americana）的大轮廓。另外，许多我们的时尚和狂热（从锦鲤热到模仿伦敦腔再到明星厨师热）在研究罗马共和国历史的学者看来，也会有似曾相识之感。

但有些类似之处是有误导性的。毋庸置疑，罗马人生活在与我们截然不同的外在、情感和思想的环境中。其文明中有令我们感觉眼熟的部分，有时确实是眼熟，但并非总是如此。事实上，这类事情经常发生：罗马人让我们感到最眼熟的时候正是他们最奇怪的时候。当一个诗人为情妇的狠心而悲伤时，或当一个父亲为死去的女儿哀悼时，他们似乎说出了人性中某些永恒之物，然而，罗马人对于性关系或家庭生活的假定又与我们大异其趣。同样与我们大异其趣的，还有赋予共和国生命力的价值观、共和国公民的欲望，以及他们的宗教仪式和行为准则。理解了这些之后，罗马人那些让我们深恶痛绝的行为将变得比较容易了解（但不代表可以被原谅）。在竞技场上逼人互相厮杀、毁灭一座大城市和征服世界，这些在罗马人的思考模式里也许是辉煌成就。唯有通过理解个中原因，我们才可望理解共和国本身。

当然，企图进入一个逝去已久时代的心灵，是件高风险和堂吉诃德式的事业。凑巧的是，共和国最后 20 年是罗马史中资料保存最完备的时期，这些资料对古典学学者来说是一个证据的宝库，有演讲词，有回忆录，甚至有私人书信。但它们仍然只算巨大黑暗中的几缕微弱光线。有朝一日，当有关 20 世纪的记录变得就像古罗马的记录一样破碎时，一部第二次世界大战的历史，大概只能仰赖希特勒的广播演讲和丘吉尔的回忆录写出。没有来自前线的家书，也没有战斗人员的日记。这种寂静是古代史研究者再熟悉不过的了，借用莎士比亚笔下佛鲁伦（Fluellen）的话来说，就是："听不见庞培军营里的任何声音。"我们也听不见农民小屋里的声音、贫民窟民居里的声音和奴隶营棚里的声音。对，有时能听到一些妇女的声音（只限于非常高贵的妇女），但连这些声音都一律是由男人转述的，有时还会被错误转述。要在罗马史里寻找统治阶级以外任何人的细节，就像沙中淘金一样困难。

甚至，对重大事件与非常人物的记载乍看丰富，事实上也都是一些断简残编，就像坎帕尼亚（Campagna）的输水渠那样，一会儿有高架的引水桥，一会儿又流淌于平地上。罗马人常担心，这也许就是他们的命运。正如罗马第一位大历史学家撒路斯提乌斯（Sallust）所说的："毫无疑问，命运女神随兴地主宰一切：她能让一个人大名鼎鼎，也能让另一个人默默无闻，毫不考虑他们的能力或许难分高下。"[6] 讽刺的是，他自己作品的命运成了这番哀叹的写照。作为恺撒的追随者，撒路斯提乌斯记录下了他的恩主登上权力高峰前一些年的历史——读过的人一致赞誉这部作品的权威性。如果它留传下来，我们就会得到一部当时人对公元前 78 年至公元前 67 年之间历史的记载（这些年间充满了决定性与戏剧性的事件）。

但撒路斯提乌斯的这部杰作只有些断简残编留传下来，通过这些断简残编和其他一些信息片段，我们仍然能够重构该段历史，但已失去的部分则永远无法修复。

难怪古典历史学家常担心把话说得太满，每写一句话都会停下来想加上解释与限定，就算是资料非常丰富的时候，确定性也不够，且前后不一致的情况仍比比皆是。以本书赖以命名的那起著名事件为例，它真的就像我描述的那样发生了吗？大有可能，但不是百分之百确定。因为一则材料说，恺撒在日出后涉水过河；另一则材料则暗示，当恺撒到达卢比孔河河岸时，他的前锋部队已经进入意大利，连渡河日期都只能从其他事件来推断。学者间的共识是它发生在 1 月 10 日前后，但也有人认为从 1 月 10 日到 1 月 14 日之间的任何一天都有可能。另外，根据儒略历以前的罗马历法算法，他们的 1 月事实上是我们的 11 月。

简而言之，本书对许多事实的陈述可能遭到反驳，但这样承认并不代表我自认失败。相反，在叙事时将支离破碎的材料拼接起来以掩饰某些更为明显的漏洞，并在前言里加以说明是非常必要的。要从导致罗马共和国灭亡的事件中组织出一个连贯的故事并非没有可能，而这始终是对古典史学者的一大吸引力。我没有理由为此道歉。叙事史被冷落了很长的一段时间后，现在又恢复流行——即使（正如很多人主张的）它只是给随机的历史事件套上一个人为的模式，但它仍没必要自惭形秽。事实上，它也许能帮助我们更接近罗马人的心灵。毕竟极少数罗马公民不把自己视为那个历史时代的主角，正是这种心态才导致共和国毁灭，但它也赋予这段历史特别绚烂的英雄主义色彩。仅仅在一代人之后，人们便开始为曾经的那个巨人云集的非凡时代而惊叹不已。半个世纪后，提比略（Tiberius）皇帝的御用颂词写手瓦雷乌斯·帕特库卢斯（Velleius Paterculus）尽管感叹"为一个有那么多不凡个性的人物活过的时代著书立说，看来近乎多余之举"，[7]但还是立即就着手写作了。就像所有罗马人一样，他知道其人民的才华在丰功伟绩中才能获得最璀璨的展示。也因此，这种才华可以通过叙事被最好地理解。

在罗马共和国宏大历史剧落幕 2 000 多年后，那些曾在剧中演出的男女角色的"不凡个性"至今仍令人惊叹。罗马共和国本身也是如此：虽然它不如恺撒、西塞罗或克娄巴特拉（Cleopatra）知名，但它比他们任何一个人都出色。许多事情我们永远不可能知道，但仍有很多事情是我们可以再现的。年代久远的大理石上，罗马共和国的公民们若隐若现；在金黄与火红的背景下，一个陌生但有时却让人异常熟悉的世界射出的耀眼光芒让他们的面孔熠熠生辉。

第一章

自相矛盾的共和国

远古的声音

起初，在有共和国之前，罗马由国王统治。塔克文（Tarquin）是一个傲慢的暴君，关于他，有一则古怪的传说。有一次，他在宫殿里被一名老妇人叫住。老妇人手中抱着9本书，表示要把书卖给塔克文。塔克文指着她的脸放声大笑，因为她开的价码高得令人发笑。老妇人没有降价，不发一语转身走了。她烧了3本书，然后重新出现在国王面前，再次表示要把剩下的书卖给他，开价和原来一样。国王再次拒绝，只是这次心里有点不踏实。老妇人又离开了。塔克文变得神经紧张，不知道自己错过了什么宝贝。所以当那个神秘的老妇人第三次出现时，他赶紧把书买下，哪怕这次只剩3本书，付的却是9本书的金额。老妇人拿了钱之后便消失了，从此再也没人见过她。

她是谁？因为她的书包含了一些神准的预言诗，罗马人很快便意识到它们的作者可能是一个女人：西比尔（Sibyl）。但这个答案只会带来更多问题，因为有关西比尔的传说光怪陆离且令人困惑。

由于相信她曾经预言了特洛伊战争，人们围绕她是否为10个女先知的集合体，是否长生不老，是否注定活过上千年而争论不休。有些更精明的人则怀疑她不存在。事实上，关于她只有两件事情比较确定：她的书确实存在，以细长的古希腊文写成；另外，这些书里面包含一些关于未来的预言。罗马人拜塔克文迟来的慧眼所赐，得到一扇可以窥见未来的窗户。

但这些书对塔克文的帮助并不大。公元前509年，他在一场宫廷政变中被赶下台。当时，国王（打从罗马建城起）统治罗马已经超过200年，塔克文是第七任国王，也是末代国王。[1]随着他被驱逐，君主制度被推翻，一个共和国取而代之。此后，罗马人民对“国王”的头衔近乎深恶痛绝，每次听到都会发抖和摇头。“自由”是驱逐塔克文的政治口号，从此被尊为每个公民与生俱来的权利与标准。为防止再次出现暴君，共和国的创建者制定了一种卓越的制度。出于谨慎，他们将国王的权力平分给两位经选举产生的官员，每人任期不能超过一年。他们称之为执政官（consul）。[2]执政官位居其他公民之上，两人互相监视，这体现了罗马共和国的指导原则：不容许有人再次单独掌握最高权力。然而，执政官职位虽然看似一个创新，但它和罗马人的过去大有渊源。君主政体也许被废除了，但其他事情改变很少。新的共和国根源于遥远的过去——常常是非常遥远的过去。例如，执政官这个职位的一项特权，是他们的穿着仿照以前国王所穿的镶着紫色边的长袍。他们求神问卜时采用的占卜仪式在罗马城市建成前便已存在。最令人难以置信的是，他们显然也参考塔克文留下来的3本书：那3本非常古老且很可能出自西比尔手笔的预言书。

由于它们所包含的信息非常敏感，罗马人把它们视作国家机密来保存。偷偷抄写它们的人会被装入麻布袋并扔入海中。只有在最危急的时候，例如有非常可怕的不祥之兆显示共和国将遭逢灾难时，人们才被允许参考这些预言书。一旦其他手段用尽，一些得到特别授权的官员（magistrate）就会到朱庇特神庙，把受到最严格保护的预言书拿出来展读。卷轴展开后，他们用手指滑过褪色的希腊文，努力解读出预言的寓意，并找到平息上天怒气的最好方法。

方法总能找到。罗马人虽虔诚却讲究实际，对宿命论毫无耐性。他们有兴趣知道未来只因他们相信，这样更能改变未来。天降血水、大地裂开并喷出火焰、老鼠吞吃金币，罗马人认为这些怪事就像讨债，警告他们亏欠了诸神。为了偿债，他们也许需要引入一种外来的宗教仪式，祭拜某个未知神明。不过，更常见的做法是复旧：执政官赶忙找出一些被忽略的传统，并予以恢复。回归旧时的做事方式，共和国的安全就可以获得保障。

这是深入每个罗马人心底的信念。在建立后的那个世纪里，共和国反复被社会动乱、大众对扩大公民权的要求和持续的宪制改革所折腾。但在这种波涛汹涌的变动中，罗马人一直表现出他们对变迁的厌恶。有趣的是，在共和国的公民看来，破旧立新是不祥的。罗马人虽然讲究实际，但只接受包装成诸神旨意或古代习俗的创新，不会为了追求新奇而接受新奇。罗马人有着程度相同的保守性格和灵活性格，保留那些被证明为有效的制度，修改那些无效的制度，又郑重其事地保存那些已成为累赘之物。共和国既是一个建筑工地，也是一个垃圾场，罗马的未来就这样建立在其过去的杂乱之上。

罗马人未把这种情况视为自相矛盾，反而视之为天经地义。为了延续祖先的传统，他们还在城市里投入了哪些东西？有些外国分析家倾向于把罗马人对传统的虔诚看成一种“迷信”，[3]并把它诠释为统治阶级愚弄民众的把戏，但这种解释误解了它的本质。罗马共和国不同于其他国家。希腊的城邦反复被内战和革命粉碎，而罗马却对这类灾难免疫。虽然罗马共和国在出现后的第一个世纪里历经许多社会动荡，但它的公民从未血溅街头。希腊人何其容易地把公民权的理想化为诡辩术，反之，对一个罗马人来说，没有什么比公民权的理想更神圣和更珍贵了。毕竟罗马人倚赖它来定义自己。共和国（republic）的含义正是公共事务（res publica）。只有看见反映在公民同胞眼中的自己，一个罗马人才会真正明白自己是人。

另一个方法，则是听到人们呼唤自己的名字。在共和国里，优秀公民就是被公认优秀的公民。罗马人未将道德卓越和好声望区别开来，两者都用同一个词表示，即 honestas。获得全城人的交口赞誉是对个人价值的终极测试，也是唯一测试。这就是为何每逢心怀不满的公民走上街头，他们要求的都是获得更多荣誉和荣耀。每次发生公民骚乱，新的行政官职位便会设立：公元前 494 年，设立了市政官（aedile）和保民官（tribune）；公元前 447 年，设立了财政官（quaestor）；前 367 年，设立了司法官（praetor）。职位越多，责任范围便越大；责任范围越大，获得成就和赞美的机会便越大。被赞美是每个公民最渴望的，而被公开羞辱是每个公民最害怕的。防止罗马人的竞胜之心沦为自私野心的不是法律，而是一种意识——意识到自己总被监督着。虽然追求卓越的竞赛总是很激烈，但没有无教养及虚荣心存在的余地。把个人荣誉置于整个共同体的利益之上，被认为是野蛮人的行为，甚至更糟糕，被视为国王的行为。

所以，在和其他公民的关系上，罗马人被教导应该为公共利益节制竞争的本能。不过，在他们和其他国家的关系上，却没有任何这一类抑制。“罗马人比世界上任何其他民族都渴求光荣、贪恋赞美。”[4] 罗马人对荣誉的饥渴总为他们的邻居带来毁灭性的结果。他们的军团把效率和冷酷无情结合起来，常让对手毫无心理准备。当罗马人进攻一座城市并遇到顽强抵抗时，他们习惯在破城后杀光所有他们看到的生物。罗马军团留下的瓦砾堆总混杂着人尸、狗头和牛的断肢。[5] 罗马人的杀戮不是出于冷血野蛮，而是战争机器运作的一环，目的是让敌人胆战心惊。他们为军团服务的勇气来自对自己城市的自豪感、对罗马共和国天命的信仰——每位罗马公民自小便被灌输这样的感情，所以他们的战争方式特别凶狠。

即使如此，意大利的其他城邦要过一段时日才会认识到罗马人掠食者的本质。在共和国存在的头 100 年里，罗马人为征服离他们城门 10 英里[1]范围内的城市费尽心思。这并不奇怪，因为即使最凶猛的掠食动物一样有其婴儿时期。通过抢劫牛只及与山地部落发生小规模冲突，罗马人逐渐发展出称霸和杀戮的本能。到了公元前 4 世纪 60 年代，他们已经成为意大利中部的主人。接下来几十年，他们向南和向北进军，粉碎一切反抗势力。共和国以惊人之速扩张，到了公元前 3 世纪 60 年代，已囊括整个意大利半岛。对于那些恭顺臣服的城邦，罗马不吝赏赐，但对那些敢于反抗的城邦则与它们奋战到底。任何罗马人都无法忍受让自己的国家丢脸，他们为了挽回

[1] 1 英里约等于 1.61 千米。

颜面，再大的痛苦也会忍受，直至反败为胜。

很快地，共和国必须在一场名副其实的生死战斗中证明这点。与迦太基人的战争是它有史以来最艰苦的战斗。迦太基是一座闪族殖民者建造的城市，地处北非海岸，主宰地中海西部的商路，拥有的资源至少不亚于罗马。虽然它主要是一个海上强权，但几个世纪以来，它与西西里的希腊城邦一再交战。现在，随着罗马人抵达墨西拿海峡（Straits of Messina），西西里的军事局面平添了一个变量。不让人意外的是，岛上的希腊人很愿意让罗马共和国介入他们与迦太基的持续纷争。同样不出所料的是，罗马共和国一旦介入，便拒绝按照游戏规则行事。公元前 264 年，罗马把一场有关条约内容的小争吵升级为全面战争。虽然缺乏海军传统，又在行动或风暴中损失了一支又一支舰队，罗马人还是坚持了 20 多年，并在承受惊人的伤亡后终于打败了迦太基。根据战败后被逼签署的条约，迦太基全面撤出西西里。罗马则在不经意间发现自己成了一个海外帝国的核心。公元前 227 年，西西里成为第一个罗马行省。

共和国的战线很快就拉得更长了。迦太基固然被打败了，但并未被粉碎。失去西西里之后，迦太基人把注意力转向西班牙。他们打败了盘踞在山区各处的凶悍部落，开始开采半岛上的贵金属。迦太基人凭着采矿获得了大量财富，有了向罗马人报一箭之仇的本钱。这时，迦太基最优秀的将领对罗马人的本性已有深刻认识，知道与罗马的全面战争势不可免，若不彻底摧毁罗马的力量，就不会有真正的胜利可言。

汉尼拔（Hannibal）正是为了这个目的，在公元前 218 年率领一支迦太基军队从西班牙出发，穿过高卢南部并翻越阿尔卑斯山。他在战略和战术上都显示自己远胜对手，而且三次大败罗马大军。在坎尼（Cannae）的第三次大战中，汉尼拔歼灭了8个罗马军团——这是罗马共和国历史上最大的一次军事灾难。按常理和当时战争的常规，罗马被大败后，应承认汉尼拔的胜利并设法求和。然而，它在灾难面前仍桀骜不驯。于此危急存亡之秋，罗马人很自然地向西比尔的预言寻求指引。他们按预言指示，将两名高卢人和两名希腊人活生生烧死在市场。不自由，毋宁死——罗马人以这种惊人的野蛮行为，表明为了保全他们城市的自由会无所不用其极。

年复一年，罗马共和国不屈不挠地把自己从毁灭边缘往后拉。更多的军队被招募起来，西西里守住了，罗马军团征服了迦太基在西班牙的帝国。在坎尼之战15年后，汉尼拔遇到了另一支罗马军队，这次是在非洲。他被打败了，迦太基不再拥有足够的人力来继续抗争，而当它的征服者提出和谈条件时，汉尼拔建议同胞接受。不同于坎尼之战后的罗马共和国，汉尼拔不会让他的城市有被摧毁的危险。尽管如此，罗马人从不曾忘记汉尼拔是他们遇到的最像他们自己的敌人，从不曾忘记他的军事成就和他的野心。多个世纪之后，他的人像仍伫立于罗马城中。尽管迦太基大势已去，它的行省、舰队和远近驰名的战象一律被收缴，罗马人仍害怕迦太基人有朝一日会东山再起。这种仇恨心理是他们能给予一个异国的最大恭维。迦太基虽已顺服，但仍不被信任。罗马人望向自己的灵魂深处，把他们毫不留情的态度归因于他们最大的敌人。

此后，他们再也无法容忍任何威胁他们生存的强权。与其冒这种险，他们感觉自己完全可以对任何发展得太强大的潜在对手发起先发制人的打击。这类对手很容易找，太容易了。甚至早在和汉尼拔交战前，罗马共和国就养成了偶尔派兵远征巴尔干半岛的习惯，它的官员在那里可以恣意霸凌小国王公并重新划分边界。罗马人骨子里喜欢到处展示力量，这点意大利人早已领教过。但对于反复无常并喜好争吵的希腊众城邦来说，这是犹待学习的一课。它们的困惑是可以理解的：在它们和罗马相遇的早期，共和国的行为完全不像一个传统帝国。罗马军团会像闪电一样突然袭来、大打出手，又以同样突然的方式离去。不管这些不定期的干预有多凶猛，罗马在其他时日却看似对希腊事务完全失去了兴趣。就算出面干预，它跨过亚得里亚海、介入希腊城邦的争端时仍是一副从事维和行动的态势。这些行动的目的不像是要兼并领土，而是要清楚确立共和国的威望并教训地方势力。

在罗马介入巴尔干半岛的早年，被教训的地方势力为马其顿。马其顿作为希腊北部的一个王国，雄视巴尔干半岛长达 200 年。该国的国王因为是亚历山大大帝宝座的继承人，总认为他们自己爱多狂妄就可以多狂妄。虽然他们反复遭到罗马军队的惩罚，但这种心态未曾完全消失。公元前 168 年，罗马的耐性终于用完了，它废除了马其顿的君主制度，先把这个国家切割为 4 个傀儡共和国，到了公元前 148 年又对其实行直接统治。如同在意大利，纵横交错的道路系统建立起来，高超的工程技术使马其顿被征服的命运被最终框定。厄纳齐雅大道（Via Egnatia）像一条由砾石构成的裂缝，贯穿巴尔干半岛的荒野，从亚得里亚海通到爱琴海，成为连接希腊和罗马的重要纽带。它还让罗马人可以通达遥远的、异国风情更为浓厚的地区：因黄金和大理石而光彩夺目的亚细亚城市，那里看不到蔚蓝色的爱琴海但极富艺术情调，那里的人烹饪技术也很高明。这些都很吸引罗马的注意力。早在公元前190年，罗马军队便已进入过亚细亚，粉碎了当地一位专制君主的战争机器，逼得他在整个近东的注视下受辱。叙利亚和埃及这两个地区强权匆忙收起傲慢，学会忍受罗马使节的指手画脚，奴颜婢膝地承认罗马的霸权。这时，罗马帝国的正式版图仍十分有限，主要包括：马其顿、西西里和西班牙的一部分。不过，到了公元前2世纪40年代，它的版图将扩展至罗马人从前很少听过的地方。它的崛起规模与速度如此惊人，以至于无人（特别是罗马人自己）完全信以为真。

虽说很多罗马人对这种成就感到兴奋，但也有很多人对此感到不自在。当时的道德家如同历来的罗马道德家那样，把现在与过去相比，证明帝国会带来负面效应的证据并不难找。黄金的大量涌入，让古老的行事准则被忽略。外国风俗和外国哲学随着战利品一起来到罗马。东方的财富在罗马的公共场所卸车，大街上到处都听得见陌生的语言——这些现象都让人感到既自豪又震惊。强调坚毅耐劳的农民式价值观为罗马赢得一个帝国，这种价值观在它最被忽视时显得尤其可贵。罗马人打败汉尼拔后，曾得意地这么说："共和国奠基于其古老传统和人的力量之上。"[6]但万一这些基础动摇了，会发生什么事？共和国注定会摇摇欲坠与倾覆？罗马人也担心，他们城市令人目眩的改头换面——从穷乡僻壤到超级强国——会使罗马失去方向并引起诸神嫉妒。一个令人不安的悖论是，罗马人对世界的介入，既被视为他们成功的原因，又被视为他们衰落的原因。

这是因为即使罗马变得伟大，它可能遭逢劫数的凶兆仍然很多。流产的怪胎、鸟儿不祥的飞行路线，此类事件始终困扰着罗马人，使他们一直要求教于西比尔的预言书。一如既往，解救方法总会被找出来。于是，历史悠久的行为方式和祖先的风俗习惯得以复兴或被重新确认。灾难被挡住了，共和国也得以保存下来。

但世界仍然快速地发展和突变，共和国也一样。有些危机的征兆抗拒一切古代仪式的修补力量。要让罗马人所启动的转变慢下来并不容易，即使有西比尔的建议也没用。

这不需要任何凶兆来证明，光是在世界的新首都走一遍便已足够。

在川流不息的罗马街头，一切都不对劲。

世界之都

一座城市，一座自由的城市，可以充分让人活得像人。罗马人把这一点视为理所当然。拥有公民权就意味着开化（civilised），这个假设至今仍镶嵌在英语中。如果少了只有一座独立城市才能提供的框架，人生将毫无价值。一个公民通过其他公民在共享的悲喜、野心、恐惧、节日、选举和战争中定义自己。就像一个神龛会因为神的存在而有生气，城市也因共同生活的存在而变得神圣。因此，城市景观之于它的公民是神圣之物。它见证了让罗马人民成为他们如今模样的遗产，并让一个国家的精神为人所知。

外国势力在和罗马首次接触时便常因这种想法放心不少。相较于希腊世界的漂亮城市，罗马显得落后和破败。马其顿的朝臣每回听见别人描述罗马城的样子时都会窃笑，优越感油然而生。[7] 这还算客气的。就连世界学会对共和国低声下气后，罗马城还是会给人一种粗俗的感觉。曾有一些零星努力想把它装扮起来，但收效甚微。

罗马人自己在熟悉了和谐和规划良好的希腊城市后，有时也感到难为情。他们担心："若卡普阿人（Capuans）比较了罗马和卡普阿，看看罗马的山丘和深谷、街边不那么牢固的楼房和狭窄的小胡同，再看看他们自己的城市，整齐坐落于一块平地上，肯定会耻笑并看不起我们。"[8]但不管怎样说，罗马是座自由的城市，而卡普阿不是。

当然，任何罗马人都不会真的忘记这点。他们有时也许会抱怨自己的城市，但从不会放弃从这个名字感到的光荣。在他们看来，有件事不证自明：世界的主人罗马一直受到诸神福佑，注定要统治世界。一些学者指出，罗马城坐落之地恰到好处，避开了让人精神萎靡的酷热，也避开了让人头脑迟钝的严寒。一个显而易见的地理学事实是，罗马城是"最适合人居住的地方，坐落在令人愉快的中间位置，又正好位于世界中央"。[9]诸神的关照为罗马人提供的不只是温和的气候。罗马城还有些容易防御的山丘、一条通向大海的河流和让山谷得以保持健康的甘泉和清风。阅读罗马作家对他们城市的赞美，[10]我们很难猜到，罗马人会把城市建立在七座山丘之上，因为这违反了罗马人城市规划的原则；我们也很难猜到台伯河经常泛滥，以及罗马的山谷中流行着疟疾。[11]罗马人对罗马城的爱，是那种可以把爱人刺目的缺点都看成优点的爱。

这幅对罗马的理想化图像遮掩了黯淡的现实。它催生了一些复杂的悖论和吊诡之处，在其中，没有任何东西和它们看起来的模样相像。虽然罗马人的城市"乌烟瘴气且喧嚣吵闹"，[12]但他们一直把它想象为台伯河畔纯朴十足的田园风貌。在罗马城因扩大的压力不断扭曲变形的时候，一个古代城邦的轮廓或模糊或明显地呈现于现代拥挤的大都会中。在罗马，记忆受到严密守护。"现在"永远与“过去”交缠妥协，不停前进的步伐与尊敬传统的心态交缠妥协，精明的行事方式与对神话的虔敬交缠妥协。随着罗马城越发拥挤腐败，罗马人也越发向往那些能让人感受到罗马仍是本来的罗马的事物。

所以，向诸神献祭的烟雾继续在罗马七丘升起，就像远古时期那样——当时“各种各样的树木”完全覆盖住七丘之一的阿文提诺丘（Aventine Hill）。[13] 森林早已从罗马消失。城市的各个祭坛持续向天空释放烟雾，无数的炉灶、熔炉和作坊也是如此。早在城市本身被看见以前，一团遥远的褐色烟雾已向旅人预告，他们正走近一座大城市。烟雾不是唯一的表征。附近一些名字曾响当当的城镇（在古代曾是罗马共和国的对手）都没落了，萎缩成只有三三两两的客栈。它们被罗马城的强大磁力所吸空。

旅人继续向前走，会看见路边出现一些新建不久的聚落。由于容不下日益增加的人口，罗马开始被挤爆。贫民窟沿着每条干道蔓延。死人也住在这里，埋葬他们的大墓地沿着阿庇安大道（Appian Way）向海岸和南部延伸，这里因强盗和廉价妓女大量出没而臭名昭著。墓地也并不是专为死者准备的。随着旅人接近城门，他也许会偶尔闻到自城市飘来的臭气，其中夹杂着没药或肉桂的香味：那是死人的气味，被清风从柏树遮阴的坟墓吹来。这种和作古者交流的时刻在罗马城稀松平常。但就像墓园的宁静暗藏着暴力和卖淫，最神圣和最永恒的地点一样无法对污损免疫。尽管墓碑上总贴有禁止张贴竞选文宣的告示，涂鸦还是随处可见。在罗马城这个共和国的中心，政治是一种传染病。只有在被征服的城市，人们才会对选举漠不关心。当其他社会的政治生活被罗马阉割后，罗马如今至高无上，成为野心和梦想的世界性舞台。

不过，就连被大量涂鸦玷污的坟墓都未能让进入城门的旅人对眼中的乱象做好心理准备。罗马的街道完全没有规划。要有规划就需要一个独裁君主，但罗马高级官员的任期极少超过一年。结果就是，城市日益混乱，根据各种不同的冲动和需要任意发展。走出罗马的两大通衢神圣大街（via Sacra）和诺瓦大街（via Nova），一个旅人很快就会加入水泄不通的人流。“这边一个大汗淋漓的建筑承包商匆忙走过，带着他的骡和搬运工，石块和木头等建材吊在大起重机的绳子上；那边送葬队伍则与豪华马车争道。这边一只疯狗快步奔跑；那边一头母猪在泥泞里打滚。”[14] 一个被困在这样旋涡里的旅人几乎注定会迷路。

就连罗马公民也觉得他们的城市让人头昏眼花。唯一的对策是记住一些醒目的地标，例如一棵无花果树或一条市场柱廊。如果有够高的神庙可供人们在窄街构成的迷宫中认路就更好了。幸运的是，罗马是一个虔诚的城市，神庙比比皆是。罗马人尊敬过去，很少会把古代建筑拆除，哪怕它们原来身处的开阔空间早已被砖砌建筑填满。神庙俯视着贫民窟或肉品市场。它们供奉的是什么神也许早就没人记得，但没人会想拆掉它们。这些远古时代的碎片被保留在石头里，是城市最早期留下来的化石，可为罗马人提供他们急需的方向感。它们永恒得就像神灵降临于其上，它们矗立着，就像暴风雨中抛下的船锚。

与此同时，城市各处不停响着大铁锤的叮叮当当声、马车的辘辘声和砸碎石的声音，罗马总是不停地在重建，建了又拆，拆了又建。开发商总能找到方法挤出额外的空间和利润。贫民窟随处可见，就像从火后的瓦砾堆里冒出来的野草。虽然官员尽了最大努力保持街道畅通，但它们两旁总是挤满货摊或违规搭建的小屋。因为长久以来，罗马的发展都被局限在城墙范围内，所以，开发商为了争取最大利润，便把目光转向天空，公寓大楼在各处如雨后春笋般出现。在整个公元前 2 世纪和公元前 1 世纪，业主们竞相把他们出租用的公寓大楼盖得更高。而这并不被法律所许可，因为这些大楼的偷工减料和摇摇欲坠是出了名的。总之，安全监管由于力度较弱，无法阻止业主用这些公寓大楼牟取暴利。这些大楼通常有 6 层或更高，每个房间非常狭小，墙壁也非常薄，最终几乎一定会倒塌，并由更高的出租公寓大楼取代。

在拉丁文中，这种出租单位被称为“小岛”（insulae），这反映出它们与大街上的生活“大海”不同。在这里，人们更能深刻地感受到广阔城市孕育出来的孤单感。对住在“小岛”的人来说，无根不只是一个比喻。就连住在一楼的人通常也没有排水沟或清水可用。然而，下水道和输水渠正是罗马人最为他们的城市感到自豪之处，这种讲究实用的公共工程迥异于希腊人无用的富丽堂皇。马克西玛下水道（Cloaca Maxima）是罗马的中央下水道，在共和国建立前便已存在。输水渠（用掠夺自东方的财宝建设）同样是罗马人用心建设公共生活的壮观证明。它们全长达 35 英里，把冷冽的山泉运送到城市的心脏地带。就连希腊人偶尔也承认，他们对罗马的输水渠印象深刻。一个地理学家写道：“输水渠运送那么大量的水，就像河流。罗马几乎不缺乏蓄水池、给水管或有喷泉的房子。”[15] 他显然没去过贫民窟。

事实上，没有什么比以下的事实更能显示出罗马的矛盾性格：

它同时是最干净与最肮脏的城市。流淌在大街上的既有清洁的水，也有粪便。如果说共和国最高贵的美德可以体现于公共喷泉，那么排泄物则象征着它最可怕的一面。罗马公民的人生是一场障碍赛，谁要是落败，确实会有大便倾倒在他头上。他们被称作“肮脏的平民”（plebs sordida）。“小岛”收集到的排泄物会被人们定期用手推车倾倒于城墙外的花圃里当肥料，但排泄物常多得来不及运送，以致成堆屎尿堆积街上。穷人死后也会被排泄物淹没。因为他们没资格被葬在阿庇安大道的路旁，所以尸体会被丢进最东面一扇城门，即埃斯奎林门外的大坑里。取道此路线进入罗马的旅人会看见白骨散落路边。那是个受诅咒的可怕地点，据说，女巫会来此剥去尸体上的肉并召唤大坑中赤裸的死者鬼魂。在罗马，失败者的尊严沦丧会延续到死后。

这种程度的潦倒在这世上是前所未有的。城市穷人的苦难更加可怕，因为得不到共同体的慰藉，他们无法获得罗马人应有的一切。在出租公寓大楼顶层感受到的孤单，代表一个公民最珍惜的所有事的对立面。脱离了社会的礼仪和节奏，就意味着下沉到野蛮人的层次。共和国对待公民如同对待敌人一样冷酷无情，它放弃那些放弃它的人。放弃他们之后，它最终会把他们扫到垃圾堆里去。

罗马人会拼死避免这种命运，也就不足为奇了。出现在任何地方的共同体都会被人们珍视。大城市生活的隐姓埋名并非绝对的。虽然罗马城巨大且无形无状，但一些抗拒其混乱的秩序模式仍存在。神庙不是神的唯一居所，十字路口也被认为充满神圣能量。暗影之神（Shadowy gods）、家户神（Lares）在所有大街的路口看护着罗马人。这些大街（vici）在人们的集体生活中是如此重要，以至于城市的一个区也被称作街区（vicus）。每年 1 月的康姆皮塔利亚节（Compitalia），每个街区的居民会举行盛大的庆祝活动。木头娃娃会被挂在家户神的神龛旁边，每一个代表该街区的一个自由男女，此外，神龛旁也为每个奴隶准备了一个代表他们的小球。这种相对的平等主义也反映在作为街区中心的行会。它们对每个人开放，不管你是公民、自由人还是奴隶，都可以参加。大多数公民都是在这些行会里，而不是在更广阔的城市舞台上努力赢取身为罗马人的一致目标：声望。在一个街区里，一个公民会认识自己的公民同胞，和他们一起用晚餐，全年参与节庆，并深信有哀悼者会参加自己的葬礼。罗马城就像是一个各种共同体的大拼盘，在每个共同体中，传统小镇的亲密性仍然维持着。

不过，这一切皆未能平息外人的怀疑。走出一条大街后，那些盘根错节的横街窄巷会让人觉得充满威胁，空气里弥漫着肮脏身体与做生意的臭味。对优雅的鼻孔来说，二者同样有害。上层阶级既担心行会被用于掩护有组织的犯罪，又对需要赚钱糊口的人流露出本能的鄙视。有酬工作的观念本身便足以引起势利行为，它冒犯了那些舒适地躺在别墅里的富有道德家假装相信的价值观：所有农民都是淳朴的。他们对“暴民”的鄙视是永远不变的，这种鄙视不只针对在街上要饭或挤在“小岛”里的可怜虫，还包括贸易商、店东和工匠。它假定“生活必需品让每个穷人不老实”。[16] 不令人意外的是，这种鄙夷态度为它针对的对象所仇恨。[17] 贵族提到“平民”（plebs）这个词时总会皱眉头，但平民却对它有几分自豪。一个本为羞辱的形容已变成一种身份的标志。在罗马，这类标志总是受到高度珍视。

如同罗马生活的其他基本面向，阶级和地位之分也深植于这座城市起源的神话中。罗马最南面山谷的远端坐落着阿文提诺丘，罗马的港口就在这里。移民自此上岸，也本能地落脚于此，他们彼此做伴，分享对罗马城的惶惑。巴拉丁诺丘（Palatine Hill）是与阿文提诺丘相对而立的第二座山丘。山丘的空气与山谷相比，比较新鲜且较不易引起传染病，所以住在山丘上的花费也较高。巴拉丁诺丘没有简陋的小镇。罗马的山丘都倾向排外。不过，巴拉丁诺丘是罗马七丘中排他性最强的。罗马的精英分子喜欢簇聚此地，但只有最富有的人才住得起。然而，这片全世界房地产价格最贵的地方却不协调地存在一间芦苇搭建的牧羊人小屋。它的芦苇会干掉并落下，但总有人为它换上新的，所以小屋看起来都没变。它是罗马怀古主义的终极胜利，是罗马第一任国王罗慕路斯及其孪生兄弟雷慕斯的童年故居。

根据传说，这对兄弟决定要兴建一个城市，但对于建在哪里和取什么名字意见不一。罗慕路斯主张建在巴拉丁诺丘，雷慕斯则主张建在阿文提诺丘。两人都等诸神发出指示。雷慕斯看见 6 只秃鹫从头顶飞过，罗慕路斯却看见 12 只。罗慕路斯认为，这是诸神支持他的明白证据，于是迅速在巴拉丁诺丘筑起城来，又以自己的名字为新城命名。雷慕斯又嫉妒又愤怒，在和罗慕路斯发生争吵时被杀。这一点，无可逆转地决定了两座山丘的命运。从此，巴拉丁诺丘给赢家居住，阿文提诺丘则是输家居住。所以罗马人生活的两极——成功和失败、显赫和低微——便体现于罗马的地理本身。

就像罗慕路斯的山丘和雷慕斯的山丘相隔一个山谷，住在别墅的元老和住在棚屋里的工匠，两者之间的社会鸿沟也是如此。罗马没有渐进式的财富区分，也没有类似现代中产阶级这样的人群。在如此意义下，巴拉丁诺丘和阿文提诺丘名副其实是两座分开的“小岛”。但通过可追溯至罗慕路斯的一个古老象征，分开它们的山谷同时也将它们连接在一起。自王政时代起，马车赛便在大竞技场举行。大竞技场有整个山谷那么宽，无疑是罗马最大的公共空间。它一边毗邻棚屋区，另一边毗邻别墅区，在节日时全城人聚首于此，它最多可容纳 20 万人。正是这种容量（时至今日仍无任何运动场地可与之匹敌）使它让人既害怕又向往。大竞技场的观众为我们提供了观察罗马人最好的一面镜子。这里是一个公民最能公开确认自己身份之处——通过和别的观众一起发出喝彩声或是嘘声。每个从自己别墅往大竞技场望去的元老都会意识到这一点。每个从自己棚屋望向大竞技场的工匠也是如此。不管他们之间的鸿沟多大，百万富翁和穷人一样坚信他们分享同一个共同体，两者都是同一个共和国的公民。而且不论是巴拉丁诺丘还是阿文提诺丘，都不完全是“小岛”。

迷宫中的鲜血

罗马社会的核心吊诡之处——粗暴的阶级划分和近乎宗教情怀式的共同体意识可以共存——是在历史中逐渐形成的。共和国的基础显然是一场反对王权的革命。即使如此，驱逐塔克文和废除君主制度之后，平民发现自己照样受贵族阶层压迫。没有比这些贵族更势利的人了。他们有权穿昂贵的鞋子，声称自己能与诸神交流，甚至自称是诸神后裔。例如朱利安（Julian）家族就将自己的血统一直追溯至埃涅阿斯——一位特洛伊（Trojan）王室的王子，也是维纳斯（Venus）女神的儿子。这些贵族就是这么爱装腔作势。

事实上，罗马社会在共和国早年就显示出迈向僵化的危险趋势。不过，平民拒绝接受二等公民的身份，因此他们以他们唯一能用的方式还击：罢工。举行罢工的地点自然是阿文提诺丘，[18]他们在那里定期发出威胁，说要实现雷慕斯当初的雄心，建造另一座城市。在山谷另一边生闷气的贵族无计可施，不情愿地做出若干让步。如此多年下来，阶级系统变得不那么固化，贵族和平民的两极化开始松动。平民们这样指出："就因为一个土生土长的罗马人出身低下而剥夺他当执政官的一切希望，这有公道可言吗？"[19]

大家最后认定，这完全没有公道可言，所以公元前367年通过了一条法律，给予所有公民竞选国家最高官职的资格，而这原本是一项只属于贵族的特权。不过，因为人们承认贵族和诸神关系密切，一些祭司职位继续完全保留给贵族担任。对面临平民蜂拥竞争的贵族之家来说，这想必只是一个小小的安慰。

几个世纪之后，很多家族几乎完全凋零了。例如，朱利安家族发现，他们维纳斯后代的身份对争取执政官并没多少帮助：在200年间，他们只赢得过这个最高奖励两次。他们在世界上失去的不只是政治权力。他们搬到一个远离巴拉丁诺丘高地的山谷，那里居住着吵吵闹闹的、浑身散发着恶臭的穷人。他们眼睁睁地看着自己的邻居沦落至贫民窟。苏布拉（Subura）先前只是一个小村，后来变成了罗马最乌烟瘴气的地区。朱利安家族的宅邸如同一条下水后的大船，渐渐被大批妓院、小酒馆，以及（最糟糕的是）一间犹太会堂所淹没。

所以，在罗马，出身显赫并不能保证什么。女神后代竟发现自己住在红灯区，这点说明了并非只有非常穷的穷人才需害怕失败的后果。在社会的每个阶层，公民都奋力赶上祖先的成就，能超过的话更好。共和国在原则乃至于实践上，都是由无情精英领导的。对罗马人来说，这的确是自由的意义。他们认为有一点不证自明：他们一路走来的整个历程都是通过不断竞争，从而摆脱奴役并迈向自由。这种社会模式的优越性体现在它击败了任何可以想到的替代方案。罗马人知道，如果他们仍是一个暴君或一个贵族小集团的奴隶，他们就永远不可能征服世界。“当人民获得自由之后，共和国的成就伟大得几乎难以想象。这种对荣耀的渴望燃烧于每个人心中。”[20]最顽固的贵族也不得不承认这点。上层阶级也许认为平民阶级是一群浑身恶臭的乌合之众，但他们仍可能将抽象的罗马人民理想化，而这样的罗马人民当然没有臭味。

实质上，这类虚伪定义着共和国，它不是宪制的派生物，而是宪制最本质的东西。罗马人评断他们政治系统的方法并非询问它是否合情合理，而是问它是否行之有效。只有当他们政府的某个面向被证明无效或不公正时，他们才愿意抛弃它。他们不会考虑精简制度，正如他们不会考虑夷平罗马城然后重建。所以，许多世纪以来，共和国就像罗马城的结构一样，存在许多自相矛盾之处，形成了乱七八糟的大杂烩。就像罗马的街道构成一座迷宫那样，罗马人的公共生活也充满各种令人困惑的岔道，而且到处都是死胡同。不管共和国内部的竞争多么冷酷无情，它都是由一些复杂而灵活，同时又不可侵犯的规则架构而成。想驾驭它们需要一辈子的努力，除了天赋和勤奋之外，还需要人脉、金钱和空闲。这又带来进一步的自相矛盾之处：尽管共和国唯才是举的体制是真实且不讲人情的，但该体制却使一个只有富人才有能力投身政治的社会持久化了。个人也许会崛起，古老家族也许会衰落，但社会阶层制度始终不变。

对社会底层的人来说，这种情形带来了令人痛苦的矛盾感情。就法律规定来看，罗马人民的权力几乎没有极限：通过一系列不同的安排，他们可以投票选举官员、颁布法律和宣战。然后，制度只是一个镜厅。换个角度来看，人民主权会变成非常不同的东西。并非只有外国人才会困惑于罗马共和国的多变面貌。一个希腊分析家指出："罗马人发现，他们说不准自己是贵族政体、民主政体还是君主政体。"[21]

这并不是说，人民的权力只是一种幻觉。就连最杰出的行政官候选人都必须努力讨好选民，而且他们这样做时并不会感到有丝毫难为情。竞争性的选举对共和国的运作乃至共和国的自我形象来说，都至关重要。

> 决定谁能当选，当选什么职位，是自由人的特权，尤其是伟大的罗马自由人的特权——他们的征服已建立起一个世界范围的帝国。我们身处公共意见的浪潮中，必须关心人民的愿望，抚慰并培育他们，在他们看来要反对我们时，设法讨好他们。人民有权决定把荣誉给谁，如果我们不在乎荣誉，我们显然没必要为人民的利益服务。但若得到政治奖赏确实是我们的目标，我们就应该永远不倦于讨好选民。[22]

人民至关重要——更重要的是，他们知道自己至关重要。他们就像任何选民一样，喜欢让想得到他们青睐的候选人忙个不停。在罗马共和国，“没有什么比民众更多变，比人民的愿望更难参透，比整个选举系统更难以预料”。[23] 但如果说罗马政治有很大的不可预料性，那么它还是有很多可以被很好预测的部分。不错，人民拥有投票权，但只有有钱人可望赢得公职，[24] 然而财富本身并不足以充分保证候选人胜选。罗马人具有强烈的趋炎附势的性格，喜欢投票给知名度非常高的家族，喜欢祖父、父亲、儿子这样一条线地选下来，以近乎麻木的规律性选出一个个贵族王朝。当然，一个罗马人不必成为统治阶级的一员后才能分享统治阶级的偏见。就连最贫穷的公民的目标都不是改变社会，而是得到更多好处。认可不平等，是共和国公民愿为他们的共同体意识所付出的代价。那种曾让平民和贵族平起平坐的暴动已成为逝去已久的事——如今不仅不可能发生，而且几乎没办法想象会发生。

事情就是如此，对罗马共和国来说，它反映出一个典型的讽刺：就在平民取得胜利的那一刻，他们也摧毁了自己的革命运动。公元前 367 年，随着平民仕途上的限制被废除，有钱平民失去了一切与穷人站在同一阵线的诱因。他们改为投身于更有利可图的活动，例如操纵执政官选举和购买巴拉丁诺丘的地皮等。250 年以后，他们最终变得和《动物庄园》(*Animal Farm*)中的猪没有两样，让人难以把他们和之前压迫他们的人区分开来。事实上在某些方面，他们占据了主宰地位。阶级战争让行政官职位不再是贵族的囊中之物，而常落在富有的平民身上。保民官的职位特别能让人大显身手。保民官不仅有权否决不喜欢的法案，还可以通过召开公众大会，让自己草拟的法案获得通过。贵族因被禁止竞选平民官职，只能怀着既憎恨又厌恶的心情成为旁观者。

当然，一个保民官若滥用权力，就会招致危险。如同大多数共和国的官职，他的职位既会带来机会，亦暗藏陷阱。不过，即使是用罗马政治生活的标准衡量，那些规范保民官行为的不成文规则也充满自相矛盾之处。一方面，保民官职位提供了几乎无限的贪赃枉法可能性，又被认为受到神明保护。自远古时代起，保民官的人身安全就不可侵犯，任何不理会这条规定的人都等同于对神明动武。不过保民官也有一些应尽的义务：在职期间不可离开罗马，家里总是对外开放。他必须密切关注人民的疾苦和抱怨，每次在街上被拦住都得停下来倾听，还要阅读公共纪念碑上呼吁赞成或反对某项新政策的涂鸦。无论一个保民官有多高傲，他都不能在公众面前表露出一丝一毫。有时，他甚至会装出一副来自贫民窟的平民腔调。罗马人称这类政治人物为“平民派”（populare），认为他们依赖同人民的接触来维持自己的政治地位。

然而，在维护人民利益的同时，一个“平民派”也必须尊重自己阶级的思想感情。那是一种需要高超技巧的平衡艺术。保民官会被显贵中的保守分子猜疑，主要是因为他的职位对拥有者有着极大诱惑。有一种风险一直存在：保民官为轻易获得民众拥戴，很容易推出一些极端和非罗马风格的改革。显然，贫民窟越膨胀，穷人的生活越困苦，这种风险也越大。

有一对出身无可挑剔的兄弟提比略·格拉古（Tiberius Gracchus）和盖约·格拉古（Gaius Gracchus）最终就这么做了。先是提比略在公元前 133 年，然后是盖约在 10 年后利用他们的保民官职位，推动了一些有利于穷人的改革。他们建议把公共土地分成小块，然后分给大众，并以低于市价的价钱把谷物卖给大众；他们最让人吃惊的建议，是主张共和国应为最贫穷的士兵提供衣服。这些极端措施毫无意外地让贵族阶层大惊失色。在大多数贵族看来，格拉古兄弟对人民的关怀包藏祸心。不错，提比略不是自己阶级中第一位关心土地改革的人，但在他的同僚看来，他的家长式作风走得太远也太快。盖约的愿景让人更吃惊：他向往希腊式民主，希望打破阶级之间原有的权力关系，改由人民而非贵族主宰罗马。他的同僚都纳闷，除非一个贵族暗暗想成为一个独裁者，否则怎会提出这种主张？让他们觉得格外不祥的是，提比略结束一年的保民官任期后，马上寻求重新当选。同样，盖约也在公元前 122 年连任保民官。保民官也许是神圣的，但把持共和国的行为却不那么神圣。保护共和国的呼声两次响起，两次都获得了回应。提比略在一场激烈冲突中被人用凳脚打死，12 年后的公元前 121 年，盖约也被贵族的打手杀死。他被斩首，头骨被注入铅。他死后，他的 3 000 名追随者未经审判就遭到处决。

这是自驱逐国王以来首次有鲜血染红罗马街头。这些民间暴力事件的荒唐性质鲜明地反映了贵族们被害妄想症的程度，而君主独裁并非格拉古兄弟自罗马远古时代召唤回来的唯一鬼魂。例如，盖约会死在平民大业的最神圣地点——阿文提诺丘——并非偶然。他和他的支持者躲在那里，蓄意把他们的追求与古代平民的罢工联系起来。虽然穷人未为了支持他而起义，但大多数贵族都认为，他企图搅动蛰伏已久的阶级斗争是不负责任的行为。但报复行为也让他们不自在。杀人砍头很难算是一种文明人的行为。盖约被灌了铅的头骨是一个不祥的预兆：若共和国的常规遭到破坏，若它的基础有所动摇，将会发生什么事。它也是一个警告：罗马不喜欢激烈变动。毕竟，如果没有一个由共享的假设、先例和过去维系的共同体，共和国又是什么？抛弃传统就是走向深渊。如果共和国失败了，罗马人不是沦为野蛮人，就是沦为独裁者的臣民。

这里存在着罗马共和国的最后一个悖论：鼓励公民饥渴地追求威望，使他们自吹自擂、相互竞争，由此产生出一种会吓坏对手的侵略性，同时又孕育出自我瘫痪的种子。这是格拉古兄弟的真正悲剧。他们确实关心自己的荣耀（毕竟他们是罗马人），但他们也对改善其他公民的命运怀有热烈的使命感。两兄弟都大胆地尝试解决罗马多种明显的问题。就此而言，格拉古兄弟是为理想而牺牲的烈士，但他们的贵族同侪却很少这样看。共和国并不区分政治目标和个人野心。影响力来自权势，权势来自影响力。格拉古兄弟的命运彻底证明了，任何将根本性改革强加于共和国的企图都会被诠释为独裁统治。不管动机多么理想主义，彻底改变的计划总会沦为自相残杀的竞争。他们用死亡证明了这一点，他们的死也毁掉了他们的改革。他们之后的保民官在推行改革时将更加谨慎，社会革命将永久遭到抑制。

共和国就像罗马城本身，因为巨大的内部张力总看似处于爆炸边缘。但正如罗马自己不仅挺住了而且还在继续膨胀，共和国的体制每遇到一次危机都会变得更牢固。所以，为何罗马人不应抓紧一种将他们带往巨大成功的秩序？它也许令人感到挫败，也许面貌多样且复杂，但这些特质正好让它得以吸收冲击、消化动荡，并在每次灾难后更新自己。罗马人在将世界搞得天翻地覆后，对于他们的共和国能保持不变应备感欣慰。同一种共同体的亲密感维系着该共同体的公民，相同的竞争循环使人们聚集于竞争的年代，同一批机构架构着共和国的种种事务。

甚至，染红街头的血迹大概也很容易擦拭干净。

第二章

西比尔的诅咒

城市洗劫者

早在格拉古兄弟和他们的支持者被谋杀之前，西比尔就已预见了一切。根据她冷酷的预言，罗马人将会自相残杀，而且暴力事件不限于首都。她勾勒的未来极尽苍凉，且具有反乌托邦色彩："意大利，强奸你的将不是外国侵略者，而是你自己的儿子们—— 一种残忍和无休止的集体强奸，是为了惩罚你这个著名国度。你将匍匐在地，倒在燃烧的灰烬中。你是自残者！你不再是正直之人的母亲，而是一群野蛮禽兽的哺乳者！"[1]

这是一则很难让着迷于征兆的罗马人高兴的预言。幸而上述预言并未扰乱他们的心灵平静，因为它并非出于他们自己的预言书—— 一直被严密收藏在朱庇特神庙里，内容没有丝毫泄露。这则血腥的预言反而最先流传于远离罗马的东地中海诸王国。看来西比尔造访过的民族不只有罗马人。在罗马，她的预言被视为机密，但她给希腊人和犹太人的那些预言却被公告周知，很多都清楚地指向罗马共和国："一个帝国将在西方的海外兴起，它是白色的，而且有很多个头。它把恐怖和毁灭带给国王们，劫掠一座又一座城市的金银，势力范围没有尽头。”[2]罗马人固然对凶兆紧张兮兮，但在世人眼中，罗马人本身就是凶兆，而且是最致命的——至少西比尔这么警告。

因为根据她的灵视，罗马共和国的崛起将带来一片黑暗。古老的城市、伟大的王国和著名的帝国将被一扫而空，人类将落入单一秩序。一个超级强权将以最高权力统治一切。但这并非世界和平的黎明时刻，远远不是。罗马人注定沉溺在自己的伟业中。“他们将沉陷在颓废的沼泽中：男人会和男人睡觉，男童会在妓院卖淫，国内到处发生骚乱，一切陷入混乱失序。世界将充满邪恶。”[3]

根据学者的考证，这些预言诗出现在公元前140年前后。当时罗马的霸权已充分确立，用不着西比尔来预告它的存在。不同于保存在罗马的预言诗，流传在希腊和东方的那些预言诗从不主张未来可以更改。根据这些预言诗，大帝国在历史上是前后相续的，虽然罗马是其中最大且最具毁灭性的，但罗马人毕竟是人，只要是人，就会有衰败的时候。难怪那些托名西比尔的诗人会说罗马共和国是一群“野蛮禽兽”的母亲，注定被自己的儿子们撕成碎片。这种想法出于绝望与一厢情愿，因为人们想不出任何办法来遏阻罗马的霸权。“他们将绝望带给人类，然后，一旦他们被自己的野蛮和骄傲冲昏了头，他们的结局将会非常悲惨。”[4]

在公元前2世纪40年代，西比尔所谓的罗马的“野蛮和骄傲”所指为何，不会有人不知道。这10年是罗马人把力量不容置疑地展示在世人面前的年代，整个地中海世界都笼罩在被毁灭的阴影里。首先，罗马共和国决定完成未了之事，让只剩半条命的迦太基一命呜呼。对此，罗马国内有人表示反对。很多人主张，共和国应该找一个够格的对手。因为若没有竞争，罗马要如何才能维持它的伟大呢？这种问题当然只在一个把无情竞争看成一切美德基础的地方，才会有人提出。不让人意外的是，大部分公民拒绝接受这种逻辑。因为迦太基人在超过一个世纪的时间里，一直遭到妖魔化，被认为是残忍且无信仰的极致代表。大部分公民纳闷，为何要把罗马生活的标准用于保护这样一个仇敌？这个问题在一次把迦太基推入战争的投票中获得了答案。通过以完全消灭迦太基为目标，共和国胜利理念的逻辑后果崭露端倪。在这样的野蛮行为中，由于没有任何友谊和责任的纽带，罗马人把"成为顶尖"的欲望推到极致。

公元前149年，罗马人对迦太基人下达惩罚性的命令，令其抛弃他们的城市。但迦太基人没有屈服，决心誓死捍卫家园，这显然是罗马鹰派希望看到的。大军压境，迦太基以寡敌众支持了3年，在围城的最后阶段又力抗罗马最优秀的将军西庇阿·埃米利安努斯（Scipio Aemilianus）。最后，公元前146年，迦太基陷落，财宝遭抢掠，城市被焚毁，地狱般的大火持续燃烧了17天。然后，罗马人在被夷为平地与冒着烟的废墟上颁布一纸禁令，规定此后任何人不得重建这座城市。迦太基700年的历史就此被磨灭。[5]

同时，为防止任何人忘记迦太基所带来的教训，公元前146年春天，一支罗马军队开进了希腊。在这之前的冬天，希腊南部一批城邦联合起来，想打破罗马在此地区所建立的势力均衡。这种大不敬绝对不可原谅。罗马军队在一场几乎还没开打就结束的战争中，像捏死一只黄蜂那样重创一支希腊军队，将古城科林斯（Corinth）化为冒烟的废墟。由于科林斯一向以漂亮的妓女和精美的艺术品驰名，罗马军队对二者尽情劫掠了一番。遭屠杀的公民的妻女被掳为奴隶，士兵们在港口码头掷色子决定无价画作的归属。大量人像雕塑堆在他们四周，即将被拿到杂货市场上拍卖或被装箱运回罗马。

地中海两座最伟大城市同时被毁，实为耸人听闻的暴行。西比尔会想象罗马被诅咒也就不足为奇了，连罗马人自己都觉得有一点不自在。难怪他们不能再假装征服世界是为了自卫。罗马人回忆起对科林斯的洗劫时，总觉得难为情。不过，对迦太基感到的内疚让他们想得更多。据说连西庇阿在看到迦太基残破的城墙被火舌吞噬时，都忍不住哭了。在毁灭罗马最不共戴天的敌人的过程中，就像西比尔那样，他看见了命运不可抗拒的威力。就在共和国的霸权压倒性地确立，没有任何敌人有望打败它，而且它对全世界的劫掠似乎所向披靡之时，西庇阿想象到了它日后的毁灭。荷马的两行诗浮上他的心头：

> 神圣的特洛伊被摧毁的日子将会来临，
> 普里阿摩和他的人民将被屠戮。[6]

但与西比尔不同的是，他没有说出，在他的想象中是什么把屠杀和毁灭带给了共和国。

被黄金噎死

在公元前146年的灾难发生之前，希腊人曾对“自由”一词的精确定义有过疑问。他们纳闷，当罗马人声称保证他们自由时，这是什么意思。当然，像罗马人这种野蛮人，用词含混没什么好奇怪的。另一方面，无须哲学家指出的是，文字的语义有时很难捉摸，要视观点角度而定。事实证明，罗马人和希腊人对于自由这个词的诠释确实有分歧。对罗马人（他们老是把希腊人看作需要家长严加看管的不听话小孩）来说，“自由”意味着希腊城邦遵守罗马人设定的规则的机会。对希腊人而言，它意味着一个可以彼此打架的机会。正是这种大相径庭的角度，直接导致了科林斯被毁的悲剧。

公元前 146 年之后，外交语言的意义不再有争论。那些规定共和国和盟友关系的友好条约被定义得明明白白。它们给予共和国行动自由，但未提供给它的盟友任何类似的自由。希腊的城邦被批准继续维持名义上的自治，只是因为罗马既想享受帝国的利益又想省掉管理帝国的麻烦。在希腊海岸之外，心惊胆战的其他国家加倍努力揣摩罗马的心意。东方国家的君主们对罗马千依百顺，因为他们深知，只要露出一点不老实的迹象，罗马人就会马上让他们战象的双腿瘫痪或把他们的对手拱上王位。帕加马（一个控制今日土耳其西部大部分地区的希腊人城邦）的末代君主把这种配合精神推到极致：公元前 133 年，他在遗诏中把整个王国送给罗马。

这是历史上最令人叹为观止的遗赠。帕加马林立着璀璨的宏伟建筑，它的各个从属城市财富充盈，因此，它带给罗马的金银财宝是任何洗劫都比不上的。但应该如何处理这份馈赠呢？做决定的责任落在元老院身上。元老院由 300 名杰出人士组成，被认为是共和国的良知和智慧。元老资格不单由出身决定，还要求有声望与成就。只要名声不太糟，任何当过高官的公民都可以指望成为元老。这给了元老院极重的道德分量，虽然它的决定原则上不具法律效力，但任何不是太鲁莽的行政官员都不敢轻视它的决定。共和国不就是短语“罗马元老院与人民”（Senatus Populusque Romanus）所表达的那样，是元老院和罗马人民结成的伙伴关系吗？这个短语的缩写SPQR印在最小的钱币表面，铭刻在最大神庙的三角山墙上，到处都看得见，是罗马政体庄严肃穆的速记符号。

不过，就像任何伙伴关系一样，钱的问题最容易引起争执。对人民利益的勇猛捍卫者提比略·格拉古来说，“帕加马”这份礼物来得正是时候，他主张用这份资金推动他雄心勃勃的改革大计。人民本身自然同意，但大部分元老表示反对。这显然部分反映出，他们对提比略煽动人心与胆敢侵犯元老院尊严的行为感到不满。不过，他们的反对不纯粹是赌气。继承一整个王国确实违反一些在罗马行之已久的原则。其中最突出的有两点：一是罗马人总是把黄金与道德腐化联系在一起；其次，罗马人根深蒂固地不信任亚细亚人。元老们当然可以不理会这些传统价值观，但他们之所以对帕加马末代君主的遗赠持保留态度，还有更实际的理由。他们相信，管理行省是一个沉重的负担。想敲诈外国人一笔，有比直接统治他们更好的方法。元老院偏好一些可以在剥削和不介入之间保持微妙平衡的政策，也一直在整个亚细亚实施这种政策。但现在“帕加马”让这种美妙平衡有被打破的危险。

起初，元老院除了密谋谋杀提比略之外，什么都没做。只有当帕加马因陷入混乱状态而威胁到整个地区的稳定时，罗马才派出一支军队前往。军队断断续续打了几场仗，并花了数年才使整个帕加马稳定下来。但元老院即使到了这时候仍保持克制，不急于在亚细亚建立第一个行省，反而小心交代被派去管理该王国的地方长官，让他们继续维持从前国王的法规。这是罗马人一贯的做事方式：假装没什么大改变。

所以，虽然罗马在其统治阶级的指导下达到无与伦比的超级强权地位，有效掌控了整个地中海地区，并歼灭了任何胆敢反抗他们的人，但元老院仍本能地紧抓着孤立主义不放。对罗马的行政官员来说，外国始终是从前的样子：一个赢取荣耀的场地。虽然洗劫不会被耻笑，但荣誉仍是一个城市和一个人最真实的准绳。罗马贵族阶层的成员秉持这个理想并得以安心地相信，他们仍忠于自己朴实老祖宗们的传统——哪怕他们也对自己主宰的寰宇扬扬得意。只要亚细亚的软弱君主愿意派使节来向元老院请示，只要非洲沙漠的游牧民族一看见罗马军团司令皱皱眉头，就会收敛野性，只要高卢的蛮族不敢挑战共和国无坚不摧的实力，罗马就心满意足。敬重是它所需要与要求的全部贡品。

但若说元老院的精英因为有钱、有地位而可以相信这一套，生意人和金融家（更遑论众多穷人）却有很不同的想法。罗马人总把东方和黄金联系在一起。现在随着帕加马来归，一个系统化的榨取钱财的机会出现了。讽刺的是，正是元老院对尊重帕加马传统管治方法的坚持指出了道路。对帕加马国王来说，统治意味着尽可能向人民增税。这是一个罗马可以多多学习的榜样。共和国一向秉持战争应该带来利润的原则。对罗马人来说，利润经常来自洗劫。当然，在西方的蛮族地区，征服后就是征税，但这只是因为不这么做就不会有管理。在东方，治理比罗马存在更久。基于这个理由，纵情劫掠，然后再以一两笔赔款充实国库看起来更加划算且不麻烦。

不过，帕加马的情况却表明，征税不只行得通，事实上还是一个黄金机会，而且一点都不麻烦。用不了多久，被派去管理的官员便开始盗用税款。关于他们奢华排场的谣言一点一滴传回罗马。这引起了一片愤慨：帕加马是罗马人民的财产，如果有油水可捞，罗马人民想要自己应得的份。这种意见的喉舌不是别人，正是盖约·格拉古，他已经接替被杀的哥哥成为保民官，也像哥哥一样热衷于利用帕加马的财富。他同样提出了雄心勃勃的改革大计，所以急需资金。公元前 123 年，历经 10 年的鼓动，盖约最终成功推动通过了一项决定性的法令。根据这项法令，罗马将在帕加马建立系统性的征税制度。蜜罐的盖子打开了。[7]

在务实主义与自私的准绳下，罗马人被撩动的贪婪撑起了新税制的运作。因为共和国不像东方的君主那样可以用庞大的官僚体系压榨人民，所以它转向私人机构寻求必要的专业知识。包税合同是公开拍卖的，得标者需要事先向国家缴纳全额税款。由于要求的税款是天文数字，所以只有最有钱的人出得起，而且出得起的往往不是个人。他们集合资本，组成公司，分配股票，召开股东大会，并选出经理人为董事会服务。在行省里面，包税公司的雇员除了收税人员之外，还包括士兵、水手和邮差。经营这些垄断集团的商人被称为税吏（publicani），这个名称和他们作为政府代理人的角色有关，但他们提供的服务却毫无公共精神可言。一切以牟利为目的，而且是越暴利越好。他们的目的不只是收国家要求的税款，还以严苛手段压榨额外的税款，有必要时会用上流氓打手。一个债务人也可能以极高的利率得到贷款，然后等他被榨干一切后，就会沦为奴隶。天高皇帝远，这些大企业的股东会在乎他们制造的痛苦吗？大城市不再被洗劫，而是被放血而死。

表面上，罗马的新子民有途径可以抵抗过分的压榨。税收系统固然已经私有化，但外省的行政管理权仍操纵在元老院精英的手中，他们仍坚持共和国的理想。这些理想责成总督为百姓提供和平与正义。但事实上，贿赂之风如此盛行，以至于一切原则都沦为空谈。罗马人的廉洁形象很快成为一则笑话。在可怜兮兮的行省人民眼中，元老院派来统治他们的官员和税吏并无多大不同，两者是一丘之貉。

对帕加马的掠夺绝对是明目张胆。共和国在争取罗马荣耀的事业中赢得了巨大的权力，现在，这权力成为搞钱的赤裸裸执照。其带来的淘金热很快压倒了一切。本来是战争工具的大道现在让收税人员得以更快来到受害者身边。大道上，驮着沉重东方钱财的驮畜队伍走在军团后头。在迅速成为罗马共和国内湖的地中海，船只满载殖民地的财富，川流不息地驶向意大利。帝国的大动脉因为黄金而硬化，它越硬化，罗马榨到的黄金就越多。

随着剥削越来越重，各行省的面貌也开始发生改变，就像巨大的手指正在大地上深挖。在东方，城市的财富遭到了劫掠，但在西方，则是大地遭到洗劫。当时的采矿业规模之大，直到工业革命才被超过。任何地方的遭殃程度都不比西班牙严重。一个个见证人对眼中所见的景象目瞪口呆。远在朱迪亚（Judaea）的人也听说了罗马人为取得西班牙旷野上的金银而在那里干了些什么。[8]

那些罗马人一个多世纪以前从迦太基得来的矿场后来被交给了税吏，税吏们以一贯的贪欲采矿。一个单一的隧道网络可能超过100平方英里，并由超过4万名奴隶在里面生不如死地工作。地表坑坑洼洼，总笼罩着一层浓浓的烟雾。烟雾从熔炉的巨大烟囱里排出，含有大量有害化学物质，会灼伤赤裸的皮肤，使皮肤变白。飞过烟雾的飞鸟可能毙命。罗马的权力延伸到哪里，毒气烟雾便跟着飘到哪里。

起初，西班牙被认为太偏僻且太危险，不适合开发。传说那里的部落野蛮得无可救药，他们将土匪看成高尚职业，并且用尿刷牙。[9] 到了公元前 2 世纪晚期，整个伊比利亚半岛除北部以外，都向商业活动开放了。[10] 巨大的新矿场陆续出现在西班牙中部和西南部。这个时期的格陵兰冰川含铅浓度骤增，这是西班牙上空出现大量有毒气体的明证。[11] 银从矿石中熔出。根据估计，要取得 1 吨银，需采挖 1 万吨岩石。根据另一项估计，在公元前 1 世纪早期，罗马的铸币厂每年会用掉 50 吨的银。[12]

这种规模的运作就像在亚细亚出现的情况，不可能在公、私部门未勾结的情况下达成。行省官员为罗马的投资者提供温顺的当地人、良好的港口和优秀的道路，渐渐地，他们寻求越来越多的回报。由此产生的腐败更让人不知不觉，因为腐败从来不会被注意到。元老们即使是在大量攫取金钱，仍要摆出一副厌恶金融业的样子。他们甚至把对利润的鄙夷写入法律：就像元老不被容许从事庸俗的海外贸易，税吏也没资格成为元老。不过这类立法很少产生效果。如果有效果的话，就是总督和企业家狼狈为奸，他们需要彼此才能发财。结果就是，罗马政府越来越变为军事–金融的复合体。在获得帕加马之后的那些年，追求利润和追求威望的动机越发混淆在一起。传统的孤立主义政策日益受到威胁。同时，外省人民受到的剥削更甚往昔。

不是共和国的每个理想都在死掉。有些行政官员对正在发生的事情大惊失色，企图力挽狂澜。这是一种危险的举动，因为财团一旦发现自己的利益受到威胁，就会迅速反击。最著名的受害者是鲁提利乌斯·卢福斯（Rutilius Rufus）。他是一名行省的总督，以品行正直著称，曾努力保护百姓免于税吏的剥削。但他在公元前 92 年被起诉，得面对一个由大量税吏支持者构成的陪审团。财团厚颜无耻地控告卢福斯敲诈聚敛。卢福斯被定罪之后，选择了他管理过的行省为流放地。在那里（一个他被控敲诈聚敛的地方），人们用鲜花迎接他。

该行省是亚细亚行省，即从前的帕加马王国。成为共和国行省的40年后，它仍是罗马人的最大摇钱树。在亚细亚行省的百姓看来，卢福斯被定罪证明了（如果还需要证明的话）罗马的贪婪从来没有节制。但他们能做什么呢？没人敢反抗。科林斯烧焦的瓦砾堆充分说明反抗会有什么后果。重税加上绝望，压垮了亚细亚的希腊人。他们怎能对抗得了贪得无厌的金融家和所向无敌的罗马军团？

然后，在卢福斯被定罪的 3 年后，行省政府把它的搞钱计划推得太过头了。为了广开财源，罗马的商业利益集团开始将贪婪的目光投向本都（Pontus），一个位于今日土耳其北部黑海海岸的王国。公元前 89 年夏天，罗马派往亚细亚的使者马尼乌斯·阿奎利乌斯（Manius Aquillius）想出了一个入侵本都的借口。不过他不想让自己的部队冒生命危险，所以命令一个附庸国王代他作战，误以为这样即使出了什么差错也很好善后。但本都国王米特拉达梯不是那么好对付。他的传记由一名善于吹捧的天才精心雕琢而成，读起来像童话故事。米特拉达梯还是小王子的时候，受到邪恶母亲的迫害，被迫逃到森林避难。他在森林里住了 7 年，身手变得极其矫健，跑得比鹿还快，还打得赢狮子。因为担心母后仍想谋杀他，米特拉达梯着迷似的钻研毒物学，反复服用解药，最后变得对毒药免疫。换言之，他不是那种任由家人抢走王位的男孩。后来他率领一支军队回到首都，命令处死母亲，然后为了以防万一，又命令处死兄弟姐妹。他在位 20 多年后，还是一样在乎权力和冷酷无情，不可能当罗马的乖乖牌。他轻易击退了入侵的罗马人。

接下来是更重要的一步。米特拉达梯必须决定是否进攻罗马。对超级强权当然不可掉以轻心，但和罗马作战却是他即位以来一直在准备的事。他就像任何野心勃勃的专制君主，卖力强化自己的攻击力量，并拥有一支闪闪发光的军队——因为他们的武器都包覆着黄金，铠甲都镶嵌着灿烂的珠宝。虽说米特拉达梯喜欢炫耀，但他也喜欢玩秘而不宣的游戏——他曾微服游遍亚细亚。沿途所见所闻让他深信，亚细亚行省的百姓对罗马深恶痛绝。这点比任何其他理由更让他愿意放手一搏。他在跨越边界进入罗马的亚细亚行省之后，发现当地驻军人数稀少且武备不足，各个希腊人城市殷切欢迎他的到来，并视他为救世主。不到几星期，亚细亚行省的武力便彻底崩溃，而米特拉达梯也进抵爱琴海边缘。

身为一名弑母的野蛮人，他本来就不是那种会让希腊人倾心的人。不过一个弑母的野蛮人总比一个税吏强。希腊人如此渴盼自由，恨罗马如此入骨，以至于只要能赶走压迫者，他们什么都愿意干。公元前 88 年夏天，他们甩掉罗马的枷锁之后，便以一种恐怖的暴力爆发证明了这一点。当时，米特拉达梯为了把希腊人城市的命运不可逆地和自己连在一起，命令希腊人杀死每个还留在亚细亚的罗马人和意大利人，希腊人津津有味地遵从了命令。这暴行更让人心寒的是，它在绝对保密与发起攻击的各方面都配合得天衣无缝。受雇的暴徒包围被害人，并加以屠杀，或是把紧抱神像的人砍成八块，或把企图逃到海里的人都射死。死者尸体被丢弃在城墙外，任其腐烂。据说在那个致命的夜晚，就有8万名男女老少被杀。[13]

这对罗马经济来说是一次蓄意和惨痛的打击，但其对罗马威望的打击尤其惨痛。米特拉达梯表露出自己是一名政治宣传的高手，除了利用现成的西比尔预言，又给它们新增了一些内容，好让它们看起来与他更加相关。它们的共同主题是东方兴起了一个伟大国王，是上天派来教训狂妄和贪婪的罗马共和国的。对商人进行集体屠杀，只是米特拉达梯用来戏剧化这个信息的方法之一。他对阿奎利乌斯的处决更是考虑过宣传效果，阿奎利乌斯就是当初最先触怒米特拉达梯，导致他投入战争的罗马使者。阿奎利乌斯在不该病的时候病倒了，随后沦为俘虏，被押回帕加马，一路上都和一名7英尺[1]高的野蛮人铐在一起。在将他绑在一头驴子上游街示众之后，米特拉达梯命令熔化一些金饰。当一切准备就绪后，阿奎利乌斯的头被猛地一扭，嘴巴被强迫张开，金属被倒入他的喉咙。"罗马人是对太阳底下所有国家、民族和国王都不利的战争贩子，从来只有一个动机：对帝国和财富根深蒂固的贪婪。"[14]这是米特拉达梯对共和国的判决，现在，他在罗马驻亚细亚的使者身上讨回了一些象征性的公道。阿奎利乌斯被黄金噎死。

空中号角声

当一艘船满载帝国的财宝航向意大利时，它最可能选择的航标

[1] 1英尺等于0.3048米。

是维苏威火山（Vesuvius）那光秃秃的山锥。水手会打量地平线，寻找火山那熟悉的平顶侧影，而在找到后，他们就会祷告，感谢诸神保佑他们旅途一路平安。旅程的终点就在前头。在海湾碧蓝的天空下，水手们会看见海岸线上点缀着许多如诗如画的希腊人城镇。城镇几世纪前由殖民者建立。在那不勒斯湾，商业总是国际性的。这些老港口现在不会收到太多货物。例如，沐浴在太阳下面的那不勒斯本身，如今就是靠着非常不同的贸易维生。那不勒斯距离罗马只有两天马程，它古老的街道上挤满了游客，他们全是为了体验希腊风味的生活而来，例如进行哲学辩论、向医生求诊或和一名机智风趣的妓女谈恋爱。与此同时，巨大的货船在海上若隐若现，轻轻驶过。

现在货船沿着海岸再走几英里，才会到达它们预定的停泊港。在普特里（Puteoli），罗马商人抹去了所有希腊遗风的痕迹。停泊在其巨大混凝土码头的货船来自整个地中海各地，有些运载谷物以喂饱罗马的巨大胃口，有些运载奴隶为罗马人的企业干活，还有些运载从远处属地搜罗而来的奇珍：雕塑、香料、绘画和奇花异草等。显然只有最有钱的人才买得起这些奢侈品，但分布在普特里海岸两侧的别墅对奢侈品的需求不断增加。事实上，这些别墅本身就是消费者的终极炫耀品。罗马的贵族阶层就像任何地方的超级富豪，想让他们最喜欢的度假胜地成为自己的专属。为了达到这个目的，他们买下了整片地皮。

在整个公元前 1 世纪 90 年代，这个地区的房地产都一片红火，一些头脑好的企业家为房地产热助燃，特别是一位名叫塞尔吉乌斯·奥拉塔（Sergius Orata）的养蚝人。奥拉塔看好罗马人对贝类食品的无底餍求，构筑了规模此前无法想象的蚝塘。他修建了引水道和堤坝以管制海流，又在邻近的卢克林湖（Lucrine Lake）湖口建起高高的穹顶，养出世界最美味的生蚝。同代人对于他的法术印象非常深刻，以至于他们宣称，只要他想要，照样可以在他的屋顶养蚝。然后，真正让奥拉塔出名的则是另一项技术创新：他在垄断生蚝市场之后，又发明了温水游泳池。

“温水游泳池”看似为“balneae pensiles”这个神秘的拉丁文词汇最可能的意义，该拉丁文词汇的字面意义为“空中浴池”。[15]我们听说，这种发明需要将注入大量温水的浴池悬空高架，而置身其中有着神奇的放松效果。这些特质让奥拉塔销售“空中浴池”像卖生蚝一样成功。没多久，未装设空中浴池的豪华别墅就不算完整。安装这项设施的人当然是奥拉塔自己。他买下别墅，装设游泳池，然后卖掉房产。

他的投机事业用不了多久，就让那不勒斯湾成为财富和时髦的同义词。房地产的兴旺并未局限在海岸地区。内陆也一样。在以香水闻名的古老城市卡普阿或当了罗马两个多世纪的盟友的诺拉（Nola），温水游泳池也到处都是，象征着宁静与舒适。它们的城墙之外是苹果树、葡萄园、橄榄树林和大片大片的野花，一直延伸到维苏威火山和大海。这便是坎帕尼亚（Campania）——意大利的明珠，有钱人的游乐场。它肥沃、繁荣，而且奢华。

但不是每个地方都欣欣向荣。在诺拉以外，从低地蜿蜒而成的山谷构成了一个非常不同的世界。那是萨谟奈（Samnium），地形多山而险峻。正如这里的崎岖地形和下方的平原形成了强烈对比，这里的居民也大不同于平原区的居民。他们靠多石和多灌木覆盖的土壤勉强维持生计。萨谟奈没有生蚝，也没有温水泳池，只有说话带着滑稽土腔的粗壮农民。他们信仰巫术，脖子上佩戴着丑陋的铁环，而且最恶心的是，他们允许理发匠当众为他们剃阴毛。不用说，罗马人对他们嗤之以鼻。

尽管如此，罗马人不太能忘记的是，这些野蛮人是半岛上最后屈服于罗马的意大利人。萨谟奈人在离诺拉仅 10 英里、名为寇定叉口（Caudine Forks）的山口，曾让罗马人吃了一场奇耻大辱的败仗。公元前 321 年，一整支罗马军队遭遇埋伏，并被迫投降。萨谟奈人未屠杀战俘，而是剥去罗马人的上衣，驱赶他们走在长矛构成的牛轭下，自己则身着全套盔甲，站在一旁得意观看。不过，以这种方式羞辱敌人的萨谟奈人，显示出他们对其敌人的致命误解。罗马人只能忍受一种和平，那就是由他们口授条件的和平。他们虽然同意萨谟奈人开出的和平条件，也发誓遵守，但很快就找到了违反和约的借口，并再次发起攻击。这一次，萨谟奈人被征服了。殖民地建立于偏远的山头，山谷中修筑了道路，地形的崎岖被驯服了。不过，这毕竟是陈年旧事了。懒洋洋地躺在奥拉塔发明的游泳池畔的那些人，不可能记得萨谟奈人曾经从山上杀下来，并大肆蹂躏坎帕尼亚。

不过，到了公元前 91 年年底，不可思议的事突然发生了。萨谟奈人长久压抑着的对罗马人的积怨重新爆发。萨谟奈山丘上战事再起。山里的人拿起武器，仿佛长年的占领已解除，并如同他们的祖先那样，迅速杀进平原地带。罗马人完全未料想到会发生这种事，而只在坎帕尼亚派驻了少量军队，形势岌岌可危。那不勒斯湾沿岸到处都是懒散与和平的景象，沿岸城市，如苏连多（Surrentum）、斯塔比亚（Stabiae）和赫库兰尼姆（Herculaneum）等，如树上掉落的熟透果子，一一落入叛军手中。但最大的奖品位于更加内陆的地区。具有战略重要性的诺拉在经过最短时间的围困后，其市民便投降了。叛军邀请驻军加入他们的行列，但罗马司令官和资深军官轻蔑地拒绝了，结果活活被饿死。这座城市的防御工事坚固且粮食储备充足。不多久，诺拉就成了叛军最强大的要塞。

发动叛乱的不只有萨谟奈人。诺拉会落入叛军之手，绝非孤立事件。离那不勒斯仅几英里、沿维苏威火山的斜坡而建的庞贝城从一开始就加入叛乱。在意大利其他地方，那些已记不得上次对抗罗马是在何时的部落和城市同样拿起武器。不过，叛乱主要集中在亚平宁山脉一带，在像萨谟奈那般多山、落后的地区，农民长久以来备受贫穷折磨。正是贫穷，让他们对都市化的低地充满怨气。当叛军攻陷第一座城市阿斯库伦（Asculum）后，他们杀死了找到的每个罗马人。罗马人的妻子若不顺从，则会被折磨与剥头皮。

也许，这些暴行不过是野蛮人的原始复仇心理作祟。不过，若非统治着意大利不同国家的寡头统治者各有自己的算盘，农民的仇恨心理将不会起作用。罗马的一贯策略是奉承和收买盟友的统治阶层。事实上，这种政策向来都比任何事更能确保意大利人对罗马的忠诚。然而，那些能影响自己社群的关键人物——有钱人、地主、识字的人——发现自己对罗马越来越离心离德。让他们不满的理由很多。为罗马作战的负担不成比例地落在他们肩上。他们在罗马法中的地位低于罗马人。最重要的可能，则是他们开了眼界，看见了他们祖先不敢想象的机会和权势。意大利人不只帮助罗马征服世界，还热心帮助它压榨世界。不管罗马军队到哪里，意大利商人总是尾随其后。意大利人在各行省得到的特权，几乎和真正的罗马公民不分轩轾，而可怜兮兮的行省百姓肯定分不清两者，所以一律称之为“罗马人”（Romaioi），并对他们怀抱同样的仇恨。但在海外成为特权阶级并未让意大利人感到满足，这种经验反而鼓励他们决心在本土和罗马人平起平坐。在一个罗马权势膨胀得如此巨大的时代，罗马给予意大利政治家的有限自治特权很自然地被视为小菜一碟。仲裁一场地方边界纷争的权力与统治世界的权力相比，算得上什么？

就像普特里的众多码头和它们附近的众多优雅别墅都表明世界已经变小，意大利人的起义也一样。构成他们军队的大众也许是为了某种模糊的地方忠诚感而战，但他们的领袖断然不想回到罗马崛起前的地方主义。他们并非想让其社群摆脱中央集权的超级国家的控制，而是想创立一个自己的超级国家。战争一开始，叛军领袖就选择了意大利中部的考菲尼姆（Corfinium）作为他们的新首都——“一个所有意大利人都可以分享的城市，以代替罗马”。[16] 为了防止有人忘记此举的象征意义，新首都和新国家都被称为“意大利亚”（Italia）。他们发行了新货币，建立一个新政府。下个建立独立意大利国的尝试要等到公元 19 世纪，并由加里波第（Garibaldi）主持该事。

若模仿是最真诚的恭维，至少对意大利亚的领袖来说，反抗罗马并非一种叛逆，而是景仰未被满足的表现。意大利亚的一切，从政制到钱币，全都抄袭罗马。说到底，意大利人的虚弱新国家不过是表现出他们退而求其次的野心，而他们真正的野心是成为罗马公民。即使在普通士兵之间（得到罗马公民权对他们没有多少好处）也有迹象显示，有时他们对共和国的仇恨会被一种战友情谊冲淡。在同盟者战争早期，随着罗马的主力部队在意大利中部战败，幸存者发现自己陷入绝望，因为对手的训练和装备跟他们一样好。在公元前 90 年夏天，共和国军团打了一场艰苦的阵地战，逐渐把叛军的战线向后推。到了临近农业收成的日子，也就是战争季节尾声时，他们准备给敌人最后的致命一击。不过，当两军摆好阵势后，士兵们纷纷认出对方阵营中的朋友，他们呼喊对方的名字，然后放下武器。“紧张气氛消散了，被节庆气氛取而代之。”士兵们互叙友情，双方的司令官也见了面，讨论“和平以及意大利人对公民权的渴望”。[17]

当然，讨论没有结果。一个罗马人怎么可能在战场上对敌人做出重大让步？另一方面，他们能够坐在一起讨论，表示双方都有了悔意。最有象征意义的是罗马司令官的身份。盖乌斯·马略（Gaius Marius）是共和国最有名的军人，虽已年过六旬，坐在马鞍上也不像从前一样轻盈，却仍然是个明星。叛军都景仰他，很多人在他麾下作战过。人们不会忘记，马略曾经因为一些意大利同盟者非常英勇，而擅自授予他们公民权。人们也不会忘记，马略并非在罗马城长大，而是在阿尔皮努姆（Arpinum）长大，那是一个离首都有三天路程的小山城，人们对它的印象除了贫穷又偏僻之外，再无其他。上古时代，阿尔皮努姆是对抗罗马人的一个部落要塞，后来被打败，接着被同化，最终获得了公民权。这最后一步，离意大利同盟者发起争取公民权的起义还不到 100 年。叛乱军队想到马略能以不高的出身爬到现在的高位，不禁受到鼓舞。

不仅叛军如此，许多罗马人都同情意大利人的要求。毕竟罗马本身不也是个由移民构成的城市吗？追溯到罗慕路斯时代，第一批罗马女人是被掳拐的萨宾人（Sabines），她们奔波于自己的父亲和新丈夫之间，乞求他们不要相互争斗，而是像同一国的公民那样和睦共处。她们的呼吁被接受了，罗马人和萨宾人一起在罗马七丘定居下来。这个传说反映出，从来没有一个城市像罗马那样对公民权如此慷慨。不同背景和出身的人总被容许成为罗马人，一起分享罗马的价值观和信仰。反之，明显具有讽刺意味的是，罗马人的一项主要价值观，正是极度鄙夷非罗马人。

说来可悲，罗马人关于开放或排他的争论在意大利人起义的那些年间变得两极化。在许多人看来，偶尔给予一些个人或社群公民权和给予全部意大利公民权完全是两码子事。罗马政治家并非全然出于沙文主义或狂妄自大，才会害怕他们的城市被淹没。罗马的古老制度怎样应付突然增加的几百万新公民？保守派觉得这个威胁非常迫切，所以他们的反应也歇斯底里。一些将非公民驱逐出罗马的法案通过了。更不祥的是，为了阻止对手提出议案，保守派越来越倾向于对对手使用暴力。公元前 91 年，在骚乱和暴力示威中，一项授予全部意大利人公民权的提案被搁置了，提案人回家后，于黄昏时分被人刺死在门厅，而且凶手是谁始终没查出来；但意大利人的领袖当然知道该归咎于谁。暗杀发生几天后，他们开始动员山里的同胞作战。

阿斯库伦大屠杀的消息传到罗马后，相互敌对的政治派系都惊呆了，马上团结在一起。甚至最认同意大利人要求的人也准备战斗。马略率领军团征伐叛军，无论在什么地方遭遇到从前的盟友，他们都冷酷、顽强地作战，并逐渐逆转了战争初期的失败态势。截至马略坐下来和意大利人谈判时，罗马人已横扫了整个意大利北部。几星期后，叛军开始瓦解。阿斯库伦的大屠杀揭开了起义的序幕，然而，同样从阿斯库伦传来的消息让罗马人能庆祝他们首次决定性的胜利。得胜的将军名叫“斜眼”格奈乌斯·庞培（Gnaeus Pompeius ‘Strabo’）。他可能是罗马城中最讨人厌的人，不仅是因为斜眼，还因为他性格阴暗。庞培在意大利东海岸的皮西努姆（Picenum）坐拥大片土地，而且自战争开始便被困在那里。显然是因为不想整个冬天挨饿，他在秋天来临后发起了两次突袭，以钳形攻势成功打击了敌人。叛军的残部逃到阿斯库伦。庞培展开围城，让叛军因断粮而不得不投降。

随着胜利日益在望，元老院也发起了自己的钳形攻势。一方面，罗马继续加紧军事进攻，在意大利中部追赶叛军，逼使日益困窘的叛军撤入积雪最厚的深山。那些一向主张授予意大利人公民权的政治家，则主导了钳形攻势的另一翼。如今，军事胜利带来的自信让罗马能够慷慨：他们甚至说服最死硬的保守分子相信，长远来说，除了授予同盟者公民权以外，别无他法。因此，在公元前 90 年 10 月，一项法案通过了，规定立即把罗马公民权授予所有一直保持忠诚的意大利社群，而叛军只要在指定期限内放下武器，同样享有这个待遇。对大部分人来说，这种诱惑难以抗拒。到了公元前 89 年夏天，意大利北部和中部的大部分地区都恢复了平静。

不过在萨谟奈，因为积怨年深日久，解决问题没那么容易。也正是在共和国已筋疲力尽，其后院的战争尚未平息之际，亚细亚传来了警报。萨谟奈人那些群山包围的小村和东方那些装饰着大理石和黄金的希腊人大城市乍看之下判若云泥，但罗马人的统治却让它们有了共同点。萨谟奈如同亚细亚，不乏意大利的商人和税吏。这两种人在亚细亚激起了人们对罗马的愤恨，在萨谟奈，他们则是把人们推向了造反。虽然战争在意大利打得如火如荼，但亚细亚的罗马人和意大利人太忙于榨取钱财，因此无暇彼此攻伐。

然后，是米特拉达梯的到来。公元前 89 年，当罗马对亚细亚的统治崩溃时，震波快速冲击了整个地中海地区的经济。意大利陷入严重萧条。讽刺的是，叛军领袖曾利用他们在东方的同胞的商业关系，请求米特拉达梯加入他们的叛乱，不过当米特拉达梯最终接受他们的邀请后，他们却发现意大利商人受到了最沉重的打击。反之，罗马元老院则看好和米特拉达梯作战的前景。每个人都知道，东方人是软脚虾，打起仗来就像女人。每个人也知道原因何在：东方人太富有了。罗马贵族阶层几乎等不及要和米特拉达梯一战也就不奇怪了。

有位人士特别认为，东征大军的指挥权非他莫属。马略早知道，罗马和米特拉达梯必有一战。10 年前他造访亚细亚时曾与这位国王碰面，并告诉他只有两条路好走：要么服从罗马的意志，要么变得比罗马更加强大。当时，米特拉达梯忍气吞声，避免了战争。看来不巧的是，后来让他投身战争的人竟是马略的亲密盟友。马尼乌斯・阿奎利乌斯曾是马略的军事副手和执政官同僚，他指使一个傀儡国王入侵本都，而马略也曾运用私人影响力，帮助被控敲诈聚敛的阿奎利乌斯摆脱罪名。这些事实或有助于解释，当罗马还在意大利为自己的生存而战时，阿奎利乌斯为何看似很不在乎罗马东部的安全。他想为他的恩主提供一个对亚细亚人作战的光荣机会。[18]

但这个算盘却招来了致命的后果——对阿奎利乌斯本人、对马略和对共和国整体来说都很致命。派系斗争感染了罗马几十年，首先肆虐于它的街头，然后肆虐于整个意大利，现在一个新的危险因素出现了。东征主帅是个非常肥的肥缺，以至于连马略都不能认为自己必得。另外，还有一些野心勃勃的人物也盯上了这个职位，他们如饥似渴的程度很快就昭然若揭。

公元前 89 年秋天，当罗马人望向未来时，他们发现自己被集体被害妄想症攫住了。一场可怕的战争正接近尾声，但即使胜利在望，不祥之兆却出现了。诸神再次以各种奇怪的征兆警示共和国。最不祥的征兆是晴朗无云的天空中传来的号角声。它那么阴沉，听到的人无不吓得半死。占卜师急忙翻阅占卜书，他们找到的答案令他们感到惊恐：号角声无疑预示，既有秩序将发生剧变。另一个时代将诞生于一场注定吞噬世界的革命中。

第三章

有幸生为女人

对手

公元前1世纪90年代，马略曾在那不勒斯海岸地区购买房地产。罗马的超级大富豪当然都是这副模样，但马略在一个出了名闲散的地区置产却引起了人们的注意。他的别墅位于卢克林湖南面，不只邻近奥拉塔的蚝塘，要享受温泉城镇巴亚（Baiae）的硫黄浴也很方便，换言之它是个绝佳的退休住所，也因此是一场公关灾难。罗马人不会把他们的战争英雄与生蚝及温泉胜地联想在一起。他们对此冷嘲热讽，说马略这个钢铁人已成了痴肥的软脚虾。

但这些讽刺搞错了方向。马略的体重确实是个问题，但仅此而已。这名老将军没在游泳池畔消磨时光，而是决定继续留在大众的目光中。罗马是有他这种名气的人的最佳舞台，而马略也丝毫无退休的念头。讽刺的是，这点可从他别墅的建筑看出来。别墅坐落于一个海角之上，格局模仿军营，周边情况反映出马略对筑壕沟的一贯热衷。它将军事特征与壮美的建筑样式结合起来，成了这位大将军喜欢如何看待自己的最佳表述。

他的一名旧部参观过别墅后，认定其他人相较于他的老长官来说都是盲人。公元前 89 年夏天，这位军官有很好的理由欣赏马略别墅的军营式外观。从马略的别墅下到海岸边，烟尘在坎帕尼亚的果园与葡萄园上空翻腾，这位名叫卢修斯·科尔奈利乌斯·苏拉（Lucius Cornelius Sulla）的人曾指挥 13 个罗马军团，包围平原上被叛军控制的城市，并迫使它们一一投降。所以苏拉已不再是学徒。他走出马略的阴影，以军功表明自己是最能干的将军。不过就算两人的竞争早就让他们的关系变坏，苏拉从未犯低估自己老长官的错。其他人从马略的别墅看到了软弱颓废，苏拉则看到了雄心壮志。

这幢别墅不只是军事防御学的一个精彩个案，论气度，它在海岸区林立的统治阶级别墅中也是鹤立鸡群。罗马传统的道德观也许会让人们对炫耀性消费蹙额，但也鼓励竞争。奥拉塔正因为客户争夺地位的象征而大赚。罗马人无法承受丢掉面子的代价，哪怕事情只关乎有没有装设游泳池。对贵族而言，别墅的真正意义不在于作为度假屋，而在于公开展示屋主的不凡与高贵出身。

但马略是外省人，并非出身名门世家，全凭能力赢得威望。若说他的别墅凌驾于其他贵族的府邸之上，那它更可充分象征一个外来者能在罗马共和国达到怎样的地位，马略的地位无可争辩。他不仅多次在执政官选举中获胜（常常连任），还娶了一名朱利安家族的女子为妻——这个家族虽然已经没落，但仍是个世家大族。就这样，一名来自阿尔皮努姆的无名小卒得以与爱神的后裔同床共枕。当然，这一切都无法让马略在贵族间变得受欢迎。即使如此，他的榜样仍让出身世家大族的苏拉如此急切地效法。

因为这位较年轻的男人在其成长过程中也需要不断与环境做斗

争。他出身高贵，但他的父亲死时几乎没给他留下分文，这让苏拉年轻时捉襟见肘，手头的财富和身份很不相配。他逐渐沦入下层社会，与小丑、妓女和异装癖打成一片。他一辈子都对这些人保持忠诚，而这后来在同僚间被传为丑闻。苏拉很欣赏风月场所的女人，后来虽然努力摆脱，但逛贫民窟的兴致仍是不减。苏拉很能喝酒，很会讲笑话，体格强壮且长相迷人，他有双锐利的蓝眼睛和一头近乎红色的金发。最后，他的性吸引力让他摆脱了落魄处境：一名高级交际花迷上了他，并在遗嘱中把自己的一切留给了他。大约同一时期，苏拉的继母也死了，也指定他为唯一继承人。因此，30 岁的他才有了开始政治生涯的资本，而很多和他同样年纪、同样阶级的人已经在仕途上攀爬了许多年。

自此，苏拉以罕见的才华为自己赢得了威望。他的才气也许异于常人，但他的野心却非如此。因为在罗马，未以杰出成就获得声望的人都不会被当一回事。不管靠战争还是公职，声名带来的奖品是得到更大成就与声誉的机会。在这场向上爬的无情竞争赛的顶峰（苏拉正接近这个顶峰），最高的奖品召唤着人们。这项奖品显然是执政官的职位——在罗马，这个设置了超过 400 年的官职有着帝王般的威仪。若苏拉能赢得执政官选举，他的权威将获得古代国王的纹饰和权力的加持。他不仅可得到一件镶紫边的长袍和一张宝座，还有 12 位名为“扈从”的保镖来保护他。每位扈从都会肩扛一束名为“法西斯”（fasces）的束棒，令人望之胆战。简言之，任何爬到最高地位的人有这些随从相随，到哪里去都大可安心。

不过，他也不会在执政官的位置上待太久。执政官不是专制君主。他的“法西斯”并非压迫的象征，而是人民所赐权威的象征。

共和国的最高行政官受到选民好恶、任期一年的限制，以及与他平起平坐的同僚的掣肘。他们别无选择，只能谨小慎微、一板一眼地办事。无论一个公民的野心有多大，他都很少能打破罗马尊重传统的规限。共和国既鼓励野心也束缚野心。

情况一直如此。获得高位者很少不被随之而来的紧张感压迫。共和国的理想被用于否定它们激起的饥渴。结果就是，那些品尝过荣耀甜美滋味的罗马人经常就像毒品上瘾。被上瘾纠缠和折磨的马略就是如此：他虽然年过六旬，获得过无数荣耀，但仍梦想打败对手，因此想获得领兵征讨米特拉达梯的机会。苏拉也一样：即使赢得了执政官的选举，超越老长官的执念仍萦绕于心。如同马略的别墅胜过坎帕尼亚海岸的其他所有别墅，他的威望也胜过任何从前的执政官。大多数执政官囿于前例与机遇，一生只担任过一任执政官，而马略却空前地担任过六任执政官。他喜欢告诉别人，有算命人向他保证，他还有第七任执政官可当。

这也就怪不得苏拉会恨他——恨他的同时也梦想赢得像他那样的荣耀。

想人所不敢想

公元前 89 年深秋，选举日，苏拉离开他的军队，向北朝着罗马而去。由于近期的几项战功，他在罗马声威大增。首先，他在坎帕尼亚地区已迫使除了诺拉以外的所有城市投降——因为城防坚固，诺拉仍然被固守着。其次，他不顾后路可能受到威胁，对叛军后方的心脏地带发起攻击。他入侵萨谟奈，在一个山口成功伏击了一支萨谟奈人军队，为当年在蔻定叉口遭伏的罗马军队报了仇。接着，他向叛军首都进发，历经三小时血战后将其攻下。虽然诺拉和少数几个孤立据点还在顽抗，但苏拉已基本平定叛乱。

这是一项了不起的成就。它来得正是时候，因为那一年的执政官选举竞争非常激烈。执政官职位除了仍是最高荣耀以外，还可成为争取更肥肥缺的入场券。这个肥缺显然是东征米特拉达梯的主帅职位，除了风风光光，该职位还会带来惊人的财富。苏拉想当执政官想得要命，也就不足为奇了。到了这时候，他想得到什么通常都可以到手。果然，他征服萨谟奈的光环首先把他送上了执政官宝座。几个星期后，他又得到了更甜美的果实：被委任为征伐米特拉达梯的主帅。至此，苏拉大获全胜，马略大大丢脸。

大众并不怎么同情他们从前的宠儿。罗马社会秉持许多残酷的双重标准。罗马道德家一方面劝告老人“应慎防懒散和不作为的诱惑”，[1] 另一方面又野蛮地取笑那些不愿优雅老去的人。新任执政官显然想在东征前了结意大利的战事，所以匆匆回到被围困的诺拉主持战事。这时，人们也建议马略离开罗马，到坎帕尼亚享福去。他们讽刺说，感谢苏拉，坎帕尼亚已恢复平静，马略可以安心居住于此。他与其让自己在罗马成为笑柄，为什么不接受不可避免的命运，退隐到那不勒斯湾大啖生蚝呢?

马略以一个非常公共的姿态回应这个问题。他每天都到训练场跑步骑马、练习投枪和击剑，把自己的体能推到极限。不久，群众就聚集在训练场边观看和喝彩。同时，马略开始环顾四周，寻求政治盟友。他显然需要一名可以向人民提出法案的人，并通过此人将苏拉的东征主帅一职拿过来。简单来说，他需要的盟友是一个保民官。

他找到了帕布琉斯·苏尔皮基乌斯·卢福斯（Publius Sulpicius Rufus），此人后来遭到政治宣传抹黑，被形容为“残忍、鲁莽、贪婪、无耻和无所顾忌”。[2] 鉴于这番谩骂如此淋漓尽致，它很可能出自苏拉本人。但不管苏尔皮基乌斯在其他方面为人如何，他绝非一个没有原则的人。他为了追求正义，会不计后果地战斗到底。这种奋斗热情最明显地表现在他不遗余力地维护意大利人的权利方面。意大利人虽已被授予充分的公民权，仍需要勇猛捍卫自己的权利。苏尔皮基乌斯因为担心元老院的保守派会设法对意大利人的公民权灌水，所以草拟了一份可确保这种事不会发生的法案。他先是游说执政官，然后将法案递交给人民定夺。令他生气的是，苏拉和另一名执政官庞培·卢福斯（Pompeius Rufus）起初都摆出支持他的样子，后来却都变卦了，导致法案没有通过。苏尔皮基乌斯产生了一种被出卖的强烈怨恨。以前他把庞培·卢福斯视为密友，现在他却发誓报复，并放眼去寻找新的盟友。马略就在这时找上门来。两人迅速达成一项秘密协定。马略同意支持苏尔皮基乌斯的法案，作为回报，苏尔皮基乌斯则保证，会提议撤掉苏拉的东征主帅职位，将其授予马略。苏尔皮基乌斯得到马略的支持后，重提自己的法案，同时他的支持者也走上街头，发动骚乱。

苏拉在诺拉城外的军营收到了动乱的消息，震惊之余马上赶回罗马，与庞培·卢福斯举行了秘密会议。但苏尔皮基乌斯得到风声后，则带领一帮人马破坏了会议。在随后的冲突中，庞培·卢福斯的儿子被杀，他本人则幸免于难。苏拉为躲避暴徒，屈辱地藏身于马略的家中。但更大的屈辱即将来临。苏拉虽是执政官，却发现自己拒绝不了苏尔皮基乌斯的要求，因为统治罗马的不是“法西斯”，而是保民官的暴民。他被迫同意苏尔皮基乌斯的法案，并同意解除庞培·卢福斯的执政官之职。除了可以保住自己的执政官职位并继续围攻诺拉之外，他并未从这种让步中得到任何好处。没人提起东征主帅的问题。苏拉相信，对他的任命是不会更改的。他回到军营后，看到自己的威仪仍然壮盛，不禁痛感他权力的表面和实质之间的裂缝正迅速扩大。其威望所受的损害必须通过一场讨伐东方的胜仗来修复。如果他的荣誉不能恢复，那等到执政官的一年任期结束，他的政治生命就会终结。

所以对苏拉而言，赌注已增高到危险的程度，对马略而言也一样。只不过苏拉还未像马略那样意识到，赌注将持续增加。就在他还没洗掉身上的罗马尘土时，一位信使已快马加鞭赶到诺拉。信使抵达围城军队的阵地后，被带到执政官面前。他原是马略麾下的一名军官，苏拉一看见他就知道事情不妙。苏拉被告知，在苏尔皮基乌斯建议下，一场全民公投决定解除苏拉东征主帅的职位，改由马略代替。信使此次前来，是要接管苏拉的军队。

苏拉先是大吃一惊，然后愤怒地回到营帐。他迅速盘算起来。他在诺拉共有 6 个军团，总兵力约是 3 万，其中 5 个将随他征伐米特拉达梯，1 个会留下来继续围攻诺拉。虽然部队人数比苏拉去年夏天率领时减少不少，但它仍是一支很有分量的武装，仅“斜眼”庞培在意大利另一侧扫荡叛军残余力量的军团可以与之匹敌。人在罗马的马略并不握有任何军团。

这是一道很简单的算术题。然而，为何马略如此失算，选择把一个指挥 6 个能征善战军团的对手逼到墙角？理由很明显了，马略从未想过苏拉可能放手一搏。他认为那不可能，也无法想象。毕竟一支罗马军队并非指挥元帅的私人武装，而是共和国的战争工具。所有元帅都需要按法律程序，宣誓效忠共和国。罗马公民曾投身战争无数次，军队的忠诚也从未出过问题，马略没理由假定这次会不一样。

但苏拉自有他的理由。他恨他的对手，他对自己的野心受挫备感愤怒，也绝对相信自己受到了不公正的对待。这一切都让他敢于设想某种胆大包天的行动。以前，不曾有罗马人率领军团进攻自己的城市。身为第一个走出这一步的人，而且忤逆传统至此，他必须承受几乎没有罗马人能承受的心理压力。但苏拉看起来没多少犹豫。他日后宣称，他所有最成功的行动都不是仔细盘算的结果，而是发自突如其来的灵感。在苏拉看来，这些灵感是上天所赐。他虽然玩世不恭，却笃信宗教，绝对相信有名女神一直在提携他，而且这名女神的力量大于任何可能阻碍他行动的神的力量。不管他做些什么，也不管他爬到多高，苏拉总是相信维纳斯保佑着他。维纳斯会把性吸引力和财富赐给她所青睐的人。

不然还能怎么解释他不同凡响的崛起呢？他是个念本之人，从未忘记那两个把财产留给他的女人之恩。这是否会影响他对自己和维纳斯关系的看法？他是否把女神看成了另一个可以被他引诱和崇拜的对象，以便换取她所能提供的一切？显然，苏拉终其一生都把魅力用作武器，对妓女如此，对政治人物和军队也是这样。他尤其擅长拉拢普通士兵的心，他能讲他们的污言秽语，能欣赏他们的笑话，很快就获得了乐于帮助下属的名声。加上人们都相信他是一个特别幸运的人，以及一连串的军事胜利和果敢的行事风格，他大受部队欢迎并不让人意外。

然而，在很多人眼中，他的魅力包含邪恶的成分，这可以从他的面相看出来。苏拉虽然长相英俊，但肤色是浓烈的紫色，而且一旦发怒，脸上会出现神秘的白色斑点。根据医学解释，这是性倒错的结果——这个解释与苏拉少一颗睾丸的传言吻合。这些谣言总纠缠着他。当苏拉第一次参加战斗时，他的上司马略曾对这名新军官的轻浮名声表示反感。后来，在证明自己的军事价值之后，苏拉曾向一名出身高、成就低的贵族夸耀自己的能耐。那位贵族只评论说，当一个人未从父亲那里继承什么却非常富有时，一定有什么不对劲。人们这种对苏拉成功的不安心理经常会表达出来，我们不能一味地斥其为势利眼或嫉妒。例如，他对萨谟奈人的重大胜利有时会需要他夺取其他军团指挥官的军权，甚至需要他对士兵的谋杀行为视若无睹。公元前 89 年年初他围攻庞贝期间，敌人特别顽强的防守让士兵们怀疑指挥官通敌，士兵们以私刑将这位指挥官处死。苏拉接手这名遭谋杀军官的指挥权后，并未处罚肇事者，所以便有谣言传出，说谋杀是苏拉唆使士兵干的。这些传言很能说明苏拉名声包含的矛盾性格，以至于它们不只可信，也让他在士兵中更受欢迎。

既然苏拉的部队曾乱棍打死过一个军官，他们当然不在乎多干掉一名趾高气扬的信使。当苏拉在校场上向将士们宣布那道从罗马发来的命令时，他们便马上去找马略的使者，用石头砸死了他。他们用不着别人推一把，就主动要求苏拉率领他们进军罗马。苏拉欣然接受所请。他麾下的军官都对这项计划大为吃惊，除了一人以外全部辞职，但苏拉知道自己已经走得太远，无法回头了。他留下一个军团继续围攻诺拉，然后便率领其他军团向北进发。罗马对于他逼近的消息不敢置信，有些人，例如失去执政官官职的庞培·卢福斯，则欢迎这个消息的到来，并前去和苏拉会合，但大多数人都惊呆了且不知所措。一个个使者被派去劝说苏拉悬崖勒马，但对于这些请求，他都回答说，他进军罗马，只是为了“把她从统治她的暴君们的手中解救出来”。[3]马略和苏尔皮基乌斯完全知道他口中的暴君们指谁，于是拼命想办法拖延时间。当苏拉接近罗马近郊时，他们派出最后一名使者，保证召开元老院会议讨论他的要求，而他们自己也将与会，并服从会议的决定。他们只要求苏拉停留在罗马城神圣边界的5英里外。

所有的人都知道越过这条界线代表的可怕含义。虽然罗马人崇敬很多神明，但罗马很少有比“罗马城界”（pomerium）更神圣的空间了。那是一条古老的界线，象征罗慕路斯犁出的犁沟，自王政时代以来从没改变过。罗马绝对禁止任何罗马公民携械越过这条界线，因为界线以内是罗马和平守护者朱庇特的领域。朱庇特还是一名易怒的神，所以当苏拉告诉使者他接受马略的条件时，使者也许不会怀疑。但苏拉只是装个样子。马略的使者刚转身返回罗马，苏拉就下令军团推进，分三路夺取罗马城的三道城门。虽然朱庇特力量强大，但苏拉持续获得伟大的幸运女神维纳斯的庇佑。

在军团越过“罗马城界”，走入狭窄街道后，罗马市民从屋顶向他们掷瓦片。这些攻击极为凶猛，士兵们一下子乱了手脚，直至苏拉下令对屋顶射出点火的箭后他们才回过神来。当火势开始扩大并蔓延到各条主要大街时，苏拉正骑马走在最宽阔的神圣大街，往城市的心脏地带而去。马略和苏尔皮基乌斯试图动员城中的奴隶迎战，但未成功，于是便逃走了。全副武装的士兵占领了包括元老院在内的各个重要机构。难以想象的事情就此发生了。一名将军让自己成了罗马的主人。

这是个充满危险的时刻。后世的人们受惠于后见之明，把此时看作占卜师预言过的重大转折点，认为这标志着一个旧时代的过去与一个新时代的诞生。当然，随着罗马军队向罗马进军，一道分水岭形成了。罗马的天真质朴一去不复返。争逐荣耀一直是共和国的动力所在，但现在，某种致命的东西被加了进来，如同潜伏的毒素般令人难忘。过去在选举中败选、在诉讼中败诉或在元老院的辩论中落败被认为是最值得一个罗马人害怕的事。但苏拉在追捕马略的过程中，却把敌意和私人仇恨推到新的极端。从这一刻起，每个有野心的罗马人都不会忘记苏拉的做法，这种记忆既是一种诱惑，又是一种恐惧。

既然已经迈出决定性的一步，苏拉便急于走到底。他召集元老院会议，要求把对手定性为国家公敌。元老们慑于他的卫兵，匆忙照办。被定罪者包括：马略、苏尔皮基乌斯和包括马略那个年轻儿子在内的另外10人。苏尔皮基乌斯被一个奴隶出卖，落网被杀，其他人则逃走了。马略经历多次危急关头（包括躲在芦苇丛中看着受雇的杀手走过），最终抵达还算安全的阿非利加行省。就此而言，苏拉失败了：他重创对手但未能杀死对方。马略活了下来，静待翻盘的机会。苏拉虽失望，但未太过震惊。他把敌人宣判为全民公敌，不只是为了发泄个人仇恨，还要以此传达另一个信息。通过让共和国为他背书，他希望把他进军罗马的行为重新装扮为保护罗马的行为。虽有5个军团撑腰，但对苏拉而言，合法性仍比赤裸裸的权力运作重要。在元老院辩论时，一位德高望重的元老曾当着他的面说，永远不应把马略这样的伟人宣布为全民公敌。苏拉接受这位老人发表意见的权利，没有发作。只要可能，他都会以相似的态度对待国人同胞的思想感情。他不想表现得像一个军事独裁者，而宁愿扮演宪制捍卫者的角色。

这不全然出于虚伪。若说苏拉是个革命分子，那他的革命乃是为了保护现状。因为敌视任何一丁点儿创新，他宣布苏尔皮基乌斯所立的一切法律无效。他引入自己的法条取而代之，致力于巩固元老院传统的无上权威。元老院当然不会对这些措施反感，但苏拉仍被一件两难的事情困住了。他急于讨伐米特拉达梯，又害怕自己不在罗马时形势生变，他知道他有必要把权力留给支持者。但如果他太明目张胆地干涉一年一度的选举，那他自命为法治体现者的说法又会变得可笑。结果，选举成为对他的一场羞辱：他的两个盟友都未得到执政官的职位。没错，其中一个当选人格奈乌斯·奥克塔维乌斯（Gnaeus Octavius）就像他一样，是个天生的保守派，但另一个当选人科内利乌斯·秦纳（Cornelius Cinna）却威胁要起诉他。在这种情况下，苏拉摆出他能摆出的最好风度接受失败。不过，他在同意两位新执政官就职前，要求他们在神圣的卡比托利欧丘发誓绝不推翻他的立法。奥克塔维乌斯和秦纳显然不想和执政官的职位失之交臂，答应了这个要求。秦纳发誓时，捡起一块石头掷向远处，表示自己若不遵守对苏拉的承诺，就会像那块石头一样被扔出罗马。

苏拉对此感到满意。不过在向希腊开拔之前，他采取了最后一道预防措施。为奖赏一个忠实的盟友和保障自身安全，他下令把“斜眼”庞培军团的指挥权转交给卢福斯（公元前88年与他同为执政官）。事实上，苏拉此举不仅未能保障朋友的安全，反而证明了自己对于军队愿同他征伐罗马一事的理解有多么不明白。卢福斯如同当日马略的使者，只带了一纸任命书就去到“斜眼”庞培的军营，此外别无倚仗。“斜眼”庞培彬彬有礼地欢迎他，把他介绍给部队认识，然后借故离开军营。第二天，卢福斯杀牲献祭，庆祝自己就任。当他举起祭刀时，围绕在祭坛四周的一群士兵蜂拥而上杀了他，“仿佛他本人就是祭品”。[4]“斜眼”庞培闻讯后表示震惊，匆匆赶回军营，但没有惩罚参与谋杀的士兵。曾纠缠苏拉的谣言如今也不可避免地开始纠缠“斜眼”庞培。人们大都怀疑是他授意谋杀了那名打算取代他职位的人。

一个执政官竟被自己的士兵杀害。卢福斯的命运看来印证了一个后世的判断：苏拉政变后，“再也没有什么可以阻止军阀采取军事暴力——法律不可以阻止，共和国的各种制度不可以，甚至连对罗马的爱也不可以”。[5]事实上，它印证了恰恰相反的事。谋杀卢福斯之后，“斜眼”庞培没有发动政变，也没有采取任何行动。由于苏拉离开了意大利，“斜眼”庞培清楚知道自己能左右时局，所以在公元前 87 年接触了每个政治派系，表示自己愿支持出价最高的人，同时也提出了越来越夸张的要求。这种贪婪和敲诈只让他更加不受欢迎。那年年底，报应来了。他睡觉时帐篷被雷电击中，“斜眼”庞培当场死亡。一群暴民直捣出殡队伍，把尸体从棺材中拉出，在泥地上拖行。若不是一位保民官出面干涉，尸体肯定会被撕碎。在一个主要以威望来衡量人的价值的社会中，“斜眼”庞培的身后命运是对任何想买卖国家利益者的严正警告。即使是他，尽管有野心和机会，也从未想过军事独裁。苏拉的政变固然犯了大不韪，但对共和国来说还不算有致命的影响。法律、共和国的各种制度和对罗马的爱依然管用。

这是很自然的事。在罗马人眼中，共和国不仅是一部宪法，还是不可推翻或颠覆的政治秩序。共和国受到最神圣的罗马概念——传统——的加持，为所有分享它的人提供了一种完整的存在模式。一个公民就是知道，自己是自由的，“罗马人应不自由之说，与天国的所有法律相抵触”。[6]每位公民对此都确信不疑。人们对共和国法律和制度的尊重并没有随着苏拉进军罗马而消失，因为那是罗马人自我认同的最深刻表达。不错，一个将军占领了自己的城市，但就连他也宣称，这样做是为了捍卫传统秩序。绝没有革命这回事，不管苏拉进军罗马带来了多少创伤，都没有人可以想象共和国会被推翻，因为没有人能想象将有什么能够取代它。

所以，在公元前 88 年的震荡过后，人们的生活依然如故。新的一年（公元前 87 年）以一切如常的外表揭开序幕。两位罗马人民选出的执政官走马上任。元老院开会，为执政官提供建议。街道上没有士兵。此时，那个胆敢进军罗马的人去了希腊。他的凶猛才干不再被用来对付自己的国人同胞，而是被派上了适当的用场。有场战争等着他去赢取，共和国的敌人等着他去消灭与惩罚。

苏拉向东迈进。

听不懂笑话

6 年前的公元前 93 年，一位叫格利乌斯·普布利克拉（Gellius Publicola）的罗马使者在前往亚细亚途中，短暂停留雅典。他欣赏希腊文化且爱讲笑话。当时，雅典的哲学家仍然闻名于世，而他招来希腊哲学各派的代表，一本正经地呼吁他们解决相互之间的分歧。他又补充说，如果事实证明他们没这个能力，他非常乐意介入，帮他们解决纷争。40 年后，朋友们仍记得普布利克拉给雅典哲学家们的这项提议，认为它表现出极端的风趣机智。“他们吵得多厉害！”[7]

我们不知道哲学家们过了多久才意识到普布利克拉是在开玩笑，也不知道他们是否像普布利克拉那样，觉得这则笑话可以让人笑破肚皮。我们有理由怀疑，他们并不这样觉得。哲学在雅典仍是严肃之事。苏格拉底的传人们被一名自负的罗马恶作剧者戏弄了一番，想必感到颜面扫地吧？不过，他们一定还是会礼貌地笑几声，哪怕笑声空洞：罗马人解决希腊人内部纷争的事早有过不祥的前例。

不管怎样，长久以来，奴性和自负同时存在于雅典，就像一枚硬币的两面。历史的神圣性与城邦紧密地联系在一起，这一点，在雅典尤为明显。雅典人从不会忘记（也不会让别人忘记），是他们在马拉松战役（Battle of Marathon）中拯救了希腊，以及他们曾是地中海最大的海上强权。帕台农神庙仍屹立于卫城（Acropolis），见证着雅典曾经有过的超强岁月。不过，这一切已经过去了很久。亚历山大大帝死后，在人们提出的世界七大奇迹名单中，帕台农神庙显然榜上无名。它太小也太过时了，这种观念反映的是帝国和纪念碑都变得很巨大的时代的自负。雅典和超级国家罗马相比，只算是外省的落后地区。它对帝国的记忆只是一种怀旧，别无其他。雅典人仍视自己为强权的任何想法，都会让罗马人笑破肚皮。在罗马征伐马其顿期间，雅典自愿站在共和国这边，以一篇文情并茂的杰作对马其顿宣战。罗马人并不领情，并嗤之以鼻地说：“雅典人对马其顿国王的战争只是一场纸上谈兵。语言文字是雅典人剩下的唯一武器。”[8]

普布利克拉的笑话是残忍的，因为它暗示着，雅典就连语言文字这件最后的武器也保不住了。事实上的确如此。不论哲学家们愿不愿意承认，哲学就像雅典黄金时代的其他遗产一样，已沦为服务业的附属品。那些格外受罗马保护人青睐的哲学家早学会了量身裁布。一名典型的人物是该时代最著名的博学者波希多尼（Posidonius）。他虽然在雅典求学，但后来游历广泛，逐渐把罗马各行省理想化为一个共同体。波希多尼和卢福斯（那位自己行省百姓利益的正直捍卫者）是亲密的朋友，他相信这位朋友比迫害他的那些税吏更能代表真正的罗马人。波希多尼相信，他在共和国带给世界的新秩序中瞥见了宇宙的秩序。他力主接受这样一种安排，认为这是共和国属民的道德责任。文化和地理上的差异很快就会消解。历史行将终结。

尽管波希多尼说得冠冕堂皇，但他只是给一些日趋明显的事实加上注脚罢了。罗马的来临确实让世界缩小了。这点不需要哲学家来指出。雅典的统治阶级也许私下认为他们的罗马主子是性好霸凌的老粗，却不会公然说出来。罗马人虽然毫无顾忌地剥削被打败的敌人，却很注意照顾朋友，雅典人因此而受惠。受惠最丰厚的一次是在公元前 165 年马其顿战争结束后。当时元老院注意到，罗得岛在这场战争中虽然支持罗马，却未尽全力。长久以来，罗得岛都是东地中海的贸易集散地。罗马人为了惩罚它，祭出经济手段，造成了极大的破坏。他们在提洛岛（Delos）设立免税港，把港口转交给雅典。于是，罗得岛的经济崩溃了，雅典则发了大财。到了公元前 1 世纪，雅典变得极为繁荣，以至于它的货币在罗马鼓励下，成为整个希腊世界的法定货币。意大利和雅典的度量衡制度也统一了，由此导致的贸易繁荣不只让罗马获益，装满意大利商品的船只也开始航行于雅典和提洛岛的港口之间。雅典的上层阶级开始将目光紧盯他们城市之外的世界，并聚焦于衡量他们成就的唯一指标：成为百万富翁。

这显然并非所有雅典人都可有的机会。少数最富有的公民操纵着经济，他们越富有，大多数不富有的公民就越愤怒。这种情形在古代所有社会皆然，但也许以在雅典（民主的诞生之地）为最。在雅典的穷人之间，对独立的梦想和对一个历史时期的记忆不可分割地联系起来，那时，人民握有权力不是一句口号，而是实实在在的事。当然，没有什么比那样的权力更让大商人彻夜难眠。然而，随着大商人对政府的控制越来越紧，那些一度可以维持雅典民主的制度开始萎缩。不过它们并未被完全废除，因为除却别的好处，它们还有益于观光业，可吸引罗马观光客来此见识民主运作时的奇景。有时，雅典提供的乐趣与其说像一间博物馆所提供的，不如说像一个动物园所提供的。

然后，到了公元前 88 年，一切都翻转了过来。当米特拉达梯的军队在爱琴海另一边耀武扬威地扎营时，雅典的商业精英对此心惊肉跳，而他们的贫穷国人同胞则欢天喜地地聚集在一起。对自由的渴望长期遭到压抑，此时则在整个城市搏动了。一个使节团被派去见米特拉达梯，受到了热烈欢迎。双方迅速达成一项协议：雅典人为米特拉达梯提供一个港口，作为回报，米特拉达梯则让雅典恢复民主制度。亲罗马的商业阶级眼见苗头不对，纷纷逃离雅典。民主制度正式恢复，人们欣喜若狂，杀戮也比以往更野蛮。在爆炸性的阶级战争中，一个新政府诞生了，它誓言捍卫雅典的古老秩序和传统。雅典人不愧是雅典人，就连革命都由一个哲学家领导，他的名字叫阿里斯提昂（Aristion），此人始终不同意自己的辩论宿敌波希多尼对罗马的正面看法。因为意大利本土的战争还未平息，又有米特拉达梯这样一名强大盟友，阿里斯提昂不太担心罗马人会来找麻烦。在欣喜若狂的雅典人眼中，他们的独立和民主看似都得到了保障。然后，在公元前 87 年春天，苏拉登陆希腊。

他直接朝雅典而去。雅典人几乎在还不知道发生了什么事之前，就发现他们的城市被 5 个如狼似虎的罗马军团包围了。阿里斯提昂对此梦魇的唯一对策是创作一些粗俗的歌曲，讽刺苏拉的脸像是燕麦和桑葚的混合体。他让雅典人在城墙上不停地唱这些歌，自己则叫嚷着一些猥琐的顺口溜讽刺苏拉及其妻子。他边叫嚷边比出夸张的手势。对此，波希多尼尖刻地评论道："千万别把剑交到小孩子手中。"[9]

苏拉虽然喜欢谐星，但仍有个上限，所以用一些恶毒的辱骂回应阿里斯提昂。他下令砍光柏拉图和亚里士多德教书之处的小树林，把树木造成攻城槌。当一个雅典人派出的和平代表团谈起他们城市的光荣历史时，苏拉以手势打断了他们的话说："罗马派我来，不是为了上古代史的课。"[10] 苏拉遣返使节团，让他们回城中，吃水煮皮鞋与皮夹去。如今，文化之都雅典，饿得只剩最后一口气。

在雅典最终被攻破后，苏拉纵容部队烧杀掳掠。很多雅典人选择自杀。他们太清楚科林斯的下场了，也害怕看到自己的城市毁灭。罗马人的破坏仍然可怕：港口完全被毁，卫城遭到劫掠。所有任职于民主政府中的人都被处决了，他们的支持者被剥夺了投票权。幸好苏拉没放一把火烧掉整座城市。一向极端鄙视历史的他这次表示，他是出于对古人的尊敬才放雅典一马。甚至当他说着这些话时，鲜血仍在从城市流向郊外。

雅典的残骸由一个商人组成的政府继承，这些商人在风暴初起时曾逃到苏拉那里去。他们统治的雅典已无半点独立和繁荣的迹象。罗马的统治毫无疑问地很快确立起来。当时，苏拉率领士兵从雅典向北进发，遭遇并打败了米特拉达梯派到希腊的两支军队。不久，苏拉就和米特拉达梯举行了一次会谈。两人都有很好的理由想达成协议。米特拉达梯心知游戏已经结束，只希望自己的王国能保持完整。苏拉对于他在意大利的敌人仍不放心，急着想回家。在米特拉达梯答应归还他所控制与占领的所有领土后，苏拉轻易放走了这名杀死 8 万意大利人的凶手。在此之前，任何与共和国交战的人都无法全身而退。米特拉达梯虽然算是被打败，但仍稳坐本都的王位。有朝一日，罗马将后悔没有一次性把他解决。

苏拉报复的直接对象一如既往，是可怜巴巴的希腊人。罗马人在亚细亚行省的直接统治迅速恢复。对于如此多意大利人死亡，苏拉未跟米特拉达梯算账，却把矛头对准希腊人。他强迫希腊的城市预缴 5 年赋税，负担全部的战争花费，并承担来此镇压他们的罗马军队的费用。苏拉在公元前 84 年回到希腊，此时，雅典人已没有能力反抗，所以他可以用得胜罗马将军所用的传统方式来展示对雅典文化遗产的尊重了，那便是偷窃它。宙斯神庙的石柱被拆下来，准备运回罗马。苏拉又将运动员集合起来，作为他胜利的展示品，害得奥林匹克运动会没有体育明星参加，只有短跑项目能够举行。最让苏拉得意的是对雅典图书馆的劫掠，所有藏书被一扫而空。此后，任谁想钻研亚里士多德的作品，都得到罗马去。苏拉对雅典哲学的报复十分甜美。

即使如此，他的报复能力还未达到底线。正如他在一封致元老院的信中自豪地表示，短短 3 年内，他就赢回了米特拉达梯占领的所有土地。希腊和亚细亚再次承认罗马为主宰。话是这样说，但事实上，他已不再代表共和国。他在罗马建立的政府已经垮台。他在缺席的情况下被判死刑，他的财产被充公，他的家人被迫逃亡。劫后的东方无人相信苏拉会容忍这种侮辱。现在希腊已被驯服，他准备好回国了，仍相信自己的运气和维纳斯的保护，并准备好带领军队报复家乡的城市。

罗马再次于瑟瑟发抖中等待他的到来。

第四章

主人归来

卷土重来的苏拉

公元前 83 年 7 月 6 日，罗马最巨大、最神圣的一栋建筑被闪电击中。古老的朱庇特神庙高踞卡比托利欧丘的丘顶。镶金的屋顶下坐落着罗马守护神的圣所，周围环绕着雕像和盾牌等战利品。在远古的王政时代，人们曾在神庙的地基中挖到一颗人头。根据占卜师的解释，这颗人头预示着罗马未来将成为世界之头。既然如此，谁又能怀疑是朱庇特引导共和国走向伟大的呢？难怪元老院每年都在这位神明的圣所举行第一次会议，因为这里是罗马权力的神圣源泉。

但现在，朱庇特却决定以一道闪电摧毁自己的神庙。这显然不是个好兆头。几乎用不着西比尔预言书来揭示，因为它也在大火中被焚毁。但神明为何会勃然大怒？当群众聚集起来观看这场灾难时，火焰仍翻腾着，烟雾弥漫到罗马广场。这里是罗马的心脏地带，从诸神之丘（卡比托利欧丘）一直延伸至权力之丘（巴拉丁诺丘）。罗马广场（Forum）和大竞技场（Circus）是罗马城墙内仅有的两处罗马公民可以自由杂处的露天空间。这几年来，清空摊贩并建立起夹道的奢侈品商店后，罗马广场变得贵气起来，但自远古时期起，这里就比城中其他任何地方更能象征罗马人民的一体性。这里原来是个沼泽区，后来水被抽干，这里被用作附近山丘军事部落的聚会地点。因此，它是罗马人学会以公民身份管理自身事务的地点。罗马广场就像城市本身，是一些不协调纪念物的大杂烩，同时也是共和国的历史见证和城市生活的轴心。律师在此为他们的案子辩护，银行家在此谈论放贷事宜，维斯塔贞女（Vestal Virgins）在此照料女神的香火。所有人都来到这里聊天或四处看看。不过，在罗马广场占据主导地位的是政治。那些看过朱庇特神庙被烧毁的群众习惯性地走到卡比托利欧丘的脚下。这里是公民大会的举办地（Comitium）。公民经常聚集在此聆听讲坛上的演说家演讲，讲坛为很久以前被俘船只的艏制成的弯曲状平台。紧邻公民大会举办地的是库里亚（Curia），也就是元老院集会之处。它的南面一点点，则是卡斯托耳（Castor）和波卢克斯（Pollux）的神庙，保民官会在神庙前召开民众大会，就法案进行辩论与表决。这些建筑和户外空间构成的轴线是共和国政治生活的大舞台，是罗马公民的自由与价值的最有力表述。所以，卡比托利欧丘发生的大火显得更加不祥，它把下方的罗马广场映成一片愤怒的红色，红色正是战争和杀戮之神马尔斯（Mars）的颜色。

苏拉日后宣称，马尔斯的女性翻版贝娄娜（Bellona）曾就这场灾难对他事先发出警告。他刚登陆意大利，他的一个奴隶就被神灵附身，预言除非苏拉马上取得胜利，否则朱庇特神庙就会被大火摧毁。苏拉的迷信没有妨碍他成为政治宣传大师，无疑，他这则故事被一再重复，被灵巧地用来使对手落于下风。它显然可以提醒大众，苏拉出发前往希腊之前，曾让执政官秦纳到卡比托利欧丘发誓，保证不会在他不在时对他发起攻击。秦纳几乎马上就违背了誓言。难怪苏拉会把神庙失火看成天赐的礼物。从现在起，他在策划报复行动时，便可指出诸神也一样想报复。

事实上，秦纳当初之所以会破誓，更多是出于自卫而非背叛。在苏拉留下的恶劣政治气候中，对立政治派系的暴力冲突愈演愈烈。在长年的龃龉下，公元前 87 年，意大利人选举权的问题甚至导致两位执政官公开开战。秦纳被另一位执政官奥克塔维乌斯赶出罗马。他设法东山再起。他的第一步是先施展讨好群众的魔法，说动仍在包围诺拉的罗马军团在其上次进军罗马仅仅一年后，再次进军罗马。秦纳还找到了新盟友。结果，最可怕的还不是他带来的军团，而是他新盟友的名字。在出走阿非利加、蜷缩于迦太基的废墟中数月后，马略回来了。

他在意大利赶路期间招募了一支由奴隶组成的军队，然后与秦纳一起开赴罗马，轻易把城攻破。满腹怨气的马略对敌人展开了一次残忍的清洗。奥克塔维乌斯不肯逃走，在执政官宝座上被杀。秦纳收到他的首级后，得意地将其拿到讲坛上展示。其他马略的敌人要么逃走，要么被残忍地屠杀。当他的奴隶军队还在城里横冲直撞时，马略第七次当选执政官——这他老早就预言过了。不过他上台后，毫无节制地酗酒与夜夜做噩梦，竟导致他两星期后就死了。

这让秦纳成为政府中无可争议的领袖。作为一个鄙视先例的强人，他连续当了三年执政官，其间为应付苏拉的归来做着准备。然后到了公元前 84 年，随着苏拉摆出入侵意大利的架势，秦纳决定先发制人，在希腊对其发动打击。不过这次，这位执政官用来迷惑士兵的花言巧语没有起作用。他的部下哗变，秦纳在混乱中被杀。大部分罗马人都害怕苏拉那久经战阵的军团，想必他们认为，由于秦纳的死，和平还有最后的机会。不过，苏拉却轻蔑地拒绝了元老院中立派的建议，甚至拒绝考虑和解的可能。虽然秦纳已死，但马略派仍牢牢掌握着权力，双方都有殊死一战的决心。马略之子继承父亲的世仇。他是著名的花花公子，生活放浪，但同样对父亲的死对头恨之入骨。朱庇特神庙失火后，小马略赶到火场，不是为了抢救神像或西比尔预言书，而是为了抢夺神庙中的金银财宝，好让他有钱招募更多军队。几个月后，才 26 岁的他当选了公元前 82 年的共和国执政官。

到了这时，人们对宪法的滥用已经成为常规。元老们的野心已被秦纳和他的盟友压制多年，现在，他们看着一个毛头小子在扈从的簇拥下趾高气扬地走在罗马广场上，只能干瞪眼。后来，虽然小马略明显不受欢迎，但另一个替代选项却让人更加不敢恭维。苏拉身上的邪恶气息，还有他长年来的暴力记录，都让人皱眉头。没有多少人欢迎他返回意大利。虽然他口口声声说要恢复共和国，但他的说法备受怀疑。军队堵住了通向罗马的道路，迟迟不肯散去。

不过，苏拉不再像公元前 88 年首次进军罗马时那样只有一名军官追随。5 年后的现在，他身边跟着大批贵族，其中许多是马略派的仇人，他们想借机报复。他们之中最出类拔萃的是出身罗马显赫世家的马尔库斯·里基尼乌斯·克拉苏（Marcus Licinius Crassus），他的父亲曾领导反对马略派的行动，并在失败后被杀。克拉苏的哥哥在接下来的清洗中同样被杀，其家族在意大利的产业遭到充公。

这些家产想必相当可观。克拉苏的父亲除了坐拥闪闪发亮的政治事业外，还对进出口贸易抱持强烈兴趣。难怪这个家族会被冠以“富有”的外号。克拉苏将继承父亲的观点，认定财富是权力最稳固的基础。日后他提出了一种恶名昭彰的意见，认为一个男人除非养得起一支自己的军队，否则不可能太富有。[1]这是个建立在他年轻时经历基础上的判断。他为躲避宿敌追杀而逃到西班牙——他的父亲在西班牙总督任内发过一笔大财。即使是躲在海边的一个偏僻地方，这位逃亡者仍生活奢华，吩咐随从往他藏身的山洞里递送食物和年轻女奴。几个月后，秦纳的死讯传来，这让克拉苏胆子大壮，他想收回家产。他虽然只是一介平民，却采取了一种闻所未闻的方法，招募到一支约 2 500 人的私人大军。克拉苏带着军队在地中海地区转悠，与各种反马略派的势力接触和结盟，然后航向希腊，投入苏拉麾下。毫无意外，苏拉热烈欢迎他的加盟。

不过，最热烈的欢迎保留给了一名比克拉苏更年轻、更有魅力的将军。当时，苏拉已跨海抵达意大利，正在向北推进，但他这时收到消息，称另一个人招募的一支私人军队正在南行，将与他会合。由于道路被各种马略派的势力堵住，苏拉担心前来增援的部队会被消灭。不过，就在他快马加鞭驰援时，消息又传来说：初出茅庐的将军打了几场漂亮的胜仗，让执政官的一支军队夹着尾巴逃跑了。现在，这位将军的军队列出完整队形在前头等着苏拉。他们的武器闪闪发亮，人人脸上神气焕发。苏拉当然大为动容。他来到新手将军的营帐后，下了马。一名年轻人站在那里守候，只见他一头金色短发，侧脸很有亚历山大大帝的味道。他高呼苏拉为“大将军”（Imperator），苏拉也回喊他为“大将军”。即使是最杰出的军人，通常也要历练多年才能得到这种荣誉称号。但当时格奈乌斯·庞培（Gnaeus Pompeius）才23岁。

早熟的自大、自我吹嘘的天赋与对成功的近乎孩子气的喜爱，这些特质是庞培崛起的特点。苏拉一开始就看出了这点，所以不吝满足这位新归附者的虚荣心。只要能确保得到对方的支持，他完全乐意恭维对方。庞培既值得讨好，也要求讨好。他从他的墙头草父亲"斜眼"庞培那里，不只继承了意大利最大的一笔私人财产，还继承了见风使舵的敏锐嗅觉。与克拉苏不同的是，他和马略派没有私怨。他在苏拉到达前，曾靠近秦纳的阵营。秦纳在兵变中被杀，显然让他觉得支持苏拉更有搞头。庞培总能嗅出哪里的机会最丰硕。

他和克拉苏都意识到，内战已经改写了政治游戏的规则。对年轻一代中最冷酷无情、头脑最清楚的那些人来说，超越父辈的绝佳机会就摆在眼前。对小马略恨之入骨的苏拉曾悲叹自己变老而对手变年轻。他的支持者也一样在变年轻。庞培尤其年轻，他漫不经心率领军队的模样就如同一名小学生在玩玩具。在罗马人看来，年轻人激情暴烈且危险，只有动用纪律才能加以驯化。但庞培早就是匹脱缰野马。他的敌人都称他为"少年屠夫"。[2]他在截至目前的短暂军旅生涯中，不把传统与法律放在眼中，杀起人来毫不手软。

显然有个人能节制他，但苏拉本人所提供的榜样却野蛮得让"少年屠夫"都相形见绌。他蓄意刺激萨谟奈人发动最后一次起义，并利用这个机会对他们大开杀戒，把自己装扮得像罗马的捍卫者，而不只是个军阀。萨谟奈和坎帕尼亚再次遭到无情劫掠，萨谟奈人再次（也是史上最后一次）穿着耀眼的铠甲、高顶头盔走进平原，加入濒临崩溃的马略派阵营。在内战开打一年后，公元前83年，一位执政官出逃阿非利加，另一位执政官（小马略）被困在离罗马约 25 英里的山城普雷尼斯特（Praeneste）。萨谟奈人首先想前往解救小马略，然后又突然想到罗马防守空虚，故毅然掉头，挥军直取首都。苏拉惊见这一幕，便拼命从后追赶。在萨谟奈人看见罗马城的城墙后，他们的指挥官下令摧毁整座城市。他高喊："这些狼群野蛮地剥夺意大利的自由。若不先铲除他们栖身的森林，接下来有可能铲除他们吗？"[3] 不过，正当萨谟奈人开始向科林门（Colline Gate）前集结、耳边传来城中妇女惊恐的哭声时，苏拉的军队赶到了。中午，他的骑兵前锋便已开始骚扰敌人的阵线，到了下午稍晚时，苏拉更不顾副手的劝阻，命令筋疲力尽的部队投入战斗。激战一直持续到晚上，其间互有胜负。克拉苏粉碎了萨谟奈人的左翼，但苏拉的阵线已被击破，军队被挤向城门，形势危急。但幸运仍眷顾着他。他向保佑他的诸神祈祷，然后重新集结人马。黎明时，克拉苏得手的消息传来，苏拉终于胜利了。

科林门的血战具有决定性意义。他的敌人在意大利再也没有可以继续作战的军队。随着萨谟奈战俘遭到包围，苏拉成了罗马的绝对主人。

幸运儿苏拉

苏拉在科林门共俘虏了 3 000 名战俘，另外 3 000 名后备军在苏拉保证了他们的生命安全后投降。不过他们刚一走出要塞就被包围，并被送到其他战俘的所在地。他们被囚禁于战神大校场（Campus Martius），那是城北的一片冲积平原，位于卡比托利欧丘的城墙外。

即使吃了败仗，萨谟奈人一样被拒于罗马城城外。

苏拉在这起事件上的谨慎带有反讽意味。在他自己的部队于公元前 88 年打破禁忌前，可以携带武器进入罗马城的是举行胜利游行的公民。此外，罗马城一直是军人止步的禁区。打从王政时代起，罗马公民都是先聚集在马尔斯平原（Plain of Mars）——战神大校场，发过誓后再成为士兵。在这里，他们会被按照财产多寡和地位高低分队，因为不论在战争时期还是在和平时期，每个公民都必须知道自己的位置。这个层级制的最上层是那些买得起战马的人，被称为骑士阶级（equites）。骑士阶级下，为 5 个步兵阶级，最底层是那些连投石器和石弹都买不起的公民，被称为"无产者"（proletarii）。7 个阶级再细分为一些百人队（centuries）。这种安排让地位高下更为细致地凸显出来。即使在阶级和百人队不再是军队基础后许久，罗马人仍未放弃一个如此让人满意的制度，它转而成了政治生活的核心。

当然，少有公民不梦想在阶级的阶梯上持续往上爬，一直爬到最高的一层。一个罗马人爬得越高，看见的风景就越光明灿烂，他也就越想往上爬。例如，一个人成为骑士后，就突然有了当元老的资格；加入元老院之后，就有机会当上司法官甚至执政官。典型的共和国公民最重视的是被选举权和竞选获胜的机会。失败的典型标志是无法继承父亲的阶级。

平坦和广阔的战神大校场上只有少数人工建筑。最大的一栋是一个有围墙的场所，里面设有栏杆和走道，类似圈养牲口之处。罗马人称之为"羊圈"（Ovile），它是选举行政官员的地方。不同阵营的选民从不同走道进入。阵营组合随选举不同而有所变化，而共和国本质上也是在这些复杂选举的基础上发展起来的。例如，选举保民官时，选民按部落划分。部落的历史非常久远，几个世纪以来，随着共和国的扩张和变革，部落也以典型的罗马方式改变着。后来，随着意大利人获得投票权，部落也被重新组织，以适应新迁入的公民。每个部落的每位成员都有投票权，但因为行使投票权需要亲自前往“羊圈”，所以只有最有钱的外地人负担得起去往罗马行使投票权的旅费。因此，选举不可避免地有利于富人。在大部分的罗马人看来，这种做法颇为公平。毕竟富人对共和国的贡献最多，他们的意见也被认为分量最重，不对等的投票权是罗马阶级制度的另一表现。

不过，这条原则在选举最高级行政官时表达得最清楚。阶级和百人队的原始功能正是在这些选举中继续如鬼魂般存在。公民聚集选举执政官的方式如同他们先祖集合起来前去打仗的方式。如同王政时代，一支军号会在破晓时吹响，召集公民前往战神大校场。一面红旗会在台伯河那边的贾尼科洛丘（Janiculum Hill）上飘扬着，示意没有敌人。然后，公民们就像要前去打仗时那样列队，最有钱的人排最前面，最穷的人排最后面。这表明总是上层阶级先进入“羊圈”。这也不是他们唯一的特权。事实上，他们的选票占极大的分量，往往能决定一场选举的结果，所以其他阶级是否前来投票差别并不大。又由于排一整天队投票没有津贴，大部分穷人觉得不划算，于是就不来了。而这种情形显然是骑士阶级所乐见的。

另一方面，对那些负担得起参加投票的人来说，投票日的紧张气氛又是罗马公民生活中最刺激的。穿着特殊白长袍的候选人、那些挤来挤去的支持者，还有乱哄哄的叫喊和取笑声，这一切都让这个场合独树一帜。选举结果要到当天很晚才会公布。这时，当选的候选人会得到群众如雷的喝彩，然后在支持者簇拥下从“羊圈”走向卡比托利欧丘。大部分选民在投票后都会留下来等待宣布结果的高潮到来。不过，若天气很热，在人群扬起的尘土中等上一整天可是需要耐力的。战神大校场上没什么便民设施，大部分疲倦的选民倾向往公共别墅（Villa Publica）走去。公共别墅是一幢有围墙的政府建筑，坐落于通往“羊圈”的路上。在那里，人们可以闲谈、扇扇子和避开烈日。

苏拉在科林门的战斗结束后，就把俘虏关进公共别墅里一间两层楼的方形接待厅，此厅装饰得富丽堂皇，怎么看都不像关战俘的囚室。公共别墅房里摆设的人像与绘画都非常精美，反映出它在共和国生活中扮演的决定性角色，因为公共别墅正是维持与审查罗马阶级制度的地方。每五年，公民都要来这里登记一次，而且还得说出妻子和小孩的名字，以及拥有哪些财产和家当（从拥有的奴隶、现金到妻子的首饰、衣着）。国家有权知道一个公民的一切，因为罗马人相信，甚至包括“个人品位和食量在内，都应被登记在册”。[4]正是这种对公民信息的无所不知，为共和国提供了最坚实的基础。阶级、百人队、部落，任何能把公民分门别类的范畴都由人口普查界定。两个行政官在书记员整理好原始资料后，会仔细爬梳这些数据，然后决定提升或贬抑一个公民的地位。这个官职被称为审查官（censor），是共和国最有威望的官职，与执政官相比，更被认为是一个人政治生涯的巅峰。一个审查官的职责如此敏感，以至于最资深、最富声誉的公民才会被委以此项重任。共和国一切架构的维护有赖于他们的判断。多数罗马人认为，若人口普查不够彻底，整个社会的基本结构就会分崩离析。难怪人口普查被广泛视为“天下太平的主宰与守护”。[5]

苏拉通过把战俘关进公共别墅，再次证明即使在最严厉的环境下，他仍可保持对玩世不恭的雅好，而这种玩世不恭很快进一步深化。贝娄娜的神庙坐落在卡比托利欧丘下，人们在神庙里听得见公共别墅里发出的声音。苏拉命令元老们到神庙里见他。他们匆忙赴会时，只要抬头看，便会瞧见卡比托利欧丘顶上朱庇特神庙烧焦的废墟。贝娄娜曾警告苏拉，若他不能迅速取胜，朱庇特神庙就会被摧毁。苏拉通过选择她的神庙作为向元老们训话的场地，清楚地提醒其听众，站在他们面前的是诸神的宠儿，是上天派来拯救罗马的人。这实际上意味着什么，很快会残酷地表现出来。当苏拉开始讲话，夸耀自己打败米特拉达梯的功劳时，元老们开始听见萨谟奈战俘凄厉的尖叫声。苏拉刻意不理会尖叫声，他继续说，一会儿后才停下来嘱咐元老们不要因他们所听到的声音而分心。“不过是有些囚犯在接受惩罚罢了。不用担心，那是我下的命令。”他轻描淡写地解释道。[6]

屠杀执行得很彻底，尸体在屠宰场般拥挤的环境中高高叠起。人被杀光了之后，尸体被拖过大校场，丢进台伯河。大量尸体堆积于河岸上与桥下，最后，“河流在碧蓝色的大海吐出一大摊血”。[7] 公共别墅染上的血渍并不那么容易清除。3 年前，人口普查刚在那里举行过，现在它的房间里充满斑斑血渍。其象征意义既震撼又明显——苏拉在摆出任何姿态前，很少未仔细考虑过效果。他通过血洗公共别墅，为他将对共和国执行的外科手术做了戏剧性的预告。若人口普查没有合法性，那么凭借它获得确定的地位与威望的层级制度一样没有合法性。国家的古老基础动摇了，已接近倾倒边缘。上天派来的苏拉将执行修补工作，为了达到这项目的，流多少鲜血他都在所不惜。

这项表演因结合了迷信与赤裸裸的权力展示，而成为苏拉的最佳表演。没有元老愿意或愚蠢到与它抗衡。即使与苏拉最不共戴天的敌人也别无选择，只能承认他空前的胜利。对苏拉本人来说，胜利总是命运女神眷顾他的铁证。这就是他要贬低自己在科林门战斗中的地位，然后抬高克拉苏地位的原因。不是因为他谦逊，相反，他要把自己描摹为命运女神的宠儿，一个天命所系的人。古代作家不确定应把这种心态归因于虔诚还是玩世不恭。其实两者在他身上可谓全然相容。不过可以肯定的是，通过把自己的胜利塑造得像是神明所赐予，这个首位进军罗马之人，这个以“战争、火和屠杀”[8]蹂躏意大利的人，志在洗净因把灾难带给共和国而犯下的罪责。这就是他要挖出马略的骨灰，将其撒进阿涅内河（River Anio）的原因。此举不仅是一个小小的报复，还是一种经过盘算的政治宣传。他和仇人的生死斗争，这场私人恩怨曾把共和国带到非常危险的境地，现在则被重塑为一场保护共和国的战争。只有这么做，苏拉才能为自己攫取最高权力编织出合法性。马略何尝不是如此？在他人生神志不清的最后几个月，他还是知道要用第七次执政官的任期为自己的权力披上合法的外衣。不过苏拉太精明了，他知道没必要搞出类似的假货，也晓得捡起传统行政官职位的碎布已没有意义。若他准备掩饰赤裸裸的权力，他就必须往别处寻找适合的伪装。

然而，在他能这么做之前，他必须先让胜利获得百分之百的保障。所以他离开罗马，直赴马略派的最后要塞普雷尼斯特。他在路上接到消息，称普雷尼斯特已经投降，马略的儿子已死，现在罗马没有执政官了。苏拉消灭两名国家元首的事实只凸显出他的地位在共和国体制中是多么反常。他太自信了，对此也毫不在乎。他给自己加上“费利克斯”（Felix）的头衔，其意思是“幸运儿”。这是一个人人都喜欢的私人昵称，但苏拉决定公告周知，借此告诉人们，他的统治不需聚集在“羊圈”里的选民批准。他因为好运而获得权力，而他的好运也将回过头来拯救共和国。在她的宠儿把工作做好以及宪法恢复以前，命运女神都将是共和国的主宰。

她的统治被证明是野蛮的。贬尊扬卑是命运女神最喜欢的戏码，共和国遵循的也是这条路。然而它那经过精细调整的精妙体制已经演变到可以阻止任何暴力的改变。大规模处决对手并将他们的财产充公，这种事定期在希腊城邦上演，却非罗马人习惯的一套。苏拉占领雅典后，推翻的正是一个依赖这种手段的政权。现在，他占领罗马之后，打算复制他们的手段。作为“希腊的学校”的雅典，除了许多其他优点以外，它的恐怖统治一样可以给人以启发。

正当萨谟奈人还在公共别墅里被屠杀时，苏拉的行刑队已四处行动。苏拉本人没打算约束他们。就连他的支持者都对杀戮的规模备感震惊。他们中的一人大胆询问苏拉，凶手们何时才会被约束，又迅速补充了一句：“至少给我们一份你想惩罚之人的名单嘛。”[9]苏拉挖苦地照办，在罗马广场上贴出一份名单。马略政权的所有要人都榜上有名，他们被判死刑，财产被充公，儿孙被禁止担任公职。任何曾包庇他们的人也被处死。就这样，一大批罗马政治精英被匆匆消灭。

新的名单陆续出炉。名单上的名字有数百个甚至数千个之多。

作为对人口普查的荒唐模仿，那些与马略派并无瓜葛，却因为有钱有地位而被人觊觎的人也开始榜上有名。聚集在大校场上的盗墓者在浏览名单时可能轻易发现自己榜上有名。现在，拥有别墅、舒适的花园和游泳池都可能是致祸之由，赏金猎人到处追捕猎物，将受害者的首级带回首都，供苏拉过目。有时他会把特别重要人物的首级留在家中，作为战利品来展示。

这种恐怖的记账制度很容易被滥用。任何人都不会比克拉苏靠它获利更多，因为他的家产曾被充公，所以他在这方面的嗅觉格外敏锐。而且克拉苏在科林门救过苏拉，此时的他不可一世，巧取豪夺种种奇珍与房产。不过，当他有点过分地把一名无辜的百万富翁列入整肃名单时，苏拉失去了耐性。两人的关系不可逆转地恶化了，苏拉收回对自己前副手的恩眷。这时克拉苏已非常富有，所以可以不介意苏拉对他的冷落。

对精通战略的苏拉来说，与朋友交恶也是一种策略。通过公开打脸克拉苏，他表明，自己是共和国无私的纯洁者，血洗共和国不是为了任何个人利益。但不管苏拉对克拉苏的贪婪表现得多震惊，仍然没有几个人相信他。他的政策总是打压敌人，拉抬朋友。现在，克拉苏的权势和野心都太大了，他已不甘心做任何人的附庸，但那些不被苏拉看成威胁的人却得到了奖赏。苏拉常以极低的价格将房地产卖给他们，他的政策是蓄意毁掉反对者来让支持者发财。“直到苏拉用财富喂饱所有追随者后，大屠杀才最终落幕。”[10]

他出手慷慨，但从没收财产中获利最多的人却是他自己。这名曾被迫栖身廉价公寓的人现在比罗马历史上的任何人都富有。凑巧的是，有位元老在被判死刑后躲到自己从前的一个奴隶家中。事情败露后，那名已成为自由人的奴隶被带到苏拉面前。他们马上认出了对方。很久以前两人曾合租一屋。在被拖去处决时，那个自由人喊着，苏拉以前和他们并无多大差别。他说这话是出于嘲讽与不服气，但苏拉对此应该另有解释。没有任何事比这件事更能显示出他走了多远的路，而且真的是“费利克斯”。

独裁者苏拉

苏拉致力于破坏，也致力于建设。甚至在罗马的街道被染得血红之时，他已在大声宣告，要让共和国全面恢复健康。对他来说，机会主义和冰冷信念一如既往地是一体两面。虽然他曾极野蛮地投入战争和革命，但这一切丝毫不减他骨子里的保守性格。苏拉对革新抱持根深蒂固的贵族式厌恶。所以，他在为罗马寻找解决危机的办法时，根本没打算把某种崭新的独裁模式加于国人同胞身上，而是把目光投向过去。

最紧急的是，他需要让自己的地位合法化。他虽已将敌人放逐，但仍拒绝通过选举获得合法性。幸而他有先例可援，共和国早期的历史上曾出过一些不经选举就握有绝对权力的人物。执政官的选举在重大危机发生时会被搁置，共和国会另选出一名官员独揽国政。这样的职位完全符合苏拉的需要，他一点都不担心那已是陈年旧事。他借助强烈且具有威胁性的暗示，劝说元老院挖出这个旧职位，并提名他来担任。这样，他的无上权力不只得到了合法化，还披上了一层传统的外衣。试问，罗马人又怎么会觉得自己正在遭受一位货真价实的共和国独裁官的威胁呢？

事实上，人们总是对独裁官心存疑虑。独裁官的无上权力不同于权力一分为二的执政官，总是个对共和国理想的冒犯。这就是为什么后来这个职位会被打入冷宫。就连在对抗汉尼拔的那段黑暗日子里，独裁官也只存在了很短的时间，而且任期固定。独裁官一职如同未经调和的酒，既醉人又危险。不过，好饮酒又好权力的苏拉认为，自己对二者都驾驭得来。他拒绝为独裁官的任期设下限制。他将担任独裁官直到宪法“修正通过”。[11]这话是什么意思，只有他自己知道。

一名执政官有12名扈从，苏拉却有24名。他们每人的肩上不只扛着“法西斯”，而且“法西斯”上还夹着一把斧头，象征独裁官生杀予夺的大权。没有什么比这个更能凸显苏拉与其他行政官之间地位的不平等了，他很快就让人们明白了这点。他在被任命为独裁官后不久，就下令举行执政官选举，两名候选人都由他推举。当他手下的一名将军（攻克普雷尼斯特的战争英雄）企图参选时，苏拉命令他退出，在他拒绝后，苏拉又在罗马广场上公开杀害了他。苏拉比任何人都明白，一名战争英雄会有多危险。

有个悖论笼罩着他的整个改革方案。苏拉身为独裁官，他的任务是确保未来不再有人做他做过的事，也就是进军罗马。不过这点之于他本人算不算悖论，则不无疑问。就像他的宣传始终坚称的，若引起内战之过不在他，那就应该归咎于别处。又如果（这也是他的宣传所坚称的）是野心诱惑马略和苏尔皮基乌斯做出危及共和国的事，那么正是共和国制度的腐败让他们得以飞黄腾达。但苏拉太有罗马人的本色了，以至于无法想象追求卓越的欲望也可以是一种罪。他断然不打算压抑国人同胞追求荣耀的欲望。他想引导这种欲望，让它不但不会危害国家，反而能带给罗马更大的荣耀。

共和国体制的复杂性、自相矛盾与吊诡都让苏拉恼怒。他把它们说成漏洞，想封闭它们，不留任何让未来的马略可资利用的缺口。野心将受到严格规范。每个行政官的官职都将有年龄门槛。苏拉在20多岁时，都把时间花在追求妓女上，现在有了这个歧视少年有成者的机会，他想必很高兴。

他立法规定，30岁以下的人没资格参选哪怕是最低阶的行政官。在罗马，最低阶的行政官是财政官，成功当选者会担任一名较高阶行政官的副手一年，学习他们的经验。有些人甚至会被赋予独立的权责，管理共和国的财政事务，借机熟悉权力的纪律和责任。这是一种重要的训练，因为那些当过财政官的人在39岁之后便有资格问鼎另一个更加尊贵的官职：司法官。司法官的任期也是一年，地位仅次于执政官，拥有广泛的职权。他不仅执掌共和国的法律事务，还有权在元老院召开会议并主持它的辩论。不过在苏拉制定的新架构中，司法官职位的真正吸引力在于它是通向执政官一职的必经之路。执政官之职仍是罗马人可能得到的闪闪发光的最大奖。一如往常，只有少数人赢得过它，但苏拉的改革目标是要确保未来的得胜者都会称职，不再发生小马略般小孩玩大车的丑闻。从财政官通向司法官再通向执政官的道路是一条单一的道路，没有捷径可走。

这种立法的蓄意效果是让中年人受到重视。它在这一点上和罗马人的基本直觉一致：他们认为政治家应是中年人。希腊的统治者也许会把自己装扮得较年轻，但共和国欣赏的肖像是有皱纹、头发稀疏与下颌松垂之人。罗马传统的统治机构元老院（Senate）的名字衍生自“老人”（senex）一词并非巧合，元老们喜欢自称“父老”

（Father）也并非巧合。让一群富有经验和智慧的人统治，不让不负责的年轻人和穷人有机会乱来，这是每个保守分子都珍视的理想。在共和国的神话体系里，罗马靠着元老院的指引走向伟大，战胜汉尼拔，打破君主制并征服世界。苏拉虽不放过任何践踏元老院的机会，却以恢复它的权威为己任。

修复工作刻不容缓。内战与肃清行动已把这个尊贵的机构弄得满目疮痍，人数从 300 人降低至仅仅 100 人左右。苏拉对此要负很大的责任，但后来他又不遗余力地补充元老院的人员，以至于到了最后，元老人数比历史上任何时候都多。各行各业的骑士阶级——生意人、意大利人和靠抢劫致富的军官——连滚带爬地挤入元老院。同时，元老院内部的自我晋升机会也大大增加了。在苏拉的改革下，司法官的数目从每一年 6 名变为 8 名，财政官则是从 8 名增为 20 名——这是为了确保能定期为权力高层输入新鲜血液。也难怪老贵族会对这些政策深恶痛绝了。不过，势利的罗马人总有办法让新人守规矩。元老们就像共和国的其他任何人，为铁一般的等级规则所规范。由于地位高低决定发言顺序，资历浅的元老很少有机会说话。曾公开批评元老院的人一旦进入元老院，也会马上噤声。尽管苏拉以对敌人小气闻名，但此时看来，他也认为最好把一些对手拉拢过来。

当然，有些人是他仍然管不到的。下层民众的愿望遭到苏拉藐视，代表他们愿望的人则为他所痛恨。苏拉虽然提高了元老院的权威，却报复性地阉割了保民官的职权。他永远不会忘记，苏尔皮基乌斯曾经是位保民官，每削去保民官一分权力，就会让他多一分复仇的快感。为确保保民官不再提出不利于执政官的法案（苏尔皮基乌斯就这样干过），苏拉完全废掉了他们提出法案的权利。为防止保民官的职位吸引野心勃勃的麻烦制造者，他也封闭了此职的仕进之路。他出于精细的恶意，禁止曾任保民官者担任高级行政官。财政官和司法官可以梦想当上执政官，但保民官却无法再做这样的梦。他们的官职没有前途可言。一如既往，苏拉的这项报复非常痛快淋漓。

就这样，共和国体制的一根古老支柱沦为瓦砾，就连苏拉在元老院的保守派支持者都对此感到震惊。[12] 此前，从未有人企图展开这种拆毁工作。独裁官苏拉把他的改革装扮成修复，并表示他的目的是扫除混乱。然而，混乱正是共和国的本质。它蔓生至任何苏拉可以看见的地方。混乱在罗马城里也是举目可见。苏拉对任何挑衅的反应都是予以迅速、致命的一击。很快，他就对罗马城的拥挤失去了耐性，下令把"罗马城界"往外推，这在罗马历史上是头一遭。为解决元老院的拥挤问题，他以同样干脆的作风推倒并重建元老院，让它可以轻松容纳新增的元老。元老们并不感激他。几十年后，他们仍念念不忘原来的元老院，认为它充满共和国历史英雄的痕迹，又抱怨新的元老院"空间扩大了，意义却减损了"。[13] 苏拉对于这些抱怨耸耸肩，轻蔑地一笑置之。他只有在卡比托利欧丘才受到传统的拘束。朱庇特神庙固然已被一把大火夷为平地，但它的轮廓还在。随着一间新庙自灰烬中矗立起来，苏拉从雅典劫掠回来的巨大石柱在旧神庙的结构里闪耀着光芒。旧瓶装新酒，对苏拉的独裁统治来说，还有比这个更贴切的纪念碑吗?

不过，就在距离新的朱庇特神庙竣工还有一大段日子时，苏拉辞去了独裁官的官职。公元前 81 年年底的一天早晨，他突然出现在罗马广场，身边没有扈从。这位曾导致罗马历史上最多公民死亡的人放下最高权力，“既不害怕国内的人民，也不害怕国外的流亡者……他就是这么大胆与幸运”。[14]他的胆量再次获得证明，他始终是个令人畏惧的人物。只有一次，有人敢于当面批评他。那是一名年轻人在罗马广场挑衅他，由于未能引起苏拉的反应，年轻人在苏拉回家的路上不停嘲弄他。除了他之外，没有人不害怕苏拉。

辞职后翌年，苏拉担任执政官，下一年则卸下公职。无官一身轻后，他恢复了年轻时代的放浪生活，那是他熟悉的生活风格。担任独裁官期间，他曾举办罗马史上最大规模的派对，罗马城里所有的人都受邀参加。串烧烤肉在街道上吱吱作响，陈年葡萄酒自公共喷泉中喷洒而出。公民们大快朵颐，直到吃不下一口肉、喝不下一口酒为止。接着，大块大块的肉被扔进台伯河，极尽浪费之能事。苏拉恢复一介平民的身份后，举办的派对当然以私人性质居多。他会和从前的哥儿们喝一整天酒，他虽已攀至令人炫目的高位，但仍对朋友忠诚——正如他对仇人毫不留情。苏拉的朋友包括戏子、舞者和潦倒的雇佣文人，这些人全在被他整肃的人家里混过饭吃。苏拉会给那些没才华的朋友金钱，让他们不用再表演。对那些有才华的朋友，哪怕已经过气，他也非常珍视。苏拉仍奉承与溺爱一名异装癖者：“男扮女装演员米特罗比乌斯（Metrobius）人老珠黄，但苏拉坚称自己还是跟过去一样爱他。”[15]

显然苏拉不像马略，需要以肌肉证明自己是个男人；他不会到战神大校场锻炼身体。他退隐到坎帕尼亚的别墅后，乐于过着退休生活。他已经修复了共和国，而他的工作达到的效果则是天下太平。危机已经过去。看见苏拉穿着一件希腊式短袖束腰外衣与别的游客一起走在那不勒斯的街道上，谁又能够不相信，美好日子已经去而复返？

一如在罗马，意大利的美好日子以野蛮和血腥为基础。萨谟奈山区就位于苏拉别墅的不远处，那里因为一种蓄意的灭绝政策已无人烟。在它四周的坎帕尼亚平原上，许多城市因抵抗过苏拉而仍然伤痕累累，连那不勒斯也被罗马军团袭击过。诺拉最终也被攻陷了，这个叛军要塞被围困了近 10 年，直到公元前 80 年才被攻陷。它的守军看到了罗马人的残暴，铁了心宁死不降。为惩罚诺拉并留下一支长驻的占领军，苏拉在城中为老兵开辟了一片殖民地。无数类似的殖民地遍布坎帕尼亚和萨谟奈。苏拉为庆祝攻占敌人最顽强的要塞，给诺拉取了一个羞辱性的新名字：费利克斯殖民地（Colonia Felix）。只有另一次窃占行为能带给他更多快感。马略的著名别墅坐落于苏拉别墅下方的海岸上，如同建在海角上的一座军营，标志着老兵的荣耀与男性气概的自豪。苏拉把它便宜卖给女儿科尼莉亚（Cornelia）。在伤口上撒盐始终是他的信条。

这种冷酷永远不会被人遗忘与原谅。苏拉让罗马人首次感受到了被专制君主统治的滋味，这是一种可怕但也有益的经历。人们一旦经历过，便永远忘不了。大整肃后，再也没有人怀疑，罗马人对竞争和荣耀的胃口会带来怎样的极端后果。曾经不可能出现的念头如今潜伏于每个罗马人的内心深处："既然苏拉可以，为什么我不行？"[16]

对于这个问题，继他之后的那一代人将给出自己的答案。他们的所作所为将有助于恰当地评价苏拉：他是共和国体制的拯救者还是摧毁者？虽然证明了自己十分恐怖，这名独裁官却也卖力地修复共和国，力图确保在他之后，不会出现另一个独裁官。后世历史学家见惯了终身独裁的事例，对于竟有人自愿放下无上权力感到不可思议，但苏拉真这么做了。难怪他的同代人会觉得他让人困惑且自相矛盾。当他去世后（八成死于肝脏衰竭），大家甚至对于该怎么处理他的尸身都莫衷一是。一位执政官想以国葬尊荣埋葬他，另一位执政官却不想给他任何荣耀。这场争论让罗马再次有了爆发暴力冲突的危险。一大批老兵聚集起来，把他们老将军的尸体从坎帕尼亚护送到罗马，但罗马人民却发现自己“就像苏拉还活着时那样恐惧他的军队和他的尸体”。[17] 他的尸体刚被放到战神大校场巨大的木柴堆上，平原上就狂风大作，把火焰吹得老高。尸体刚刚燃烧殆尽，天空便开始下雨。

直到最后，苏拉都很幸运。

第五章

声誉是马刺

一个贵族的成长

年轻罗马贵族的人生充满机会和风险，内战让两者都大大增加。在苏拉手下，一名年轻人有望取得从前只有成年人才能取得的成就。有些人则会暴富，这些人之中，庞培是最耀眼的明星，他在苏拉立法限制年轻人的野心后仍然神气十足。就连独裁官进而立法禁止 30 岁以下的人担任公职后，他的嫩脸蛋副手仍在阿非利加重创一支死硬的马略派军队，而且被部下高呼为“伟大者”（The Great）。不过，庞培是个特例，其他和他同辈的人都没他幸运。苏拉的密探既不尊重血统也不尊重年轻。例如，朱利安家族和马略有姻亲关系，所以这个古老世家的继承人必须逃亡。有一名才 19 岁的年轻人，其家族人脉本可确保他官运亨通，但现在他不得不躲在山区的马棚里，并花大钱收买赏金猎人，这段经验将令他终生难忘。他在未来的岁月里将证明自己有无比的决心驾驭无常的命运女神。年轻的朱利乌斯·恺撒就像庞培那样，在苏拉称霸的时代脱颖而出。

两人都无愧于自己所受的教养。坚忍是罗马的理想，猎取荣耀与忍受灾难时所需要的坚毅是一名公民的标志。他从出生那一刻起，便被灌输了这种观念。罗马父母对婴儿的第一反应似乎不是怜爱而是震惊：世界上怎会有如此软绵绵与无助的东西呢？“一个婴儿就像被汹涌波浪冲到海滩上的水手那样，赤裸裸地躺在地上，无法说半句话，完全要靠他人的帮助才存活得了。”[1]对罗马人来说，这种状态几近奇耻大辱。小孩子太软弱了，以至于难以被理想化，所以对一个小孩能有的最高赞誉就是把他比作一个大人。结果就是，在现代人眼里，古代传记充满令人好奇和困惑的空白。在对共和国大人物的描写中，最让人觉得冷冰冰与遥远的地方，就是讲述他们早年生活的部分。他们总被说成体格或学识远胜常人。人物越伟大，对他们童年时代的描写就越稀少。我们对于像恺撒这样的人的童年几乎一无所知。重建古代史一般要依靠猜测和推论，而重建古代重要人物早年的生活尤其如此，但这种工作仍值得去做。罗马人就像心理学家一样，意识到“大自然把她的蓝图最明白地呈现于一个人最早年的岁月”。[2]童年是造就未来公民的时期。

那么，对于那个有一天将摧毁罗马共和国的婴儿来说，我们有什么所知是确定无疑的呢？恺撒生于公元前 100 年 7 月 13 日，分别比庞培和克拉苏小 6 岁和 15 岁。他最早的时刻应该被许多仪式包围。罗马人并非一出生就自动成为公民，每位父亲都有权拒绝接受新生儿，有权遗弃不想要的小孩（特别是女儿）。在婴儿恺撒被喂奶前，他的父亲必须将他高高举起，以表示这个孩子已被接受为他的儿子，因此是个罗马人。9 天后，他会被命名，家里将进行大扫除，把邪灵扫地出门。家人会根据鸟的飞行路线来占卜孩子的未来，婴儿恺撒的脖子上会戴上一个名为“布拉”（bulla）的黄金护身符，一直戴到他成年及成为真正的公民为止。

为了让他成为真正的公民，片刻都不能有所耽搁。罗马人没有称呼婴儿的专门字眼，这反映出他们不认为任何小孩因为太小，所以不适合接受磨炼。新生儿被用襁褓紧紧包裹，以塑造体形；他们的面部要接受揉捏和击打。若是男孩，人们还要拉扯他的包皮使其伸展。根据共和国的古老传统与希腊的新医学，罗马人建构出一套节食与洗冷水浴的养生术，这种严苛的养育方式让原本就居高不下的婴儿死亡率变得更高。据估计，只有三分之二的小孩活得过头一年，活下来的又只有不到一半可以长大成人。小孩死亡是家常便饭，社会鼓励父母们泰然处理丧子之事。一个小孩越小，父母对他流露的感情就越少，所以常有人主张：“若小孩死在摇篮里，父母甚至不该悲伤。”[3]但克制情感未必是无情。墓碑、诗歌和私人书信中都有大量证明罗马父母可以对儿女很有爱的证据。对小孩严厉并非蓄意的残忍。恰恰相反的是：越严厉的父母被认为越爱子女。

恺撒的养成方式以严格著称，他的母亲奥丽莉亚（Aurelia）也因此被后世罗马人视为模范母亲。据说她的确会亲自哺乳，但罗马上流社会的妇女却极少这样做，哪怕这是她们的公民责任，这很可耻，因为众所周知乳汁会包含乳汁提供者的人格个性。因此，一个女奴隶的奶水又怎能与自由的罗马妇女的乳汁相比？那些把婴儿交给奶妈照顾的不负责的贵族妇女，显然是在拿她们孩子的未来开玩笑。但她们还是这样做了，那是清晰且惊人的时代堕落的征候。奥丽莉亚违反时代潮流的做法值得她感到自豪。

她的孩子断奶没多久，她便开始对他们展开教育。恺撒并没有独占奥丽莉亚所有的注意力，除了儿子之外，她还有两个女儿：大朱丽亚（Julia Major）和小朱丽亚（Julia Minor）。罗马人认为，女孩应像男孩一样接受磨炼，包括身体上和智力上的磨炼。男孩接受身体训练是为打仗做准备，女孩接受身体训练则是为了生育，但训练的吃力程度一样。在罗马人看来，自知来自认识自身耐力的极限。有了这种认识后，一个小孩方能为成年生活做好准备。

难怪罗马儿童似乎少有玩耍的时间。出土的罗马共和国时期的玩具远少于共和国崩溃后时期的（这时小孩长大后必须成为好公民的观念式微了）。即使如此，小孩仍是小孩："随着他们逐渐长大，人们即使以惩罚作为威胁，也无法阻止他们全身心投入游戏。"[4]女孩子当然有娃娃玩具，因为根据风俗，新娘必须在结婚典礼上向维纳斯敬献娃娃。而让男孩们着迷的玩具之一是陀螺，掷色子也大受欢迎。婚礼上，新郎会向小孩抛撒硬币或坚果，这些东西便成了孩子的赌注。有朝一日，恺撒在面对自己人生最重大的危机时，将会谈到掷色子。他对这个比喻的爱好肯定来自童年。不过，就连儿子掷色子的时候，严厉的奥丽莉亚也会在一旁观看，她时刻"严加管教他的行为，不管他是在玩游戏还是在用功读书"。[5]所以，恺撒大概是从他妈妈那里学会了一项最重要的技能：懂得区分可接受的风险与盲目的赌博。

然而，父亲对他又有哪些影响呢？这个问题只会让关于恺撒童年记载的缺漏更为显著。尽管奥丽莉亚是一位模范母亲，但她对儿子的严格管教可能会冒犯丈夫的权威。在历史上，罗马妇女享有的自由也许很突出，但罗马父亲享有的权威更突出。他的大权不仅表现在可以决定一名新生儿能否成为家中的一员，他的女儿就连嫁人后，也仍处于他的监护下，而他的儿子无论当过多大的官，始终是他的依附人。天底下没有比罗马父亲更有家长权威的父亲。不过，如同共和国的其他方面，权力会带来责任。在每次人口普查中，一家之主都会被问及，他们结婚是否是为了生儿育女。为自己国家贡献未来的人力是公民的爱国义务。然而，罗马父亲更深切的感受无疑是他有责任增加家庭的荣誉。共和国中的地位不是继承而来的，必须是几代人努力赢取而来的。若儿子达不到父亲的地位和成就，或女儿不能影响丈夫，增进她父亲和兄弟的利益，都会被认为是让家族蒙羞。一家之主的责任是设法确保这些情形不会发生。所以，养儿育女几乎就像共和国生活的任何一个方面，反映着罗马人对竞争的热爱。成功教育后代、向他们灌输家族荣誉感并鼓励他们积极追求荣誉，这些都是值得一个男人自豪的成就。

恺撒的野心是有朝一日掌管整个共和国，这种野心想必也受到了父亲的影响。在罗马，有些东西只由父亲传授。小恺撒觉得最有价值的功课大概不是从妈妈脚边学来的，而是在父亲招呼政治盟友时站在父亲身边学来的，或是在辗转于罗马广场上或元老的宴会上时偷听来的。一个小男孩只有亲身体验权力细致的气息，才能发展出对共和国多重复杂性的敏感嗅觉。恺撒父亲的人脉关系良好，名字敲得开许多扇门。作为回报，他家的门也会为别人打开。罗马人没有多少私人空间的概念，一个贵族府邸与其说是一家人的安乐窝，不如说是供他摆姿势与接受喝彩的舞台，是他所希望展现的形象在石头上的投影。表面上，朱利安家族的府邸远离权力中心，被苏布拉的小酒馆与贫民窟包围，但它仍为恺撒的父亲提供了一个让人敬畏的总部。这层被保护人与恩主的关系，也是有进取心的政治家所需要掌握的。若恰当利用，被保护人的支持也许会对他的野心产生关键的作用。一个罗马贵族总会小心照料他的被保护人，他变得越有势力，他的光芒就会不可避免地招来越多被保护人的依附。公元前 92 年，恺撒的父亲当上司法官后，出入都有追随者前呼后拥，这表明他是个重要人物。然而，这种排场能满足他8岁儿子的期望吗？

他的期望非常远大，即使依照罗马的标准来看也很过火。恺撒从不放过任何要求别人对他的血统表现出应有尊重的机会。他是维纳斯的后人，这一点从他早年开始便牢牢植入他的脑袋。他家的府邸如同朱利安家族的神庙，除了有个设计得像神庙的门廊外，正厅墙壁上还挂满了家族出过的高官的蜡制遗容面模，诉说着家族过去的荣耀。由深浅线条勾勒出的肖像回溯历史，指向一位特洛伊的英雄，再由他指向一位女神。外国观察者毫不怀疑这种壮观画面会给一个小孩带来多深刻的印象。“对一个渴望赢得名声与实践美德的年轻人来说，没有比这让他印象更深刻的画面了。”[6]罗马人自己形容说，看到那个画面的少年，精神会如火焰般扬起。[7]不过，若一幢大宅邸的继承人不能证明自己配得上这份遗产，他将成为一个遭人嗤之以鼻的人物。“声望崇隆的老宅，可惜啊可惜，你当前的主人多让人失望！”[8]当人们走过此地并如此论断时，这是多么令人不快。对恺撒来说，家族旧日的荣耀只让现有的荣誉更显寒酸。他父亲固然是名司法官，却非执政官。他走过罗马广场时固然有一批被保护人簇拥，但他却不能让整个罗马城，甚至所有外省的人成为他的被保护人。有些最大的家族能做到这点。例如，庞培虽然是个暴发户，但在意大利东部却能动员整片地区。血腥残忍的“斜眼”是个模范父亲。庞培学认字，就是从读“斜眼”写的一篇颂词开始的。

反之，我们并不知道恺撒年轻时读过什么，只知道他写过什么。他的同代人想必认为他写的东西很重要，不然不会留下对它们的记忆。其中一篇是《赫拉克勒斯颂》。[9]赫拉克勒斯是古希腊最伟大的英雄，是朱庇特的私生子，他取得的成就让自己不朽。另一篇则讲述了俄狄浦斯的故事。

不管恺撒对父亲抱持什么看法，有件事是肯定的：有另一个楷模让他印象深刻得多。恺撒的父亲担任司法官一年后，被任命为亚细亚总督。这是个重量级职位，没有有力人士在背后使力是不可能得到的。当时米特拉达梯正准备入侵，马略也在争取东征主帅的职位。马略这位姻亲的突然晋升，显然和马略离不开关系。后来，先是发生了意大利人起义，接着内战席卷共和国，这段时期，马略继续担任朱利安家族的保护人。就在他去世前，在他对敌人进行残酷报复的第七任执政官任期内，他原计划让年轻的恺撒当上朱庇特的祭司。这个职位因现任祭司被迫自杀而出缺，需要一个贵族来担任。由于恺撒只有 13 岁，还不到任职年纪，职位先被预留给他，但正因如此，小小年纪的他便被直接卷入内战的旋涡。

恺撒的父亲在公元前 84 年去世，死因不明。同年，恺撒脱下他的黄金护身符，穿上成年人的长袍，正式成年。继马略当权的执政官秦纳立即让他成为祭司。恺撒虽然才 16 岁，但显然让秦纳印象深刻，因为这位执政官还把女儿科尼莉亚许配给他。当时的恺撒已经订婚，但没有年轻人愿意错过成为共和国最高首长女婿的机会。婚姻在罗马一向是冷冰冰的买卖，无关爱情，全是出于政治考虑。上层阶级的妇女，尤其是生育能力强的那些，是向上爬的赌博中很重要的一环。由于女孩出生时比男孩更容易被遗弃，门当户对的未婚妻总是短缺。“老处女”就像“婴儿”一词，不存在于拉丁文中。因为当父亲的都急于嫁出女儿换取政治利益，所以她们比男孩早三四岁成年。一个女孩庆祝 12 岁生日那天，便可能戴上传统的藏红色面纱。如果一个已成为别人太太的女人继续处于父亲的监护下（大部分有钱的妇女都是如此），她们对丈夫的忠诚大概不会太深。婚姻可以飞速缔结与破裂，可能因盟友关系而突然生变。恺撒只要一天拥有科尼莉亚这名妻子，就一天可望得到秦纳的关照。一个男人不必因为爱他的妻子才器重她。

不过，在秦纳死于哗变士兵之手后，科尼莉亚在恺撒眼中想必突然成了负资产。在苏拉消灭了马略派和秦纳政权的最后残余后，她的价值进一步下跌。因为恺撒是马略的内侄和秦纳的女婿，所以他几乎不可能在新独裁官面前毛遂自荐。不过，他的名字并没有出现在第一批整肃名单上。他虽然是马略派的人，但和苏拉也关系匪浅。共和国内多样繁杂的角色频频造成矛盾的效忠关系。贵族的圈子尤其小，错综复杂的婚姻关系常导致即使是死对头亦沾亲带故。恺撒母亲的家族为苏拉提供了一些最具影响力的支持者，正是这层关系拯救了恺撒的性命。

代之以杀死恺撒，苏拉满足于只解除这位年轻朱庇特祭司的职位，并要求他和科尼莉亚离婚。让人大跌眼镜的是，恺撒拒绝离婚。正是这个近乎自杀的桀骜之举让他不得不逃离罗马，成为首级被悬赏的对象。因为奥丽莉亚的亲戚不断求情，苏拉最终饶恕了恺撒的违逆。这位独裁官耸耸肩，挖苦地说恺撒身上有大量马略的影子。但若说恺撒像谁，那个人绝对不会是马略。拒绝和科尼莉亚离婚不只需要勇气，还需要忠诚、强烈的贵族式骄傲并愿意信赖自己的运气。这些都是苏拉可以欣赏的特质——欣赏但不信任。

对恺撒来说很明显的是，只要苏拉还活着，他就不会完全安全。他决定往国外跑，但不纯粹是为了逃亡。因仕途的快车道已对他封闭，他必须以更传统的手段寻求发迹。要知道，朱庇特祭司不许骑马、参军，也不许离开罗马超过两天。这些古老的禁忌肯定让恺撒郁闷难受：他是位杰出的骑手，有用不尽的精力与活力，并经常到大校场进行武装训练。他所受的全部教育都教他，该把建功立业视为与生俱来的权利。现在拜苏拉之赐，他有机会随心所欲了。

这些欲求把他带到了亚细亚，他以参将的身份到了那里。在罗马，一个人若没从过军并参加过一些战斗，就不可能从政。东方让恺撒有大量参加战斗的机会，死里逃生的米特拉达梯正在疗伤和重建军力。在爱琴海的莱斯沃斯岛（Lesbos），米蒂利尼城（Mytilene）仍在抵制苏拉野蛮的和谈条件。军事和外交上的混乱随处可见。这种局面可说是为有抱负的年轻人量身打造的。

恺撒很快就脱颖而出。还在罗马时，他的超时髦穿着曾让苏拉吓了一跳。苏拉曾经不以为然地表示，这名年轻人习惯于把腰带束得太松。不过在东方国王的朝廷上，独具一格的服装却受到欣赏，行省政府也很快意识到，恺撒这个穿得像花花公子的贵族非常胜任一些外交使命。他被派往出使比提尼亚（Bithynia），而国王尼科米德斯（Nicomedes）也着迷于这位罗马客人的魅力。大概是太着迷了，据说尼科米德斯像对待情人一样对待他——此后十几年，恺撒的敌人都用这个丑闻中伤他。不管怎样，恺撒的出使任务大获成功，不仅赢得了尼科米德斯的好感，还向他借到了多艘战船。接着，恺撒率领舰队前往莱斯沃斯岛，参与对米蒂利尼的攻击，表现得非常勇敢。他因为在战斗中救了很多国人同胞，所以获得了特别奖赏：一顶以栎树叶做的公民冠。此后，每逢恺撒进入竞技场观看表演，包括元老们在内的所有人都会站起来向他致敬。他以这种方式成为一个广为人知的人物，他的名字被人们传扬。他的事迹将传遍罗马，这样的荣耀是每个公民梦寐以求的。

虽然军事荣耀是赢得人心的最稳当途径，但恺撒却清楚，这对实现他的目标来说还不足够。虽然此时已经是公元前 80 年，苏拉已辞去独裁官之职，但恺撒并不急着回罗马享受竞技场观众对他的欢呼，相反他留在东方，继续在军中效力，同时研究行省的管理，被上司们纷纷赞誉为能干的助手。直到苏拉在公元前 78 年去世，他才终于安心回到罗马。在一座仍笼罩在已死独裁者阴影中的城市，恺撒就像一片鲜明的色彩。“他有着让人喜欢的非凡本领，又因好相处且亲民而大受一般市民的欢迎。”[10] 尽管施展魅力不费恺撒什么力，他的表现还是属于有政治意图的宣言。拉拢大众的人都标榜自己是“平民派”。马略是平民派，苏尔皮基乌斯也是。苏拉的整个政治计划就在于消灭平民派的传统，但恺撒却自视为这项传统的继承人。

不久后，他就以此公然自居。他从东方回来一年后，就大胆起诉苏拉从前的一个手下。因为苏拉的人马这时还牢牢掌控着权力，该军官被无罪开释。不过，恺撒表现杰出，一夕间就让自己成为罗马最受敬佩的演说者（orator）之一。他本来就是个战争英雄，精通外交和行省事务，如今更成了一名公众人物。此时他还不到 24 岁。

恺撒拥有多方面的才能，还有用来发展这些才能的精力，这让他拥有灿烂的未来。显然伟大已被唤醒。他虽然总是有出人意料之举，却不曾偏离常轨。共和国孕育了他，让他的雄心壮志有了实现的渠道。虽然之前 10 年罗马处于混乱状态，但罗马人对他们公民传统的忠诚并未动摇。他们厌倦了内战。家族荣耀和个人信念也许决定了恺撒会去反对苏拉的政策，但他不准备以不合宪制的手段反对它。这种不合宪制的尝试已经展开。苏拉的骨灰甫随风飞散，一名执政官便起来反对整个苏拉派政权，这次起事被迅速且凶狠地敉平。若恺撒参加了起事（他曾受邀参加），他的政治生涯肯定完蛋，一次过错会失去一切。他对这种没把握的赌博不感兴趣。相反，他就像之前的一代代贵族，采取一步步往上爬的做法，不断稳定地更上一层楼。他年轻时代的成就除了作为这种企图的基础外，没有任何其他价值。共和国总放纵其公民追求荣耀。这种做法不但没让它分崩离析，反而带给它征服世界的伟大。恺撒的早期生涯似乎显示出，共和国虽然有过内战和独裁的创伤，却没发生什么真正的改变。

环绕赛道兜圈跑

罗马人把我们所说的滑竿称为“库尔苏斯”（Cursus）。这个词可以有几层含义。它的基本含义和旅程有关，特别是指紧急的旅程。不过用在体育上，它却有个专门的含义：不仅指赛道，也指马车赛本身——那是在大竞技场上最风行的项目。称一个贵族为马车手是种侮辱，侮辱程度只略逊于称他为角斗士或土匪，但在战车爱好者的语言中始终存在这种类比，这蕴含着一个可能令人不快的道理。在共和国，体育运动就是政治，政治就是体育运动。就像马车手必须绕着“转向柱”（metae）一圈圈地跑，只要一个失误，比如不小心让车轮被“转向柱”卡住或尝试加速，就可能导致车子失控；一名野心勃勃的贵族在一次次参加选举时，同样也是在拿自己的名声冒险。马车手和贵族一样，耳闻着观众的喝彩声或嘘声，为了追求荣耀而猛力向前冲，他们深知失败的风险恰恰增加了成功的价值。到达终点或赢得执政官选举后，又有新的选手加入，比赛于是重新开始。

“通向荣誉的赛道对许多人开启。”[11]这句格言听起来让人欣慰，却不是太真实。大竞技场的跑道颇窄，一次只容得下四辆马车比赛。选举也有类似的限制，荣耀并非无限供应，每年只有数量有限的官职供人角逐。苏拉把司法官从6个增加为8个，这固然使机会稍稍增加了，但因为他同时让保民官不再有吸引力并让元老院的人数增加了一倍，竞争其实变得更激烈了。“头脑的交锋，对荣誉的争夺，为达到财富和权力的顶峰而日夜操劳”，[12]这就是“库尔苏斯”提供的景观。在接下来的几十年，这种竞逐更加累人与狂热。

名门望族一如往常，在竞争中占尽优势。恺撒隶属于出过几名执政官的家族，他因此感受到的压力不小于一个执政官的儿子感受到的。一个家族从前的成就越大，如今趋于平凡的可能性就越让人觉得可怕。在外人眼中，一个贵族选举时只要躺着，“胜选的荣耀就会被放在一个盘子里递给他”。[13]但罗马从不以这种方式递送东西，贵族身份不靠血统而靠成就来维系。一个贵族的人生要么是一连串严厉的挑战，要么什么都不是。未能获得高级官职，或更糟，失去元老院的职位，都会让一个贵族的光环迅速暗淡。若连续三代人没有显著成就，那听过此贵族之家名字的便只有“历史学家和学者，而非大街上的人们或一般选民”。[14]难怪世家大族那么讨厌进入元老院的新人。他们也许还能容忍竞选财政官的人，毕竟那只是最低级的官职，但对于司法官和执政官之职，他们却像守护禁脔那样凶猛地守护着。这让野心勃勃的外人——罗马人称之为“新人”——要实现野心更加艰难。不过，他们虽然机会渺茫，却非绝对不可能成功。就像旧家族或许会在转弯处翻车，新的家族也许会后来居上，选举的结果总是变幻莫测。有时，才智会打败名气。无论如何，正如新人们常常指出的那样，若高级行政官的职位是世袭的，那举行选举的意义何在？[15]

马略当然是普通人走向辉煌的一个好例子。一个新人如果在军事生涯中表现出色，也许会名利双收。不过，没有人脉的人很难当上指挥官。罗马没有军事学院，军官通常由擅走门路的年轻贵族担任。恺撒若不是贵族，不可能有机会赢得一顶公民冠。然而，军职一样可能为得到它的人带来麻烦。漫长的战役虽然可能让一个新人赢得巨大荣耀，但也会让他远离罗马。有抱负的人负担不起长期滞留在外的代价。政坛新手一般都曾在部队服役一段时间，或许还得有一些可以炫耀的伤疤，但很少靠军事生涯成名，因为那通常是世家大族子弟的专利。对新人来说，法律是最可能让他们仕途顺遂、获得终极荣耀（执政官）的途径。

在罗马，法律是人们谈兴极浓的话题。罗马人知道，他们的法律系统是定义与保障他们权利之物，因此对它极为自豪。法律是唯一让他们觉得有资格看不起希腊人的智力活动。罗马人总喜滋滋地指出：“其他法律系统相较于我们的都难以置信地混乱，到了近乎荒谬的地步。”[16] 男孩小时候都要学习法律以锻炼脑筋，学习的专注程度不亚于锻炼身体为打仗做准备。从事法律行业是元老觉得唯一配得上自己尊严的文职，这是因为法律并非无关政治生活，反而是政治生活的致命延伸。共和国没有国家公诉机构。一切诉讼都由私人发起，所以法庭成了对付仇家的一条管道。一次成功的起诉可能把仇家打得倒地不起。理论上，若被告犯了重罪，最高刑罚可以是死刑。但现实中，共和国因为没有警察或监狱系统，一个被判有罪者被允许逃亡国外，而且只要他及时准备好易于携带的财产，他在逃亡期间也可以过得很奢华。不过，他的政治生命会就此结束。除了失去公民权，逃亡的罪犯若敢回到意大利，任何人杀死他都不会受到惩罚。每个进入“库尔苏斯”的罗马人都要对此有心理准备。一个人只有赢得行政官选举，才不会被对手起诉，但这只限于任期之内。他只要一卸任，仇家就可以起而攻之。贿赂、恐吓、走后门——一个人会用尽方法以避免被起诉。一旦真的上了法庭，一个罗马人就会无所不用其极，无论什么下流伎俩都不避讳使用，什么样的隐私都会被恶毒地揭露出来，再残忍的诽谤都说得出口。打官司尤甚于选举，无异于一场生死斗。

由于对激烈斗争有着上瘾般的着迷，诉讼在罗马成了一种兴盛的活动。法庭开放给一般大众旁听。罗马广场上有两个常设法庭，必要时也可搭建其他临时平台，所以旁听的人总有大量诉讼可选。起诉人根据旁听听众的多寡衡量自己的声望。于是，在罗马的诉讼中，表演艺术成了重要的一环。对法律条文的细致掌握反而不太受重视，被视为头脑二流的讼棍的伎俩，因为人人都知道，“蹩脚的辩护人才会诉诸法律细节”。[17] 雄辩被认为是衡量法律才能的真正准绳。能够控制听众、陪审团和法官的情绪，让他们或哭或笑，并以一种喜剧的套路娱乐他们或拨动其心弦，令其目眩神迷，进而使其大开眼界的人，才是法庭上的行家里手。据说，罗马人宁愿失去一个朋友，也不愿错过一个听笑话的机会。[18]一个罗马人对于表现出强烈的情绪不会感到半点难为情。律师会教被告尽可能装得如丧考妣，教导被告家属要不时哭出来。据说，马略在一个朋友受审时哭得那么凄切，以至于陪审团和法官都为之掉泪，导致被告很快就被宣判无罪。

罗马人把演说者和舞台表演者都称为“演员”，也就不足为奇了。两者的社会地位天差地别，但他们使用的技巧却没多大差别。苏拉死后那10年间，罗马最著名的演说者是昆图斯·霍腾修斯·霍塔鲁斯（Quintus Hortensius Hortalus），他以模仿喜剧演员的动作闻名。他就像恺撒，非常注意穿着，会“一丝不苟地整理长袍上的皱褶”，[19]并通过挥动手臂加强语气。他的表演非常优雅，以至于每次出庭，罗马的重要演员都会前来旁听，学习并模仿他的每个动作。和演员一样，演说者也是名人，是大众围观和谈论的对象。人们以著名舞蹈女郎的名字戏称霍腾修斯为迪奥尼西娅（Dionysia），但他满不在乎。赢得罗马头号演说者的名声抵得过无数取笑。

很自然，他的对手不遗余力地想抢走这顶桂冠。按罗马人的天性，他们不会忍耐一个人长久地占据国王或王后的位置。霍腾修斯在苏拉独裁期间确立了名声，那时法律活动已受到抑制。他支持扩大元老院的权威，对新政权表现出强烈的认同。他和独裁官如此要好，以至于后来成为苏拉葬礼上的致辞人。[20]接下来十几年，他是元老院重要的一员，这让他在法律上的威望更加巩固。但随着公元前1世纪70年代逐渐过去，他的威名日益受到威胁，这个威胁并非来自元老院里的其他成员，甚至也不是来自贵族，而是来自一个从各方面来说都是新星的人。

马尔库斯·图利乌斯·西塞罗（Marcus Tullius Cicero）如同马略，在小山城阿尔皮努姆长大，也像马略一样充满野心，不过，两人的相似之处仅此而已。西塞罗笨拙而瘦弱，脖子又细又长，永远不能成为一名杰出的军人。不过，他从童年起，就立志成为罗马最伟大的演说者。他在公元前1世纪90年代被送到首都念书，许多同学的父亲都特地跑到学校听他演讲。这件趣闻人们只能从这位神童自己那里听来。虽然罗马人从不认为谦逊是个美德，但西塞罗的自负在他们看来仍非比寻常。不过，他的自负有其道理。他为人极为敏感，一方面意识到了自己的天分，另一方面又陷入一种被害妄想，担心他人也许会因势利作祟而不承认他的天分。但事实上，他的潜力如此明显，早被罗马一些最有影响力的人物看出。其中一人是马尔库斯·安托尼乌斯（Marcus Antonius），他为年轻的西塞罗树立了一个别具鼓励性的榜样。虽然安托尼乌斯出自一个不怎么样的家族，但他凭着演讲成功当选执政官和审查官，同时又是元老院的主要发言人。他是公元前1世纪90年代主宰法院和元老院的一个演说者小集团的成员之一，是咄咄逼人的保守主义的代言人，强烈反对马略等威胁传统的人士。有英雄崇拜倾向的西塞罗永远不会忘记他。当时，罗马有种回到共和国古代秩序的愿望，而安托尼乌斯和同事们进一步加深了这种愿望。虽然正是这种秩序大大阻碍了他的仕途，但西塞罗仍坚信它是共和国体制的完美体现。在公元前1世纪80年代，随着共和国开始陷入内战，他的这种信念有增无减。

公元前87年马略发动暴乱之后，安托尼乌斯遭到杀害。他的头颅被悬挂在罗马广场上示众，尸体被丢弃，供狗和鸟叼食。他那一代最优秀的演说者随着他而被杀害。既然舞台被打扫干净了，大家又可以开始重新竞争了。但恩主之死让西塞罗紧张不安，所以他选择低调。他在内战期间埋首于学习和磨炼演讲术，直至公元前 81 年他 20 多岁时，他才终于第一次当辩护人。苏拉刚辞去独裁官，但西塞罗仍需要小心翼翼。他在法庭首次亮相的一年后，答应为一个翁布里亚地主的儿子辩护，后者被控弑父。这个案子当时在政治上很敏感。正如西塞罗将揭示的，那个被谋杀者的名字是被苏拉喜爱的一个获得自由的奴隶非法加入整肃名单的，然后这个已获自由的奴隶又捏造其子弑父的罪名以掩盖自己的行为，被告被无罪开释，但苏拉对此未表示任何不悦。西塞罗一战成名。

但他不以此为满足，他知道要获得政治上的高位，需要先把霍腾修斯的演说者桂冠抢过来。他为此全力投入法律事务，接下其他著名案子，挑战自己情感和身体的极限，“毫不吝啬地使用我的声音和整副身体的力量”。[21] 仅仅两年后，他发现自己接近崩溃边缘。因为医生警告他喉咙已过分劳损，所以他决定到希腊休养。他在雅典待了半年，到处观光并沉浸于消遣性的哲学研究。苏拉军团所造成的伤痕在这座城市到处可见，但对罗马人来说，雅典仍是一个美丽的文化艺术之都。甚至在街上的血渍尚未全干之时，游客已经回流。其中一名游客是西塞罗的老同学。提图斯·庞珀尼乌斯（Titus Pomponius）是罗马大规模合法但不公正的死刑判决下的一个幸存者，他因认定当时的物价已接近谷底，所以把继承的遗产投资在行省的房地产上，靠着利润在帕台农神庙下享受悠闲生活。他待了 8 年还没半点儿回罗马的打算。他的朋友们因他与众不同的流亡生活方式，给他取了“阿提库斯”（Atticus）的外号。但事实上他不是特例。“阿提库斯”不是唯一一个见证了10年暴力和政治崩塌，而决定过上舒适隐逸生活的富有罗马人。

西塞罗有时会不禁同意他的生活方式。他充分意识到，“竞选和争夺公职有时是件让人筋疲力尽的事”。[22]然而，不管他的崩溃是否纯粹是身体上的，或者更甚于此，他都保留了原有的热情信念：公职生活是值得追求的理想。他离开雅典之后，横渡爱琴海来到亚细亚。他在那里会见了税吏们的老敌人卢福斯。卢福斯的流放刑期在长达15年后仍未结束（他被判刑，是罗马法律历史上的最大丑闻）。卢福斯代表一个教训，证明以古老价值观对抗腐败官员的惊人贪欲有多危险。不过，他本人没有对共和国绝望。这位老人花了几天招待他的客人，讲了自己年轻时代英雄人物的许多趣闻逸事，然后打发西塞罗去找他的朋友：罗得岛上的哲学家波希多尼，这位大智者的谈话比卢福斯的话还有激励性。波希多尼没放弃罗马是天命所归的信念，认为它的基础是传统美德：“坚忍刚毅、节俭、不留恋物质财富、对诸神极尽虔敬、公平买卖且对人公正。”[23]西塞罗听得大为振奋——他总梦想成为最传统的那种罗马英雄。疼痛的喉咙对实现此一梦想有何障碍？出于幸运的偶然，世界上最著名的演讲术学校就设在罗得岛。主持这所学校的演讲家莫兰（Molon）是一个新流派的著名教授，专门为罗马的上层人士量身打造课程。西塞罗很快成了莫兰的明星级学生，这位老师鼓励西塞罗采取一种更节制的说话方式，然后夸张地表示，现在甚至在演讲术的领域，希腊人都已被罗马人超越。总乐于被恭维的西塞罗为此感到心花怒放。他日后回忆说：“两年后我回国，不只更加见多识广，还几乎成了全新的人。我喉咙的重负不见了，我的风格不再那么狂热，我的肺变得更强壮——体重甚至也增加了。”[24]

如今他的精力和自信完全恢复了，他回到罗马广场执业，继续担任辩护律师。他赢得了大批听众，压力相对也增加了。他和霍腾修斯的差距开始缩小。同时他的仕途也开始加速。30岁（任官的最低年纪）那年他当选财政官。不错，这官职在共和国的高阶官职里是最低等级，但毕竟开了个头。且考虑到西塞罗的背景，这也算是一项了不起的成就了。这个来自阿尔皮努姆的外省人现在不只是罗马人民的行政官，还是元老院的一员。他被派到西西里待了一年。这一年，他善加利用卢福斯的榜样，赢得了当地人的尊敬，并有效地组织把谷物用船运回罗马。这名能干的年轻财政官一向缺乏谦逊，所以在他的想象中，他的公民同胞都在谈论他的突出表现。不过，他在普特里港上岸后，却惊讶地发现，几乎没人注意到他曾经离开罗马。不过一如往常，他很快就从这件事中吸取了教训：

> 我相信我在这个事件上受的益多于每个人都给我祝贺。我意识到，罗马人倾向于耳聋，但他们目光敏锐且有观察力。所以我不再在意人们没听过我的功绩，只务求每日让他们看见我。我生活在他们全方位的注视下，总待在罗马广场。不管是我睡着了还是守卫在门外的保镖，都不能阻止人们可以随时来见我。[25]

对那些在仕途赛场上奔跑的人来说，曝光是重中之重。一个新人必须为自己大肆宣传，否则什么都不是。这是西塞罗永远不会忘记的一课。

如今，他迅速变成罗马的固定景观。那些曾注意过他的人现在认识到，西塞罗对自己天分的估计不全是自吹自擂。随着抱持这种看法的人越来越多，西塞罗开始放眼于一个真正的突破：越过最低阶行政官这块跳板，迈入通常由贵族占住的那一圈。不过，他要达到这个目的，必须先把自己确立为独一无二的辩护人，即必须压过霍腾修斯——不只压过，还要彻底打败，在公众眼前打破霍腾修斯“对法律界的独裁统治”。[26]

正因为如此，当最后西塞罗和霍腾修斯当面对决时，赌注高得不能再高。案情包含大量丑闻和色情的细节。被告是西西里的前总督盖乌斯·瓦莱斯（Gaius Verres）。西塞罗这次打破一向的惯例，成为控方。打这桩官司当然有风险，但他仔细权衡过。即使根据内容较温和的罗马行省管理记录，瓦莱斯也是污点一箩筐，两面三刀和贪婪是其政治生涯的主要标志。在马略派当权期间，他始终是马略派的支持者，但一嗅到风向改变，就带着他指挥官上司的钱箱改投苏拉阵营。他在新政权里如鱼得水，得到了一个个油水越来越多的海外肥缺。不管他是否像西塞罗所说的那样，“突出之处只在于犯了滔天大罪和拥有肮脏的财富”，[27]他都一向精于捡现成的：无论是船只、有争议的遗嘱还是东道主的女儿，只要有机会，他都毫不客气地纳入囊中。不过，他的真正专长是古玩。他对希腊世界的多年掠夺，让罗马上层阶级对高级艺术产生了极大的热情。表面上，人们把这种热情视为堕落的自我放纵，并加以藐视；但背地里，罗马显贵们则狂热地追逐任何有价值的绘画和雕像。由于抢劫希腊城市的时代已经过去，罗马发展出世界最早的艺术品市场，以满足贵族们的需求。艺术品的价格因此三级跳，中间商发了大财。瓦莱斯的独到之处是把流氓手段用于交易。除了大量制作赝品外，他又雇用了一队被称为“猎犬”[28]的专家搜寻真正的杰作。瓦莱斯开出的价格绝对没人敢拒绝。在他担任行省总督期间，有位老者这样试过，结果被剥光衣服，绑在广场的一尊骑士像上。因当时是严冬，塑像又是青铜打造的，老者很快改变了主意。瓦莱斯对于其他麻烦制造者，有时会直接把他们钉上十字架——即使罗马公民也一样。

这就是西塞罗决心要扳倒的人。虽然被告劣迹斑斑，但西塞罗知道这个案子不会轻易胜诉。瓦莱斯有一些权大势大的朋友，当西塞罗亲自到西西里调查此案时，他发现证人不是陷入沉默就是无故失踪。幸而他在西西里当财政官期间建立起不少人脉关系。证据举目皆是，即使在沉默的农村，都有大批遭瓦莱斯劫掠的农夫提出指控。作为起诉人的西塞罗显然对有这么多发现感到高兴，但作为有抱负的政治家，这些发现却让他震惊。瓦莱斯的贪腐打击了两个他最热情信仰的信念：一是罗马有益于世界，二是共和国的作为有益于罗马。这就是为什么西塞罗会板起脸指出，即将展开的诉讼后果事关重大。他提出警告，“在大海包围的范围内，所有地方，不管多遥远和多默默无闻，无不在压迫我国人民的贪欲下受苦”，如果不定瓦莱斯的罪，“共和国将注定毁灭，因为这个恶棍被无罪开释将鼓励其他恶棍群起效尤”。[29]这番极有高度的发言并非仅是法庭上吓唬人的伎俩。西塞罗为了自己的政治理想和自尊，必须相信自己说的话。如果仕途赛道奖励的是贪婪而非爱国，又如果瓦莱斯胜诉，那么共和国就真的腐烂透了。这是一个西塞罗将终身坚持的论点：他的成功与否，是判断罗马健康与否的标准。真诚的原则和个人的自重在此无缝地融合起来。

霍腾修斯用不了多久就会明白他的对手是怎样的人。他未照西塞罗所设定的方向辩论，而是设法拖延诉讼的举行。最后，就在法庭即将开始一段长时间的休会前，开庭日才定了下来。这对起诉方来说是个潜在的灾难性挫败。根据惯例，律师陈词往往要花上大量时间，如果西塞罗坚持要讲许多话，这场官司也许会拖长到几个月。官司拖得越久，瓦莱斯就越有机会行贿并施加压力。因此，在审理开始后，被告得意扬扬。不过，西塞罗已准备了一次深具杀伤力的伏击。他没有追随法庭的一贯仪式，而是采取了一个前所未有的步骤：以一系列简短演说将所有证据一次性出示。霍腾修斯马上知道，官司已经完蛋。他放弃答辩的权利，审讯迅速告终。瓦莱斯不等到无悬念的判决结果出炉，便带着自己的艺术藏品跑到马赛去了。西塞罗为庆祝这次胜利，把他本想发表的演讲全文付梓，这些演讲稿经过精心加工，适合大众阅读，而且准确地打击了霍滕修斯。消息传遍罗马：国王失去了王冠。霍腾修斯对法律界的统治已被打破。

西塞罗的王冠将保有一生。就影响力与人脉关系来说，这次胜诉带给了他巨大的利益，同时还有许多更直接的战利品。刚起诉瓦莱斯时，西塞罗曾宣称自己不考虑个人利益，这种说法虚伪到了极点。他肯定知道，起诉人如果胜诉，将有权获得被告的社会地位。瓦莱斯是位司法官，所以如果他被判有罪，其官职所附带的一切权利都将直接移转给西塞罗。这些权利之一，是在元老院的辩论中可先于非司法官的元老发言。对一个像西塞罗这样的雄辩者来说，这是一项关键的特权。自此，他的演讲魔术不只可以施展于法庭上，还可施展于政治的战场上。

他当然还有一段长路要走，但他已经迈出大步。他的弟弟建议他：“经常想想这座城市是哪里，你有着怎样的目标和你是什么人。每日，你走向罗马广场时，反复在心里对自己说：我是个新人！我想当执政官！这里是罗马！”[30]

终极的奖赏，不再是不可能的梦想。

公牛与男孩

在整个公元前1世纪70年代，卡比托利欧丘都是一个大工地。在苏拉的骨灰随风四散之后，新的朱庇特神庙逐渐从灰烬中拔地而起。它既然是共和国最宏伟的工程，显然不会是豆腐渣工程。在新神庙完工以前，西塞罗已称其为罗马城“最著名和最漂亮的建筑”。[31]如同其前身被摧毁是内战的不祥预兆，新神庙是诸神再次眷顾罗马的证据。每个经过广场的人都能清楚地看到它。和平已经恢复，共和国已经复兴。

至少苏拉的支持者希望每个人这样想。这就是为什么他们小心翼翼地把持着监督新神庙兴建的工作。苏拉死后，主管神庙的责任转移给他最杰出的伙伴昆图斯·卢塔修斯·卡图卢斯（Quintus Lutatius Catulus）。卡图卢斯是元老式傲慢的化身。出身名门加上不折不扣的老式正直品质，让他在元老院赢得了无可匹敌的权威性，并轻易成为苏拉最出色的继承人。然而，卡图卢斯的忠诚一样有限度。苏拉原打算把自己的名字铭刻在新神庙的巨大楣梁上，以便永垂不朽，但卡图卢斯另有想法。他刻上自己的名字取代之。

卡图卢斯这种自我拔高的行为不但未损害其正直名声，相反，人们对苏拉有不好的记忆，他的名字被认为带有邪恶意味。通过以自己的名字取代苏拉，卡图卢斯等于承认了这点。他保护苏拉遗产的志向没有动摇，但苏拉以剑尖逼迫共和国就范的方式却让任何自诩为保守分子的人难为情。卡图卢斯联合霍腾修斯（两人是连襟也是最亲密的政治盟友），大力推进一种保守的理念，试图让罗马人民依靠元老院的指导追求荣耀。另一方面，元老院要由像他这样的人来指引，因为他是罗马古老秩序的化身，忠于祖先们的刚毅传统。问题是，共和国有很多不同的传统，这些传统令人头昏眼花且与法律相矛盾。在过去，穿行于不同传统激荡而成的旋涡之中对公民而言向来是个挑战。但苏拉了解这些传统会将人们引向何处，他试图驯服它们，甚至有时试图拦住它们。他引入的法律就像一座巨大的水利系统，发挥束缚与引导作用。几个世纪以来，仪式和一种集体共享的责任感定义着共和国，不成文的习俗就是一切。现在不一样了。卡图卢斯和他的同人虽为坚定的传统主义者，但也是革命的继承人。

不过，在苏拉建起的河堤底下，水流的强大压力持续发挥作用。公民无法那么轻易地切断对古老权利的依恋，而限制和缩减保民官权力的立法则格外能激起群众的仇恨。在苏拉死后三年，公元前 75 年，禁止当过保民官的人参加行政官选举的法令被取消了。虽然苏拉派拼命想保住河堤，但大多数元老投了赞成票。他们有些人是屈服于激烈的抗议活动，有些是受到个人野心的影响，有些是为对政敌的仇恨所驱使，有些是碍于义务，还有些是出于不明的原因。动机在罗马总是难以捉摸的。随着共和国的传统秩序开始自行恢复，罗马政治的一贯难测也是如此。苏拉的梦想——应该只有一条通往权力的公开渠道——和他的安排一起崩溃了。

以帕布琉斯·塞提古斯（Publius Cethegus）为例，他是恶名昭彰的变节者，却经常能在元老院挫败声名显赫的卡图卢斯。为什么会发生这种事呢？塞提古斯就像瓦莱斯一样，在最后一刻才改投苏拉阵营，并因而得以保命。他在围攻普雷尼斯特时劝说自己的旧战友投降，然后又冷酷地把他们交给急于报复的苏拉部队，导致他们被杀。像卡图卢斯那种出身高贵的人都很讨厌他，但塞提古斯却满不在乎。他不像其他罗马贵族，不追求荣誉的他乐于在幕后活动，以贿赂、欺骗和阴谋等手段控制一大批元老的选票，这是一种连最自大的贵族都得尊重的政治武器。每逢重大任命做出前或重大法案表决前，都有大量访客出入塞提古斯的家门。

权力和荣耀竟可以这种方式分离，这让大部分罗马人感到困惑。在任何选举中，塞提古斯的坏名声都让他胜选无望。他的威望仅仅是作为一名游说者的威望，此外别无其他。对有志成为执政官的人来说，常到塞提古斯家里做客非常不明智。老贵族虽有用得着他的时候，却不愿模仿他的政治活动模式，这强烈道出了他们对他的鄙夷。然而，有位出身名门的贵族也在搞幕后政治活动，而且活动幅度远大于塞提古斯，此外对于做这种事不曾表露出半点顾忌。他以同样从容的步伐出入公共生活的阴影中与光明面，“只要能得到他想要的，他愿意不遗余力讨好任何一个遇见的人”。[32] 克拉苏想要什么再清楚不过：他想成为国家的头号公民。

苏拉死后翌年，虽然克拉苏还没当过司法官，但已经有人认为，他离实现野心已经不远了。事实证明，他和苏拉的不睦不仅没有导致严重的后果，反而有助于提高他的声望。克拉苏与卡图卢斯不同，他和苏拉政权保持一定的距离。这是他偏好的运作方式：只追求自己的目标，不和任何他人的目标绑在一起。对他来说，原则只是一场大而复杂的游戏里的棋子，采用或丢弃要视情况而定。他不会冒险在任何事情上表态，而是喜欢让代理人代替他试探底线，无数依附者愿受他驱使。克拉苏热心栽培前途看好的人。不管他是真的想帮助他们当上高官，还是只是把他们作为棋子，他都亲切地对待他们，对他们敞开大门、毫无架子，并总记得他们的名字。他在法庭上不知疲倦地为被告申辩，期待他们日后的回报。他借出的人情债总是收到很高的利息。

克拉苏做元老院的庄家不是白干的。他的钱袋比罗马其他任何人的都深。他主要投资奴隶买卖、采矿场和房地产等领域，但为了让荷包更满，没有什么卑鄙的事是他做不出的。每逢有房屋失火，克拉苏都会火速派他的私人消防队前往，但到达现场后他们又会拒绝救火，除非屋主愿意把房屋低价出售。他曾因为和一名维斯塔贞女睡觉而被起诉（这是一种特别重的亵渎罪），但他辩解说，他勾引那名女子是为了得到对方的财产，结果这种辩解竟然被人们相信了。克拉苏虽然以贪婪闻名，但生活简朴，对不会为他带来利益的人极其小气。例如，他曾吝啬地招待一位名叫亚历山大的哲学家，在对方出发旅行时借了他一件斗篷，并说好要归还。因为亚历山大是希腊人，没有投票权，但如果他是一位公民，克拉苏肯定会借给他比斗篷更贵重的东西。克拉苏喜欢怂恿地位高的人陷入更深的债务中。金钱是他最喜欢的权力工具。他吐出的金线缠绕整个共和国。无论罗马发生什么事，他都会立刻知道。他编织的大网上的任何风吹草动都逃不过他的耳目。

他会让他的公民同胞产生一种罕见的恐惧也就不奇怪了。苏拉法律的反对者敢于激烈辱骂别的公众人物，却从不敢对克拉苏这样。一个保民官被问到为什么时，他不是把克拉苏比作蜘蛛，而是比作角上系着干草的公牛。对此，普鲁塔克（Plutarch）解释道："罗马人习惯给危险的公牛的角上系上干草，好让遇见它们的人提高警惕。"[33] 这种尊敬是克拉苏最渴望的。他显然比罗马的其他任何人从内战中吸取的教训都多：在罗马共和国这样的社会里，嫉妒和恶意总会快速盯上大人物，崇高的地位同时也是危险的地位。他若能让人害怕又不令人憎恨，才比较安全。克拉苏把这样的平衡拿捏得恰到好处。

不过，让他恼怒的是，他发现有个对手胜他一筹，而且政治引力法则并不适用于此人。一如既往，这个抢他风头的人是庞培。当克拉苏正谋划要掌控实权时，庞培从不放弃享受权力的荣耀。他通过游戏般地扮演将军的角色，迅速成了货真价实的将军——且不只是将军，还是罗马的宠儿。这位"少年屠夫"有着天真小孩的魅力。我们听说："没有什么比庞培的脸皮还薄：每逢有人盯着他看，他就会满脸通红。"[34] 而公众则认为，脸红是他们英雄仍然年轻的可爱标志，相较于他无与伦比的崛起历程则更显可贵。谁不希望像庞培那样，以双手攫住获得荣耀的机会，然后一飞冲天？罗马人对他事业的宽容暴露了他们对他的迷恋程度。庞培之所以没有引起罗马人的嫉妒，是因为他活出了他们内心最深处的梦想。

庞培的超级明星地位令苏拉也不得不尊重。没人曾像庞培那样测试着苏拉耐性的极限。他在阿非利加打败马略派的部队回到意大利后，拒绝接受解散部队的命令。他不是对苏拉政权有反叛之心，而是因为他像一个小孩那样，想获得一件闪闪发光的新奖品：一次凯旋式。苏拉出于嘲弄或钦佩，曾确认他的被保护人可以使用其部队称呼他的称号："伟大者"。不过，苏拉对于给予庞培最高荣耀——凯旋式——却犹豫了，因为庞培连元老的身份都没有。庞培以其一贯的放肆姿态对屈尊俯就的独裁官说："人们崇拜旭日多于落日。"[35] 年迈的苏拉终于让步了。于是，庞培以战利品为前导，在盛大的凯旋式中骑马穿过街道，接受拥护者的高声欢呼，他的脸一定羞红了。当时他还未满 25 岁。

经历了这样的兴奋时刻后，乏味的日常政治事务对他失去了吸引力。"伟大者"庞培懒得争取财政官的职位。苏拉死后，他帮助卡图卢斯平息了一次武装叛乱，然后又要了他的拿手好戏，拒绝解散部队。他再次这样做，不是因为有谋反之心，而是因为太喜欢当将军。于是，他要求将他外派到西班牙。西班牙这个行省仍有很多马略派的残余，元老院答应了庞培的请求，这并非完全屈服于勒索。对叛军作战肯定是件苦差事，危险多而回报少。卡图卢斯和同事都乐见庞培远去。

克拉苏想必也希望看见他的年轻对手栽跟头。不过，庞培再次以令人意想不到的成功让许多人大为吃惊。战争确实打得艰苦，但叛军被消灭了。克拉苏一直觉得庞培的外号"伟大者"是个笑话，但现在他开始听到，周围的人谈到这个外号时讽刺语气日减。公元前 73 年，克拉苏当上了司法官。这时，庞培正忙于扑灭叛乱的最后余烬，并让自己在西班牙的利益最大化。庞培在这个曾为克拉苏提供第一支军队的行省中，如今也有了大量被保护人。他即将返回罗马，头上顶着光环，身后跟随着久经战阵的老兵。他会要求另一次凯旋式也就不奇怪了。那之后会发生什么事，谁又说得准呢？

面对庞培这样一个威胁，克拉苏知道，调整策略的时刻到了。此前他的威望虽大，但这样的威望仍有一半处于阴影之中。是争取公众认可自己全部光芒的时候了。克拉苏不是塞提古斯，他完全知道，缺少荣耀的权力总有局限性，特别是和庞培这样一个对手竞争的时候。他需要为自己打一场压倒性的胜仗，而且马上就要。但找谁打去？合格的敌人少得让人泄气。

但突然间，他的机会如同凭空蹦出来般到来了。

角斗士的阴影

公元前 73 年仲夏，坎帕尼亚一间角斗士学校爆发了动乱。角斗士学校如同生蚝和豪华别墅，在当地已成为越来越大的大生意。在很大程度上，角斗士是坎帕尼亚土生土长的行当。早在罗马人入侵的很久之前，坎帕尼亚和萨谟奈的墓地就流行举行武装战士的决斗，以告慰嗜血的亡灵。后来，罗马人对这种流血仪式产生了兴趣，并开始将它商业化。尽管如此，角斗士继续保持战士的装束，戴着有檐的头盔和难看的羽饰。随着时光流逝与萨谟奈的独立变成历史，这些武士的外表也越发具有异国情调，他们就像被保护在动物园里免于灭绝的动物一样。

对罗马人来说，角斗士的格斗之所以充满吸引力，异国风味总是个中关键。随着共和国的战争日益远离意大利，人们开始担心，罗马人的尚武精神也许会逐渐消失。公元前 105 年，角斗士格斗成了罗马第一项由政府出资设立的比赛，设立目的是让大众体会野蛮人的战斗。这就是为什么角斗士从不穿得像军团的士兵，而总是穿着共和国敌人——萨谟奈人或色雷斯人或高卢人——的奇装异服。这种野蛮景观在罗马最核心地带的罗马广场上演。角斗士既引起人们的藐视与厌恶，也引起他们的钦佩之情。上层阶级也许会假装这种格斗表演是为平民而设，但角斗士表现出来的勇气却感染了每个人。西塞罗告诉我们："他们即使倒下，也从不失去尊严——更别说是还站着战斗的时候。在一名角斗士倒地后，你何曾看到他们缩起脖子？相反，他们伸长脖子以就死。"[36] 罗马人在外国奴隶的这种姿态中看见了他们最钦佩的精神。

角斗士如同一面镜子，扭曲地映出了观众自己。他们让罗马人以最原始、最极端和最卑贱的方式看见他们对荣耀上瘾的后果。一名角逐执政官职位的元老和一个为生存而战的角斗士之间的不同只有程度上的差异。罗马人从小到大都对这两种场面激动不已。在共和国这样的社会中，人们会着迷于竞技场上的暴力是很自然的。场面越是血花四溅，就越让罗马人神往。但这种残杀之于他们也可谓一则致命的警告，让他们知道，一旦竞争精神成了脱缰野马，一旦罗马人像野蛮人一样彼此厮杀，将会发生什么事：血染沙地，尸体被用钩子拖走。若共和国的框架崩塌（内战期间就几乎如此），这样的命运就会落在每个人身上，不论是公民还是奴隶。

这是角斗士学校集中在坎帕尼亚，和罗马保持一个安全距离的另一个原因。罗马人认识到角斗士灵魂的野蛮，害怕在自己人中间培养出这种灵魂。公元前73年夏天，虽然逃走的角斗士少于100人，但共和国政府仍如临大敌般派出一名司法官率领3 000名士兵去对付逃亡者。逃亡者躲到维苏威火山的山坡上，罗马人扎下军营，围困住他们，令其挨饿。不过，角斗士们知道对手的软肋在哪里。他们把长满山坡的藤蔓结成绳梯，滑下悬崖，绕到罗马人背后发动攻击。然后军营被占领，军团被击溃。很快，更多逃亡者加入了这些角斗士的行列。他们熔掉脚镣铸成刀剑，捕捉野马加以训练，组成一支骑兵队。这些奴隶流窜于整个坎帕尼亚，袭击一个个刚从苏拉的劫掠中恢复的城市。诺拉再次遭到围攻，并再次被劫掠。接下来，又有两支罗马军队溃败了。另一名司法官的军营遭到突袭。他的侍从和坐骑都沦为俘虏。

如今，一支本来只是凑合起来的游击力量扩大为一支约12万人的、有纪律的大军。这要归功于当初发起起义的领导人：一位名叫斯巴达克的色雷斯人。他成为奴隶前是罗马人的雇佣兵，有角斗士的体魄和机敏老练的头脑。他意识到，如果叛军留在意大利，那迟早会被罗马人消灭，所以在公元前72年春天，他的奴隶大军朝着阿尔卑斯山而去。他们后有追兵，率领追兵的是普布利克拉，也就是多年前曾拿雅典哲学家开玩笑的那个幽默家，他刚当选执政官。在他能和斯巴达克交战前，起义军已经遭遇了守卫北方边界的罗马军队，并打败了他们。现在，越过阿尔卑斯山也就是通向自由的道路已经打通，但奴隶们却拒绝走上这条路。反之，他们在打败普布利克拉的军队后掉头南下，回到他们本来竭力逃离的前主人的心脏地带。

罗马人对此大惑不解。他们提出的一个解释是奴隶大军过于自信："这些奴隶是蠢材，因为太多人加入，他们愚蠢地产生了过度的自信。"[37] 事实上，发现意大利竟有那么多奴隶确实让叛军震惊。在罗马共和国靠战争掠得的财富中，"人"一直是重要的一部分。罗马霸权开创的单一市场让奴隶像其他商品一样，可轻易在整个地中海地区流转。这造成了奴隶贸易的大繁荣，导致了史无前例的大规模人口迁移。数十万甚至数百万的人被从自家家园连根拔起，带到帝国的中心去，为新主人做牛做马，即使最贫穷的罗马人也可能拥有一名奴隶。富有之家因为有太多奴隶，主人不得不挖空心思，巧立工作名目，让不同的奴隶各司其职，例如为雕像拂尘、写请柬或缝制紫色衣服等。这些活儿显然非常轻松，但大部分奴隶的工作都比这辛苦无数倍，这种情形在环境恶劣的乡村地区尤甚。奴隶被成批买下、烙上烙印并戴上镣铐，从早到晚不停干活。到了晚上，他们会被关在拥挤的大棚屋里，没半点隐私和尊严可言，给他们的食物仅够活命。治疗他们疲劳的办法是鞭打，不服从的奴隶会被精通各种酷刑的人收拾，有时还会被直接处死，伤残和未老先衰者的命运犹如生病的牛或破掉的酒瓮。总之，就像罗马农业家喜欢提醒读者的那样：把金钱浪费在无用的工具上是毫无意义的。

这种剥削是共和国所有最高贵事物的基础，无论是它的公民文化、对自由的激情还是对耻辱与羞愧的恐惧。这不只是因为强迫他人劳动让公民有了把时间投注于共和国事务的闲暇。奴隶还可满足一种更微妙、更恶劣的需求：每个罗马人都把“没有他人的失去，就没有另一个人的所得”[38]视为理所当然。根据这种观点，所有地位都是相对的。若这是个人人都自由的世界，那自由还有什么价值？就连最贫穷的罗马人都知道，自己比受最好对待的奴隶优越千百倍。不自由，毋宁死，这是共和国全部的光荣历史所证明的。若一个人容许自己被奴役，那他就活该被彻底奴役。正是这种简单的思路导致无人去管奴隶受到的残忍对待，更遑论质疑奴隶制本身的合法性了。

这是一种奴隶自己也接受的思路。从没人反对自由和不自由的二分法，人们只会反对自己在这个架构中的位置。奴隶大军想要的，不是摧毁奴隶制度本身，而是赢得他们前主子拥有的特权。所以，他们有时会强迫罗马人战俘像角斗士一样厮杀："那些曾为景观的人现在却成了观众。"[39] 似乎只有斯巴达克本人是为理想而战。他企图把平等主义加诸他的追随者，这让他在古代世界奴隶起义的领袖中显得鹤立鸡群。他要求均分战利品，禁止私藏金银。不过，这个建立乌托邦的尝试失败了。劫掠机会太有吸引力了，大部分叛军无法抗拒。罗马人相信，这是奴隶大军有机会逃走却不逃走的另一个理由。奴隶们家乡的沼泽地和森林相较于意大利的诱惑力算得上什么？叛军对劫掠的贪婪欲望让他们对自由的梦想屈居第二。在罗马人看来，这是他们"奴性的彻底证明"。[40] 事实上，这些奴隶只希望可以像他们从前的主子那样生活，享受他人的产品和劳力。所以，即使是在横冲直撞的时候，他们仍是罗马人理想的一面镜子。

所以，罗马人看到奴隶大军的成功劫掠后开始恐慌，也就不足为奇了。普布利克拉的军队被打败后，由于共和国的其他军团都远在海外，罗马城突然发现自己暴露在危险下。从未吹嘘自己有钱到足以招募一支军队的克拉苏也展开行动了，其元老院的支持者被动员起来。历经激烈辩论后，两名执政官被解除了他们掌握的两个军团的兵权，克拉苏获派为唯一的指挥官。这位新任大元帅马上发起募兵运动，以自己的财力把军队扩大了 3 倍。他在为自己赢得成为共和国救世主的机会后，不想浪费这个机会。所以，在他的两个军团违反其命令、和斯巴达克交战但战败后，克拉苏恢复了古代"十杀一"的惩罚：不分遵令者还是违令者，不分勇敢者还是懦弱者，他从军团的每十人中挑出一人，将其毒打至死，其他人则被迫在一旁观看。军纪因而恢复了。同时，这种做法也是对任何考虑加入斯巴达克的奴隶的一个警告，表明克拉苏既然对自己人也如此不容情，别指望他会对叛逃的奴隶宽大。所以，克拉苏虽然冷酷无情，但做什么都仔细考虑过效果。这位房地产掠夺者以一种残酷的姿态，摇身一变成了老式价值观的严峻捍卫者。他显然已清楚意识到，恢复罗马人的传统军纪肯定能打动选民。

克拉苏牢牢确立自己的权威后，开始加强首都的防卫。斯巴达克的反应是向更南方撤退。他知道，那里是最有可能找到新兵源的地方。他的军队把市镇林立的意大利中部留在后头，开始穿过一个个冷清广阔的庄园。平原上一片荒凉，只有些被锁链锁在一起的奴隶辛勤劳动着；越过高地时，他们只会偶尔遇到赶着一大群牲口的外国奴隶经过。一度布满繁荣城镇和村庄的大地，如今变成了“意大利荒原”。克拉苏通过把叛军向南驱赶过这片荒凉的土地，最后成功把他们逼进意大利半岛的靴后跟。冬天正在逼近。克拉苏为了让猎物逃不掉，从海岸的一端到另一端筑起了封锁线。斯巴达克发现自己被困住了。他两次拼命企图突破罗马军团的壕沟和高墙，两次都被击退。克拉苏大大松了一口气，因为他就像他的猎物一样已经开始感到绝望。时间即将用完。一个比斯巴达克更有威胁性的敌人正在逼近：在西班牙待了 5 年的庞培正在回家的路上。

斯巴达克了解了这点后，便企图利用克拉苏的焦虑情绪提出谈判的建议，但克拉苏不屑地拒绝了。斯巴达克的回应是在封锁线敌人可见之处把一名罗马战俘钉上十字架。整整一天，寒风把这垂死之人的惨叫声传至他同胞的耳中。随后夜幕低垂，大雪纷飞，斯巴达克第三次攻打封锁线。这次他攻破了，他的军队冲破克拉苏的包围后，采取“之”字形路线向北而去。克拉苏一只眼盯着逐渐接近的庞培，一只眼盯着叛军，他拼命追赶，在一连串逐渐升级的战斗中抓到了越来越多的落单者。最后，叛军再次被逼到墙角，斯巴达克转身准备战斗。他站在列阵以待的叛军的最前头，抛弃了一切逃走的念头，一挥马鞭，不顾一切地向克拉苏的指挥部冲锋。他在中途被杀，大批叛军死在他的身边，奴隶大起义结束了。克拉苏拯救了共和国。

然而他的荣光在最后一刻被抢走了。当时庞培正率军南下罗马，路上遇到了 5 000 名斯巴达克的叛军残部。他以超高效率杀掉了他们，然后写信给元老院，夸耀自己在结束叛乱上的功劳。克拉苏的感觉可想而知。他为了反制庞培攫取荣耀的行为，下令把所有战俘沿着阿庇安大道钉死在十字架上。于是，在意大利最繁忙的道路上，每隔 40 英尺便会出现一名被钉上十字架的奴隶，一共绵延了 100 多英里。阿庇安大道成了昭告克拉苏功绩之阴森恐怖的广告牌。

然而，对抗斯巴达克的战争让大部分罗马人感到尴尬。相较于庞培在一场发生于外省的战争中屠杀数千部落民的功劳，克拉苏在罗马后院进行的拯救行动最好还是忘掉。这就是为什么两人虽然都被授予了桂冠，但克拉苏只符合二流的游行典礼的条件：不是坐在马车上，而是走在街上接受民众欢呼。庞培当然用不着轧马路，为这位人民英雄准备的一切都是最好的。他坐在一辆四匹白马所拉的马车上，神气得如同年轻的亚历山大大帝，前头是装载战利品的车队和俘虏队伍，耳边响起民众的疯狂欢呼声。克拉苏对于这一切只能在一旁愤怒地看着。

尽管如此，克拉苏却小心翼翼地不让仇恨情绪显露出来。人群的欢呼声虽让人陶醉，却只是实现目标的工具；对克拉苏来说，目标总是实权。他想得到执政官职位的心愿压倒了被凯旋式表扬的渴望。随着选举临近，他来了个典型的灵活转弯，向他最大的对手提议联合竞选。庞培马上同意了：他对克拉苏政治手段的忌惮不亚于克拉苏对庞培受人民欢迎的忌惮。两人都毫无意外地顺利当选。

庞培成为执政官时才 36 岁，比苏拉所设定的年龄门槛小了几岁。他不同于其他执政官，从未当过元老。由于担心说错话，他请一个朋友为他写了一篇向元老院发言的虚张声势的指南。庞培虽然缺乏经验，但不是个谨小慎微之人，锐气把他带到军事荣耀的高峰，也被他带到政治的战场上。他担任执政官不久，便提出一个法案，主张取消苏拉对保民官的种种限制，恢复这个职位的各种古老特权。就这样，苏拉建立的政治系统的基石被轻易地拆毁了，一个有可能制造不稳定的因素重回共和国的政治生活。大众欢天喜地，因为他们如此要求已近 10 年。

然而这一次，克拉苏分享到了群众的掌声。他因为不想错过瓜分功劳的机会，所以小心地支持了庞培的法案。就连原来反对法案的卡图卢斯都撤回反对，他已经嗅到了风向的变化。但这并非意味着庞培已经得到元老院的认可。反之，他的威名与他破格成为执政官，都让元老院的传统派领袖深为反感。这让执政官资格全然合法的克拉苏有机可乘。如同过去最喜欢的那样，他双管齐下，一方面撒钱频频举办大型公共酒会并发放免费粮食给穷人，另一方面则不断向其他元老耳边吹风，中伤庞培，说庞培是个蛊惑民心的危险政客。另外，他又竭力阻挠任何能使庞培更得民心的政策。所以，两人关系很快恶化了，开始公开互相攻击。

在竞技场上，最令观众兴奋的是两名角斗士以不同的武器和方法相互厮杀。最流行的格斗是一方以剑厮杀并穿戴华丽的头盔和铠甲，另一方则用三叉戟，步法灵活地设法以一张网网住对方。庞培和克拉苏提供了类似的场面：他们是极为不同的两个人，又势均力敌，谁都无法取得上风。然而，他们的格斗带给罗马人的不是娱乐，而是惊吓和困惑。奴隶的决斗至死方休，一个角斗士会凶猛地刺向失败对手的脖子，但一名执政官干掉另一名，则是对共和国理想的最大冒犯。最后，看来庞培和克拉苏都意识到，他们的搏斗将让双方两败俱伤。任期快结束时，有次当他们在罗马广场主持一个集会时，一个公民突然打断他们的话，要求准许他说说自己的一个梦境。这项要求被批准了，他说："朱庇特出现在我面前，交代我在广场上宣布，在两位执政官化敌为友之前，他们不应卸下官职。"[41] 所有人听到这个，愣住了好一会儿。然后，克拉苏走到庞培面前，拉起他的手，对其加以赞扬。两人于是和解了。

虽然这个插曲听来像是预先安排好的，然而其重要性却没有因此减少。苏拉去世已 10 年，但罗马人仍被一个担忧困扰：也许有人会步苏拉后尘，把自己的权威凌驾于共和国之上。所以，庞培和克拉苏虽然势力强大，但两人都不敢让自己显得比对方强大。这是共和国仍然坚持的一个教训，哪怕它继续鼓励公民追求荣耀。成就值得赞美和尊崇，但过多的成就却有害，会对国家构成威胁。不论一个公民可以变得多伟大，真正的伟大仍属于罗马共和国。

第六章

腐尸宴

总督与国王

在罗马人看来，权力之所以危险，在于它有种让人上瘾的特质。管理公民同胞的事务、率领他们上战场，这些都是让人敬畏的责任，足以让任何人被冲昏头。毕竟，王权的滋味让人上瘾与腐败，共和国的基础不就是基于这个洞察吗？显然，罗马已经成为世界的主人，其执政官的权威更远大于任何国王的权威。这就更加有理由对执政官之职设下诸多限制。

另一方面，由于共和国不断扩大其疆界，罗马人不得不面对一个难题。现在，他们已非一个小城邦而为一个超级强权，这要求他们注意的事可谓数不胜数。到处都有战事发生。敌人越遥远、越难以对付，执政官需要应付的后勤补给问题就越多。元老院在极端情况之下没得选，只能委任一人在交战地点代执政官行事，罗马人称之为“总督”（pro consule）。由于共和国在整个公元前 2 世纪不断膨胀，任命总督的情形就日益普遍。由于他们职责的性质，总督的任期有时会远远超过 1 年（执政官的正常任期是 1 年）。例如庞培就在西班牙待了 5 年。他是打赢仗了，但还是引起了元老院保守派的不满。庞培大受民众欢迎的事实更加深了元老们对于总督权力过大的反感。他们对西班牙的情形无可奈何，但在别的地方，若罗马的利益没有受到直接威胁，元老们宁愿忍受低度的混乱，也不愿任命一个总督去那里收拾。

亚细亚行省就是如此。在那里，对米特拉达梯的战争留下一片狼藉与混乱。它的城市在惩罚性的苛索下呻吟，社会结构近乎瓦解，地方王公在边界上彼此混战。罗马的"苍蝇"围绕着劫后行省的伤口嗡嗡叫——不仅有恺撒那样野心勃勃的年轻军官，还有税吏代理人（他们曾遭到米特拉达梯的沉重打击，但如今血腥味又把他们吸引回来了）。尽管有这种种不利，亚细亚仍是罗马最富庶的行省，也正是这点，让元老院始终不在亚细亚设置规模与之匹配的管理当局。试问，元老院可以信任谁来管理亚细亚？没人忘得了上一名被派往亚细亚处理麻烦的总督是谁。就连在其支持者眼中，苏拉也不是一个好榜样。

话虽如此，每个罗马人都意识到，对米特拉达梯的战争是件未了之事。当初苏拉因急于返回意大利打内战，刻意放弃了共和国全面报复的权利，放过了那个杀害 8 万名意大利人的刽子手。对此，那些感觉自己被卷入此项事务的人格外不满。这就是为什么那些被苏拉留在亚细亚的将领不时会对米特拉达梯发动突袭：他们希望激怒他，让他大举出击。这也是元老院不批准和约的原因，哪怕元老院是由卡图卢斯和霍腾修斯这些苏拉派领导。米特拉达梯的使者到罗马后，被告知元老们没时间见他们，他们空等了一个又一个月，感到如坐针毡。

这让米特拉达梯清楚地意识到，罗马人想看他垮台。他并未放弃自己的野心，亚细亚的财富在他看来总是唾手可得。米特拉达梯避开罗马人的窥探之眼，慢慢重建自己过去遭到苏拉惩罚性遣散的军队。这次，他向敌人汲取建军的灵感，珠光宝气的铠甲和武器被放弃了，罗马式的纪律和效率被引入军队。米特拉达梯开始让他的步兵配备“格拉迪”（gladius），即一个世纪前罗马曾经采用的西班牙双刃短剑。用它刺向重要器官可导致严重创伤，这让东方人闻之丧胆。米特拉达梯现在把它纳为己用。

公元前 74 年夏天，他为达此目的而接触了西班牙的马略派叛军，请求他们协助装备和训练他的部队。罗马人听到风声后又怒又惧。共和国感到自己正面临空前危机。以前，若不是相信自己的先发制人的攻击是防御性质的，罗马人极少投入战争，哪怕面对的是最微不足道的敌人。但米特拉达梯显然不是微不足道之辈。看来，亚细亚再次陷入危机之中。罗马的愤怒浪潮如此猛烈，以至于任命一位总督前往总理东方事务变得无法避免。但那个要命的问题犹待解答：该任命谁才是？

公元前 74 年，苏拉派可谓仍掌控着元老院，可以否决任何看起来有潜在威胁性的人选。这种考虑排除了庞培（不管怎么说，他还被绑在西班牙），也排除了克拉苏（他正忙于竞选执政官）。对卡图卢斯和他的盟友来说，幸运的一点是，当年有个执政官是他们自己人。在那些支持苏拉和他各种措施的大贵族中，卢修斯·卢库勒斯（Lucius Lucullus）是最能干与最出众的一个。然而从一开始，他的政治生涯就很不顺遂。他出身于一个以仇家不少且婚姻不幸闻名的古老世家：母亲不停地换情人，父亲不断与人结下深仇大恨，最终导致自己吃上官司而不得不流亡。卢库勒斯继承了父亲的仇怨，他的首次成名，是把一个导致他父亲被定罪的人告上法庭。他的不屈不挠可见一斑，但他的不屈不挠与固执又是一体两面，因为他不会企图收买人心，毫不在意别人认为他孤傲与吝惜。另一方面，他又是个仁慈与文化修养相当高的人，也是哲学家和历史学家，深深沉浸于希腊文化中，真诚关怀罗马属民的福祉。除了对仇恨念念不忘外，他在忠诚和信仰上也充满热情。他特别忠于苏拉和自己的回忆，几乎可以肯定的是，当年陪着苏拉进军罗马的唯一一位军官就是卢库勒斯。在对米特拉达梯的战争中，他以正直和技巧很好地平衡了作为指挥官的责任和想要保护希腊人的愿望。后来，他又成了苏拉传记的撰写人、苏拉遗嘱的执行人及苏拉子女的监护人。卢库勒斯与庞培或克拉苏不同，他对死去朋友的忠诚让人放心。

所以，苏拉派马上动员起来支持他，其他有势力的派系也转向支持他。卢库勒斯在赢得执政官选举前不久，和一个罗马最显赫的家族结成姻亲。克劳狄家族以傲慢与刚愎自用闻名罗马，但他们也有连续 500 年的重要成就可以夸耀——这是个没有其他家族可以与之相提并论的纪录。克劳狄家族的大厅中挂着的蜡制遗容面模最多，该家族还拥有最多的被保护人与最多的海外利益。该家族是如此威名赫赫，以至于像卢库勒斯那样出身那么高的贵族也想和其攀关系。因急于和克劳狄家族结亲，卢库勒斯甚至同意不要新娘的嫁妆。他妻子继承了卢库勒斯家族新娘的“优良”传统，是出了名的荡妇，但卢库勒斯想必盘算过，要让克劳狄家族站在他这边，这是值得付出的代价。他的亲家在这桩婚事上的盘算并没有少一些。当家的阿庇乌斯·克劳狄·普尔克（Appius Claudius Pulcher）刚从死去的父亲那里继承家族首脑的地位，他还有两个弟弟和三个姐妹以及自己的野心要照顾。虽然为人极专横投机，他却看得出卢库勒斯是最可能让他取得东方肥缺的人。家里的小弟弟帕布琉斯·克洛狄乌斯（Publius Clodius）也有建功立业的抱负，他刚满 18 岁，传统上，这是罗马年轻人开始从军的年龄。克洛狄乌斯如同阿庇乌斯，也盯上了获取荣耀的机会。

然而，在他们出发前往亚细亚之前，卢库勒斯得先确保能被任命为总督。他虽有卡图卢斯和克劳狄家族的支持，却发现大多数元老都反对他。绝望之余，他意识到自己别无选择，只能求助于元老院的头号能人帕布琉斯·塞提古斯。卢库勒斯因为过度骄傲而不愿直接这样做，于是便去勾引塞提古斯的情妇，说服她帮忙。这个计策奏效了。塞提古斯开始为卢库勒斯运作。他在元老院的小集团行动起来，僵局被打破了。卢库勒斯被任命为亚细亚的总督。

另一名执政官马尔库斯·科塔（Marcus Cotta）和他一起前往亚细亚。元老院之所以做出这种决定，也许是慑于米特拉达梯的威名，但更可能是不放心把战争完全交给一个人负责。不管原因何在，这种安排很快就产生了相反的效果。就在卢库勒斯准备入侵本都时，科塔将整支舰队葬送给了米特拉达梯，然后差点连军队也搞丢了，最后又丢脸地被围困在博斯普鲁斯海峡的一个港口。此时米特拉达梯处于可以攻击亚细亚行省的地方，卢库勒斯不顾部下不满，放弃入侵计划，回师拯救无能的同僚。米特拉达梯听到卢库勒斯逼近的消息后，解除了对科塔的围困，但没撤退，反而大举入侵亚细亚。他大有理由自信满满：他的新军刚刚打败一个执政官，而且他军队的人数和卢库勒斯的 5 个军团相比，几乎是 4 : 1。米特拉达梯想必认为，他又有机会把罗马人赶入大海了。

但卢库勒斯没有上钩。他未和敌人正面交锋，而是采取骚扰战术，切断了本都军队的补给线，“把他们的胃变成战场”。[1] 随着冬天来临，米特拉达梯被迫撤退，把大量攻城器械及数以万计的人马丢在后头。翌年春天，卢库勒斯再度发动攻击。这次因为后方未受到干扰，他侵入了本都。接下来两年，他循序渐进地摧毁了米特拉达梯的力量。到了公元前71年，几乎整个本都王国都落入卢库勒斯之手，一个新的行省等着共和国接收。看起来，讨伐米特拉达梯的战争将以胜利结束。

米特拉达梯仍在顽强抵抗，他再度成功从卢库勒斯的指缝间溜走。这个曾经锻炼自己身体抗毒性的人非常善于自我保护，绝不轻易认输。他躲过了罗马人一次又一次的抓捕，翻山越岭来到和本都相邻的亚美尼亚，寻求它强大的国王提格兰（Tigranes）的保护。卢库勒斯迅速派阿庇乌斯出使亚美尼亚，要求提格兰交出米特拉达梯。这是罗马对亚美尼亚派出的第一个官方使节团；在此之前，因亚美尼亚地处偏远，罗马极少考虑它，而它的崛起也是最近的事。提格兰花了10年多在今日的伊拉克地区独霸一方，号称“万王之王”。他的朝廷实施繁缛的东方仪式，不管他到哪里，都有四名附庸国王相随，他们为了跟上他的马匹，都跑得气喘吁吁。每逢提格兰坐下，四名附庸国王又会侍立于他的宝座旁，如同奴隶般随时等候吩咐。当然，这些气派吓不倒阿庇乌斯。他对待“万王之王”的态度就如同克劳狄家族对待任何人的态度：目中无人。提格兰不习惯别人的傲慢（更何况对方才20出头），他勃然大怒，拒绝交出米特拉达梯。外交互动的冷淡局面因一件事情而进一步冷淡了：阿庇乌斯无视国与国交往的礼仪，对提格兰所赠的礼物不屑一顾，故意只挑了一只茶杯收下。

所以，卢库勒斯在未获得任何官方授权的情况下，与一个没几个罗马人听过的国家进入了战争状态。虽然战争季节已快过去，但他秉持一贯的果断，勇敢地越过了泛滥的幼发拉底河，挥兵东进。他的目标是提格拉诺塞塔（Tigranocerta），这座城市不只是亚美尼亚国王从无到有精心建造出来的，还以他自己王族的名字命名。提格兰听到这个样板城市遭到围攻后，火速前往救援，这正中卢库勒斯下怀，哪怕他所到之处比罗马历史上的任何将军所到都远，而且其军队人数不如敌人。提格兰看见敌军人数少得可怜，不禁取笑说："这样的人数组成使节团太多，组成军队则太少。"[2] 妙语一出，一片逢迎的笑声马上响起，但很快，国王自己就笑不出来了。卢库勒斯在共和国历史上最惊人的一次胜利中，不仅消灭了亚美尼亚军队，还攻破了提格拉诺塞塔。罗马人以一贯要命的高效率，把这座城市洗劫一空：卢库勒斯拿了王家珠宝，他的人马则拿了其他的一切，接着城市被夷为平地。提格兰无力阻止，自己也不得不逃走。"万王之王"为彰显自己而建的宏伟纪念碑与宫殿，几乎无一砖一瓦留存下来。

但摧毁及获益并没有乍看起来那么彻底和充足。根据当时的战争规则，卢库勒斯完全有权把战败之人俘虏为奴，但他没这么做，反而放了他们。他把他们强制移送到提格拉诺塞塔，他想通过把他们送回家，加速亚美尼亚王国各地的分离运动。这是个狡猾与人道各半的政策。罗马人从不怀疑，敌人该为被征服付出代价，但卢库勒斯在抢劫之余，还怀有强烈的贵族义务感。他绝不认为自己是奴隶贩子和税吏的工具，他对这类人只有贵族式的鄙视。早在他征伐提格兰之前，他就已着手对付那些折腾亚细亚多年的吸血鬼。他大幅消减了债务利息，禁掉了债主的许多恶劣手段，建立起严格的规范。结果短短 4 年内，那些被巨额债务压得喘不过气来的希腊人城市便已把债还清。

贵族阶层秉持的古老理念总赋予共和国良知，但在卢库勒斯这样的人物身上，一个元老的传统父爱主义与对罗马全球使命的崭新诠释结合在一起。他对希腊文化的热爱让他清楚地看见，除非让希腊人分一杯羹，否则罗马对东方的统治没有未来可言，他对提格拉诺塞塔市民的仁慈反映着某种一贯政策。卢库勒斯在本都不只饶了那些抵抗他的希腊人城市，而且，一旦攻下它们，他还为其支付重建的费用。他通过约束毁灭这些城市的欲望，投资了它们的未来，也投资了共和国的安全与长期健康。

这一切当然无助于平息某些罗马人的怒气。减轻行省债务并非一项受大商业集团欢迎的政策。但只要卢库勒斯在东方一再战胜，他的地位就无可动摇。只不过，攻破提格拉诺塞塔标志着他事业的高点。自那一刻起，他的指挥权就开始日益不牢固，因为他对提格兰的胜利虽然辉煌，却没达成他的主要任务：米特拉达梯仍然在逃。翌年，也就是公元前 68 年一整年，卢库勒斯都徒劳地在亚美尼亚的荒原转来转去，一再受到敌军从背后的骚扰——他们现已懂得不要和他正面交锋。渐渐地，他的胜利看似从他的指缝中溜走了。在罗马，大财团的游说团不再有所顾忌，大胆派出听话的元老攻击卢库勒斯。保民官开始剥夺他的一项项职权，如同攻击受伤动物的狼群般汹涌如潮地谴责他。在本都，米特拉达梯带着另一支军队冒了出来，并赢得一连串对罗马守军的胜仗。这时，卢库勒斯已在遥远的亚美尼亚南部被拖住，迟迟无法完全结束对提格兰的战争。他拿下有战略重要性的城市尼西比斯（Nisibis），准备在那里过冬。但是对他地位最严重的威胁不再来自提格兰，如同他即将发现的，这个威胁来自他的军营内。

到了公元前 68 年秋天，卢库勒斯的部下已追随他 6 年。他们受到严苛军纪的约束，只能领到少得可怜的军饷，却要翻过高山、穿越沙漠，来回奔波超过 1 000 英里。对他们许多人来说，家必然是最遥远的记忆，有些人甚至已经在东方待了将近 20 年，但他们都梦想着回家。这就是他们战斗的理由：不只为了以罗马人的方式考验自己，即对抗野蛮的敌人和战胜对因暴力而死亡的恐惧，还是为了重获一种因贫穷而失去的地位。这些流浪在外的人与家乡的富人一样，渴望受人尊重。只有战争能满足他们的这个愿望，因为甚至连最势利的人都承认："再卑贱的人也会被荣誉的甜蜜打动。"[3]——当然，还有获得战利品的甜蜜。

以前，共和国的军队并非总是由身无分文的志愿者组成。公民集合在战神大校场投票时，会严格按财富多寡排队。他们以这种方式，保留了一个时代的记忆：在该时代，每个阶层的人都得服役，战争中的军团代表整个共和国。讽刺的是，在这段受缅怀的岁月里，仅没有地的人被排除在参军之列。这反映了罗马人一个根深蒂固的偏见："扎根土地的人可以造就最勇敢、最顽强的士兵。"[4]照顾自己一小片土地的农民是备受歌颂的对象。这不奇怪，因为共和国就是靠他们伟大起来的。多个世纪以来，攻无不克的罗马步兵都由自耕农组成：他们在战争时，会放下手上的犁，抹去剑上的干草，满手老茧跟随他们的指挥官上战场去。只要罗马的势力一日局限于意大利，战争就不会持续太久。但随着共和国扩张到海外，战事的时间拉长了，往往经年累月。当一个士兵离家在外时，他的土地很容易就落入别人之手。越来越多的小农场遭到有钱人兼并。巨大的庄园取代了色彩丰富的农田和葡萄园，成了斯巴达克行军时经过的“旷野”。那显然并非真正的旷野，因还有人在其中劳作——不过都是些被锁链锁在一起的奴隶，难得看见生而自由的公民。“乡村地区几乎没人，没有自由的农民或牧人，只有野蛮人与进口的奴隶。”[5]使提比略·格拉古感到震惊的正是这种景象，这促使他发起改革。他提醒国人同胞，共和国的军事基础正备受侵蚀。每有一个农民失去土地，就意味着罗马失去一个士兵。在推动改革的那些人眼中，失去土地者的悲惨是一个共和国的凶兆。意大利的农业危机已严重到无可救药的地步，但兵源危机至少可求助于一个显著的改革方法。公元前 107 年，马略为势所逼，宣布公民不管有无土地都有资格从军。武器和铠甲开始改由国家供应，军团从此职业化了。

自这一刻起，拥有农田不再是可以当兵的条件，而变成了当兵的奖赏。这就是为什么公元前 68 年冬天，卢库勒斯的军营开始有士兵窃窃私语，说庞培的部下不过是打打叛军和奴隶，就可以“拥有一片肥沃的土地，可以娶妻生子安顿下来”，反之，卢库勒斯甚至不准部下劫掠。这种说法不是事实（因为前一年，他才纵容士兵洗劫了提格拉诺塞塔），但这点却有很多人相信。毕竟卢库勒斯不是小气得出了名吗？他不是曾禁止士兵劫掠本都的希腊人城市吗？难道他的部下不是“浪费生命在整个世界东奔西跑，却什么奖励也没有，只能看守卢库勒斯的马车和骆驼，以及它们装载的黄金与镶着宝石的杯子”？[6]

职业化军团的纪律非常严格，不亚于过去实行公民征兵制的时候，所以士兵们不敢轻易流露出不满的情绪。但幸运的是，对这些愤恨的士兵们来说，他们有个现成的代言人。年轻的克洛狄乌斯不像哥哥阿庇乌斯那样可以神气地率领一个使节团。他也没有迅速获得提拔。而身为克劳狄家族的人，他认为获得迅速提拔是他的神授权利。他因不受重用而满腹怨气，一直在等待在姐夫背后捅一刀的机会。当他开始报复时，行为是这么厚颜无耻：他把自己装扮成"士兵之友"，[7]在军营到处煽风点火。此举很快造成了灾难性的后果：卢库勒斯的士兵全体罢工。

在共和国早期，罢工是心怀不满的平民的终极（也是唯一）武器。现在，在这个远离帝国边疆、更远离罗马的地方，在军营这个文明的边缘角落，卢库勒斯的军队可以说重演了共和国早期历史的一幕。不过，罢工的士兵与他们的前辈所处的环境大相径庭。在士兵的罢工中，至关紧要的并非他们的利益。这场兵变不只交织着贵族间的恩怨，还影响着一大片住着几百万罗马属民的地域的安危，并在整个东方引起了回响。在整个世界都被他垮台的阴影所笼罩的灾难性时刻，这位总督表现出了一种潜在的伟大。当士兵们还坐在他们的武器上时，本都传来了消息：米特拉达梯已回到自己的王国，重新称王。于是，孤傲的卢库勒斯去到一个个营帐，拉起每个将士的手，泪流满面地恳求他们。

反恐之战

士兵发动罢工的几个月后，心力交瘁的卢库勒斯在对付米特拉达梯与反叛者的同时，终于露出了难得一见的笑容，他获悉克洛狄乌斯被海盗抓走了。先前，这位“士兵之友”逃离了卢库勒斯的军营，往西去到了土耳其东南海岸的行省奇里乞亚（Cilicia）。他的另一名姐夫马修斯·莱克斯（Marcius Rex）是那里的总督。莱克斯不喜欢卢库勒斯，乐于见他被整，因此给了年轻的克洛狄乌斯一支舰队指挥作为奖励，然而克洛狄乌斯正是在率领舰队巡逻时被海盗俘虏了。

这几年，被海盗绑架已成为罗马贵族的职业风险。8 年前，恺撒曾在前往莫兰的演讲学校的途中被海盗绑架。他听到海盗要求 20 塔兰特的赎金时非常生气，表示自己至少值 50 塔兰特。他又警告绑匪，说他一旦获释，将带兵来抓他们，把他们全都钉上十字架，后来他说到做到。但克洛狄乌斯被绑架的经历却不怎么光彩，他写信要求埃及国王帮他支付赎金，结果对方只送来区区 2 塔兰特，这让海盗笑弯了腰，克洛狄乌斯则气坏了。至于他后来是怎么被释放的，有很多不同版本的传说。他的敌人（他树敌众多）盛传，他以肛门的童贞换取自由。

然而，不管海盗们能得到多少赎金，绑架都只是他们的副业。凭着精心策划的恐吓行动，他们几乎能随心所欲地敲诈劫掠，不管在海上还是在内陆。如他们自我标榜的，海盗劫掠的规模很大。他们的领袖“把自己看作国王和独裁者，他们的人马相信，只要众志成城，就会战无不胜”。[8] 他们不知餍足的贪婪，还有想染指全世界的欲望，都让他们成为罗马共和国的一个谐仿，一个让罗马人极度不安的阴森镜像。海盗组织上的隐蔽与行动上的分散性让他们成为一个与众不同的敌人。西塞罗抱怨说：“海盗不按战争规则行事，是我们每个人的共同敌人。你不可能信任他们，不可能以彼此同意的条约束缚他们。”[9] 先别说消灭，你要怎么锁定这样一个对手呢？企图锁定海盗就如同与幻影搏斗。“那将是一场史无前例的战争，一场没规则可言的雾中战斗。”[10] 那显然也是一场看起来永无止境的战争。

然而，对于一个绝不容忍不敬的民族来说，上述言论是彻头彻尾的失败主义。不错，要监视奇里乞亚的巉崖海湾几乎不可能，所以自古以来这个地区就是土匪窝。但讽刺的是，让海盗的势力能蔓延到其要塞之外的，却是罗马在东方建立的霸权。共和国打破了可能对它构成威胁的各个地方势力，又不愿扛起直接统治的责任，所以为海盗留下了一片自由进出的空间。对那些同时受政治无能与无法无天折磨的人群来说，海盗至少能为他们保护的地区带来一些秩序。有些城镇向海盗纳贡，有些为他们提供港口。海盗的触须每年都伸得更远一些。

罗马人只有一次被刺激到去大举征伐海盗，那是在公元前 102 年。当时，西塞罗的偶像演说者马尔库斯·安托尼乌斯奉命率领一支陆军和一支海军前往奇里乞亚。海盗马上从他们的要塞遁逃而出，安托尼乌斯宣布得胜。元老院赏了他一个凯旋式。但海盗只是躲到西西里岛上，未几就回到老巢中并横行如昔。这次，共和国选择闭上眼睛，装聋作哑，一方面是因为大举讨伐海盗看来不会有什么结果，另外也因为罗马一些有势力的利益集团积极鼓励无为。罗马在经济上越离不开奴隶，就越依赖海盗。即使共和国不是处于战争状态，它也要满足对奴隶的瘾头。海盗是奴隶最稳定的供应者。据说在自由港提洛，每日买卖的奴隶可多达 1 万人。巨大的交易规模带来了巨额的收入，养肥了海盗头目与罗马的大财阀。对商业游说团来说，利益比尊严重要。

很多罗马人自然对于罗马名声蒙上这个污点感到震惊，上层贵族阶级尤其如此。卢库勒斯是最大胆反对奴隶制的人，但元老院早就和商业阶级同流合污了。因此，对于共和国对奴隶的贪欲，最有远见的批评者并非罗马人，而是一名希腊人——哲学家波希多尼，尽管他为罗马人的帝国欢呼，认为它体现了一个普世政府，也认为大规模的奴隶贸易是这幅乐观画面里的阴暗角落。他四处游历期间，看到了在西班牙矿井里做牛做马的叙利亚人，看到了在西西里庄园里被锁链锁在一起劳作的高卢人，他对所见的不人道的工作环境感到震惊不已。当然，他没想过反对作为一种制度的奴隶制。真正让他惊恐的，是数以百万计的奴隶遭到非人对待的事实，以及这个事实对他寄予厚望的罗马所构成的威胁。如果共和国不能忠实于他所钦佩的贵族理想，任由大财团玷污其普世使命，罗马的帝国可能会落入人人为所欲为的混乱与贪婪状态。如此一来，罗马的霸权就不会是黄金时代的前驱，而为普遍黑暗的预兆。共和国的堕落会让世界化脓。

波希多尼列出了一系列他所担忧之事的例证——斯巴达克的起义只是最近一例，他其实大可以海盗为例证。土匪就像他们的被害者，往往也是时代苦难的产物，是苛索、战争和社会崩解所滋生的。结果就是，整个地中海地区，只要是不同文化的人被抛在一起之处，不管是在奴隶营棚中还是在海盗船上，都充满极令波希多尼害怕的毁灭世界的呐喊。失根和吃苦让人们失去了敬拜传统神明的热情，却为神秘宗教的成长提供了沃土。这些神秘宗教如同西比尔的寓言，通常融合了许多不同成分，例如希腊信仰、波斯信仰和犹太信仰。基于其性质，它们是在地下传播的且具有流动性，为书写历史的人所看不见。但至少，它们其中之一却留下了永久的印记。米特拉（Mithras）是海盗之神，最终却在整个罗马帝国受人膜拜。他和米特拉达梯之间有些神秘关联，因为后者的名字就意指“米特拉所给予”。米特拉本为一个波斯人神明，但在海盗的理解之下，却和希腊英雄珀尔修斯（Perseus）非常相似。有意思的是，米特拉达梯也自称珀尔修斯的后代。珀尔修斯如同米特拉达梯，也是一个强大的国王，曾统一西方和东方（即希腊和波斯），其统治时期远早于新崛起的罗马。米特拉达梯发行的钱币上有新月和星星的图案，这也是珀尔修斯这位希腊英雄佩剑上的图案。同一把剑也可见于米特拉的手上，他把它深深刺入一头巨大公牛的胸部。

扭曲了原来的波斯神话后，公牛成了“大对头”以及“恶”的象征。这是海盗对罗马的观感吗？层层迷雾笼罩着秘教，我们不可能确知。但可以确定的是，海盗和米特拉达梯的联盟不只是权宜之计。同样可以确定的是，海盗不仅关心打劫，而且敌视罗马代表的一切，他们不会错过任何践踏共和国理想的机会。在发现一个俘虏是罗马公民后，海盗起先会假装很害怕，匍匐在他脚边，为他穿上长袍。等他穿好象征罗马公民的长袍后，海盗会把一把梯子垂到海面上，请他游泳回家。海上劫掠集团专门锁定罗马的行政官，除了把人绑走外，还带走他们的权力信物。因为安托尼乌斯曾带着夺自海盗的珍宝在罗马游行，海盗为了报复，把他女儿从其在海岸边的别墅抓走。这些都是精心策划的激怒行动，显然他们非常了解罗马人的心理，并专门打击罗马共和国声威的核心部分。

荣誉感自然要求罗马人反击，同时，自私的商业利益集团也开始要求反击。这是因为罗马的经济创造出一头怪物之后，如今发现自己正受到自己所创之物的威胁。海盗对大海越来越强的控制让他们能切断运输线路，罗马所需要的一切供应（从奴隶到谷物）渐渐缩小为涓涓细流，罗马人开始挨饿，但元老院仍犹豫不决。海盗的规模已变得非常庞大，若非一个权力涵盖整个地中海地区的指挥官，则不足以对付。在许多元老眼中，这样的总督权力过大。最后，在公元前 74 年，大演说者马尔库斯・安托尼乌斯的儿子小安托尼乌斯获得了指挥权。不过，他会获选并非因为他继承了父亲打击海盗的能力，反而是因为他的无能："不用担心，那些获得提升的人都是无能之辈。"[11] 小安托尼乌斯先是在西西里岛周边地区掠夺一番，然后在克里特岛外海被海盗结结实实地打败。罗马俘虏被戴上他们本来为海盗准备的脚镣，被固定在船的棚架上，随着海浪摇摇摆摆。

就连一大堆脚镣手铐都不是罗马最屈辱的象征。公元前 68 年，当卢库勒斯正在东方打击提格兰时，海盗对共和国的心脏地区发起攻击。奥斯蒂亚（Ostia）是台伯河的入海口，仅距罗马 15 英里。海盗进到港口，放火焚烧执政官停靠在码头上的战舰，饥饿的首都的港口燃起大火。罗马的饥荒更严重了。饿肚子的公民们聚集在罗马广场上，要求采取行动，任命一位总督解决问题——但不是一个像小安托尼乌斯那样的纸老虎，而是个能把事情做好的人。不过，元老院到了这个时候仍固执己见。卡图卢斯和霍腾修斯完全清楚，罗马公民心目中的理想人选是谁。他们也知道，谁在一旁等着这个位子。

庞培自从卸任执政官之后，就刻意保持低调。他装出一副谦逊的模样，如同他的所有假装，是小心翼翼地为了追求效果。"庞培最喜欢的策略是：对于最想要的东西，装得最不想要。”[12] 在形势有利时，这是一个精明的策略，在他的野心如此之大时尤其如此。他这次未毛遂自荐，而是改用克拉苏的策略，找代理人代言。恺撒是元老院里少数为庞培发声的人，但这并非因为他对庞培有多大的好感，而是因为他清楚地看见风向已经转变。如今苏拉的改革已被推翻，保民官再次登场。庞培当执政官时恢复保民官的权力并非毫无所求，而保民官曾经帮助他解除卢库勒斯的指挥权；公元前 67 年，也是一位保民官建议给予庞培这位人民英雄打击海盗的全权。虽然卡图卢斯大力呼吁不要任命“一个形同掌管帝国的君主”，[13] 人民仍欢天喜地地批准了法案。庞培获得了 500 艘船和 12 万人马的空前兵力，又获准在他认为有需要时增募新兵。他的指挥权覆盖整个地中海地区，涵盖所有的岛屿，再从海岸向内陆延伸 50 英里。罗马共和国的资源从未如此集中在一个人手上。

庞培新任务的前景从任何意义上来说都是未知的，甚至包括他的支持者在内都没人知道该如何预期。共和国以如此规模动员，本身就是个绝望的姿态，而罗马人不看好打击海盗的任务也反映在总督的任期上：3 年。但事实证明，庞培只花了 3 个月就肃清了海盗，攻破了其最后的要塞，消除了一个威胁共和国几十年的祸患。那是一场漂亮的胜仗，既是庞培的个人胜利，也让人看清了共和国的实力有多强，连罗马人自己对此都有点吃惊。它表明了不管最初他们对一个挑战的反应有多犹豫，一旦失去耐心，他们就会无坚不摧。反恐战争顺利结束，罗马仍是一个超级强权。

虽然庞培的胜利再次证明，只要共和国愿意，它就能干得漂漂亮亮，不过，庞培这次没使用传统的残忍手段向世人昭示这个教训。

他表现出的仁慈如同他的胜利那样令人吃惊，他不仅没把俘虏钉上十字架，反而买地安置他们，让他们务农。庞培清楚地认识到，人们会沦为土匪，是失根与社会动荡的后果。只要共和国一日为动乱环境的制造者，罗马便一日被人仇恨。但几乎无须强调的是，重新安置罪犯不是罗马的习惯做法。另外也许值得一提的是，庞培在讨伐海盗的途中曾抽空到罗得岛拜访波希多尼。我们知道他听了波希多尼一堂课，课后他们又进行了私下交谈。由于哲学家的任务不是挑战罗马的偏见，而是给罗马人做知识注解，所以我们可以确定，庞培没有听到他不想听的东西，但波希多尼必然至少帮助庞培厘清了一些观念。门徒庞培给波希多尼留下了深刻的印象。他相信，他的祈愿终将在庞培那里获得回应：一个能体现贵族价值观的罗马贵族。波希多尼在这位总督告辞时给了他两句忠告："总是勇敢作战，永远比别人高尚。"[14] 这是出自荷马的警句，庞培听了很高兴，他正是秉持这种精神宽恕了海盗。他将安置海盗的城镇命名为庞培波利斯（Pompeiopolis），好让他的仁慈与慷慨永远为他的名字增添光彩。作战时坚定，和平时大度，难怪波希多尼会将他誉为英雄。

庞培一如既往地贪婪，他想要更多。他并不满足于仅当个赫克托耳（Hector）。从很小的时候开始，当站在镜子前摆弄额前的一绺卷发时，他就梦想当新亚历山大大帝。现在他决心把握时机，东方已在他面前敞开，等他去赢得罗马公民没有赢得过的荣耀。

新亚历山大大帝

公元前 66 年的一个春日，卢库勒斯看见地平线上升起一团烟尘。虽然他扎营在一片森林旁，但在他前面展开的平原却是干旱与荒芜的。渐渐地，自烟尘里出现了一支看不见尽头的队伍。卢库勒斯看得见指挥官的扈从，他们手上的棍棒缠着月桂枝条，枝条上的叶子已经干枯。他自己的扈从拍马上前，迎接来人，递上新鲜的月桂枝以示欢迎。对方拿他们的枯枝作为交换。

大家借助此项仪式，确认了心知肚明之事。自冬天的兵变以来，卢库勒斯的权威一日不如一日。他和部队的关系变得冷淡，完全不能依赖他们作战，不得不带着他们自亚美尼亚慢慢撤退。他退到本都西部的高地舔舐伤口，在那里无奈地看着米特拉达梯重新巩固自己的王国，但这还不是最糟糕的。有个人一直盯着他的总督位置，并与金融家及听他们话的保民官暗中密谋取而代之。如今，被派来取代卢库勒斯的就是此人。

在海盗被消灭后，没几个人打算阻挡"伟大者"庞培的路。大多数元老承认他是赢家，投票授予他更大的权力，不只给了他一支历来最大规模的东征军队，还让他有权见机行事，自行决定谈和还是开战，相较之下卢库勒斯落得一无所有。大批以前的盟友，包括两位前执政官和一堆有着古老姓氏的贵族，急急忙忙改投新的总督阵营。卢库勒斯看着他的新鲜月桂枝被递到庞培扈从的手上时，应该认得其政敌队伍中的许多人，这些人都是赫赫有名的贵族。他们会迎接卢库勒斯的目光吗？或尴尬地撇开目光？在罗马人看来，不管胜利还是失败，都有令人叹为观止的景观。

一开始，卢库勒斯和庞培仍保持冷淡的礼貌，但两人的会面很快沦为一场谩骂比赛。庞培讥笑卢库勒斯无力解决米特拉达梯，后者则反唇相讥，说自己的接替者就像一只食腐鸟，被鲜血刺激到发狂，而鲜血是被比庞培更强大者打死的敌人所流下的。场面越来越火爆，以至于随从们最后不得不拉开两位将军。但因为现在庞培是总督，所以他能做出致命的一击。他解除了卢库勒斯尚余的兵权，让他孑然一身地护理他那受伤的自尊，并让他再次以公民的身份踏上返回罗马的漫漫长路。

尽管如此，卢库勒斯羞辱庞培的话语却更有杀伤力。之后的事态证明，卢库勒斯没有吹牛，他确实打断了米特拉达梯和提格兰两人的脊椎骨，而庞培急忙扑向猎物的样子，的确有几分像是嗅到风中鲜血气味的食腐动物。米特拉达梯最后一次被赶出他的王国，他一如往常又躲进了山区。虽然他避开了追捕者，但唯一足以对罗马人构成威胁的只剩下他的名字。至于提格兰，因自知无法抵抗庞培的大军又不想躲入山区，他匆忙把自己交给庞培处置。抵达罗马军营后，他下马交出佩剑，走到庞培面前摘下王冠，准备穿着他金紫两色的袍服跪在地上的灰尘之中。不过，庞培马上拉住他的手，扶他起来。他邀请国王坐在他旁边，以有礼貌的语气说出他计划中的和平安排：亚美尼亚将成为罗马的属国，提格兰必须交出儿子作为人质。如此一来，他将被允许保留王位，可怜巴巴的提格兰马上答应了，庞培也邀他到营帐参加宴会。这是罗马将军的一贯做法：无情地展示共和国的威武后，在餐桌上优雅地展示风度。

庞培装腔作势的天赋在东方找到了绝佳的舞台。因尖锐地意识到历史之眼正盯着他看，他一举一动都不忘调整好姿势。他如同亚历山大大帝，也随身带了一位听话的历史学家，记录他每次英勇的行动及每件宽宏大量的作为。他一边打仗一边对付国王们，同时着意留下耸动的记载。他不满于打败那些敢于反抗的东方人国王，还与毒蛇打交道，追逐亚马孙女战士，不断向东推进，要到达围绕世界的大洋。同时，他不理会元老院的指手画脚，把东方国家的领地当作赌局上的筹码，随意重新安排东方国家的边界，送出了几顶王冠，废黜了几名国王。现在，这个孩子气未泯的人控制着几百万人的命运。

不过，庞培从未忘记自己是罗马人民的行政官员，毕竟一个公民的伟大程度只等于他为共和国带来荣耀的大小。庞培对自己最得意的说法是："他前去之时，亚细亚处于罗马势力的边缘；离去时，它位于罗马势力的中心。"[15]他对国王们的羞辱、对各个王国的处置，还有在世界尽头所打的战役，全是为这个战略目标服务的。他扶起即将下跪的提格兰，是为了维护罗马的利益。若非如此，这幅画面便失去它英雄主义的光彩。君王式的恭维话语很能打动野蛮人，但其真正的价值只在于充当罗马人生而自由的美德的背景。难怪他处处扮演亚历山大大帝，让大部分罗马人看得如此津津有味，哪怕克拉苏等对手会嗤之以鼻。大部分罗马人可以一眼看出那是什么：不是一种对罗马共和国不耐烦的表现，反而是对其无上尊严和价值的肯定。

因为对罗马人来说，回忆亚历山大大帝的丰功伟绩不是什么好事。更糟的是，这种回忆会鼓舞他们的敌人。亚历山大大帝在东方建立的王国模式从没有失去过诱惑力。这种模式虽然受罗马系统化的羞辱超过一个世纪，但仍是唯一可和世界新征服者的共和主义相对抗的政府形式。所以它会吸引君主，例如甚至不是希腊人的米特拉达梯，也因此，最让人惊讶的是，它会吸引土匪和起义的奴隶。当海盗自称国王时，他们使用镀金的船帆与紫色的君主华盖并非出于虚荣心，而是蓄意为之的宣传，公开宣示他们反对共和国的立场。他们知道，这是个总能被认得的信号，因在之前数十年里，每当社会秩序大乱时，起义领袖总是戴上王冠的奴隶。斯巴达克的共产主义是独特的：在他之前几乎毫无例外，起义奴隶的首领都将目标定为打倒他们的主人，然后建立一个新王朝。他们之中的大部分就像海盗一样，除了采用君主派头外，也有些人让传奇故事中的浪漫情节复活了，他们自称失踪已久的王子。这就是共和国统治世界里"起义"一词的意义。在这混乱时局的回旋暗流中，奴隶的王家排场自然呼应了那些宣称一个普世君主即将兴起与罗马注定灭亡的预言，而米特拉达梯的宣传机器出色地利用了这些预言。

所以，当庞培把自己打扮成新亚历山大大帝时，他盗用了一个君王和奴隶所共享的梦想。若说有罗马人能够欣赏这个梦想，那就非庞培莫属。作为海盗的征服者和波希多尼的保护人，他完全意识到这个梦想在王权和革命之间，在东方王公的傲慢与受压迫者的怨恨之间，存在危险的连锁关系。他踏平海盗的威胁后，现在的目标是踏平闷烧于整个东方的类似威胁。有个王国引起了他的特别注意。几十年来，叙利亚都是无政府主义的温床，盛产暴力的世界末日愿景。公元前 135 年，西西里岛首次爆发反对罗马统治的奴隶大起义，起义领袖称追随者为"叙利亚人"（Syrians），又自称"安条克"（Antiochus），一个充满号召力的头衔。拥有这头衔的国王们是亚历山大大帝的后继者，一度统治一个大帝国，该帝国在全盛时期与印度相邻。这段辉煌的日子早就过去了。这个王朝因为积弱不振，所以才被罗马共和国容忍，但其领土只剩下叙利亚这个核心地带。公元前 83 年，这片国土一度被提格兰攫取，后来有赖卢库勒斯收复失地，一位安条克才得以复位。庞培乐于推翻前任做过的一切，但他不肯承认新国王不纯粹是出于私人恩怨。这位安条克既衰弱又危险，很难存活。他的王国一片混乱，是社会革命的暴风眼，而且他的头衔仍散发着光芒，会勾起人们反抗罗马的欲望。叙利亚是共和国后方的一个脓疮，若任其发展，可能会产生一个新的提格兰、新一代的海盗或一场新的奴隶起义。这是庞培不能容忍的。因此公元前 64 年，他占领了叙利亚首都安提阿。安条克十三世逃到了沙漠，在那里被一名阿拉伯酋长卑鄙地谋杀。至此，他的王国终于进了坟墓。

在叙利亚王国的废墟上，一个新帝国诞生了。不同于元老院的孤立主义，庞培另辟蹊径。罗马的商业利益无论在哪里遭到威胁，共和国都会出面干涉，还会在必要时直接统治那个地方。于是，本来只是共和国在东方立足点的土地成了幅员辽阔的行省。它们外面是一片更宽阔的新月形地带，由许多附庸国构成。它们都很听话顺服，并定期向罗马进贡。这就是“罗马治下的和平”（Pax Romana）的意思。靠财团支持赢得总督之职的庞培，无意重蹈卢库勒斯冒犯财团的覆辙。不过，他虽然乐于认同财团的利益，却也小心翼翼地不让自己成为它们的工具。肆无忌惮剥削的时代过去了，官僚体系不再是随心所欲、不受约束的了。从长远来看，商业集团迟早会认识到，这样的措施能保证和以前一样的利益，毕竟杀死会下金蛋的鹅不符合任何人的利益。

庞培真正的成就在于，他证明了商业考虑能与元老院精英的理想和谐一致，这为罗马统治确立了一个将持续几个世纪的蓝图，也毫无疑问把庞培送上了荣耀与财富的顶峰。那些附庸国的国王不只喂饱了罗马，也喂饱了庞培。公元前64年秋天，庞培盯上了新的财富，自安提阿南下，其第一个目标是难以驾驭的犹地亚王国（Kingdom of Judaea）。耶路撒冷被占领。在殊死抵抗后，圣殿也被攻陷。庞培对犹太人独特的神深感兴趣，所以推开愤怒祭司的阻拦，直入圣殿最深处的至圣所。他发现里面空空如也，因而对此大惑不解。不过，在他和耶和华的此次相遇中，到底是他还是耶和华更有面子？庞培觉得没什么疑问。他不想进一步刺激犹太人，所以没动圣殿里的财宝，还给犹地亚留下了一个由听话的大祭司领导的政权。然后他挥军向南，准备穿越沙漠，进攻那玫瑰红色的城市佩特拉（Petra）。但他没能去到那里，因为他在途中收到了一个重大消息：米特拉达梯死了。这位老国王从未放弃抵抗，但他的儿子后来也起来反对他，把他困在王宫里，这个罗马的头号敌人被逼到了墙角。他企图服毒自尽但没成功，最后只好求助于一种自己对其没有免疫力的东西：侍卫的剑尖。罗马举行了为期10日的盛大活动庆祝这个消息。庞培向欢声雷动的军团宣布这个消息后，火速前往本都。米特拉达梯的儿子在那里交出父亲的尸体。庞培懒得检查尸体，只顾着清点死者的财物。他在这些宝物中找到了一件亚历山大大帝的红色斗篷。他预想自己将得到凯旋式的表扬，便立马试穿了这件斗篷。

很少有人会否认，穿斗篷是他的权利。他的成就不输给罗马历史上的任何人。东方平定了，艰巨的任务完成了。然而，就在这名伟人准备返回罗马时，他的大多数公民同胞却对他的返回忐忑不安。包括克拉苏在内，再贪婪的人也不曾梦想拥有和他一样多的财富。他的荣耀如此耀眼，遮盖了所有的对手。一个罗马人有可能在成为新亚历山大大帝后，继续只当个公民吗？说到底，只有庞培自己能回答这个问题，但在等他回罗马的人群中，许多人已做了最坏的打算。庞培不在的这 5 年，罗马发生了很多事，共和国再次危机四伏。庞培的归来究竟是有助于解决危机还是会导致更大的危机，只有时间能够揭晓答案。

第七章

通向快乐的债务

鱼塘里的阴影

当庞培在东方趾高气扬时，那个被他取代的人心情极度郁闷。

卢库勒斯有各种超不爽快的理由。他的敌人不满足于只解除他的指挥权，在他回到罗马后还继续刺激他。最恶毒的是，他们剥夺了他的凯旋式，那是共和国所能给予公民的最高礼赞。每当举行凯旋式时，街道便成了一片欢乐的海洋，响彻震耳欲聋的掌声与欢呼声。这天，凯旋式上的将军不再是个凡人。他穿上国王的金紫两色衣服，脸被漆成红色，如同罗马伟大的神庙里最神圣的神像朱庇特。成为半人半神，是件光荣、令人迷醉与危险的事；数小时内，一名将军被容许成为一种令人惊奇而又有启迪意义的奇观。对夹道欢呼的罗马人来说，他是个活生生的证据，证明野心可以是神圣的。而在奋力向上与成就丰功伟绩的同时，一个公民也尽了自己对共和国和诸神的责任。

几乎没有人怀疑，在提格拉诺塞塔得胜的将军值得这样的荣誉，就连当初解除卢库勒斯兵权的庞培也留给他几千人，供他进行胜利的游行。但在共和国，没有什么能崇高到可完全免遭丑陋行径的影响。阴谋诡计的获利者（如赢得第一次执政官选举时的卢库勒斯）也会吃到阴谋诡计的苦头。这是政治游戏的规则。一个人的身份地位越高，敌人的暗算就越狠毒。卢库勒斯的成就让他的敌人心生恐惧，一如这些成就令其盟友充满期望。各派别的显贵在幕后尽最大的努力想推翻保民官的反对意见，让卢库勒斯享受凯旋式的荣耀，但不管他们的愤怒多真诚，也不管他们愤慨的呐喊多响亮，他们这么做是各有盘算的。在罗马，没有友谊会全然撇开政治的算计。

不过，卡图卢斯和他支持者的努力仍以失败告终，他们一直以来都期望卢库勒斯成为他们的领袖。卢库勒斯在受到双重羞辱之下，其身上的某根弦似乎绷断了。他为消灭米特拉达梯度过了 6 年的紧张岁月，此时已耗尽战斗激情。他放弃了政治战场，沉溺于极铺张的享乐中。

卢库勒斯在东方时，为宣示罗马力量的胜利，摧毁了提格兰的宫殿和游乐园，一点痕迹都未留下来。但现在他回到意大利，却着手打造自己的建筑奇迹，务求更胜那些被他摧毁的奇迹。他在城墙外的一个山脊上建造了一座令罗马人目瞪口呆的园林，极尽奢华。里面有大群夸张的建筑，包括喷泉与各种奇花异草，许多都是他从东方带回的，包括一棵从本都弄来的樱桃树，这是他带回家乡的战利品中最难运输的。他在图斯克鲁姆（Tusculum）的夏季别墅绵延数英里。沿着那不勒斯湾，他至少拥有三处别墅，最壮观的是一座防波堤上的宫殿，有镀金的平台屋顶，对着海面闪闪发光。这些别墅的其中之一原属于马略，正是马略不愿在退休后归隐其中的那一栋，这位老将军当时仍渴望着战斗和更多的胜利。卢库勒斯用天价从苏拉的女儿那里买来这栋别墅，他似乎决心把这栋别墅和他所拥有的其他一切变为宣示“野心皆空”的纪念碑。他蓄意把奢侈糜烂的花费抬高到冒犯共和国所有理想的程度。过去，他按自己阶级的美德生活，但如今他从政坛退休后，开始践踏这些美德。他不甘心于接连失去权力与荣耀，所以把怨恨发泄到共和国身上。

他既然不能在凯旋式上夸耀，于是改为夸耀惊人的食欲。苏拉为了庆祝胜利，曾宴请整个罗马，但卢库勒斯花了更多金钱在私人饮宴甚至独自用餐上。有次吃饭时，他因看见仆人准备的饭菜很简单，便愤怒地咆哮说：“卢库勒斯今日要宴请卢库勒斯。”[1]这句话广为流传，人们边复述边摇头，因在罗马人看来，沉迷于高级料理是最要不得的。崇拜名厨一直被认为是特别危险的颓废症状。历史学家喜欢说，在生活简朴的共和国早期，厨子“是奴隶中最便宜的”，但等到罗马人接触到东方的奢侈生活后，厨子“就开始受到高度重视，烹饪也从生活琐事一跃成为高级艺术”。[2]在一个新财富横流又没花大钱传统的城市中，讲究饮食迅速成为狂热。罗马不仅日益挥金如土地引进更多外国厨师，也引进外国食材。坚持共和国传统价值观的人们主张，这种狂热不管在道德上还是经济上都具有毁灭性。元老院对此有所警觉，曾设法加以限制。早在公元前169年，它禁止在晚宴上有睡鼠这道菜，后来苏拉也惺惺作态地颁布了很多法律，提倡家常便饭。但所有这些努力都是泥沙坝，最终被时尚的洪流冲得无影无踪。百万富翁越来越多地被诱惑走入厨房，加入他们的厨师，尝试自己的食谱，想创造出更稀奇的菜肴。奥拉塔的生蚝养殖之所以大发利市，就是有这股时尚推波助澜。但在餐桌上，生蚝并非完全没有对手。扇贝、肥野兔和母猪阴户突然走红，它们受欢迎的原因都一样：虽然容易腐烂，但鲜嫩多汁，让有饮食势利眼的罗马人获得了极大的快感。

不过其中最受珍视和欢迎，而且最美味的还是鱼类，一直以来都是如此。自罗马建城以来，人们一直在湖中放养鱼苗。到了公元前3世纪，罗马已被养鱼的池塘包围。淡水鱼因太容易捕捞而不再稀罕，人们更钟情于只能在海里找到的品种。随着罗马烹饪术日益受外国影响，海鱼也成了人们兴趣的焦点。超级富豪们不再满足于依赖渔商提供大比目鱼和鳗鱼，开始建造自己的海水池塘。自然，维持海水池塘所需的巨额花费平添了它们的吸引力。

这种奢侈的做法从古老的理想里找到了依据：人应该依靠自己土地的产物生活。罗马人的乡村情结跨过所有社会阶级的界线，甚至连最豪华的别墅里也开辟了农场。不可避免地，这在城市精英中制造出了一种或许玛丽·安托瓦内特（Marie Antoinette，法国国王路易十六的王后）会熟悉的装腔作势之风。在自己果园的仓库里小憩成了一项流行的装腔作势。若不愿自己种植和收获水果，厚脸皮的主人会从罗马把它们带来，放在仓库中供客人享用。养鱼也有类似的造假。追求鱼类的自给自足需要付出惊人的代价。正如农学家所指出的那样，人工湖"悦眼，但会掏空钱包。它们的建造和维护非常昂贵"。[3] 所谓自己养鱼可以节省开支的说法越来越站不住脚。公元前92年，一名审查官（被选出来维护共和国苛刻理念的行政官）为一条死去的八目鳗痛哭。据说他不像是为一顿失去的晚餐而哭，更像是为死去的女儿而哭。[4]

30年后，这股风气达到狂热的地步。例如，霍腾修斯从不会想吃自己养的心爱鲻鱼，餐桌需要鱼的时候，他会派人到普特里去买。

1. 一位共和国早期英雄的青铜头像，人们认为他是布鲁图。作为一个集团的领袖，他领导了反对罗马最后一个国王塔克文的活动。制作年代推测为公元前 3 世纪或公元前 1 世纪。铜像充满男人气概，极显高贵与威严，表现了罗马人想象祖先的方式（Museo Capitolino, Rome）

2. 在罗马的具有较高文明程度的对手中，大象是一种武器。最著名的是汉尼拔，但东方的希腊国王们也使用大象。一旦和平达成，在和约条款中，罗马人总要写上取缔战象这一条。对于违背者，来访的共和国武器检查团会把大象弄残（Villa Giulia, Rome）

3. 随着共和国版图的拓展，富人与穷人间的鸿沟也扩大了。罗马贵族对赢利的工作既轻视又恐惧。平民（plebs）这个词其实不足以表达贵族对他们的轻蔑。本图显示的是一个兼做屠夫的杂货店店主从柜台后递出砍下的兔头。这是公元 2 世纪的情景，但风格很像共和国晚期（Museo Ostiense, Ostia）

4. 一位帕加马国王，可能是阿塔罗斯三世（Attalus III）。在遗嘱中，阿塔罗斯将王国赠给共和国，从而打开了蜜罐，很快引来一大堆罗马“苍蝇”。传统上，元老院不愿对征服地区实行直接统治，但此时这一政策难以为继了。罗马人的东方帝国初露端倪

5. 公元前 1 世纪初，那不勒斯湾既是罗马超级富豪们的游乐场，也是海外财富流向意大利的入口。如这幅港口的梦幻般场景所显示的那样，画家突出表现了海湾的美丽，而忽略了商业气息（Museo Nazionale, Naples）

6. 出土自蒂沃利（Tivoli）的一尊将军塑像，制作于公元前 1 世纪初，表情是罗马式的，严肃和不露感情，但姿态取自希腊统治者的形象。由于希腊的财富与文明，做一名东方指挥官是每个有野心的将军的梦想。在此及许多其他方面，马略大大加强了共和国的尚武精神

7. 这是公元前 75 年的一枚币值为 4 德拉克马的银币。本都之狮米特拉达梯处处模仿亚历山大大帝，一点儿也不嫌麻烦？毫无疑问，这是一种自负的姿态；与此同时，他也想借此争取希腊人对自己的支持。公元前 89 年，他侵入了罗马的亚细亚行省，次年屠杀了大批意大利商人。他是共和国最顽强的敌人（British Museum, London）

8. 这尊罗马人的半身像展示了一个花花公子的发型，一般认为是苏拉。他的眼神表明他是一个急于成功的男人

9. 阿文提诺丘上的一段共和国城墙。任何携带武器的公民都不允许进入城门。在共和国的历史中，苏拉是率领一支罗马军队反对自己的城市的第一个将军

10. 肩上扛着法西斯的扈从官。法西斯是一束白桦木棍棒，曾是王权的象征。在共和国，每位执政官有 12 名扈从官

11. 博学家波希多尼，共和国世界使命的热情鼓吹者（Museo Nazionale, Naples）

13. 贝娄娜神庙就剩下图中绿草覆盖的小土堆上那一点儿。在这里，公元前 82 年，元老们听见附近公共别墅中苏拉的俘虏被屠杀时发出的惨叫声

4. 在罗马贵族的想象中，过世的人的眼睛正盯着他们，激励他们建立胜过家族前辈的功业。这里，一位身穿长袍的大人物手托两尊沉重的半身雕像。一般认为他是共和国早期人物，不过无法确定。他的头部来自另一尊雕塑，制作于公元前1世纪（Museo Capitolino, Rome）

15. 跑道上的双轮马车赛选手（Museo Nazionale, Naples）

16. 庞贝城的竞技场里，角斗士在相互搏杀，观众在场外叫嚷着。壁画创作于公元 1 世纪：斯巴达克起义过去 100 多年了，角斗仍是坎帕尼亚地区的一大产业（Museo Nazionale, Naples）

17. 权力的卷发与假笑："伟大者"庞培

18. 手持盾牌、身穿铠甲的军团士兵（中）。取自所谓多米提乌斯·阿诺巴布斯祭坛上的壁画，创作于公元前 1 世纪，大概表现的是士兵退役的情况。离开军团后，"拥有一块肥沃的土地、与妻子安定下来"是所有士兵的梦想（Musée du Louvre, Paris）

19. 公元前 66 年，卢库勒斯自东方回来后，在能够俯视战神大校场的地方建造了一座园林，里面有大量他从帝国行省带来的战利品。园林成了显示大人物身份的重要标志。画中图景取自奥古斯都位于罗马附近的普来马·保塔（Prima Porta）的别墅（Museo Nazionale Romano, Rome）

20. 无论作为食品还是宠物，鱼类都令罗马人着迷。卢库勒斯凭借他的园林和“养鱼狂人”的声名，将这股风气推向了极端（Museo Nazionale, Naples）

21. 对罗马的超级富豪来说，位于那不勒斯湾的别墅是必须置办的产业；对无力拥有的人来说，它是欲求和狂想的对象。防波堤向海里伸进很远，据说连鱼儿都觉得不便了。海岸上则建起奇妙的花园，有时需要挖掘渠道，有时会延伸到山上（Museo Nazionale, Naples）

22. “和平的长袍应该比武器更可贵。”西塞罗从不忘提醒人们，他于公元前 63 年粉碎了“喀提林阴谋”，拯救了共和国（Museo Capitolino, Rome）

23. 恺撒·马卡利（Cesare Maccari）想象的元老院中的摊牌：西塞罗正在谴责恶棍喀提林。这是他于 1888 年为近代意大利元老院创作的壁画中的一幅

24. 广场中的卡斯托耳神庙。公元前 58 年，克洛狄乌斯成为保民官，度过了很刺激的一年。他毁掉了神庙的台阶，将它变成了自己的准司令部。

25. 想到女人聚在一起举行神秘的宗教仪式，罗马的男人总是心痒难耐。这幅壁画取自庞贝城的神秘别墅（Villa of Mysteries），神圣和色情的成分在画中交织在一起。或许，公元前 62 年，正是对此的想象使得克洛狄乌斯亵渎了祭祀良善女神的仪式。

26. 面容悲戚的半身像（右），一般认为是加图。在恺撒担任执政官的公元前 59 年，加图是抵抗恺撒、庞培和克拉苏结成的三巨头同盟的先锋（Museo Vaticano, Rome）

27. “垂死的高卢人”。雕像比真人大——这很恰当，自公元前 4 世纪高卢军事部落劫掠罗马以来，高卢人的威胁一直令共和国忐忑不安。卸任执政官后，就提高恺撒威望的途径而言，有什么能胜过对北方野蛮人发动先发制人的进攻？（Museo Capitolino, Rome）

28. 多米提乌斯·阿诺巴布斯。图中人或者是恺撒的这位大敌，或者是这位大敌的儿子。公元前 56 年，老多米提乌斯企图取代恺撒，担任高卢总督，这导致三巨头再次续签协议，对共和国产生了致命影响。这是铸于公元前 42 年至公元前 36 年的银币第纳尔（denarius）（Museo Nazionale Romano, Rome）

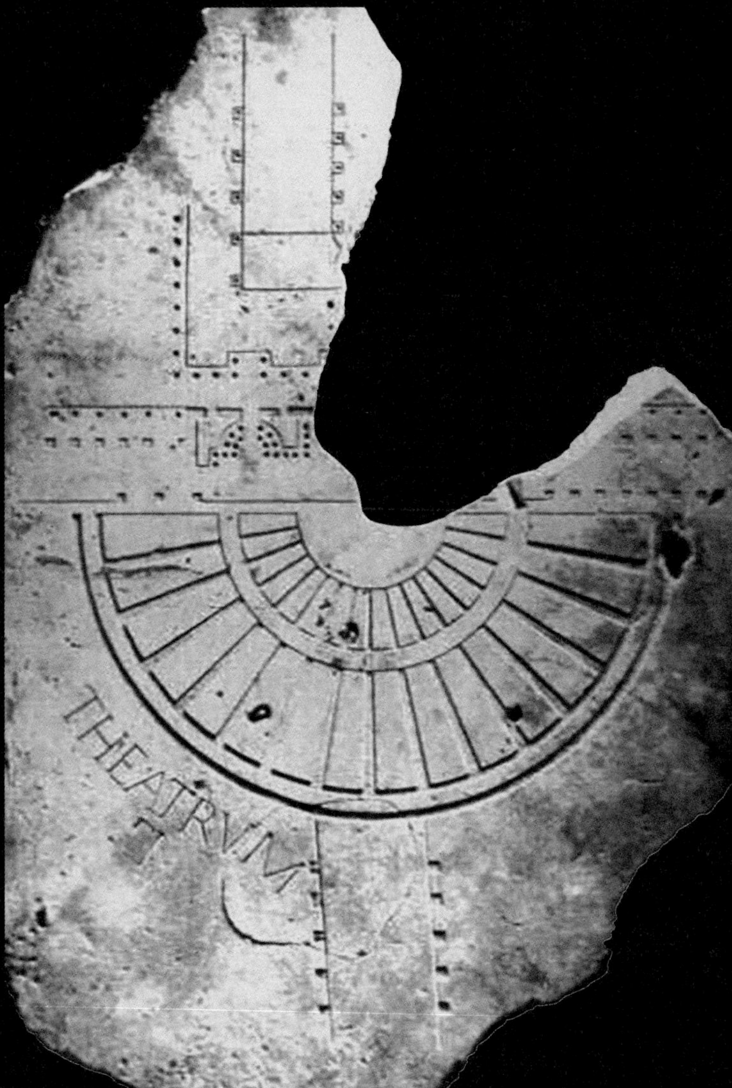

29. 庞培大剧院规划图。它于公元前 61 年动工，公元前 55 年建成。罗马第一次有了石制的剧院。作为庞培抬升身价、提高威望的一种举措，大剧院的建造是无与伦比的，也是有悖于共和精神的（Museo Capitolino, Rome）

30. 距罗马 20 英里的阿庇安大道。公元前 52 年 1 月，克洛狄乌斯毙命于此

31. “维钦托利将武器扔在恺撒脚下。”莱昂内尔·罗耶（Lionel Royer）绘于1899年。公元前52年，恺撒在阿莱西亚城取得最令人难以置信的大胜，事实上终结了高卢的反叛

32. 朱利乌斯·恺撒。西塞罗对他说："在上天为我们设定的界限内，你的精神永远无法得到满足。"（Museo Capitolino, Rome）

33. 《3 月 15 日》，爱德华 · 约翰 · 波因特（Edward John Poynter）绘于 1883 年（Manchester City Art Galleries, Manchester）

34. 一位罗马将军的雕像，高度与真人相似，制作于文艺复兴时期。人们在庞培大剧院的遗址上发现了它。有好几个世纪，人们以为恺撒就是倒在这尊雕像下的。很遗憾，今天没有人再相信（Palazzo Spada, Rome）

35. 希腊女王和埃及法老克娄巴特拉向伊西丝女神献祭（Musée du Louvre, Paris）

36. 一枚铸于公元前 34 年前后的 4 德拉克马银币，正反两面分别为安东尼和克娄巴特拉的头像。在同一枚钱币上出现一个罗马人和一个希腊人——三巨头同盟之一和一位女王——没有什么比这个更冒犯共和国的价值观了（Fitzwilliam Museum, Cambridge）

37. 恺撒·迪维·弗利维·奥古斯都（Museo Vaticano, Rome）

38. 发现于庞贝城的一幅马赛克。一具骷髅危险地立在一只蝴蝶和一个轮子上：死亡如影随形地伴着人生，而命运从来都是变幻不定的（Museo Nazionale, Naples）

他的一个朋友疑惑地这样说："他宁愿给你一头拉车的骡子，也不愿给你他鱼塘里一尾长胡须的鲻鱼。"[5]不过在养鱼一事的种种夸张事态中，卢库勒斯让人瞠目结舌的程度远超过其他人。他的鱼塘是那个时代公认的奇迹，也是公认的丑闻。他为了给鱼塘提供海水，建造了穿过山间的渠道，又在海水深水处建起防波堤，以调节海潮的温度。他在为共和国服务时，也没这么尽心尽力发挥自己的才干。西塞罗半是鄙夷半是绝望，没好气地称呼卢库勒斯和霍腾修斯为"养鱼狂人"（Piscinarii）。

西塞罗一眼看穿了养鱼热是怎么回事，因为卢库勒斯忙着丢弃的雄心壮志正是他最珍惜的东西。养鱼热是共和国疾病的反映。罗马的公共生活奠基于责任之上，失败不能成为抛弃让罗马伟大的使命感的理由。一个公民最重要的美德是坚守岗位，必要时不惜牺牲性命，因为无论在政治生活上还是在战场上，一个人的出逃都会威胁到整条战线的安危。西塞罗虽然夺去了霍腾修斯演说者的桂冠，却不想看到这个对手退休。他虽然是个"新人"，却非常认同卢库勒斯和霍腾修斯这些大贵族曾经坚持的原则。现在，他正一步步小心地接近执政官的位置，却看见这些天然盟友坐在鱼塘边喂食他们长胡须的鲻鱼，任由共和国在风中飘摇，这令他不禁大惊失色。

不过，对霍腾修斯来说（如同对卢库勒斯来说），在当过顶尖人物后被迫退居二线，会感受到一种锥心之痛。他的退休不如卢库勒斯彻底，但感受到的痛苦并无二致。他曾被西塞罗击败在法庭上，而现在，法庭日益成了他表演怪癖的舞台。例如，他曾控告一个搞乱他长袍皱褶的人犯了侮辱罪。同样夸张的是，他有次在案件审理到一半时要求休庭，理由是他要赶回庄园，监督仆人用陈年葡萄酒灌溉悬铃木。如同之前的许多次，他这场官司的对手是西塞罗。奢侈铺张是一个西塞罗无法与他竞争的领域。

这是罗马人对荣耀的追求趋于病态化的结果。卢库勒斯为他的鱼开凿山岭，霍腾修斯是第一个以孔雀宴客的人——两种行为都仍保有老式的、令人熟悉的竞胜心态。但攫住他们的已不再是得到荣耀的欲望，反而是种非常类似于自厌自憎的情绪。据说，卢库勒斯花钱时总是一脸鄙夷，如同这种行为是“俘虏和野蛮人”的行为，沾满了鲜血。[6]他的同代人对他的行为举止感到震惊和困惑也就不足为奇了。因为不理解他的真实状况，他们都说他疯了。当时的共和国还不知道“倦怠”这种病。几代之后的人们却晓得了。塞涅卡（Seneca）生活在尼禄统治时代，就非常能体会这种症状。当时，共和国的各种理想枯萎已久，想成就最好就要玩命，贵族只能埋头享乐。他在谈到卢库勒斯和霍腾修斯这类人士时写道：“他们开始寻找不会减低食欲而会刺激食欲的菜肴。”[7]这些坐在鱼塘边的养鱼狂人呆呆地看着鱼塘深处，他们留下的阴影比他们所知的还要阴暗。

派对常客

自我放纵未必是失败的症候。对显赫的贵族来说是退休后甜蜜毒药的东西，对另一些人来说却可能是天大良机。自卢库勒斯在那不勒斯的别墅出发，沿着海岸走几英里，人们就会来到传奇海滩度假胜地巴亚。在那里，一道道镀金的防波堤向前延伸，伸入海湾闪烁的蓝色海域，仿佛是要防止鱼儿逃走，幽默作家如此形容道。在罗马人看来，巴亚是奢侈和邪恶的同义词。在那里度假，总会让人得到夹杂着罪恶感的欢愉。没有政治家会承认，自己曾在这么恶名昭彰的地方打发时间。然而每个季节，罗马都有大批上层阶级人士被它诱惑南下。也正因如此，巴亚亦吸引了许多一心向上爬的人。无论是浸泡在那著名的硫黄温泉中，还是享用一顿当地风味的紫壳生蚝大餐，巴亚都提供了进入上流社会的机会。巴亚是个派对城镇，音乐与笑声不断自别墅、海滩和海湾的游船中传出，回荡在温暖的夜空中，难怪这个地方会大受道德家的谴责。不管在哪里，每当葡萄酒如流水般倾倒且衣服开始松开之时，传统礼仪也开始消失无踪。在这里，一个几乎还未成年的英俊高攀者可能和一位执政官称兄道弟。交易谈成了，恩庇关系也建立了。要是一个人有魅力与好看的容貌，便可加分不少。巴亚丑闻满天飞，它外表迷人，但总被各种关于腐败的流言笼罩着。这是个人们大洒香水、大量饮酒之地，一个充满各种野心和性变态游戏的游戏场——最让人吃惊的大概是，它也是有权势的女人施展手段的地方。

克劳狄家族三姐妹中的大姐克洛狄娅·梅特里（Clodia Metelli）是巴亚的女王及其独一无二诱惑力的化身。她的眼睛黝黑闪亮，其公牛般的外表总能令罗马男人两腿发软，她的口头禅被争相效仿。她不采用具有贵族色彩的名字“克劳狄娅”（Claudia），而是采用它的粗俗写法“克洛狄娅”（Clodia），这反映出她的平民口味，而且强烈影响了她最小的弟弟。[8] 模仿下层民众的口音始终是“平民派”政治家的标志，苏拉的敌人苏尔皮基乌斯就是以此闻名。但如今，克洛狄娅让平民口音变成了一种时尚。

当然，在一个共和国那样的贵族社会里，只有贵族出身的人才可能把平民元素变为潮流。克洛狄娅靠着血统与婚姻关系，成了贵族中的贵族。她的丈夫梅特卢斯·塞勒（Metellus Celer）来自唯一一个在声望与傲慢方面都能同克劳狄家族相抗衡的家族。梅特里家族（Metelli）生育力惊人，到处都是他们的人，而且他们的人还常出现在敌对阵营的两边。例如，有个梅特里极痛恨庞培，差点带着一整支舰队去攻击他，但在整个公元前1世纪60年代，克洛狄娅的老公都竭力为庞培效力。克洛狄娅显然不介意夫家的这种效忠分裂，因为她主要效忠自己的家族。相较于梅特里家族，克劳狄家族出了名地团结——克洛狄乌斯和三个姐妹尤其如此。

卢库勒斯非常憎恨自己的小舅子，决定毁灭他，乱伦之说就是先从他那里传出来的。他从东方回罗马后，公开指控太太和她弟弟睡觉，并把她给休了。克洛狄乌斯小时候非常怕黑，他最亲爱的大姐曾让他和她一起睡，所以一样被乱伦的谣言纠缠上。在罗马，道德上的吹毛求疵与对危言耸听的丑闻的勃勃兴致是一体两面。如同恺撒被认为是比提尼亚国王的性伴侣，克洛狄乌斯的敌人也乐此不疲地指控他乱伦。不过无风不起浪，克洛狄乌斯和三个姐妹的关系必有什么不寻常，才会落人口实。他终其一生，总是做些与自己年龄不相符的事，所以那些说三道四的人未必是空穴来风。不过，克洛狄娅大概是因为涉足公共领域太深，才会给自己招来许多流言蜚语。“在客厅里是个戏弄男子者，在卧室里是块大冰块。”[9]她的一位旧情人这样描述她。这反映出她对自己性吸引力的运用很谨慎。甚至对克洛狄娅这种阶层的女人而言，插手政治也很危险。罗马道德对有进取心的女人并不客气。性冷淡被认为是妻子的最高美德。“庄重的女人不叫床”[10]被认为是理所当然的。妻子在床上应该一动不动，稍微有点大动作便被认为是妓女的调调。类似的是，一个女人如果谈话机智奔放，也要做好遭谴责的准备。这样的女人如果还参与政治活动，便难免被视成堕落的怪物。从这个角度来看，克洛狄娅被指控为乱伦便不让人意外了。她是政治游戏里的一个玩家。

然而，光是厌女症并不能充分解释对于克洛狄娅这种社交女主人的辱骂狂潮。女人想发挥影响力，别无选择，只能在幕后活动，通过密谋和勾引她们想影响的人来达到目的。这被道德家痛斥为充满流言与肉欲的女性世界。在男性的野心竞技场上，竞争本就激烈，女人的加入又增添了危险的不确定因素，这种利用女人的品质在罗马也最被藐视。从来不是派对动物的西塞罗详细列举了危险因素，包括："放荡""风流韵事""在吵闹的音乐声中整夜不睡""滥交""不计后果地乱花钱"。丢脸、堕落的终极标志是成为一个舞棍。在传统主义者眼中，没有什么比这更骇人听闻的了。一个沉溺于跳舞文化的城市是个陷于灾难边缘的城市。西塞罗甚至完全能一本正经地指出，希腊就是为跳舞文化所毁。他大声疾呼："过去，希腊人也曾挞伐这类事情，他们知道它有多危险，知道它会以有害的狂热和念头逐渐腐蚀公民的心灵，然后一下子毁掉整座城市。"[12] 按这类诊断的标准衡量，罗马已经病入膏肓。对参加派对的人来说，一晚的高潮是喝得酩酊大醉，然后"在女孩的尖叫声和震耳欲聋的音乐声"的伴奏下，脱光他们的衣服，在桌子上狂野地跳舞。

罗马政治家的分歧更多是出于风格上而非政策看法上的歧见。罗马派对的日益铺张糜烂进一步将歧见两极化。显然对传统主义者来说，看见那么多他们心中的模范人物（如卢库勒斯和霍腾修斯）屈服于诱惑，令他们既尴尬又痛苦。尽管如此，古老的节俭观念仍存在。事实上，新一代元老看到铺张浪费成为时尚后，其使命感反而有增无减。虽然元老院沉溺于金银钱财中，但它仍非常保守，不愿正视事实，宁愿想象自己没变，仍是正直的化身。一名政治家若能让同伴们相信这是事实而非幻想，便能大大提升自己的威望。严肃和简朴的形象仍然很管用。

若非如此，我们很难解释为何马尔库斯·波西乌斯·加图（Marcus Porcius Cato）的权威如此大。公元前 1 世纪 60 年代中叶时他才 30 岁，官职不过是财政官。大部分资历浅的元老在他这个年纪都安安静静坐着，倾听更资深元老的发言。但加图不一样，他的声音频频回荡于元老院中。这声音听起来粗嘎且质朴无华，如同从高尚的早期共和国直接发出。加图当军官时，“与他的部下同甘共苦，穿的一样，吃的一样，一起行军”。[14] 他身为平民，通过鄙夷时尚来创造新的时尚。因参加派对的人都穿紫色衣服，他便专穿黑色。他鄙视一切形式的奢侈，无论大热天还是雨雪天，不管去哪里，他都走路，有时还赤脚。其中或许有些做作之处，但更多是体现了深刻的道德使命感，是一种不容玷污的内在力量的展现。罗马人仍渴望认同这种力量，但认为它早已成为历史。不过在加图看来，过去的遗产却无限神圣。对公民同胞的责任与服务就是一切。他详细研究了财政官的责任后才投入选举。就职后，他的勤勉和正直“足以让财政官的官职如执政官般荣耀”。尽管元老院为自己的腐败感到痛苦，但还未降格至对加图视而不见。

加图的榜样让老一辈元老特别受鼓舞，他们很快便在他身上看到了共和国的希望。例如，急于向后人交棒的卢库勒斯为庆祝自己离婚，娶了加图的异母妹妹。新夫人只比原来那位强一点：她的风流韵事不涉及乱伦。虽然不走运的卢库勒斯又娶了位派对女郎为妻，但出于对加图的尊敬，他忍了几年才离婚。但这不表示加图已准备好给自己的妹夫行方便。若他认为共和国的利益受到威胁，他会起诉卢库勒斯的朋友，不会放过任何人。有几次，他甚至教训了卡图卢斯。加图不打算参加那些被每个人视为理所当然的幕后活动，他所表现出的不妥协性格常让他的盟友困惑与生气。西塞罗虽然非常钦佩他，但仍抱怨说："他在元老院大唱高调，仿佛生活在柏拉图的理想国而非罗慕路斯的粪坑。"[16]批评严重低估了加图的政治敏锐度。事实上，他在很多方面的策略都和西塞罗南辕北辙，后者的整个政治生涯都是在测试妥协的极限。加图只追随自己原则的韵律起舞。他从共和国最苛刻的传统中汲取力量，成为活生生的轻浮时尚的批判者。

他刻意让他的敌人相较于他树立的标准显得更加不道德和娘娘腔。对罗马人来说，追逐女人与酒不是男子气概的表现，而是恰恰相反。行为放纵被视为有损一个人的性能力。角斗士在决斗前一星期，需要用金属螺旋锁住阴部，但公民应依赖自我节制。沉迷于色欲会让男人不再是男人。控制欲强的女人如同克洛狄娅，可能被形容是吸血鬼，会"吸干"[17]男人的活力，而克洛狄乌斯这样的浪荡公子则被认为连女人都不如。类似的指责被人们乐此不疲地一遍遍重复着。

然而，这种辱骂虽然深藏偏见，却反映出某种紧张不安的情绪。任何罗马人都不会去打击他们不害怕的敌人。那些娘娘腔的标志同时也是见多识广、优越和圆滑世故的标志。时尚发挥其一贯的功能，把追随它的人同芸芸众生区分开来。在竞争如此激烈的共和国社会，时尚有种明显与即时的吸引力。罗马有无数野心勃勃的年轻人急于获取公共地位，加入时尚潮流就是取得这种地位的方法。他们为此会采取一些特别的做法，如采用以一根手指挠头这类的神秘手势、蓄山羊胡、身穿盖过手腕脚踝的外衣、穿透明如面纱的长袍——正如一句经常重复的措辞：穿得“松松垮垮”。[18]

这显然是恺撒10年前的打扮方式。这不是巧合。公元前1世纪70年代至公元前1世纪60年代，恺撒仍是罗马最时髦的男人。他挥霍的花钱方式就如同他穿长袍的方式一样惹人注目。有次他委托人给自己建一栋乡村别墅，却在落成的那一刻令人拆了它，理由是别墅不符合他的严格标准。他的许多对手拿这类奢侈浪费大做文章批评他。但恺撒是在一场高风险的赌博中下注。成为时尚圈的宠儿并不是在浪费时间，这显然要冒着破产的风险——不仅是经济上的破产，还有政治上的破产。不过，正如他较精明的敌人注意到的，他从不让派对活动危及他的健康。他吃得像加图一样简单，极少喝酒。他的性欲出了名地旺盛，但他在选择长期伴侣一事上却很冷静与谨慎。他的太太科尼莉亚在公元前69年便已去世，之后他在寻求一个新妻子时，锁定了苏拉的孙女庞培娅（Pompeia）。恺撒终其一生都非常重视高质量的情报，而这在他择妻和择情妇方面都明显可见。他一生的挚爱是塞维利娅（Servilia）——她凑巧是加图的异母姐姐，也因此是卢库勒斯的大姨子。同样凑巧的是，她又是卡图卢斯的表亲。天晓得，她会在情人耳边说出多少家族秘密？

难怪敌人十分提防他的魅力。虽然恺撒不会把宝全都押在塞维利娅一人身上，但他把自己的未来抵押在诱惑国人同胞上。他比任何人做得都过分，他把办派对的精神引入公共生活。公元前65年，35岁的他成为市政官（aedile）。担任这个官职并不能获得竞选执政官的资格，但它因主管公共娱乐活动而非常受人欢迎。也因此，它为恺撒这个搞秀高手提供了量身定做的机会。他让角斗士有史以来第一次穿上银色铠甲。为了娱乐公民同胞，他安排300对角斗士一起对打，盛况空前。若非他的政敌急忙立法限制格斗人数，表演可能还会更壮观。元老们知道，恺撒是在无耻地行贿，他们也知道，没有贿赂不求回报。

在个人前途的大赌局上，恺撒下了高风险但经过仔细盘算的赌注。他的敌人也许会谴责他是个娘娘腔的花花公子，却不得不承认他日益成为一个重量级的政治对手。恺撒常把这个事实摆在他们眼前。他因为是市政官，除了主管娱乐活动，还负责维护保养公共建筑。一天早晨罗马人发现，马略（一个被遗忘已久的人）的所有纪念碑全被修复，这让当权的苏拉派一片哗然。在恺撒承认修复工作是他下令进行的之后，卡图卢斯甚至指控他攻击共和国。恺撒一脸愤怒地争辩自己无辜。他说，难道马略不就像苏拉一样伟大吗？难道对立派别握手言和的时刻尚未到来吗？难道他们不都是同一个共和国的公民吗？聚集起来支持恺撒的民众高声呐喊："是！"卡图卢斯气急败坏却无可奈何。于是，马略的纪念碑保留了下来。

这类插曲表明了，深受苏拉打击但未被摧毁的"平民派"传统开始重新抬头。这是个惊人的成就，但也要付出代价。下层民众之所以把恺撒看成偶像，他的慷慨大方是关键，所以他的政敌有理由期待，这种大方慷慨总有一天会让他破产。如同加图以清贫著称，恺撒以债台高筑闻名。每个人都知道，算账的日子将会到来。公元前63年，这一天来临了。当年，恺撒决定要打入元老院的高层，为自己"松松垮垮"的形象增添些许传统威望的色彩，所以选择把一生的事业押在一次选举上。当时罗马大祭司（pontifex maximus）的职位刚出缺，那是共和国最德隆望尊的职位，而且是终身职位。除了拥有巨大的道德权威外，大祭司还可以入住罗马广场内神圣大街的官邸。所以如果恺撒成了大祭司，他名副其实身处罗马的中心。

他的竞选对手是贵人中的贵人：卡图卢斯。在一般情况下，卡图卢斯会觉得自己稳操胜券。恺撒的参选简直是桩丑闻。大祭司一职按照惯例是保留给当过执政官的杰出人士的，尤其不适合政治新秀问津。不过，恺撒不是那种会被传统小细节妨碍的人。他祭出自己在遇到难题时屡试不爽的法宝：大量撒钱。他把自己的信用透支到了极限，以前所未闻的规模贿赂选民。宣布竞选结果那天，他在出门前吻别奥丽莉亚，对她说："母亲，今天你要么看我当上大祭司，要么看我跑路。"[19]

事实证明，他确实要搬出苏布拉区，不是为了跑路，而是要搬入神圣大街的官邸。恺撒将它赢到手，当选了大祭司。他的挥霍再次获得了丰厚的回报。他竟敢赌那么大，还是和既有秩序赌，和共和国最古老的传统赌——而且还赌赢了。

凯利乌斯的阴谋

许多人赌钱都以输钱收场。恺撒大肆挥霍的策略其实很危险。对辉煌未来的承诺是以毁灭为赌注的。大把钱花出去后，可能什么结果也没有。一旦竞选落败，他便无法争得一个肥缺，而且他的整个政治生涯都有可能被葬送掉。

难怪外省贵族在培养儿子的雄心壮志时也会给他们提出一点警

告。把一名继承人送去罗马有风险，年轻人很容易就成为高利贷放贷人的俎上肉。如果一个父亲够审慎，就会设法在首都给儿子找个保护人。这名保护人不但可以教导年轻人认识共和国迷宫般的路径，还可防止他们受到城市里灯红酒绿的诱惑。特别是对从来没有成员在罗马当过官的家族来说，找到一个好的保护人极为重要。所以，当一位名叫凯利乌斯·卢福斯（Caelius Rufus）的银行家为儿子找到克拉苏和西塞罗当保护人时，人人都觉得小凯利乌斯的前途获得了保证。但讽刺的是，这也立即使其信用额度大大提高。当高利贷放贷人蜂拥而至时，小凯利乌斯伸开双臂欢迎。这个年轻人英俊、风趣且有些鲁莽，很快就养成了入不敷出的生活习惯。他太有野心，所以没忽略学业，不过，他在跟着两位保护人学习的同时，也获得了罗马三大舞棍之一的名声。新的社交圈子欢迎他加入——都是些西塞罗绝不涉足的社交圈。随着他日益成为派对常客，小凯利乌斯开始受到一批性质完全不同的熟人影响。

这些熟人之中，声名狼藉的贵族——卢修斯·塞尔吉乌斯·喀提林（Lucius Sergius Catilina）——特别要不得。恺撒不是唯一一个靠挥霍无度建立事业的人，也非贵族中唯一执着于为家族重振声望的人。喀提林的曾祖父是著名的战争英雄，曾以一只义肢铁手与汉尼拔作战。不过，他的家族在政治上却毫无成就。尽管家族里已几乎 400 年没出过执政官，喀提林的贵族地位仍给他提供了许多便利。例如，出了名势利的卡图卢斯就对他青睐有加，他们的友谊名副其实是以血锻铸的。喀提林在大清洗的那段日子曾帮助卡图卢斯惩罚杀父凶手。凶手被鞭打着走过街道，一直走到卡图卢斯父亲的坟墓前，棍棒落在他背上，他的脸被打得支离破碎，最后头被砍了下来。

对卡图卢斯来说，这种残暴行为是他孝心的体现，可告慰父亲不安的灵魂。但喀提林却没有这种借口。他杀人之后，提着死者首级走在街上到处展示，即使以内战的标准衡量，这都是令人反感的行为。后来，虽然法庭没能证明什么，但谋杀的指控，更不用说还有通奸和亵渎的指控，一直阻碍着他的仕途。不错，邪恶的名声之于他并非总是不利因素。在一些声名狼藉的圈子里，这种名声与他的亲和力相结合，让他成为一个令人敬畏的魅力人物。不过，那些圈子既为喀提林提供了一批坚定的支持者，也把他置于一个策略性的困境之中。“他主要只对年轻人有吸引力。”[20] 在继续维持这种吸引力的同时，他能不疏远卡图卢斯之类的盟友吗——更不用说，能不疏远大多数本已不信任他的元老吗?

他为摆脱困境，曾求助于克拉苏——至少谣言是这样说的。是否如此，显然没人说得准，因为克拉苏的运作总在幕后进行。但有件事却可以肯定：公元前 1 世纪 60 年代，克拉苏烦恼很多，他再次面临被庞培胜过的可能性。他的老对手不仅很快就会带着一支百战雄师返回罗马，还将惊人地富有。这是克拉苏的罗马首富地位首次遭受威胁。他会拼命网罗支持者也就不奇怪了。喀提林有巨大的野心与更加庞大的债务，克拉苏肯定觉得值得在他身上赌一把。

找到一名听话的执政官候选人并非克拉苏的唯一目的。喀提林还能为他提供别的帮助。喀提林在所有最污秽的地方都很受欢迎，包括苏布拉区家道中落的上流人士的家、放荡女人的沙龙，以及那些负债、失望与失去耐性的人中。简言之，对生活很节制的前执政官克拉苏来说，这些地方都是禁区。哪怕西塞罗曾经尖刻地评论说，如果能赢到一笔遗产，克拉苏会愿意在罗马广场上跳舞。[21] 或许吧，但只要有喀提林为他在地下社会的浑水中摸鱼、在沙龙里刻意讨好，并在深夜酒吧里与激进分子密谋，克拉苏就不用担心自己名誉受损。

我们不可能确知小凯利乌斯在其中扮演什么角色。当然我们可以想象，他在克拉苏的引荐下认识了喀提林，当然，他也是从克拉苏那里习得了黑暗的政治手腕。甚至可能是西塞罗当了他们的介绍人。喀提林曾任阿非利加总督并大捞了一笔。在公元前 65 年，克洛狄乌斯从东方回到罗马，急于在法庭上大显身手，所以控告喀提林敲诈聚敛。这时，作为“新人”的西塞罗准备竞选执政官，他知道喀提林也有此意，所以曾短暂考虑为他在即将到来的诉讼中辩护，希望两人来年可以联手竞选。不过，喀提林带着贵族式的骄傲拒绝了西塞罗的建议。他不怕打这场官司，也很快被无罪开释。他可能和克洛狄乌斯私下达成了协议，而且克拉苏肯定也愿意为他付出高额贿赂。至此，喀提林可以无拘无束地参加公元前 63 年的执政官选举，并和西塞罗正面交锋了。

小凯利乌斯在整场选战中都站在他的保护人这边。对一个作为“新人”的年轻政治家来说，这想必是一场非常过瘾的经历。选举结果是多年来最难预测的一次。西塞罗一生都在为这次选举做准备，但喀提林一样铆足了劲，务求弥补家族 400 年来的缺憾。势利的心态构成他竞选活动的基础。他和另一名贵族安托尼乌斯·海布里达（Antonius Hybrida）公开结盟。海布里达是个放荡的无赖，很难想象他是西塞罗心目中的英雄安托尼乌斯之子。贵族们面对如此声名狼藉的两个候选人，深深吸了一口气，屏息选了不是最差的选项。骑士阶级也是如此。开票结果是西塞罗遥遥领先。喀提林被海布里达远远甩在后头，落居第三。

这对任何贵族而言都是羞辱，对喀提林来说，更可能构成一场灾难。债务已将他淹没，而克拉苏肯定没兴趣资助一个输家，但喀提林未完全放弃希望。当西塞罗开始穿上执政官的紫边长袍时，喀提林一边舔着伤口，一边策划卷土重来。他的信用额度还能支持到下次选举，所以他继续借贷，把钱大量花在贿赂上。同时，他不但没有隐瞒负债规模，反而拿出来炫耀。这是个天大的冒险，但其实是为势所迫，他不得不如此做。负债的凄惨远非他那金玉其表的圈子所独有。意大利到处都弥漫着对压迫者的仇恨情绪，无论是在罗马破旧的公寓里，还是在贫瘠的农田上——苏拉的老兵已抵押掉他们全部的土地，只能一边艰难地在土中刨食，一边缅怀内战时的好日子。喀提林在和穷人私下会面时向他们保证，他将担任他们的捍卫者，他最后指出："谁最有资格成为绝望者的领袖和旗手？难道不是一个大胆又同样绝望的人吗？"[22]

始终以一只眼盯着喀提林的西塞罗，非常乐意按字面理解这些煽动话语。他开始好奇自己是否可能得到比当执政官更大的荣耀——把罗马从动乱中拯救出来的荣耀？这种前景让西塞罗既惊恐又醉醺醺。他和喀提林互相监视，两人都有兴趣提高赌注，也尽力吓唬各自的听众。不过当两人最终在元老院正面交锋时，喀提林出于对西塞罗的恨意，做了一次错误的虚张声势。他说："我看见两个身体，一个瘦弱但长了颗大头，另一个强壮但没有头。如果我把自己奉献给那个没有头的身体，真的有那么恐怖吗？"[23]喀提林的贵族同人并不觉得他的"大头"字谜有趣。不管有没有用比喻掩饰，革命情绪都不受元老院欢迎。当时，喀提林已在第二次执政官选举中落败。投票当日，西塞罗在战神大校场行走时，故意在长袍下多穿了一副胸甲，还特意让选民看到。选举结果宣布后，高利贷放贷人纷纷扑向落选的喀提林。

喀提林就像恺撒竞选大祭司那样，押上了全部的家当。他赌自己能扮演两面神杰纳斯（Janus），一张脸面向元老院和骑士阶级，另一张脸面向穷人和负债者。他赌输了。虽然精英阶层抛弃了喀提林，下层民众却没抛弃他。喀提林在他们身上激起的希望比他自己知道的更大也更强烈。在乡村地区，农民开始以镰刀和锈剑武装自己；在罗马，游行示威日益接近骚乱。就连元老院中也有人因未能取得更大成就来抵销自己的债务和失望，而开始谈论革命。在这里，小凯利乌斯参与了这些不切实际的谈论。

为什么？这个年轻人是因负债太庞大而放弃了合法取得成就的机会，改为想参与革命吗？还是密谋带来的兴奋诱惑了他？或是理想主义使然？许多有着光明前途的年轻人同情喀提林的要求。代际冲突导致父亲反对儿子。有位元老宁愿杀了自己的继承人而不愿见到他和喀提林混在一起，虽然这名年轻人就像小凯利乌斯那样“极有天赋、教养而且英俊”。[24]就连西塞罗都不得不承认，喀提林“靠着披上一层道德外衣，得到了许多优秀人士的忠诚”。[25]所以，小凯利乌斯要么是因为最卑贱的理由支持喀提林，要么是因为最高尚的理由支持喀提林，又或两者兼有之。但还有一种可能性：不无可能，他根本完全不支持喀提林。尽管小凯利乌斯刚愎自用，但他也是玩世不恭的机会主义者，他大概只是充当自己保护人的耳目。

西塞罗绝对需要卧底的耳目。在喀提林竞选执政官失败后，西塞罗对于革命的预言慢慢显得有些危言耸听。人们开始要求他拿出证据。就在罗马人的紧张情绪开始转为嘲弄时，一沓信件突然寄到西塞罗家里。它们把喀提林的计划勾勒为一场大屠杀。转交这些控告文件的不是别人，就是克拉苏。他声称，这些信件是名“身份不明的男人”[26]交给他的门房的。第二天早上，西塞罗在元老院读出这些信件后，恐慌在罗马城蔓延开来。国家宣布进入紧急状态，西塞罗被赋予处理危机的全权。克拉苏公开出卖自己的门人之后，又躲回阴暗的角落。我们读着这个匪夷所思的故事，难免会得出一个推论：公元前63年秋天，搞阴谋的并不只有喀提林一人。那个“身份不明的男人”是谁？我们只知道有个人同时与西塞罗、克拉苏和喀提林熟识，就是小凯利乌斯。

这显然是大胆的猜测。以上任何一条解释或全部解释都有可能。对于这个谜团，我们不该只归咎于资料不足。它也反映着共和国本身的某些根本东西。罗马人对荣耀的渴求就像熊熊火焰，既照亮了他们的城市与整个帝国，也投下了摇摆不定和背叛出卖的阴影。每个有野心的政治人物都需具备阴谋家的技巧。当西塞罗最后一次在元老院和喀提林面对面时，他剖析了敌人的计划，揭露了密谋的细节，将它们大白于天下。喀提林当晚就跑路，离开了罗马。此后，西塞罗将认为这一天是他人生中最美好的一天，让他站在“不朽荣耀的顶端”。[27]他在他的自我形象认定中，成了共和国的无畏保护者、一个纯粹、单纯的爱国者，这种形象将在他余生的政治事业中充当试金石。不让人意外的是，喀提林不这么认为。他离开罗马前写信给克拉苏，仍为自己的无辜辩白，愤愤抱怨自己落入别人的阴谋而被迫流亡。他向北而去，表面上是要到马赛过退休生活，实际上却在中途改变方向，接手指挥一支由农民和老兵拼凑起来的杂牌军。同时在罗马，喀提林阴谋更耸动的细节陆续在元老院“曝光”，说他煽动意大利北部的高卢人叛乱，还说他要释放奴隶并准备把罗马城付之一炬。这让整个罗马陷入歇斯底里。西塞罗是当时的英雄。然而，若干怀疑的声音也出现了。有些人窃窃私语：喀提林说得没错，这场危机是人为制造的，贪婪荣耀的西塞罗把他逼上了造反之路。

当然，如同所有阴谋论，这个阴谋论也缺乏有力证据。没有人像西塞罗盘问喀提林那样盘问过西塞罗，但真相在缺乏资料的情况下依然朦胧不清。西塞罗显然曾使用了一些卑鄙手段把他的敌人赶出巢穴，但此外，他还做过些什么我们则不得而知。不过在某个意义下，他若不耍手段逼敌人跳崖，他就不是罗马人了。每个执政官都梦想在任内留下光辉的印记，自抬身价的游戏就是这样玩的。西塞罗的行为也许不符合其自我标榜的标准，但除了加图之外，谁又做得到这一点呢？

无论如何，最先提高赌注的是喀提林本人。内战已显示了暴力升级的速度可以有多快。在罗马这样一个竞争激烈的社会，即使谈论用武都有危险，就如同把火柴投进火绒箱。这解释了为何西塞罗急于在喀提林四周建立防火墙。他担心若不孤立阴谋者，火势可能会迅速变得无法控制。不出所料，一旦卡图卢斯相信喀提林真的密谋推翻共和国，他就动了控告克拉苏之念。他为了以防万一，也想告恺撒。西塞罗或许也怀疑他们，但卡图卢斯的举动正是他竭力避免的。他不想把克拉苏这样的人逼到墙角。

12 月 5 日，随着骇人的谣言如野火般蔓延，西塞罗在元老院召开了一个危机处理会议。他宣布罗马阴谋集团的头目都已被查明并被逮捕。克拉苏或恺撒的名字都没出现在名单上。不过，接着举行的大辩论至少透露了更多发言者的仇恨和野心。最关键的问题是如何处理喀提林的党羽。他们很多都出身名门望族，而且法律严格禁止未经正式审判便处置任何公民。但当前的紧急状态不是让西塞罗有权违犯这个神圣禁令吗？恺撒因担心罗马的歇斯底里情绪会波及他，提出了一个新颖的主意：把阴谋者终身监禁。加图反对，要求处死他们。这两人在才智上旗鼓相当，个性上则南辕北辙。日后，他们的冲突将使共和国为之战栗。不过，目前这次是加图赢了。大多数元老都赞成他所说的，罗马的安全比个别公民的权利更重要。另外，又有谁听过把监禁当作惩罚的呢？所以，阴谋叛乱者一律被判处死刑。

他们其中之一曾任执政官。他在困惑与害怕的群众的围观下，被带到罗马广场。西塞罗走在他旁边，一脸正气凛然，后面跟着四名元老。随着黄昏阴影越来越深，五个人犯被带进一间幽暗的地下室接受绞刑。然后西塞罗自幽暗中现身，简单地向群众宣布，人犯已被处死。广场上有许多人都是死者的朋友，听到结果后便散开了，但在城市其他地方，人们却以如雷的掌声欢迎这个消息。一连串火把照亮了自罗马广场到西塞罗家的这条道路，西塞罗本人也由罗马最著名人士组成的方阵护送回家。所有人都称许他是国家的救星。显然这名来自阿尔皮努姆的外省人做梦也没想过自己会有这么一天。

他让同僚刮目相看，他不仅拯救了共和国，而且是在没流太多血的情况下做到了这点。他仍汲汲于在阴谋四周保留防火墙。例如，他拒绝调查他的执政官同僚海布里达，哪怕海布里达是喀提林的密友之一。西塞罗以马其顿总督的职位贿赂海布里达（这个肥缺使他在还清欠债后还绰绰有余），并让他指挥讨伐喀提林的战争。由于海布里达不只被怀疑首鼠两端，还是个胆小鬼与酒鬼，西塞罗的这个决定引起了许多人的不安。庞培的朋友开始施压，要求他收回成命。这又反而让加图怒气大发，他表示自己宁死也不愿看到庞培被委以意大利主帅的军权。不过，若有人真想挡庞培的路，那就非西塞罗莫属。他最大的噩梦就是看见罗马分裂为不同的武装派别，然后它们之间的斗争演化为不断升级的暴力冲突，最终导致内战爆发。现在，庞培有了很好的借口，可以带着他的军团回来干预政局。西塞罗正是于此意义下，真的拯救了罗马。

公元前 62 年夏天，就在庞培回意大利的仅仅数月前，喀提林的杂牌军终于被逼到墙角且遭到摧毁。在战争期间，海布里达一直装病，并留在营帐里。他接着匆匆赶到马其顿就任，开始专心聚敛，但在其他方面则保持低调。他不是唯一战术性撤出罗马的人。许多不那么重要的阴谋参与者也溜出首都，其中一人是小凯利乌斯。他去了阿非利加，他父亲在那里有许多生意，但小凯利乌斯完全没打算放弃政治生涯。他在阿非利加担任了一年新任总督的副官，表现非常杰出。不管小凯利乌斯在喀提林派的阴谋中真正扮演了什么角色，他的前途仍一片大好。他对政坛已够熟悉，知道那里没有什么地久天长。盟友随时可变为对头，今年的英雄未尝不可能是下一年的坏蛋。政治风景可在一眨眼之间发生天翻地覆的变化。

这一点，很快就得到了戏剧性的证明。

丑闻

每年 12 月初，罗马贵族之家的妇女都会齐聚一堂，以神秘仪式庆祝良善女神的节日。这项神秘仪式严禁男性参加，就连男性雕像在这期间都必须以布罩住。这种神秘兮兮自然会引起一些男性浮想联翩。每个公民都知道女人天生堕落且淫荡，而不让男人参加的良善女神节是否会极尽荒淫之能事？没有男性曾胆敢偷窥，以证实这种猜想。罗马宗教奇怪的特征之一是，即使是那些嘲笑它的人也认为它令人敬畏。良善女神是罗马的保护神之一，男人和女人同样崇敬她。显然，如果她的仪式受到亵渎，所有人的平安都会受到威胁。

公元前 62 年冬天，罗马的妇女特别需要祈求良善女神的眷顾。虽然喀提林死了，但恐惧与谣言仍散播于罗马广场。庞培在希腊的各个旅游胜地逍遥了一段日子后，终于抵达亚得里亚海海岸。据说他将在 12 月底前渡海返回意大利，到时其他有野心的贵族将会是什么处境？他们必须如同侏儒那样生活在“伟大者”庞培的阴影下吗？主持良善女神节仪式的两名妇女格外关注这个问题，一个是恺撒的母亲奥丽莉亚，另一个是他的太太庞培娅。大祭司本人虽提供官邸作为举行仪式的场地，但显然不在场。恺撒和官邸里的其他男性（不管是自由人还是奴隶）将整夜在外。

官邸里满是袅袅香烛、音乐声与重要的女人。几小时内，罗马的安危将掌握在这个城市的女人手里。她们不用再隐于角落，不用再害怕窥探的眼睛。不过，奥丽莉亚的一名侍女却注意到有名吹笛女正在窥探着她们。侍女走上前，吹笛女却向后退缩。侍女大声质问吹笛女是谁，后者先是摇摇头，然后模模糊糊说出庞培娅的名字。侍女尖叫了起来，因为吹笛女虽然穿着束胸和长袖外衣，但声音显然是个男人。大厅里一片骚动。奥丽莉亚赶紧以布盖上女神圣像并终止仪式。其他女人纷纷寻找那个不敬的闯入者，最终在庞培娅一名侍女的房间里找到了他。她们摘去冒牌吹笛女的面纱后，发现他是……克洛狄乌斯。

这件事马上像野火一样传遍罗马，流言蜚语铺天盖地。无论是克洛狄乌斯的朋友还是敌人，大家都聚在一起交换猥亵的细节。若蓄山羊胡或以一根手指挠头可被视为娘娘腔的标志，那么克洛狄乌斯穿上女人的衣服偷溜进一场神圣仪式，显然是把冒犯提升到一个全新的高度。一夜之间，他成了罗马所有保守分子眼中的怪物，也成了所有“衣着松松垮垮”的花花公子的偶像。恺撒处于这两个极端中间，处境特别尴尬。他自然必须表示愤怒，因为克洛狄乌斯不只侵入了大祭司的官邸，还（根据谣言的说法）计划侵犯庞培娅。在罗马，如果一名奴隶给主人戴绿帽，他会被毒打、鸡奸甚至阉割，所以若恺撒把克洛狄乌斯拽上法庭，一点都不为过。但大祭司得考虑形象问题。尽管有崇高的宗教地位，他同时也是许多流言的主角，被说成“在女人中间是个男人，在男人中间是个女人”。[28]若此时他采取道德立场，说不定会招来更大的耻笑，更不用说，他还树了克洛狄乌斯这么个敌人，也疏远了他的天然支持者——时尚一族。毕竟他计划两年内竞选执政官，而克洛狄乌斯人脉太广又反复无常，他得罪不起。最后，恺撒决定和庞培娅离婚以解决这个难题，但他拒绝说明理由，只说了一句如德尔斐神谕般谜样的话：“恺撒的妻子必须没有可容怀疑的余地。”[29]在有人逼他进一步采取行动前，他就去了西班牙当总督。他在元老院未来得及确认他的任命前就任，反映出他有多急着离开罗马。

恺撒的离开没有让丑闻的热度冷却。罗马人继续歇斯底里地谈论克洛狄乌斯，这甚至让庞培回到首都的消息都湮没无闻。有别于大部分人所担心的，庞培回来后没有引起任何风波。归来的总督没有进军罗马，反而解散了部队，“没带武器，除了几个好朋友外没人护卫，就像从国外度假回来”。[30]庞培在表现简单自在时总在炫耀。夹道欢迎他的群众仍喝彩到声音沙哑，但他在罗马的对手却没那么容易感动。他们既然用不着再害怕他，便将力量集中于一项更愉快的活动上：进一步削弱他的力量。让人人都高兴的是，他的首次公开演讲是个败笔。他在演讲中混合了自夸自大和虚伪的谦逊，给了他的敌人一个无可抗拒的箭靶。当他居高临下夸赞元老院镇压喀提林时，克拉苏马上站起来，把西塞罗捧上了天，以最夸张的措辞赞美西塞罗，比如宣称自己每次望向妻子，都会感谢西塞罗让他们夫妻得以存活。西塞罗本人却完全听不出个中的讽刺意味，而是感到飘飘然。他总是把庞培偶像化，所以能在这名伟人在场的场合得到赞美，他宛如身在天堂。不过，就连他都不得不承认，他的偶像在听过克拉苏的发言后显得有点“气恼”。[31]

这并不奇怪，最近一段时期，庞培听到了许多关于西塞罗的事。前一年他还在希腊时，西塞罗寄来了一封厚厚的信。整封信充满了自我吹捧，把自己的功绩和新亚历山大大帝相提并论，但庞培的回应不是很热络。因为西塞罗的自信心还不够强，所以偶像的冷淡回应让他很受伤。他安慰自己称，庞培只是嫉妒，但对方的冷屁股不只伤害了西塞罗的虚荣心，还有他对罗马未来的整个愿景。就像他常认为的，这两者是一致的。没错，他拯救了共和国，但他也谦逊地承认，没有公民同胞的支持，他不可能做到这点。他担任执政官的那一年，不只是他自己的最美好时光，也是他们最美好的时光。这种共同使命感确定可以维持吗？毕竟一个共和国若不是基于利益和正义携手合作，那么它还算什么呢？西塞罗身为“国家的救星”，将继续掌舵，但他也豁达大度地肯定其他领导人物，特别是庞培的作用。所有公民，不论是元老、骑士还是穷人，将和谐地生活在一起。个人利益将服从于罗马的利益。

当然，西塞罗这种想法只是一种乌托邦愿景，他本人绝非没有野心。在一个人人都有固定位置的社会，自由以及一个外人赢得执政官的机会将被扼杀，这是个令西塞罗终生受折磨的悖论。他对未来的蓝图不管多么不切实际，都是大量痛苦思索的产物。他自豪地自诩为共和国最高贵传统的继承人。这些传统之一是野心与责任的平衡。若这种平衡被搞乱了，罪犯也许会一路爬到高位，暴君也会出现。喀提林的野心固然遭到了挫败，但他肯定会有后继者。摧毁他们至关重要。如果伟大者不同时也是好人，共和国还有什么希望可言？

西塞罗因为热情怀抱这些观念，所以无法对克洛狄乌斯的恶作剧坐视不管。显然只有另一个喀提林做得出此等厚颜无耻之事。让西塞罗更兴奋的是，他意识到这时的元老院如同他当执政官时那样非常团结。虽然没有法律禁止人们偷窥良善女神的仪式，但一股压倒性的意见力量开始认为那是一种罪。投票表决的结果同意起诉克洛狄乌斯。这除了反映出真诚的愤怒外，还反映了罗马私人恩怨的恶意。克洛狄乌斯仇家不少，卢库勒斯显然是他的主要仇家之一。让卢库勒斯愿意离开自己的鱼塘需要一些特别的原因，其中一次是为了接受凯旋式的表扬：公元前 63 年，时任执政官的西塞罗终于为他争取到了凯旋式。卢库勒斯利用此次机会，在街上的布告牌上说明了他付给士兵多少军饷：每人整整 950 德拉克马（drachmas）。

可见兵变在他心里留下的创伤还没愈合。如今时隔两年，卢库勒斯再次殷切现身。他嗅到了克洛狄乌斯的血腥味。他在准备审讯时，还说服霍腾修斯振作起来领导这次起诉。大批证人集中起来，奥丽莉亚是其中引人注目的一人。不管儿子有何顾虑，她都非常乐意指证克洛狄乌斯在良善女神节的晚上出现在她家里。

但克洛狄乌斯也有一些有权有势的朋友。为他辩护的是元老院最显赫的人物之一、当过执政官的盖乌斯·斯里波尼乌斯·库里奥（Gaius Scribonius Curio）。他一接手此案，便设法为他的当事人编造不在场证明。他找到了一名骑士，此人愿意证明克洛狄乌斯在良善女神节当晚整晚都和他在一起，地点距离大祭司官邸 90 英里。接下来轮到霍腾修斯找反证了。起诉方花不了多少时间，就找来了最具权威性的一个证人。原来西塞罗在良善女神节当晚就和克洛狄乌斯在一起，而且两人不是远在 90 英里之外，而是在罗马市中心。

然而，他打算出面做证吗？不管他多么厌恶克洛狄乌斯的行为，这都是个让人痛苦的决定。两人向来无仇无怨。西塞罗担任执政官期间，克洛狄乌斯还是他的扈从官之一。此外，他们现在更是邻居。西塞罗最近在世界的地位提高了——名副其实地如此。他卸任执政官之后，在巴拉丁诺丘买了栋豪宅——虽然昂贵得要命，但他认为自己的新地位值得这个花费：他可是共和国的救星。现在，他从有白杨树遮阴的门廊可以眺望罗马广场，这是世上极少人享有的景观。他的邻居除了克洛狄乌斯之外，还有克洛狄乌斯那出名的姐姐。西塞罗对于和罗马最高贵的家族如此亲近感到十分光荣——真的很亲近，他的太太甚至指控，克洛狄娅想勾引西塞罗。

根据传言，西塞罗是因为被老婆抱怨得受不了了，为求耳根清净才出面指控克洛狄乌斯。另外，能和元老院精英站在同一阵线的机会太难得了，也令人难以抗拒。他在法庭的现身适时地引起一阵轰动。当他开始做证时，克洛狄乌斯的支持者越来越吵闹。贫民区的人们在库里奥儿子的动员下，数周成群结队出现在罗马广场，威吓克洛狄乌斯的敌人。虽然克洛狄乌斯辩护人的儿子被西塞罗称为"库里奥的小女儿"，他却是个不择手段的危险对手。不过这次他的招数起了反作用。最能让西塞罗壮胆的是自己成为大明星的感觉，他在陪审团组成的人墙的保护下，以清晰、毫不犹豫的声音做证。第二天，一群人聚集在他家门口欢呼喝彩，表示支持。克洛狄乌斯会被定罪看来已成定局，陪审员纷纷要求保镖保护。

尽管陪审团坚定支持西塞罗，但接下来两天，当一名神秘奴隶开始敲他们家的门时，他们的表现逊色多了。克洛狄乌斯提供的贿赂是大把钞票、美女或一流的男孩。这种明目张胆的贿赂发挥了决定性的作用。克洛狄乌斯以 31 票对 25 票获得无罪开释。他的敌人气炸了。卡图卢斯恶毒地询问一名陪审员："这就是你要求保镖的原因吧？好保护你收到的贿款？"[33]

对所有显贵，尤其对卢库勒斯来说，克洛狄乌斯的无罪判决是一次沉重打击。但对西塞罗来说，这更是一场灾难。如今他发现自己少了卡图卢斯和霍腾修斯拥有的资源，还发现自己惹来了一个连恺撒都不愿去惹的仇家。对事情更没帮助的是，在审判后几周，西塞罗在元老院里对克洛狄乌斯展开了一连串有欠思虑的奚落。就这样，在罗马本属常见的小仇小怨迅速升级为深仇大恨。克洛狄乌斯的才智也许不及西塞罗，但在报仇雪恨这件事上，他很快就证明自己举世无双。

在西塞罗自己看来，他个人的灾难总是全罗马的灾难。不过换作别的场合，他大概会承认政治生活的野蛮是自由的指标。运气来来去去，盟友分分合合，这是自由的共和国应有的韵律。担任执政官时赢得的荣光正迅速消退，这点也许让西塞罗难过，却让他的大多数同僚感到满意。罗马人欣赏成就，但害怕过大的成就。权力是共享的，没有人被容许取得绝对权力。只有苏拉那样做过，但他很快就退休了。

有什么理由认为这种现象将永远改变?

第八章

三巨头同盟

加图的赌注

公元前61年9月28日，“伟大者”庞培在罗马的大街上第三次接受凯旋式表扬。即使按照他自己的标准衡量，凯旋式场面的盛大仍是无可比拟的。仪式的焦点当然是那位得胜的英雄。为照顾那些看不清楚的观众，游行队伍带着一个全以珍珠打造而成的巨大半身像。半身像最特别的地方是前额的一绺卷发。庞培18年前第一次接受凯旋式表扬时就是这种发型。看来少年英雄的形象是他难以割舍的，庞培对自己的年龄如此敏感，以至于他特意将自己的凯旋式安排在45岁生日前一天举行。他没有把这一点广为散布。他披着亚历山大大帝的斗篷，留着卷发，不想让人觉得自己是一名装年轻的中年人。亚历山大大帝死得早，32岁就撒手人寰。庞培在过了34岁之后，又整整多活了10年。

在罗马，只有少年得志的人才会经历中年危机。庞培的大部分同胞都渴盼不惑之年的到来。中年是一个罗马公民人生的黄金岁月，对上层阶级来说，则是他们终于可以竞选执政官的年纪。在罗马人看来，崇拜年轻是一种纷扰的异国情调，尤其受到东方国王的喜爱。希腊君主始终很在意留住自己的青春——或用大理石雕像，或以宏伟的纪念碑。罗马人被认为理应更加懂事。毕竟，共和国的醇香不就是因为它历史悠久吗？执政官年年更替，他们若太缅怀自己的执政官任期（西塞罗便是如此），就会成为笑柄。如同水可被用来稀释酒，时间也被用来打破荣耀。罗马人确实比世界上的任何民族更重视荣耀，但正因如此，他们也对荣耀可能构成的威胁更警觉。它的味道越甜美，让人醉倒的危险就越大。所以执政官的任期被定为一年，凯旋式则为期一或两天。在游行结束，饮宴散席，战利品挂在神庙之后，唯一留下的就只有街道上的垃圾了。对罗马人来说，荣耀的真正纪念碑并非以大理石塑成，而是以记忆塑成。壮观的场面应该是转瞬即逝的，如同组织这些场面的执政官的权威。共和国禁止采用宏伟的建筑记功，反而选择了节日这样的艺术形式。

只有在想象中，罗马这个脏乱的城市才更像帝国的首都。罗马人固然也会建造出一座剧院，并给它加上大理石石柱、玻璃或镀金的地板，以及青铜塑像和错视画，但剧院本身不过是布景而已。罗马人是为了节日而建造了它们，并在节日过后就野蛮地将其拆毁。只有一次，审查官批准在巴拉丁诺丘丘麓建一座永久性的剧院——那是公元前 154 年的事。不过，到了剧院即将竣工时，元老院却出现了大量反对声浪，所以它又被一块石头一块石头地拆毁。结果，甚至近百年后，一个强烈不协调的事实仍然存在：哪怕意大利最偏远的城镇都有座石砌的剧院，世界首都罗马却付诸阙如。

许多公民依然为此感到自豪，认为这清楚揭示了共和国的美德，保证了“让罗马人总是独树一帜的阳刚气息”。[1] 但其他公民却感到难为情。例如，曾在东方耀武扬威的庞培对于罗马的风头被辉煌的希腊建筑抢去就很不高兴。他在抢走从镇酒冰壶到凤仙花树等大批宝贝后，又在他的战利品里加上一幅米蒂利尼（Mitylene）大剧院的素描画，并打算“以更大和更华美的规模复制一座”。[2]当人们还在打扫其凯旋式留下的垃圾时，他的建筑团队已进驻战神大校场。平坦、空旷又靠近罗马广场，对于一个想大兴土木的人来说，没有比这里更诱人的地点了。况且庞培从不善于抵抗诱惑。从一开始，他心目中的剧院就是一座宏伟的建筑。他虚伪地宣称，他要建造一座维纳斯神庙，其基座采用阶梯状，然后往上直通神庙，但没有人会傻到相信他。再一次，如同庞培毕生一直做的，先例之类的全被他踩在脚下，他一点都不在乎先例。无论如何，他花的是自己的钱。他这么做，不就是为了想送给罗马人民一件礼物吗？

不令人意外的是，大部分罗马人没有意见。庞培的仰慕者对他们偶像的慷慨激动不已，但他在元老院的同僚（特别是元老院高层）却不领情。已经有人指出，新剧院的地基延伸至几乎和“羊圈”接壤，显然，完成后的建筑将耸立在投票场前。届时，行政官选举名副其实地在庞培的“阴影”下进行。看来共和国正面临危险。这种忧虑总能把贵族团结起来反对僭越者，这次也不例外。卡图卢斯一直是庞培不合体制行径的主要批评者，但他已在克洛狄乌斯审判案结束后不久去世（大概是被审判结果气死的）。不过，加图仍是传统的坚定维护者，而且已准备好要修理庞培。他联合妒火中烧的克拉苏，组织了一个反对庞培的集团，让这位大将军突然自云霄坠下。元老院拒绝批准庞培对东方的善后安排。他给老兵分配农场的承诺遭到否决，就连他对米特拉达梯的胜利都被加图取笑为“对付女人的战争”。[3]

庞培感到既受伤又困惑。他不是征服了324个不同的民族吗？他不是让罗马帝国的版图倍增了吗？为什么元老院拒绝给予他应得之物？他采取的手段也许不合法，但他的目标却非常合乎成规。迥异于他的政敌不怀好意的暗示，庞培从没想要建立一个王朝，他追求的不过是被罗马的建制派接纳。他也有自己的不安全感，他并非出身世家大族，加图的成就只有他的零头，但拥有的威望却让他又妒又羡。即使在他威望如日中天的公元前62年，他也表现出一种近乎孩子气的愿望，想确认加图对他的尊敬不下于他对加图的尊敬。为了可以和加图的侄女结婚，他还不惜离婚，即使妻子是他亲密盟友塞勒的妹妹，接着他还预告，他和他的儿子将分别迎娶加图的两名侄女。因为庞培已经成了罗马最有价值的单身汉，他自然认定加图一定会同意这桩婚事。准新娘也这么想，但就在两名女孩兴奋地开始为婚事做准备时，她们的叔叔却叫她们省省吧。笑声遂变成哭声。家里的女人都站在女孩这边，但加图不是会因为女人发脾气而改变主意的那种人。他轻蔑地说：“庞培应该知道，从一个女孩的闺房对我展开包抄这招并不管用。”[4]这让那个尴尬的求婚者显得阴险卑鄙，他什么都没捞到，还得罪了塞勒。加图对道德高地的好眼力再次让他夺得战略的高地。庞培在不熟悉的领域中踉踉跄跄，开始在敌人连续打击下左支右绌。到了公元前60年春天，他看来已几乎放弃这场战争。西塞罗向阿提库斯（Atticus）透露，庞培终日无所事事，只是静静坐着，“盯着他在凯旋式上所穿的那件长袍”。[5]

不管从这类报告中得到多少满足，加图仍保持戒备。即使连续失去政治阵地，庞培仍然是个可怕的对手。任何人都清楚的是，若庞培想突破加图和克拉苏凭借技巧建立的封锁线，就必须有位执政官盟友，而且不能是随便一个盟友，必须是位重量级、能压倒加图的盟友。有个人显然是合适人选，但公元前 60 年春天时他远在西班牙。

出乎大多数人意料的是，恺撒在西班牙总督任上干得有声有色。这位“衣着松松垮垮”的花花公子天生就是当将军的料。一场在今日葡萄牙北部发生的小型战争不仅让他还掉了许多债务，还让他得到了元老院赏赐的一个凯旋式。然而，这些乐事相较于庞培深陷困局的消息都不算什么。恺撒有本领在看见一个毕生难逢的机会时认出它。不过，他若想抓住它，则必须尽快。有意参加执政官选举的人必须在 7 月初宣布参选。恺撒为了赶时间，在接任人抵达前便抛下他的行省，并以一贯的疾风之速赶赴罗马，终于及时赶到战神大校场。不过，他在庞培建筑工地的嘈杂声中和烟尘中不得不停下步伐。因为他想起，在接受凯旋式表扬前，他名义上仍是军人，不能进入罗马。为此，他在公共别墅住下来，然后匆匆申请由代理人代为竞选执政官的权利。元老院有一天的时间可以决定是否批准，看来它没什么意见。

但加图却很有意见。因为他知道，不论恺撒的申请是否会被批准，元老院都必须在日落前表决，于是他站起来滔滔不绝地发言直到晚上。如此一来，愤怒的恺撒就会发现自己必须在凯旋式与竞选执政官之间选择。他几乎毫不犹豫。他与庞培不同，总能区分权力的实质和表象。于是他进入罗马，前往参加一场胜券在握的竞选。

加图及其盟友也知道这点。他们没料到的是，在他们和庞培的斗争中，恺撒会从半路杀出。恺撒不只可倚仗庞培撑腰，还可依靠自己巨大的民望，这让他成为危险性加倍的威胁。既然无法堵住这个老敌人的竞选之路，加图匆忙采取行动，以抵消恺撒当选带来的冲击。最紧急的需要，是确保一名自己这方的人当选另一名执政官，并以他来抗衡恺撒的作为。来自庞培无底金库的金钱已大量流入选民口袋。显然，只要能把两个执政官的职位都买下，他不惜任何花费。加图相中的候选人是自己的女婿马尔库斯·比布卢斯（Marcus Bibulus）—— 一个认真得有点乏味的元老，他对于自己忽然被看成共和国的救星感到高兴。庞培的政敌倾力支持他。对加图来说，局势显然很严峻，否则加图不会对比布卢斯像庞培那样砸大钱收买人心视而不见。

事后证明，这些钱花得很值得。恺撒在选举中以压倒性的第一高票当选，但比布卢斯还是捞了个第二。这种发展让加图感到满意，不过，在搞乱庞培的计划后，他现在必须堵住恺撒的野心。这位执政官当选人的军事才干尽人皆知。在加图看来，让这个荣耀猎取者再次靠近一个行省让人无法忍受。但要如何遏阻他呢？根据惯例，每位执政官卸任后都会被外派为总督。但加图指出，当家门口还不是太平静时，把一名卸任执政官派去帝国边境当总督实在不太适宜。虽然斯巴达克的起义已事过10年多，但意大利仍充斥着土匪和逃亡的奴隶。为什么不让卸任的执政官花一年的时间消除这些不安定的因素呢？元老院被加图说服了。他的建议变成了法律。代之以管理一个行省，恺撒将负责意大利的治安。

加图虽然为人严肃，但显然不是没有幽默感。让恺撒这样的人成为笑柄显然是危险的做法，但加图这么做，其实是要为恺撒设下一个圈套。恺撒如果拒绝接受元老院的决定，就要靠武力推翻它，但如此一来，他就成了一名罪犯，也就是喀提林第二。庞培也会受到牵连，其名声将被永远玷污。加图的策略总是让自己站在共和国体制一边，然后逼对手扮演破坏分子。虽然恺撒大胆且不择手段，但他又敢走多远呢？任何诉诸暴力的极端分子都会受到一个强大联盟的回击。在恺撒身旁，他的执政官同僚处处掣肘他。比布卢斯一辈子都被恺撒的光芒掩盖，所以对他恨之入骨。加图的盟友在元老院构成了一个强大且有凝聚力的多数。克拉苏和他旗下的元老当然也可以倚靠，因为若要说罗马政治圈有个常数的话，那就是克拉苏总会反对庞培支持的一切。虽然斗争凶险，但加图有信心取胜。他也必须要取胜，因为他选择了拿共和国及它的稳定做赌注。

所以，恺撒一年的执政官任期从一开始就危机重重。聆听新任执政官的首次演讲时，元老院的情绪是不信任。恺撒表现得非常大度，试图以魅力感染听众，但加图还是一样倔强，拒绝被迷倒。当恺撒提出一个安置庞培老兵的合情合理的计划时，加图跳起来反对，用的是他最爱的老招：滔滔不绝地发言。恺撒最后忍无可忍，向扈从官点头示意。随着加图被架走，元老们纷纷离座。恺撒问他们为什么要走，他们其中一人回答说："因为我宁可和加图一起待在监狱，也不愿在元老院和你待在一起。"[6]恺撒压抑怒气，收回命令。加图被释放了。就这样，在两人瞪眼交锋的第一回合，恺撒先眨眼了。

应该说情况看来是如此。但事实上，恺撒很快证明他的撤退是战术性的。几天后，他把元老院晾在一边，直接将土地法案提交给在罗马广场召开的公民大会。他这样做后，大批庞培的老兵来到罗马。恺撒的敌人对于这种有威胁性的现象日益惶恐不安。紧张的比布卢斯犯了个超级口误，他竟告诉投票人，他并不在乎他们的意见。加图看到这一幕时，想必是双手遮脸。即使如此，他仍相信恺撒只是虚张声势。不错，一个经公民投票通过的法案拥有全部的法律效力，但违背元老院已经申明的意向是一种强盗策略。若恺撒坚持这样干，他在同事中的信誉便完蛋了，他的事业也完了。想必没有人会这样不明智，自找这样的命运。

不过，恺撒自有他的如意算盘。就在法案开始投票前，支持他的显贵露面了。庞培为安置他老兵的法案说话，人们对此并不感到惊讶，但第二个发言人的身份却让人大吃一惊。在此之前，克拉苏虽然滑头且投机，却仍坚持一个原则：和庞培主张的一切唱反调。不过这次，他看来连这个原则都放弃了。克拉苏把他的大转弯说成是政治家的本色，是为共和国的利益着想。但谁都知道，他一辈子做什么都先考虑自己。在他冷酷和爱盘算的灵魂里，似乎连复仇的快感都无法胜过对权力的热情。他一直没能好好品尝身为卓越人物的滋味，现在他的机会来了。被包抄的加图发现自己的防线被突破了。他很快就明白，若说他还能抵挡庞培和恺撒的联手，那么再加上一个克拉苏的话，他就彻底没戏了。他的敌人将成为罗马的实质主人：三人结成的“三巨头同盟”将可随意瓜分共和国。难怪恺撒会如此信心十足。

加图和比布卢斯竭力阻止这项土地法案通过。投票那天，比布卢斯出现在罗马广场上，宣布他观察到天空中出现了不吉利的征兆，所以投票必须延期。大祭司听到这项宣布后，他的反应是倒桶粪便在比布卢斯头上。倒霉的执政官没来得及抹去眼中的粪便，庞培老兵组成的保镖团便开始殴打他的扈从官，并折断了他们的“法西斯”。在一片嘲笑声中，比布卢斯和加图逃离罗马广场。投票按原计划进行，土地法案顺利通过。为实施这个大有油水可捞的法案，一个委员会组成了——负责人除了庞培和克拉苏外，还能有谁呢？最后，恺撒为确认这项胜利，要求元老们发誓遵守新法律。因受到威吓且不知所措，他的敌人乖乖听话。只有两个人抵死不从。一个是梅特卢斯·塞勒，他病得厉害，但仍有力气反对那个深深伤害过他妹妹的人，另一个当然是加图。最后这两人在西塞罗的劝说下让步，因为他指出，他们若被放逐将对大局不利：“你们也许不需要罗马，但罗马需要你们。”[7]

虽然加图打起精神继续战斗，但他不得不痛苦地反省自己在这场危机中扮演的角色。由于把恺撒和庞培逼入墙角，又没能认清克拉苏反复无常的程度，他对于促成这场政变要负很大的责任。“三头怪兽”[8]已从黑暗中走出，可以无拘无束地寻找食物了。庞培对东方的安排获得了批准。克拉苏忙着自税法中获利。恺撒则寻求总督的职位，他获得了两个行省，一为巴尔干半岛的伊利里库姆（Illyricum），一为意大利北疆的“长袍高卢”。就这样，恺撒在罗马的大门口拥有了三个军团。元老院唯一的安慰是，恺撒即将掌管的两个行省都没有太多让他展开征服战争的机会。不过到了春天，塞勒忽然病死，这让恺撒有了获得第三个行省的机会。塞勒的死不仅让庞培少了根肉中刺，还让“山外高卢”的总督职位出缺。“山外高卢”是个遭到许多蛮族侵扰的行省，所以恺撒求之若渴，也将它弄到了手。他在这三个行省的任期都长达5年。在那里，有一大堆荣耀等着这位新任总督去摘取。

对加图来说，这是个格外惨痛的挫败。他的联盟已支离破碎，无力反抗。当卢库勒斯出于对庞培的仇恨，最后一次走出退休状态、抛头露面时，恺撒则以非常轻蔑的态度敌视他。他一下子就崩溃了，跪下来恳求恺撒原谅。这样一个傲慢的大人物竟会如此自轻自贱，令所有人感到震惊。不过，他会在恺撒面前洒泪，大概是老年痴呆症的早期征兆。他的病情将逐渐加重，他会在两年后过世。若真如此，卢库勒斯日益阴暗的心灵在加图眼中，则是共和国疲弱化的不祥之兆，而加图决计不向这种病症屈服。

真正的公民不会忍受当奴隶，这是罗马历史上一条以鲜血写下的真理。当日，比布卢斯被浇了一头粪水后，转头看着恺撒，解下溅满粪迹的长袍，然后露出喉咙。恺撒被他逗乐了，但没接受割破他喉咙的邀请，但比布卢斯凭着这种戏剧化的姿态恢复了荣誉。加图和他的盟友都无惧于当个烈士。接下来一年，比布卢斯把自己关在家里，足不出户，以示抗议；加图则继续在罗马广场摆出挑战的姿态，看敌人还能干出些什么糟糕的事来。两人都为自己招来了恐吓和暴力。他们不只成功地给恺撒的立法蒙上了一层非法的阴影，还毁掉了其背后的“三巨头同盟”的形象。恺撒为了自己的政治生涯，不惜玩弄共和国的体制，但庞培和克拉苏都不想成为共和国的蹂躏者。他们认为自己遵守了共和国的游戏规则，这是一种复杂的、不成文的惯例，束缚着政治游戏中的每个玩家。自共和国最早的时期起，有权有势者便相互串联，所以，当恺撒想和庞培强化同盟关系时，用的便是最传统的方法——让自己的女儿嫁给庞培。不过，加图马上称恺撒为皮条客，拒绝使用类似的方法，并对其加以谴责。克拉苏一贯圆滑，逃过了许多侮辱，但恺撒和庞培却遭到了越来越多的谩骂。他们固然仍牢牢掌握着权力，但对一个罗马贵族来说，这样还不够：他还要求被敬重、被尊崇与被爱戴。

对庞培来说，不受欢迎令他格外难受。这名一辈子都沐浴在粉丝爱慕中的人物现在因失去威望而“身体佝偻”，他“闷闷不乐，痛苦不堪”。他看起来非常可怜。西塞罗告诉阿提库斯，他相信庞培的可怜模样“只有克拉苏一人看了会感到高兴”。[9]老敌人的笑脸当然无助于改善庞培的心情，于是两人的关系变得紧张起来。再度寻找新猎物的克拉苏与溺于自怜的庞培，都不觉得有义务忠于彼此。三头怪兽出现不过数月，其中两个头便凶猛地相互撕咬起来。加图心满意足地看着这一幕，心中燃起了共和国或许还有救的希望。

当然，怪兽的第三个头仍是个严重威胁，高卢正等候恺撒前往。他几乎一定会在那里发起一场战争，而战争肯定是个让他重建声誉的空前机会。尽管如此，加图仍准备好为他制造永久的伤害，计划让罗马人憎恨且害怕他。不管恺撒在高卢赢得多少荣耀，夺得多少黄金，他在罗马都会有一群核心的反对者，他们视他为罪犯。恺撒只要一天担任总督，便一天免于被起诉，但他不可能永远待在高卢。五年任期终将过去，加图将在恺撒任期的终点行动。正义要求他这么做，共和国需要他这么做。若不摧毁恺撒，力量凌驾于法律的局面便无法扭转。一个由暴力统治的共和国几乎算不上是个共和国。

克洛狄乌斯提高赌注

每年冬天，罗马人都会在城中每个十字路口庆祝一个狂欢节日：康姆皮塔利亚节（Compitalia）。对穷人来说，这是个难得的节日。平时，他们蜷缩在横街窄巷构成的迷宫中，只有到了这个节日才有机会聚在一起，敬奉保护他们社区的诸神。但对有钱人来说，康姆皮塔利亚节却隐藏着危险。元老院不能容忍任何会威胁到其权威之事，所以在公元前1世纪60年代一直致力于立法取消这个节日。传统上，康姆皮塔利亚节的街头派对由地方同业公会（collegia）主办。正是这些地方同业公会，让元老院很不放心。公元前64年，它们遭到取缔。康姆皮塔利亚节也逐渐消亡了。

到了公元前59年，康姆皮塔利亚节已完全不会构成威胁，以至于西塞罗认为，以这个节日作为背景散散步是一大乐事。他的老朋友阿提库斯从希腊来到罗马。1月时为了庆祝康姆皮塔利亚节，他建议两人同游罗马城各个十字路口。他们有不少事要谈。当时，正是恺撒担任执政官的第一个月。几个星期前，有个“三巨头同盟”的人找过西塞罗，问他是否愿意加入恺撒、庞培和克拉苏的阵营？当时，西塞罗没想到对方给他提供了一个统治罗马的机会，但即使有想到，他也肯定会推掉这个邀请。他毕竟是喀提林的摧毁者，现在怎么可能加入一个不利于共和国的阴谋集团呢？法治精神对他来说非常重要，甚至比他的个人安危还重要。西塞罗本质上不是一个无畏的人，也知道这个决定会让自己身陷危险。他告诉阿提库斯，自己此举等于是放弃了“与敌人和解、与暴民平安相处以及惬意的晚年生活”。[10]

不过他的神经也没有太过紧张，否则他就不会建议阿提库斯同游一些十字路口了。喀提林正是在罗马横街窄巷构成的迷宫中鼓动人们革命的。在他死后三年，债务和饥饿的幽灵仍徘徊于化脓的街头。当然，西塞罗和阿提库斯走过垃圾和污水时，不可能没注意到贫穷的迹象。贵族对穷人的痛苦并非全然无知。西塞罗在符合自己的需求时，也会为他私下称之为“乌合之众”的穷人请命。其他人则不只停留在口惠的层面。例如，主张把分给罗马穷人的粮食翻倍的不是别人，正是共和国的柱石加图。不过，他即使是在促进人民福利时，仍是一副公事公办的模样。他不同于爱讨好国人同胞的恺撒，不会让国人同胞觉得他爱他们。政治家在形象上的不同多过于在政策上的不同。称加图为煽动家着实是在侮辱他，就好比称呼一名端庄的妇女为妓女。

十字路口以煽动家和妓女常出没而臭名昭著，所以有身份者极少前往。他们或许偶然路过，但仅此而已。一个公民的名字若和十字路口有所关联，会对他和他妻子的声誉构成很大的伤害。例如，克洛狄娅·梅特里就发现自己多了个侮辱性的外号：“铜币女郎”[11]——意指在街角拉客的低级妓女。一个被她抛弃的情人说她“在十字路口和后巷出卖肉体”，[12]另一个则寄给她一个装满铜币的钱包。克洛狄娅因滥交的名声和对下流时尚的爱好，所以容易惹上谣言。不过，她对下层社会风气的欣赏并不限于粗话的层面。于是，冒犯者无一例外地遭到惩罚。侮辱她的人受到同等的侮辱。那个送她一钱包铜币的人很快就笑不出来了。他被当众殴打，而且如同妓女那样遭到轮奸。

克洛狄娅对时尚和暴力的附庸风雅深刻地影响了她的小弟。对传统政治家事业的致命之物被克洛狄乌斯视为潜在的生命线。虽然他在扰乱良善女神节仪式的审判中被无罪释放，但其政治前途却因这件官司受到严重损害。对共和国最高傲家族的成员来说，发现自己得到那么少同阶层人士的支持，是个很受伤的侮辱。克洛狄乌斯就像卢库勒斯一样，对于自己受到的冒犯非常敏感，只不过他的报复方式极具想象力。因为元老们对他冷淡，他开始把目光转向贫民区寻求慰藉。穷人在势利眼方面不输罗马其他任何阶级，很容易受到新奇人物与新奇事物的蛊惑。克洛狄乌斯既拥有明星般的气质，又对民众具有感染力。他曾挑起一场兵变的事实足以证明他是个煽动天才。不过，他若想让"暴民"可为己所用，必须先当选保民官。这里有个问题：保民官是个专门保留给平民的职位，克洛狄乌斯却是一名贵族。他只有让自己变成平民才能解决这个问题。贵族变成平民是很不寻常的举动，当事人需得到一个平民家庭收养，并得到大众投票同意，此外还需要执政官批准。公元前 59 年，时任执政官的是恺撒，他完全清楚克洛狄乌斯有多少制造麻烦的才华。他或许有一天用得着这个小丑，但目前看来，恺撒乐于让这个一心想成为保民官的家伙到一边凉快去。

阿提库斯是克洛狄娅家晚宴的常客，很了解克劳狄家族的事。他把这一切告诉了好朋友。西塞罗听了之后大大松了一口气。然而，虽然克洛狄乌斯遭到挫败，但西塞罗却发现有很多旧账不断被翻出来。一个令他格外尴尬的人物是他的前执政官同僚海布里达。这个喀提林派的变节者刚结束马其顿总督的任期，回到罗马，他在任内以腐败和无能闻名。早慧的小凯利乌斯也回到了罗马，他急于出人头地，也急于掩饰自己和喀提林的牵连。他发现打击海布里达是可以同时达到这两个目标的方法。公元前 59 年 4 月，他起诉了海布里达，并以机智的演讲作践被告，把被告描绘成共和国的耻辱，说被告在总督任内只知道找女奴和喝酒。西塞罗身为被告的辩护人，并不觉得小凯利乌斯的笑话好笑。他对海布里达没什么好感，但知道若海布里达被定罪，对他自己也很不利。人们没有忘记当年是他仓促处决了阴谋叛乱者，也有很多人不原谅他。审判结果是海布里达被判有罪。消息传出后，贫民区欢声雷动。喀提林的坟墓上也出现了一束鲜花。

海布里达被定罪给西塞罗造成的灾难因为一个致命的误判而加剧了。审判期间，他在一次演讲时因心情不佳，竟指名道姓地批评“三巨头同盟”的成员。恺撒对此怒火中烧，立即采取行动。办法是现成的，不到几个小时，克洛狄乌斯便被宣布为平民。西塞罗大为恐慌，因此逃离了罗马。他躲在海岸边的一栋别墅中，连连去信给阿提库斯，求他从克洛狄娅那里探听她弟弟的动向。月底时，西塞罗冒险走在阿庇安大道上，遇到一名来自罗马的朋友。对方告诉他，克洛狄乌斯确实在竞选保民官。不过，坏消息中也有好消息。克洛狄乌斯如往常一样善变，他开始攻击恺撒。这个消息马上让西塞罗异想天开：他的两个敌人是否可能相互毁灭？一星期后，他替克洛狄乌斯加起油来。他对阿提库斯说：“帕布琉斯是我们的唯一希望，就让他当选保民官吧！”[13]

甚至，依西塞罗自己的标准来衡量，这个转变也够惊人。但在一个充斥着阴谋诡计的城市里，没有什么恩怨是永恒的。最能说明这点的，是西塞罗在阿庇安大道碰见的那个朋友。他是库里奥。库里奥是克洛狄乌斯最亲密的政治盟友，他善变，其不讲原则的程度不亚于克洛狄乌斯。他在审判克洛狄乌斯期间曾安排恐吓西塞罗的行动，之后，他继续以各种谣言抹黑西塞罗。他和一名粗犷英俊的年轻人的关系成了罗马的话题。后者名叫马克·安东尼（Mark Antony），是海布里达的外甥。即使按那个时代的标准来看，他们的关系也够惊人了。据传，安东尼虽然脖子粗且肌肉发达，却在库里奥面前穿着女装，扮演他的妻子。两人被禁止见面后，库里奥从父亲房子的屋顶暗自把安东尼偷偷带进屋——至少八卦炮制者是这么说的。[14] 然后，在恺撒担任执政官那年，流言和反感突然转为赞颂。库里奥是个骄傲的人，不会阿谀奉承。由于他公开顶撞恺撒，整个元老院的士气为之一振，从此不再有人称他为“库里奥的小女儿”了。相反，他的愚勇被誉为爱国者的勇气。德高望重的元老院在罗马广场向他致敬，竞技场的观众对他报以热烈欢呼。

这些是任何公民都渴望获得的荣誉。库里奥的桀骜不驯照亮了笼罩在“三巨头同盟”阴影下的共和国。所以，若说西塞罗希望克洛狄乌斯对库里奥所获得的荣耀怦然心动并起而效仿，那可不是什么愚蠢的幻想。不过事实很快证明，那终归是个幻想。克洛狄乌斯远比任何人都更敏锐且愤世嫉俗，他充分认识到眼前的危机中隐藏着机会，至少共和国的模子目前是破碎了。对于从不放过机会、对传统表露出不屑的他来说，眼下无法无天的气候最适合不过了。他不打算采取一种反对“三巨头同盟”的立场，而是准备模仿他们的方法，并把这些方法推到极端。反正传统的政治生涯没他的份儿，他没什么好损失的。克洛狄乌斯对于西塞罗曾得到的那种赞美不感兴趣，他真正想要的是权力。有了权力之后，荣耀自然很快地会随之而来。

他的计划很简单：煽动暴民占据街头。在略为安定的时期，克洛狄乌斯肯定不敢打这种几近流氓和犯罪的主意。不过，由于恺撒在执政官任上的种种表现，致命的暴力毒素再次被引入共和国，而且毒性快速扩散开来。不管是想维持自身地位的“三巨头同盟”，还是想打破这种地位的元老院保守派，两边都需要一个愿意弄脏双手的盟友。克洛狄乌斯把自己装扮成这样的人，对两边轮流使用讨好与威胁的方法。西塞罗嗤之以鼻地把他形容为妓女：“他把自己一时卖给这个客人，一时卖给那个客人。”[15] 他就像他的姐姐一样。不过，在克洛狄乌斯反复无常的背后存在着极强的目的。他想证明自己无愧于家族名声。另外，他当然也想摧毁西塞罗。

到了12月，克洛狄乌斯成了保民官。他为这一刻做好了精心准备，很快就在人民面前提出了一大堆法案，全是讨好民众的法案。最引人注目的是这样一个法案：取消加图所制定的谷物津贴政策，谷物津贴改为每月免费发放。贫民区当然感恩戴德，但克洛狄乌斯知道这本身不代表什么。在一个政治人物可以找到的所有基础中，最不可靠的就是穷人的好感。与纪律造就的军队相反，穷人是一盘散沙。但如果能找到一个动员穷人的方法呢？克洛狄乌斯在看似无害的第二个法案中偷偷摸摸地引入了这个问题。他建议完全恢复康姆皮塔利亚节，也恢复地方同业公会。在整个罗马城的范围内，每个十字路口被取缔的地方同业公会都要重新组织。作为公会的支持者，克洛狄乌斯和他那帮昂首阔步的混混便能大出风头。现在，如果这个法案通过了，这些公会将永远和他紧密地联系在一起。以后，每个十字路口都将有一群他的私人人马。

这是一种全新的设想，新到元老院完全看不出个中意义。贵族与穷人之间具有亲密义务关系，这种观念之于罗马人可谓全然陌生，也没人想象得出这会带来什么后果。所以，克洛狄乌斯轻易让法案闯关成功。他为了对付有限的少数反对者，采取威逼利诱的策略。连西塞罗都被他买通了。克洛狄乌斯通过阿提库斯这个中间人，保证不对西塞罗处决阴谋叛乱者的做法提起诉讼。西塞罗几经犹豫后，答应以不反对法案作为回报。法案在公元前 58 年 1 月初通过。同一天，克洛狄乌斯和他的人马占据了离罗马广场中心区只有一箭之遥的卡斯托耳神庙。各地方的同业公会将在那里组织起来。神庙四周的空间慢慢被来自各十字路口的商贩和工匠占满，他们吟诵克洛狄乌斯的名字并讥笑他的对手。通往神庙的台阶被拆毁，基座被留下，用作堡垒。同业公会按准军事标准重建。空气中弥漫着越来越多的暴力威胁。然后，突然刮起了风暴。当恺撒的一名副手遭到指控和起诉时，他向保民官求助。克洛狄乌斯的人马闯入法庭，袭击法官，闹得天下大乱。审判遭到永久搁置。这是一次有计划的流氓行动演练，其成功超过了克洛狄乌斯本人的预期。

对此，西塞罗看得胆战心惊。克洛狄乌斯作为他最可怕的敌人，不仅显示出自己有策划暴力行动的高超手段，还公开向恺撒的利益靠拢。恺撒这位新任的高卢总督在卸任执政官后，就待在罗马城的边界之外，留意着罗马的任何动静。现在，他静静地看着克洛狄乌斯为报复行动做准备。保民官在一项新提出的法案中，撕毁了自己和西塞罗的协议，他即便没有摧毁协议本身，也摧毁了协议的精神。这项法案显出一副维护共和国苛刻原则的姿态，声称任何公民若未经审判便弄死了另一个公民，都应被处以流放的惩罚。无须指名道姓，每个人都知道这项法案剑指何人。克洛狄乌斯这么巧妙一推，就把西塞罗推到了悬崖边缘。

西塞罗在绝望中拼命把自己拉回来。他留起了头发，穿上丧服，穿行于大街小巷。克洛狄乌斯的人马尾随他，辱骂他，向他扔石头与粪便。霍腾修斯企图帮助自己的这位老对手，但差点被逼到墙角打死。西塞罗无论逃到哪里，都无路可退。当时的两位执政官是受人尊敬的元老，本应站到西塞罗一边，却被人以行省总督的肥缺收买了。元老院受到恐吓，不敢作声。当西塞罗可怜兮兮地到恺撒的营帐求助时，这位总督耸耸肩，表示自己爱莫能助，然后又奉劝他，也许可以重新考虑他的反“三巨头同盟”立场，到高卢总督府担任职位。但不论西塞罗的处境有多困难，到高卢总督府任职都是个他不能接受的羞辱。即使流放，也胜过如此名誉扫地。有那么一刻，西塞罗考虑过反击，自己也组织了一支街头队伍，但他的朋友劝阻他别这么做。仍一身伤疤和瘀伤的霍腾修斯劝告他别再拖了，赶紧离开罗马。西塞罗对于灾难来得这么突然与凶猛感到十分震惊。他听着暴徒在门外不断叫骂，想着自己的毕生成就可能就此完蛋，于是开始麻木地收拾行李。直到深夜，他才敢偷偷走出家门。为避免引起克洛狄乌斯人马的注意，他以双脚走过街道，走向城门。到了破晓时分，他安全抵达阿庇安大道。在他身后，罗马人开始生火做饭，炊烟袅袅。整座城市随后消失在一团灰黄色的烟雾后。

消息在醒来的城市传开后，克洛狄乌斯和别人一样惊讶。在得胜的狂喜中，他手下的暴民涌上巴拉丁诺丘，占领了西塞罗的房子。他们在外头大肆破坏一阵子后，进到房子里面。在罗马广场上密密麻麻的人群注目下，房子被一砖一瓦地拆毁。它的旁边，正是克洛狄乌斯神圣不可侵犯的宅邸。为避免这个行为被视为暴民的报复而非惩处人民公敌的行动，克洛狄乌斯匆忙推出了另一项法案，正式宣布西塞罗有罪。在罪犯房子的原址上，一座自由女神庙建了起来。克洛狄乌斯则兼并了剩余的土地。这一切都被记录在一块青铜碑板上，上面还有保民官表情严肃的画像。接着，碑板被拿到卡比托利欧丘公开展示。它将永远留在那里，诉说保民官的荣耀与西塞罗的罪行。

既然奖品如此甜美，那也难怪荣耀争夺在共和国会变得如此野蛮了。

恺撒连战连胜

就在西塞罗不情不愿地离开罗马时（他最终会落脚马其顿），恺撒正朝北而去。既然伟大的演说者与克洛狄乌斯的决战已经结束，高卢总督也不想继续在首都郊外浪费时间。整个阿尔卑斯山脉都受到严重威胁，日耳曼人大举越过莱茵河，开始侵犯罗马边界。

恺撒以他一贯的高速前进，直奔最危险的地方。离开罗马 8 天后，他抵达日内瓦。在莱蒙湖（Lake Leman）另一边，海尔维第人庞大的马车队停在边界上。海尔维第人是阿尔卑斯山脉的原住民，他们厌倦了山区的家园，想往西迁徙。新任总督眼见机不可失，采取了拖延战术。他首先告诉海尔维第人，他会考虑他们穿过罗马领土的要求，但接着迅速封锁了边界。新增调的 5 个军团把守在那里，其中两个为新招募的军团。海尔维第人眼见边界封闭，只好绕远路而行，长长的队伍慢慢向西前进，共有 36 万男女老幼。恺撒尾随他们越过边界，进入“自由高卢”（Free Gaul）。出乎海尔维第人意料的是，恺撒伏击了他们的后卫。当海尔维第人予以还击时，恺撒在一场激战中再度打败了他们。剩下的人开口求和。恺撒则命令他们回到山里去。

这是一场惊人的胜利，但完全不合法。前一年，大量新法令开始实施，专门用来规范行省总督的行为并限制他们的野心。这些法令的起草人正是恺撒本人。现在他和一个不是共和国属民的部落作战，而且并非在共和国领土内作战，这些都明显违犯他自己制定的法律。他在罗马的敌人立即指出了这点。加图甚至建议，把恺撒交给被他攻击的那些部落。在许多元老看来，高卢的冒险行动既没获得授权，也有欠正义。

不过，大多数公民却不这样想。在他们眼中，恺撒不是战犯，而是英雄。蛮族的迁徙一直是罗马人的大噩梦。每当马车开始在北方嘎吱作响，震动声总会回响于遥远的罗马广场。罗马人吓唬小孩子时，最喜欢提到的就是肤色苍白与善于骑马的高卢人。汉尼拔固然曾在罗马城门前耀武扬威，但从未拿下过共和国的首都。只有高卢人做到过这点。那是在公元前 4 世纪初期，一支蛮族大军毫无预警地翻越阿尔卑斯山，打跑一支罗马军队，并杀进罗马。只有卡比托利欧丘没有陷落，这是拜天后朱诺（Juno）的那些神圣的鹅惊醒了守军，突袭被挡住了。随后，高卢人在随意烧杀掳掠后撤退，罗马则发誓，再也不要受到这等羞辱。正是这种坚强的决心让罗马人成为世界的主人。

即使三个世纪后，罗马人对于首都陷落的惨痛往事仍记忆犹新。每年都有一些狗被钉上十字架，作为对其祖先的追加惩罚，因为这些狗的祖先在高卢人进袭时没有吠叫，而天后朱诺的鹅则持续受到褒奖，可以坐在金紫两色的坐垫上看着狗儿受罚。一个更实际的措施则是设立一笔紧急基金，专门用于应付蛮族再次入侵。即使罗马已成为超级强权，此举仍被认为是明智的预防措施。蛮族并非公民，而是兽人，谁说得准他们何时会突然兽性大发？有些罗马人还记得，曾有来自极寒地带的30万野蛮人突然从北部荒原冒出来，一路上毁掉一切，他们是从世界的冰冷边缘冒出来的兽人。他们的男人吃生肉，女人敢以赤手空拳攻击罗马军团将士。若非马略在两次辉煌的胜利中消灭了入侵者，罗马及其周遭的世界肯定已经完蛋。

人们并未轻易忘记这些恐怖的往事。难怪大部分罗马人听到海尔维第人被打败后，不在乎这是否违犯法律。一名总督最重要的职责难道不是确保罗马的安全吗？恺撒反驳了对他猎取名声的指控，指出他的行省和意大利都受到威胁。只要罗马的边界外还有蠢蠢欲动的部族，以及不理会文明行为成规的野蛮人，危险就会一直存在。这种思路为历代罗马人所熟悉，也让攻击海尔维第人的行动可被视为自卫。往后，恺撒的战争也是打着自卫的旗号。他把海尔维第人赶回老家，让他们充当日耳曼人与罗马共和国的缓冲，接着便挥兵向东，直接攻击日耳曼人。日耳曼人国王拥有“罗马人民之友”的官方称号，但恺撒没有把这个事实当一回事。他成功刺激日耳曼人出战，把他们打败并赶回莱茵河的另一侧。在那里，在阴暗潮湿的森林里，他们干什么都行，就是不得靠近恺撒的行省，不得靠近高卢的任何地方。

但两者的区别正在消失。公元前58年到公元前57年的冬天，恺撒不但没把他的军团撤回到他的行省，反而让他们深入理论上属于一个独立民族的领土，他在行省边界以北100英里之处扎营。这又是一次不合法的行为，而总督再次把它解释为预防性防卫。这种主张也许可以让罗马的舆论满意，但也使得高卢人越来越愤怒。恺撒新政策的全部意义如今已昭然若揭。到底怎样才可以满足罗马人对一条可防御边界的渴望？既然这样的边界在东部是莱茵河，那北部的边界为何不能是英吉利海峡？西部的边界为何不能是大西洋海岸？在整个森林与冻土地带，从一个村庄到另一个村庄，从一个部族到另一个部族，同一则谣言被人们口耳相传：罗马人的目标是"平定整个高卢"。[16]于是，部落战士擦拭他们装饰着珠宝的盾牌，年轻人为了证明自己已准备好投入战争，身穿全副铠甲横越冰封的溪流。敌对的部族开始修补关系。"自由高卢"做好了战争准备。

恺撒也准备好了，他无法忍耐反罗马的煽动行为。一个部族是自由的还是曾被打败，对罗马人来说没有什么差别。共和国要求受到尊敬，而荣誉感要求一个总督落实这点。恺撒激起高卢人的反抗后，自觉完全有道理摧毁他们。那个冬天，他再组了两个军团。他擅自扩军，在未征得元老院同意的情况下增加了一倍的兵员数。随着冰雪融化，春天到来。当恺撒拔营时，他身边有一支 8 个军团、总数约 4 万人的军队。

每个人他都用得着。恺撒向北进击，深入罗马军队从未到过的土地。那里阴暗而且险恶，因为沼泽和屠杀而变得十分潮湿。旅行者之间口耳相传着一些杀生祭神的奇怪仪式，举行的地点在死去的栎树之间，或在无底的黑水湖湖边。据说，夜晚有时会被巨大的柳枝火把照亮，这些火把被摆成为巨人的形状，人们在巨人的四肢与肚子处填满了垂死抽搐的俘虏。甚至在高卢人的著名宴会中，他们的习俗仍然野蛮且令人作呕。在公元前 1 世纪 90 年代，游遍高卢的波希多尼曾经指出，他观察到高卢人常为了争取较好的肉块而决斗；即使这些战士也有饮宴，但他们不像文明人那样躺在躺椅上吃喝，而是坐着吃，任由八字胡沾满油脂与肉汤。贪婪的吃相还不算什么，他们还有个更令人反胃的习惯：割下敌人的脑袋，插在杆子上或放在壁龛里。波希多尼承认，这种装饰品在高卢人的村庄是如此常见，以至于到了旅程快结束之时，他几乎已对此习以为常。[17]

军团沿着坑坑洼洼、弯弯曲曲的小路，不断向北前进。看到无穷无尽的树木，将士们肯定觉得自己进入了绝对阴暗的国度。这就是为什么他们肩上除了扛着长矛，还扛着标桩。每日行军结束时，他们所扎的军营都一模一样。这些军营除了为他们提供防护外，也是对文明与家园的模仿，因为它们都是由一个广场与纵横的两条直街构成。当卫兵自栅栏后凝视外面的黑暗时，他们可以放心地知道，在这个蛮荒地带的一角，他们背后有个临时的罗马。

然而，对军团将士来说，恺撒的情报机器早已充分掌握了这个蛮荒地带的不可思议之处。他们的将军清楚地知道自己要往哪里去——他并非要走入未知。恺撒也许是第一个率领军团越过边界的将军，但几十年来，始终有意大利人漫游于高卢的荒原上。公元前2世纪，随着罗马人在高卢南部部署常驻部队，有些原住民开始染上他们征服者的坏习惯，尤其是，他们开始饮葡萄酒，这对他们的脑袋瓜起了作用。以前没喝过酒的高卢人完全不知道该怎么喝酒。他们不像罗马人那样兑着水喝，而是直接饮用。他们在集会时大口灌酒，以至于集会结束时，“不是呼呼大睡就是在发酒疯”。[18]商人发现卖酒的利润很高之后，不遗余力地大力推广，他们走遍这个罗马行省的东西南北，直到整个高卢都浸泡在葡萄酒里为止。有了这么个市场可供剥削后，商人们自然会坐地起价。由于他们赚取暴利有赖于原住民没有自己的葡萄园，所以元老院宣布，把葡萄藤卖给“阿尔卑斯山脉另一边的部族是非法行为”。[19]到了恺撒时代，一坛酒固定可以换到一个奴隶，至少对意大利人来说，这造就了一项利润惊人的出口商业。奴隶可以以更高的价格卖出去，罗马也因为有了更多人手栽种葡萄而产出了更多的葡萄酒。这对除奴隶以外的每个人来说都是良性循环。高卢人烂醉如泥，商人们财源滚滚。

恺撒很清楚，他之所以敢于梦想征服广袤、好战且独立的高卢，意大利的商人功不可没。他们不只为他提供间谍。日耳曼人注意到，葡萄酒对高卢人有不良影响，于是决定“禁止葡萄酒进口，因为他们认为，这东西会导致男人变得软弱”。[20] 对高卢的酋长来说，葡萄酒比黄金还珍贵。为了得到奴隶，部族之间不停相互劫掠，高卢的人口因而大为减少，而且部族与部族之间也陷入激烈的敌对关系——这一切都让高卢成为恺撒的俎上肉。虽然恺撒听到间谍回报说，当地部族组成了一个有 24 万人的联盟对抗他，而且这些部族是比利其人（Belgae），但他丝毫不担心。在高卢，比利其人“离文明与奢侈最远，接触到的商人最少，得到各种使其变软弱的东西也最少”，[21] 因此被认为是高卢最勇猛的部落。恺撒调动一切力量，狠狠打击他们。他向北走得越远，比利其人的联盟越是四分五裂。他对归顺的部落毫不吝啬，大加赏赐，对反抗的部落则鸡犬不留。恺撒军团的鹰旗最终插在北海海岸。就在此时，帕布琉斯·克拉苏（三巨头之一克拉苏勇猛的儿子）也派使者来报，说他率领的军团已征服所有西部的部落。恺撒在战报中得意写道：“和平被带到整个高卢。”[22]

罗马听到这个消息后欣喜若狂。公元前 63 年，庞培曾获得 10 天的公共感恩假期，如今在公元前 57 年，恺撒被赏赐 15 天。就连他最顽固的政敌都无法否认他成就惊人。无论如何，加强共和国的威望都不能算犯罪，而教会高卢尊重共和国的名字则是恺撒的功劳。

就像他一个老对手热情洋溢地在元老院里所说：“以前，我们没听说过这些地区和民族。我们的书里没有记载，第一手报告里也没有，甚至流言都不曾提过他们。但如今，我们的将军和军队已深入其地。”[23] 真是令人欣喜若狂！

但恺撒仍不能放松，尽管他的入侵造成了很大的破坏，带来了很深的影响，但还不足以把高卢变为一个行省。目前这个地区打算承认恺撒的权威，但在彼此竞争非常激烈、内部矛盾重重的高卢人之间，任何最高权威都无法有个稳定的立足点。当然，罗马也一样。这就是为什么恺撒即使身处北方的潮湿森林中，也始终要用一只眼盯着首都的政治战场。罗马的局势不会因为他不在而风平浪静，许多变化已经发生。最能体现这点的是那个在元老院里建议以 15 天公共感恩假期表扬恺撒战功的人。西塞罗历经 18 个月的艰苦流亡后，已经回到罗马。

庞培再次出手

这位急得发狂的演说者在流亡前的黑暗日子里不只卑躬屈膝地求助于恺撒，还求助于庞培。西塞罗早已对自己的偶像失望，但未对他完全绝望。虽然庞培明显涉入恺撒担任执政官时所干的种种离谱勾当中，但西塞罗仍抱着一线希望，希望他会回心转意，重回捍卫合法事业的这一边。庞培本来对充当西塞罗的保护人感到荣幸，他还屈尊警告克洛狄乌斯不要太过分。这个举动当然有同情的味道。在庞培的名声直线下降，一生中首次被人嘘时，庞培只有在西塞罗对他的崇拜中，才能找到一点过去美好时光的影子。因急于卸下疑虑和挫折感，他甚至向西塞罗承认，他后悔参与“三巨头同盟”。

西塞罗听到这个后大感振奋，马上转告所有朋友。不可避免地，恺撒听到了风声，决定赶走西塞罗。庞培被迫在岳父和朋友之间选边站，勉强默许了恺撒的做法。在克洛狄乌斯对西塞罗的迫害抵达暴力的巅峰时，庞培只能尴尬地躲进自己的乡间别墅。西塞罗拒绝相信这个具有暗示性的姿态，还跑到别墅去找他。守门人告诉他，主人不在家。庞培没脸见那位被他出卖的西塞罗，因而从后门溜走了。

西塞罗安然流亡后，庞培再次陷入沉思。推诿躲闪不符合他的自我形象，他从东方回来至今，在解决折磨他的两难问题上仍没有取得什么进展。他既想得到同僚的敬重和钦佩，又想得到自认为有资格获取的无上权威，但二者无法兼得。现在，他做出选择后，发现只有权力而没有别人的爱戴，滋味非常苦涩。庞培在被罗马抛弃后，转而向妻子寻求慰藉。他迎娶恺撒的女儿朱丽亚，本是出于最为冷酷的政治动机，但用不了多久，年轻的新娘子就让他神魂颠倒。朱丽亚也给了庞培他所需要的仰慕与崇拜。夫妻俩如胶似漆，更加经常地把自己关在乡间的爱巢。一些国人同胞不习惯这种夫妇感情的强烈展示，开始以下流的言语讥笑他们。公众对庞培的厌恶开始带有轻蔑的色彩。

没有人比克洛狄乌斯对这种舆论气候的转变更敏感了。他对于别人的虚弱有很好的嗅觉，开始怀疑庞培虽然头顶光环，并有大批老兵衷心拥护，但其实只是个绣花枕头。这样的假设太有诱惑力了，令克洛狄乌斯不禁马上付诸测试。他知道，要惹火庞培，最好的方法是重新攻击他的东方安排方案（当初庞培就是因为这个问题，被迫与克拉苏及恺撒建立要命的联盟）。当时，亚美尼亚国王之子提格兰还在罗马当人质，距离他父亲把他交给庞培，作为其会规举行事的保证已过了八年。克洛狄乌斯不只在庞培眼皮底下挟持王子，还落井下石地把王子送上一艘开往亚美尼亚的船。当庞培设法捉回人质时，他的人马遭到攻击与毒打。政府没有站在庞培这边，而是津津有味地看着他的无能与愤怒。这当然为克洛狄乌斯所乐见。虽然他手下的流氓在街上横冲直撞，但他发现自己仍得到了元老院的支持。

不过，当有机会羞辱某个敌人时，克洛狄乌斯并不需要许多鼓动。如同他对西塞罗那样，如今他也在庞培身上嗅到了血腥味。他的人马迅速扑了上去。每当郁郁寡欢的庞培走进罗马广场，迎接他的都是大合唱般的讥笑。这可不是等闲之事，根据共和国历史最悠久的法律规定，通过吟唱的方式辱骂他人几近于谋杀。从这个角度来看，克洛狄乌斯是对他发出了死亡威胁。庞培当然会紧张不安。他从未成为被取笑的对象，他对妻子的热情也遭到奚落。克洛狄乌斯会高声询问一票手下："那个性癫狂的将军叫什么名字？是谁以一根手指挠头？"他每问一个问题，就抖抖长袍上的皱褶，作为给手下的一个信号。然后，他的手下就会如同训练有素的合唱队那样齐声喊出："庞培！"[24]

"是谁以一根手指挠头？"对曾经穿得像舞女的男人而言，指控罗马最伟大的将军娘娘腔可是需要勇气。更何况在克洛狄乌斯最亲密的圈子里，许多人都是丑闻缠身。与库里奥有一腿的安东尼转而开始在克洛狄乌斯深爱的妻子富尔维娅（Fulvia）身边兜转，显然越过了友谊的界限。此事很快地让两个男人互相威胁要杀死对方。类似的麻烦也发生在另一个女人身上，而克洛狄乌斯对这个女人的感情尤甚于对妻子。小凯利乌斯在告赢海布里达后，从克洛狄乌斯那里租了一栋位于巴拉丁诺丘的豪华房子。他在那里认识了克洛狄娅。小凯利乌斯机智、英俊而且善舞，正是守寡的克洛狄娅喜欢的那类男人。野心勃勃的小凯利乌斯当然想和克劳狄家族攀关系，而丧夫不久的克洛狄娅也显然需要人安慰。守丧期间，她独树一帜之举就是抛媚眼。罗马的八卦挖掘者对于这个女人风流韵事的兴致永不衰退，而这也是罗马广场上的热门谈资。但不管人们对于克洛狄乌斯和他姐姐有什么闲言碎语，他都有办法让他们噤声。对他不道德的指责越多，越会激起他狂暴的斥责，这种令人忍无可忍的伪善只是徒增乐趣。因此，庞培和他的好色继续受到嘲笑讽刺。

克洛狄乌斯毕竟是克洛狄乌斯，他很想知道能将对庞培的恶整推到哪个地步。8月某一天，当走过罗马广场，前往元老院参加一个会议时，庞培听到卡斯托耳神庙传来金属撞击石头的声音。原来是克洛狄乌斯的一个奴隶正故意把一把匕首弄落在地。庞培觉得自己的生命受到了威胁，于是马上从罗马广场折返回家，在大门口筑起防御工事。克洛狄乌斯的人马尾随在后，在庞培家门口安营扎寨。保民官威胁要以对付过西塞罗的方法对付他：占领他的府邸，将其夷为平地，并在原地盖一间自由女神神庙。庞培不像西塞罗，他没有逃跑，但发现自己被困住了，无法前往任何地方。元老院再次不发一语，在一旁看好戏，克拉苏像每个人那样窃笑（克洛狄乌斯一直小心翼翼，和克拉苏保持极好的关系）。对保民官本人来说，这是个近乎难以置信的胜利时刻，极度令人陶醉。他同时身为贵族的捍卫者与穷人的恩主，看似已经成了罗马的主人。

然而，他当家做主的时光匆匆而过。克洛狄乌斯通过测试街头暴力所能制造机会的极限，开辟了一条别人可以效法的道路。他的保民官任期在公元前58年12月结束。在新任的保民官当中，有位庞培阵营的人：粗暴的提图斯·安尼乌斯·米洛（Titus Annius Milo）。米洛受到庞培鼓动，正式起诉克洛狄乌斯使用暴力。但这件官司还没成案便结案了。克洛狄乌斯的哥哥阿庇乌斯是新一年度的司法官，他压下这个案子，又派人洗劫米洛的家作为报复。但米洛得到了庞培无限资源的支持，没被吓倒，他知道除非以暴制暴，否则他就会是砧板上任人宰割的肉。米洛开始招兵买马，但不同于克洛狄乌斯，他并非花钱去贫民区雇人，而是到庞培的庄园招募那些装备好且训练有素的人，并买下一些角斗士以增强实力。自此，克洛狄乌斯对街头暴力的垄断宣告结束。前保民官以极大的热情迎接这个挑战。街头暴力天天升级，不久后打斗的凶猛程度便导致罗马广场上的所有政府机构（包括法庭）无法运作。一天又一天过去了，罗马的公共空间都沦为混乱状态。

过去几个月形同遭到居家软禁的庞培以这种狗急跳墙的方式重建了自己的权威。不过，他还准备让元老院及街头完全顺从他的意志，让傲慢的、难以对付的克洛狄乌斯自食其果。为达到这个目标，显然得向在亚得里亚海另一侧翘首企盼的苦命人招手。前一年，庞培拒绝出力帮助西塞罗，而如今他却在意大利四处走动，呼吁人们支持让这个被流放者回家。他在乡村地区及外省城镇的被保护人都被召到罗马。公元前 57 年整个夏天，他们源源不断地涌入首都。此时，远在高卢的恺撒也被说服，勉强同意召回西塞罗。一场在元老院的投票也以 416 票对 1 票的结果支持了这项决定。那不同意的 1 票肯定是克洛狄乌斯所投。到了 8 月，人们期待已久的公共投票终于在战神大校场举行。克洛狄乌斯想捣乱，但被米洛轻易地阻止了，米洛的人马整天都守护着“羊圈”。西塞罗对于投票结果如此有信心，以至于当投票仍在举行时，他已扬帆航向意大利。他在布林迪西（Brundisium）等待时，收到了召回他的正式通知。接着，他在心爱的女儿图莉娅（Tullia）的陪伴下前进，如同梦想成真。他的支持者在阿庇安大道夹道欢迎他。群众在他快到罗马时涌出城门对他欢呼。他走到哪里，掌声就响到哪里。他谦逊地说："我不只回到了家，还上了天堂。"[25]

西塞罗尽管自负，但仍知晓真正的胜利属于庞培。相较于过去任何时候，这位演说者习以为常的自吹自擂中出现了恐惧的气息。每个罗马人都会苦于拖欠人情，而如今西塞罗在政治事业上同时欠了庞培与恺撒的人情债。这就是为什么他在元老院除了带头赞扬恺撒的征服外，还建议让庞培负责罗马全部粮食的供应。这个动议通过了，只有克洛狄乌斯一人反对。他以带有恶意的逻辑，指出了这项法案的真正目的：让庞培可以用面包收买饥饿的穷人，让以煽动家打击者自居的西塞罗可以成为民意代表。这些毫无掩饰的指控与敌意并没有令这些话显得较不真实。西塞罗理所当然地显得局促不安。

发生在元老院的这次交锋表明，克洛狄乌斯并没有因为敌人回来而有一点点受罚的感觉。西塞罗成功说服罗马的祭司，让他们相信，他在巴拉丁诺丘的豪宅如果重建，将不会得罪自由女神。对此，克洛狄乌斯的反应是直接诉诸恐怖主义。西塞罗的工人在工地被赶走，他弟弟的房子遭纵火，而他本人也在神圣大街受到攻击。同时，克洛狄乌斯和米洛的街头战争达到新的暴力巅峰，两帮人马的领袖除了相互发出死亡威胁之外，还企图在法庭上扳倒对方。米洛再次控告克洛狄乌斯使用暴力，克洛狄乌斯也再次通过幕后运作脱身。

公元前56年2月，他出于伪善的个人标准，以同样的罪名控告米洛。西塞罗和庞培都已准备好为米洛辩护。看到三个不共戴天的敌人联手，克洛狄乌斯陷入狂怒。当庞培站起来讲话时，罗马广场响起一片嘘声与讥笑声。这时，克洛狄乌斯也在原告席上向党羽发出暗号。一如往昔，他站起来并抖抖衣袍，要他的支持者展开暴力行动，很快，他们向米洛的保镖吐痰，接着朝他们扔石头并以拳脚相向。米洛的人马动手还击，把克洛狄乌斯揪下演讲台。一场全武行就此爆发。大混乱中，审判无疾而终。

庞培也被打了，他一肚子火地回到家里。他完全清楚，这场混战的幕后指使者不是克洛狄乌斯。过去三年来，虽然他和克拉苏坐在同一条船上，但每次遇到状况，他都会怪罪他的老对手搞鬼。不过，他这次的怀疑却有根有据。自从公元前57年秋当上罗马的谷物专员后，庞培再次寻求成为东方的指挥官。克拉苏也一样。直到这次混战以前，由于两人考虑到对方可以带给自己的利益，竞争都在私底下进行，但克洛狄乌斯却揭开了这一层面纱。他在和一票手下一问一答时询问他们："谁想到东方去？""庞培。"克洛狄乌斯再问："我们想让谁去？"回答声震耳欲聋，仿佛是想让庞培中风："克拉苏。"[26]几天后，庞培告诉西塞罗，克拉苏才是法庭混战的主谋，是克洛狄乌斯及这一切的幕后推手，接着他又指出，克拉苏暗中策划谋杀他。

这个消息如野火般传开。"三巨头同盟"结束了。对每个人来说，至少很多事情都清楚了。若有人对此感到惊讶，他们也只是对这个同盟怎么能持续这么久感到惊讶。如同每个季节都会过去，掌权的大人物也都有下台之时。公元前56年春天，共和国似乎全面复苏了。比如，比布卢斯和库里奥等“三巨头同盟”的老敌人自冬眠中苏醒，开始伸展四肢，到处活动。在元老院里，罗马广场的混战被定调为“有违共和国的利益”，[27]庞培而非克洛狄乌斯被认为应为此事负责。如此对名誉的羞辱让庞培再次勃然大怒，他也理所当然地大骂克拉苏，认定是他搞的鬼。尽管这本可让庞培稍稍出出气，但他在元老院的不受欢迎是显而易见的。他的所有野心——获得同僚的赞扬和尊重，再次获得东方的指挥权——如今看来只是无法实现的幻想。看来“伟大者”庞培的光荣日子已逝。怒气沉寂后，他陷入巨大的抑郁之中。

庞培的失败气息如同动物腐尸的气味，让元老院的食腐动物振奋无比。他们看见庞培被困浅滩后，把注意力放到了第二头巨兽上。恺撒的敌人知道，要消灭他，没有比现在更好的机会了。他们已等了三年，如今他们中的一人就要动手了。

卢修斯·多米提乌斯·阿诺巴布斯（Lucius Domitius Ahenobarbus）一向行事鲁莽，让人分不清他是过分自大还是过分愚蠢。他极为富有，而且教养极好，被西塞罗形容为天生就是当执政官的料。公元前 56 年春天，多米提乌斯准备要行使这份天生的权利了。因为他是加图的妹夫，又是庞培的世仇（庞培在内战时曾处死他的兄弟），他会对谁忠诚就不言而喻了。他宣布竞选执政官时曾公开表示，若胜选的话，他将解除恺撒的兵权，并提名自己来担任接替者。“山外高卢”为他祖父征服，所以他认为自己有权继承。他的背后则有建制派的大力支持。解决了庞培之后，现在轮到恺撒了。任何野心太大的潜在暴君难道不都注定灭亡吗？

共和国 450 年历史的回答是：“当然。”传统比任何“三巨头同盟”都更加强大有力。一个人滑倒了，其他人会接替他。一直以来都是如此。庞培、恺撒和他们的后继者都会成为过去。不管发生什么事，共和国将永远存在。

至少每个人都如此假设。

第九章

伊卡洛斯的翅膀

克拉苏丢掉脑袋

“三巨头同盟”分裂后，其他处于食物链较低层的人展开了激烈斗争。4月初，小凯利乌斯被人告上法庭。他色彩斑驳的过去禁不起仔细检视。当然，要罗列出他的许多恶行与罪名并不难，其中最骇人的一项是：攻击一个使节团并杀死其领袖。不过，给小凯利乌斯的官司添上丑闻色彩的却是另一项指控：他企图毒死情妇克洛狄娅。两人显然没有相亲相爱。

原告只字未提这件事，因为牵涉的细节肯定对小凯利乌斯和克洛狄娅构成了伤害，所以他们算准了辩方一定也不会提这件事，但他们忽略了西塞罗。虽然他和小凯利乌斯这个原来的学生关系很牢固，然而他却不愿错过对克洛狄娅发起正面攻击的大好机会。西塞罗不仅没有遮盖这件事，反而把整个事件当成辩护主轴。他是这样说的：“假定有一名失去丈夫的女人对所有需要释放性欲的男人敞开家门，公然过着妓女的生活，又假定她从不拒绝参加陌生人主办的派对，也不错过在罗马自家优雅的花园里或巴亚的任何狂欢场合继续这样，那么，像凯利乌斯这样的年轻男人勾搭上她，又有什么可耻的呢？”[1] 当然不可耻！克洛狄娅不过是个街头妓女，干的是两相情愿的事。陪审团听到罗马的时尚女王被人这样大揭疮疤，都大感震惊和过瘾。他们没有察觉到的是，西塞罗借着猛烈攻击原告的姐姐，悄悄转移了对他的当事人真正危险的指控，将其淡化为一些微不足道之事。这个辩护策略非常成功，小凯利乌斯获判无罪。西塞罗心满意足地完成了这次诋毁工作。

西塞罗的表演如此精彩，完全掩盖了小凯利乌斯的另一个保护人发表的演讲。不过，克拉苏对此并不以为意。他从来不以辩才闻名，也不需要辩才。由于对小凯利乌斯的未来投注了许多资金，他才会出面解救这名年轻人。这个目标达成了，而且政治代价低廉。他固然参与攻击了克洛狄娅，而克洛狄乌斯对保护家人声誉之事一向不遗余力，但克洛狄乌斯应该懂得分寸，不会怪罪克拉苏。克拉苏的手法阴险狡诈，他擅长幕后操作而非公开威胁，一直是罗马最可怕的人物。现在，到了公元前 56 年春天，他已准备好证明自己有多可怕。甚至他在为小凯利乌斯辩护时也心不在焉。他正在策划一项政治大计。

上个月，克拉苏去了一趟拉韦纳（Ravenna）。这个城镇位于恺撒的高卢行省，离意大利边界不远。两个权力掮客在那里等着他，一为恺撒本人，另一人是克洛狄乌斯高傲的大哥阿庇乌斯。三人密会之后，克拉苏返回罗马，恺撒则带着阿庇乌斯往西而去。4 月中旬，两人到了边界城市卢卡（Lucca），庞培也从罗马赶来，于是有了第二次密会。尽管对于达成什么协议外人不得而知，但消息很快就传开了，说有 200 名元老陪伴庞培赴会。在卢卡街头，人们至少看到了 100 支“法西斯”。他们都是想往上爬的元老，其鼻孔嗅到了权力的气息。对他们那些留在罗马且更讲原则的同事来说，这个现象传递着不祥的信息。权威似乎再度从元老院溜走了。难道“三巨头同盟”还没寿终正寝？

庞培和克拉苏展开第二次结盟，看起来很不可思议。他们的关系能达到怎样紧密的程度呢？恺撒又在这宗交易里扮演了什么角色？这一次他要的是什么？其中第一个找出答案的人是西塞罗。他历经流放生活的惩罚后，不再幻想自己能对抗三巨头的联手。他对付得了克洛狄乌斯和克洛狄娅，但对付不了那些“资源、军力和权力比他优胜无数倍的人”。[2] 当庞培靠向他的时候，他投降了。西塞罗脆弱且神经质，既雄辩滔滔又受人尊敬，是极好的工具人。一些工作直接派到了他头上。那年夏天，他不得不在元老院提议，多米提乌斯·阿诺巴布斯一直觊觎的高卢行省仍归恺撒管辖。西塞罗的这种大转弯让多米提乌斯大吃一惊，并气得暴跳如雷。西塞罗在想什么？他为何要支持一些自己当年谴责之事？他还要不要脸？私底下，这些问题让西塞罗很难过，他痛恨自己被人利用。不过，他在公开场合却强词夺理，表示改变立场才符合政治家的本色。“在共和国里，立场僵化和不知变通从不被认为是一项美德。”他说。与其说他是见风使舵，倒不如说他是“与时俱进”。[3]

没人太相信这件事——西塞罗自己尤其如此。因为自我厌恶，他变得情绪脆弱。为了振奋精神，他纵容自己对克洛狄乌斯的仇恨。在卡比托利欧丘，那块庆祝他流亡的青铜碑板仍在公开展示。西塞罗在米洛的陪伴下取下碑板，将其藏在自己家中。[4] 克洛狄乌斯不但敢于谴责他的行为不符宪制，还在巴拉丁诺丘设立告示牌，明确列出一长串西塞罗的罪名。所以，在共和国不断改变的政治风貌中，有些事还是不会改变。

不管两人的缠斗有多激烈，他们会发现，除了仇恨之外，还有些别的东西把他们系在一起。先前阿庇乌斯认为，该是轮到他当执政官了。正是为了这件事，他才会到拉韦纳和卢卡与三巨头会面。三巨头力挺他竞选公元前 54 年的执政官，而他和弟弟则答应全力支持"三巨头同盟"，以此作为回报。对遭到克洛狄乌斯羞辱了两年的庞培来说，这个承诺格外珍贵。因为自此以后，克洛狄乌斯独一无二的煽动才华将任由三巨头使用。如同西塞罗被用作维护恺撒利益的工具，克洛狄乌斯也被用为服务于庞培和克拉苏利益的工具人。命令也被传达给了他那由保民官及流氓头子结成的网络。当公元前 55 年执政官的选举即将到来时，他发动了一场恐吓战，目的是让选举延期。如同克洛狄乌斯介入的任何事情，暴力迅速升级。一批元老企图堵住元老院大门，不让克洛狄乌斯进入。他的支持者威胁要放火烧掉元老院。同时，三巨头的被保护人不断涌入罗马，其中包括大批恺撒的老兵，他们得到特别许可，可以离开高卢。元老们遭到激怒后披上丧服，可怕的怀疑占据了他们的心思。最后，那个在罗马被私下讨论了数月的问题终于被拿上台面，庞培和克拉苏被问他们是否计划参加公元前 55 年的执政官选举。克拉苏仍是一贯的滑头作风，他回答说，自己只打算做对共和国最有利的事。但庞培在人们的不断追问下，不小心说出了真相。如今，那个让他们结束敌对的利益瓜分方案大白于世。

反对的声音来得又快又猛，令两位候选人大吃一惊。当初他们推迟选举，是为了让恺撒的老兵来得及到罗马投票，但现在他们担心，即使有老兵助阵，他们仍赢不了选举。于是，与他们竞争的候选人家中，纷纷有不速之客在深夜上门。历经一番暴力的表演后，只剩多米提乌斯拒绝退出选举。现在已是1月。公元前55年的头几周，共和国完全没有执政官，选举不能再拖延下去了。在投票开始前数小时的深夜，多米提乌斯和加图想在战神大校场占据一块地方，然而，一伙武装暴徒杀了为他们举火把的人，并打伤了加图，驱散了他们。第二天，庞培和克拉苏联手二度当选执政官。即使到了这时，他们还没结束对选举的操纵。加图当选司法官后，庞培宣布选举无效。他们还不知羞耻地在支持者之间分配市政官职位，如此做法在战神大校场上引发了新的暴力冲突。这次，庞培身陷打斗最激烈的地方，长袍上沾满了鲜血。

染血的衣服被送回家，当时他怀孕的妻子正在家里焦急地等候消息。朱丽亚一见血衣便昏了过去，胎儿也没了。人们相信，因为庞培身上沾满了国人同胞的鲜血，朱丽亚才会流产。诸神借此征兆展示他们的裁决。共和国流产了，西塞罗在写给阿提库斯的信中调侃说，三巨头的笔记中想必写满了“未来的选举结果”。[5]在庞培和克拉苏的同僚看来，他们的罪行赤裸到了近乎亵渎神明的地步。在此之前的公元前59年，他们利用恺撒为代理人。现在，他们更直接玷污神圣的执政官之职。他们目的何在？他们还嫌自己得过的荣耀不够多吗？为什么只是为了二度当选执政官，他们便采取那么无法无天的暴力手段？

答案在不久后揭晓，甚至连当事人都感到难为情。当一个听话的保民官提出一个法案，建议两人卸任后分别统领叙利亚和西班牙各五年时，他们都装出满脸惊讶的模样。不过没人蠢到会相信他们。

人们越仔细审视法案的条款，便越感到沮丧。两位未来的总督都有权招募军队，他们不必征询元老院或人民的意见，便有权宣战或媾和。另一项法案给了恺撒相同的特权，除了确认他目前的任期外，又多给了他五年任期。现在，三巨头直接控制了20个军团和罗马最关键的省份。在罗马，常有人被指控为专制，但这种说法从没像这次显得这么有道理。

从最早的年代起，罗马共和国就担心自己也许会为自己的理念所害。西塞罗曾言："令人困扰的是，正是那些最优秀的人最容易被贪婪的欲望攫住，没完没了地追求行政官官职与军事指挥权，追求权力与荣耀。"[6]这是一种历史悠久的智慧。罗马人一直意识到，最杰出的公民有时也会是危险的源泉。这解释了几世纪以来罗马为何发展出那么多对野心的限制。法律与风俗、先例与神话构成了共和国的骨架。没有公民在行动时可以当它们不存在，胆敢藐视它们的人会自招灭亡和耻辱。庞培和克拉苏都是地道的罗马人，打骨子里明白这个道理。虽然庞培征服了陆地和海洋，但他渴盼从像加图那样的人那里获得尊敬。这也是为什么克拉苏虽为罗马最让人害怕的人物，却选择隐藏权力。然而，他们的顾忌现在已无法再约束他们。别的不说，为了二度赢得执政官选举，庞培差点把加图给杀了。在一次关于任命总督的辩论中，克拉苏也恼羞成怒，一拳揍在一名元老的脸上。

事实上，人们都注意到，公元前55年的夏天，原本谨慎低调的克拉苏变得非常张扬。他现在很健谈，也喜欢说大话。在任命他统领叙利亚的命令确定后，他便滔滔不绝地谈着这件事。就算他并非已年过六旬，如此举动仍被认为不得体。人们开始在背后取笑他，而以前从未发生过这样的事。他越不受欢迎，他身上的邪恶感与神秘感就越淡化。他发现自己走在路上会被暴民推挤，有时还得改道并要求庞培保护。罗马人民以这种方式惩罚他背叛共和国之举。当他最终要出发前往外省就任时，没有任何欢送的场面。“他真是个大坏蛋！”[7]西塞罗惊叹说，并对他离开罗马时的寒酸相幸灾乐祸。不过，没人欢送还不是最糟的。当这位总督离开城门即将前往阿庇安大道时，他看见有个保民官在路边等着他。早前，这个保民官曾试图逮捕克拉苏，但被他轻松挡开。现在，这个保民官站在一个火盆旁。阵阵香烟自火盆升起，飘过古代英雄的坟墓，为冬天的微风染上香气。保民官看到克拉苏之后，便开始吟诵。他吟诵的文字很古奥，几乎难以索解，但用意再清楚不过：他在诅咒克拉苏。

克拉苏在吟诵声的陪伴下离开罗马，向东而去。保民官提醒克拉苏他为了得到总督之职付出了多大的代价。他以前最珍视的东西——威望——已经一落千丈。难怪他在执政官任内常神经紧张，他的敌人指出，那并非衰老或松懈的表征。在克拉苏心灵的账本中，支出和收益仍以一种张狂之法保持平衡。只有一件无比珍贵的奖品能说服他牺牲在共和国的声誉。仅仅一个叙利亚还不够，只有全世界的财富够资格交换克拉苏的好名声。

过去，他曾取笑这类狂想。当年，庞培接受第三次最为浮夸的凯旋式表扬时，队伍中尾随着一辆代表世界的彩车。但他太尊重罗马的传统，不敢太投入地扮演亚历山大大帝。克拉苏理解这种心理，当初也觉得自己没必要扮演世界的征服者。不过，恺撒后来却演起了这个角色，并在短短两年内就赢得了匹敌庞培的财富。总在打算盘的克拉苏很快明白了个中意义。于是他去了拉韦纳，与庞培、恺撒达成协议，策划了野蛮的选举行动。驱动他的既是贪婪与恐惧的混合，也是贪欲蔓延后害怕落于人后的心理。他大概比他的两个犯罪搭档更清晰地窥见一种未定的新秩序。在这种新秩序中，少数极杰出者（也许是两个人，但克拉苏希望是三个）将获得一种国人同胞前所未见的权力，连罗马本身的光芒都将被他们的阴影掩盖。毕竟，共和国是世界的主宰，若有人大胆控制了它，随自己喜欢调动其资源，他还有局限性吗？大概只有天空会是他的界线。

公元前54年春天，克拉苏抵达他的新行省叙利亚后，随即继续向其东部边界推进。在幼发拉底河另一侧平坦的沙漠上，一条大道延伸至天边看不见终点之处。但克拉苏知道它通向哪里。他眯起眼睛，看着旭日东升，并想象着看到了香料、玛瑙、红玉髓和珍珠。关于东方的财富，许多匪夷所思的说法流传下来。据说波斯有座全由黄金构成的山；据说整个印度受到“一道象牙筑的高墙”[8]保护；据说在中国这块丝国人（Seres）的土地上，丝绸由比甲虫大一倍的生物织成。当然，有头脑的人不会相信这些夸大的传说，但它们仍道出了一个无可怀疑的事实：能让自己当上东方主人的总督将会富有。难怪克拉苏会盯上东方，并做起美梦。

当然，他若想把罗马的军旗插在外海（Outer Ocean）的海岸，就必须先对付家门口的蛮族。幼发拉底河另一侧是帕提亚王国。罗马人对它所知不多，只知道那里的原住民像所有东方人一样，既娘娘腔又狡诈。卢库勒斯和庞培都与帕提亚人签过和约，而克拉苏对于这些不方便的东西，并无半点尊重的打算。因此公元前54年夏天，他率兵越过幼发拉底河，攻占了一批边境城镇。帕提亚人愤怒地要求他撤退，但遭到拒绝。克拉苏发动战争后，按兵不动、静待时机。当上总督的第一年，他把时间都花在有利可图的洗劫上。耶路撒冷的圣殿和许多其他地方被劫掠一空，“收获的财宝日复一日越堆越高”。[9]克拉苏经过仔细计算，招募到了足够的军队为他的野心服务：7个军团的军力，共4 000名轻步兵与人数同等的骑兵。1 000名高卢人给骑兵部队增添了异国情调，他们的指挥官是克拉苏最小的儿子帕布琉斯——他曾在恺撒麾下建功立业，如今又准备在父亲麾下再次发威。公元前53年春天，一切准备就绪后，克拉苏再次率军横渡幼发拉底河。大冒险开始了。

起初，空空荡荡的大地看似嘲笑着克拉苏准备的部队规模。军队前头，除蒸腾的热气外，什么都没有。然后过了许久，先遣队终于发现了马蹄印，看起来是一支很大的骑兵分遣队留下的。足迹后来离开大路，消失在沙漠中。克拉苏决定追击。不久后，他的军团就去到一个荒凉的平原，那里举目没有一条溪流、一片草地，只有滚烫的沙丘。罗马人犹豫了，克拉苏最能干的副手，一位名叫卡修斯·朗吉努斯（Cassius Longinus）的司法官劝告主帅掉头，但在政治领域擅长战略性撤退的克拉苏这次却拒绝听从。军团继续前进。接着，探子报来了主帅一直希望听到的消息。帕提亚人就在附近，而且不只是一队骑兵，而是一支大军。克拉苏急于消灭敌人，命令军队进攻。现在，他们处于一片酷热多沙的平原中央，疲惫的骑兵一身沙尘、排在前头，军团士兵并拢盾牌。这时，帕提亚人脱去了长袍，他们与坐骑穿着的耀眼铠甲明显可见。同时，平原四周传来了可怕的鼓声和铃声，“像猛兽的吼叫，中间又夹杂着霹雳般的巨响”。[10]在罗马人看来，这些声音仿佛不是真的，而是热昏后的幻觉。他们感到害怕。

接下来漫长的一整天就像一个挥之不去的噩梦。帕提亚人避免正面交锋，像海市蜃楼般闪躲于沙丘之间，但退却时把铁头箭射向挥汗如雨、快被烤干了的罗马军团士兵。帕布琉斯带领他的高卢人部队追击，却遭到敌人重骑兵包围，被完全歼灭。帕布琉斯被斩首，一个帕提亚骑兵以长矛挑着他的头，疾驰过罗马人的方阵，高声侮辱克拉苏。到了这时，罗马军团被包围了。帕提亚人的箭雨整天不停地向他们落下，但他们也顽强地抵抗了一整天。黄昏降临后，克拉苏疲惫不堪的残余部队开始撤退，他们要退往最近的城市卡雷（Carrhae）。在那里，少数幸存者在卡修斯的机智指挥下，退回到共和国的边界内。在他们身后，2 万战友战死沙场，10 多万人成为战俘。7 个军团消失了。自坎尼之战以来，罗马军队没遭遇过这么惨重的失败。

克拉苏目瞪口呆之余，希望全然破灭，并被帕提亚人诱去谈判。他一生骗过许多人，这次则轮到他中了圈套。他在一阵混战中被砍倒，死亡让他免于羞辱的折磨。帕提亚人失去了猎物，便在战俘中找个人假扮克拉苏。他们给他穿上女人的衣服，让他模仿接受凯旋式表扬时的样子游街，一群嘲笑他的妓女尾随着他。他的扈从官的“法西斯”上装饰着钱袋，斧头上挂着军团士兵的脑袋。显然，帕提亚人对罗马人军事传统的了解远胜于罗马人对他们的了解。

同时，克拉苏的首级被送到帕提亚国王的王宫。首级送达时，著名演员特拉勒斯的杰森（Jason of Tralles）正在演出欧里庇得斯的著名悲剧《酒神的女祭司们》（*The Bacchae*）里的一幕。出于令人毛骨悚然的巧合，这场戏的场景也包含一个被砍下的头颅。杰森具备专业演员的机智，他上前抓住血淋淋的战利品，将它抱在怀中，唱了一段即兴的独白。不足为奇，这个以克拉苏为道具的表演赢得了满堂喝彩。

对一个目标如此之高却摔得如此之惨的人来说，很难有比这个更加恰如其分的结局了。

勇攀星斗

罗马人相信，他们是世界上最正直的人。若非如此，怎么解释他们拥有幅员如此广大的帝国呢？但他们也知道，共和国的强大中潜藏着危险。滥用这种强大会招致神怒。所以，罗马人急于反驳关于他们霸凌别人的指控，坚称自己是出于自卫而赢得了一个帝国。对那些遭军团扫荡的民族来说，这种说法十分可笑，但罗马人照样深信不疑。所以，反对克拉苏入侵帕提亚的声音异常激烈。所有人都知道，这件事的动机除了贪婪之外别无其他。诸神也明白这点，否则卡雷的黄沙不会沾满罗马人的鲜血。

话虽如此，克拉苏不是唯一一个梦想把罗马霸权推到世界尽头的人。共和国的心绪正在发生改变。并吞寰宇的梦想甚嚣尘上。从硬币图案到凯旋式彩车，寰宇的形象处处可见。传统上罗马人对帝国的疑虑迅速消退。看来罗马承担海外使命的时刻已经到来。就连元老院最保守的分子也开始接受这一点。早在公元前58年时，加图曾奉命前往塞浦路斯岛，他的任务就是兼并它。起初他强烈反对兼并政策，部分是因为这项政策是克洛狄乌斯建议的，克洛狄乌斯想以塞浦路斯的税收资助他的免费谷物政策。但狡猾的克洛狄乌斯又建议，应由他最正直的对手前往管理罗马的新领土，元老院又对此表示热烈赞成。这样一来，加图才觉得自己有责任前往。他到达塞浦路斯之后，以一贯的审慎态度执行任务。塞浦路斯人得到了和平与一个好政府，罗马人则得到原来统治者的财富。加图返回罗马时，船上装满了银币和账册。账册记载着每一笔收支的明细，将加图的诚实表露无遗，元老院看了非常高兴，授予他穿上紫边长袍的特权，加图则坚决拒绝了此浮夸之举。

不过，他仍很为自己在塞浦路斯的成就感到骄傲，他不只让共和国得利，还让塞浦路斯人得利。他认为有一点不证自明：相较于塞浦路斯原先的混乱状态，正直的罗马管理者的统治不知强了多少倍。元老院最固执的传统主义者设法调和罗马的古老美德与其在世界的新角色。当然，这始终为希腊知识分子所推动。加图相当了解这点，因他对哲学深感兴趣，始终以一贯的认真态度钻研希腊哲学。例如，罗马人至爱的精神领袖波希多尼一直主张，罗马的属民应欢迎罗马的征服，因为这有助于缔造一个人类的共同体。现在，罗马人自己也诉诸同样的论证。一些几十年前仍不可想象的假设如今变得稀松平常。钟情帝国的人们力主罗马正在担负一项开化的使命：因为罗马的价值观与制度明显优于蛮族，所以它有责任将其发扬光大。只有整个寰宇都落入罗马统治之后，世界才有可能大同。道德不仅追上了帝国扩张的脚步，而且还想要更多。

道德的变化给罗马带来了色彩和喧嚣，带来了来自陌生、遥远国度的征服消息，带来了街道上泛滥的金银财宝。在整个公元前1世纪60年代，这类快乐都与庞培的名字连在一起。如今在公元前1世纪50年代，罗马人拜恺撒所赐，有机会再次享受这些欢乐。甚至在高卢最阴暗的地区，恺撒这位总督也没忘记他在罗马的观众，因而以慷慨的方式提醒他们注意他。他总喜欢花钱在别人身上（这是他得人爱的原因之一），现在他总算是花自己的钱了。来自高卢的财富源源不断流入南方。恺撒对每个人都很慷慨，包括对朋友、任何他认为对他有用的人和整个罗马。大肆扩建罗马广场的计划正在筹划中，这让每个人都把他的名字挂在嘴边。但他除了想以大理石讨好国人同胞外，还想娱乐他们，让他们为他的丰功伟绩感到激动不已。所以他把战争经过写成杰作，发往首都，读到此作的罗马人无不感到兴奋与自豪。恺撒知道怎样才能让国人同胞自我感觉良好。一如往常，他在演一出戏，舞台是整个广袤的高卢。

当然，在公元前56年3月，要不是他的机智和手腕，恺撒也许会把高卢输给多米提乌斯。逼近的危险逼他快速行动。恺撒建议克拉苏和庞培分别到拉韦纳和卢卡与他会面。他并不特别嫉妒“三巨头同盟”另外两巨头的野心。他只关心自己能否在高卢多待5年，至于克拉苏和庞培想要什么都无关紧要。

在拉韦纳和卢卡的会晤确保了他的目标后，恺撒发现布列塔尼急需他的帮助。先前有个军团被派驻那里过冬，后来随着食物储备减少，司令官不得不派出队伍四处征粮。他们闯入了当地部落维内蒂人（Venetians）的地盘，导致一些军需官被绑架。秋天，维内蒂人曾被迫向罗马人献上人质，此时则想拿他们的俘虏作为交换。这种要求在他们自己看来合情合理，却透露出他们对敌人致命的误解。天真的维内蒂人以为，罗马人会遵守部落战争的规则，包括打了就跑的抢劫和伏击、针锋相对地抓捕人质等。但在罗马人眼中，这类战术是恐怖主义，有必要加以惩戒。恺撒准备好要给维内蒂人一顿惨痛教训了。因为维内蒂人擅长水战，所以恺撒命令能干的军官德西莫斯·布鲁图（Decimus Brutus）打造一支舰队，然后出其不意地突袭维内蒂人的船只，并将其消灭。维内蒂人别无选择，只得投降。他们的长老被处死，其他人则被卖为奴隶。恺撒一向为自己的宽大感到自豪，但这次却决定“杀鸡儆猴，好让蛮族知道要更尊重使节的权利”。[11] 他所说的“使节”显然是指他的军需官。这种欺人之谈暴露出他的真正目的。高卢人必须认清一个新的现实：从现在起，制定游戏规则的是恺撒。部落斗争和反抗的时代都过去了。高卢必须保持和平——一种由罗马监视与维护的和平。

对维内蒂人的残忍惩罚起到了预期的作用。那年冬天，整个高卢处于一种郁郁不乐的服从中。大多数部落都没和罗马人交过手，但传言已充分发挥作用。如今众所周知的是，罗马人不管在什么地方战斗，都所向无敌。不过，这个传言看来没有能深入浓密的日耳曼森林。公元前 55 年春天，两个日耳曼部落不知死活地渡过莱茵河，进入高卢。这时，恺撒已对捣乱的原住民失去耐性。入侵者迅速被歼灭。接着，恺撒为了给莱茵河彼岸的部落一个明确无误的警告，亲自渡过河。他不是坐船过河，他认为这种交通方式“有损他的尊严”，[12] 而是走过一条他特别建造的桥。无论是建桥所用的高超技术还是军团过桥时的严整军纪，都将罗马的实力表露无遗。日耳曼人只是在莱茵河彼岸看了腾起于急流中的木构大怪物几眼，就退回到森林中。日耳曼森林是许多传说的主题，据说有怪物出没其中，而且它无比广袤，人走上两个月都走不完。恺撒不打算验证这些传说。他任由日耳曼人躲起来，但烧了他们的村庄和庄稼，然后过桥返回高卢。至于那条费力费神建造的桥，他命令士兵将它拆了。

恺撒总对壮观的破坏行动抱持强烈兴趣。不说别的，10 年前他才拆掉自己的新别墅，让自己成为罗马的谈资。这位铁血将军仍是原来那个爱出风头的恺撒。他总是在马鞍上抢夺士兵的口粮，能凭自己的勇气激励整个军团，与士兵们共同经历他强加给他们的一切艰难困苦，还用他的披风裹住身子睡在冰天雪地上。他曾像浪子一样纵情享乐，追求刺激和大动作，如今这些融入了他身为总督的策略中。一如往常，他追求目眩神迷。建造与拆除跨越莱茵河的大桥让他寻求更刺激事业的胃口变得更大。所以恺撒一回高卢，便带着军团向北进击，前往英吉利海峡海岸。

带有传奇色彩的不列颠岛被冰冷的海水包围着，多雨多雾、极其神秘。罗马人甚至不确定它是否存在。即使商旅（恺撒通常的情报来源）也只能提供一鳞半爪的信息。他们不愿在不列颠岛四处走，这并不让人感到奇怪。众所周知的是，住在不列颠越北的部落越野蛮，他们奉行许多令人发指的习俗，比如吃人肉和喝牛奶。若能让他们懂得尊重共和国，那将是可与荷马相媲美的功绩。对恺撒来说（他从不让任何人忘记，他的家世可追溯至特洛伊战争），这是个他抗拒不了的诱惑。

他在写给元老院的报告中，拿当地原住民曾帮助过维内蒂人作为攻击不列颠的理由，而且该地区蕴藏着丰富的银与锡。这种说法不是很有说服力，因为如果这两个动机在恺撒心里那么重要，他就应该准备在岛上留一整季。而直到7月罗马舰队才出航，而那名副其实是一趟回到过去的旅程。在肯特（Kent）峭壁上等待入侵者的，是一幅直接自传说中走出的场景：蛮族战士就像赫克托耳和阿喀琉斯曾在特洛伊平原上那样，坐着战车全速奔驰。布立吞人蓄着古怪的胡须并把脸涂成蓝色，则让这一幕更添异国情调。军团士兵看了大吃一惊，因而在小艇上呆若木鸡。最后，一名勇敢的掌旗官紧抓军旗，独自跳入波浪中，向着海岸走去。他的战友们深感羞愧地追赶上去。一阵混战后，罗马人建立了滩头堡。随后更多战斗发生了，罗马人烧了村庄并捉了战俘。随着天气变坏，恺撒集合人马返回高卢。

虽然未能取得什么具体成就，但一支罗马军队渡过莱茵河和海洋的消息仍轰动了罗马。没错，少数顽固的扫兴鬼，譬如加图就指出恺撒的行为越来越过分，并指控他犯了战争罪，但大多数公民却懒得理会。即使没有战利品，大众的兴奋情绪也不会降低。西塞罗在几个月后也指出："现在明明白白的是，整个不列颠没有一盎司的银，除了奴隶之外没什么好抢的。不过，就算有奴隶好抢，难道你能指望在不列颠找到一个懂音乐或文学的奴隶吗？"[13] 但他不屑的口气骗不了人。西塞罗和所有人一样兴奋。当罗马军团在公元前54年夏天第二次越过英吉利海峡时，他以极大的兴趣追踪事态发展。每个人都一样：整个罗马都等待着最新的消息到来。恺撒对不列颠的远征曾被贴切地比作人类登陆月球："一篇超乎想象的史诗，一项技术上和探险史上都无与伦比的壮举。"[14] 很少有人会怀疑，整个不列颠很快就会臣服于共和国的无上权威。只有加图对这种战争狂热免疫。他摇摇头，阴郁地警告人们，小心诸神发怒。

恺撒确实走得太快也太远。当他渡过泰晤士河，寻找跑得无影无踪的布立吞人时，他收到了不祥的消息：高卢庄稼歉收，原住民蠢蠢欲动。恺撒有必要马上回去一趟。英吉利海峡曾刮起一场强烈风暴，现在军团将士都诚惶诚恐，担心另一场风暴会摧毁他们的舰队，让他们不得不待在岛上过冬。恺撒决定撤退以减少损失。他为了挽回面子，和一名部落酋长签订了条约。抵达世界尽头的梦想需要暂时搁置。现在，不只对不列颠的征服，还有高卢的未来也变得不确定了。

那年冬天和来年夏天，许多部落起义了，反叛之火在各处孤立地燃起。一个军团要塞遭到攻击，近 7 000 人被消灭。另一个要塞被包围，靠着恺撒在紧急关头驰援才得以解围。这位总督因担心叛乱的火焰扩散开来，所以四处奔走以踩熄火星。有时，他会把救火工作留给高卢人自己来做，并把叛乱部落交给他们的邻居任意洗劫。这种分而治之的政策仍然奏效。公元前 53 年的夏天过后，全面性的反叛仍然没有发生，恺撒松了一口气。前一年他被迫在整个冬天作战，现在则不用了。他待在拉韦纳，准备结束总督任期，衣锦还乡返回罗马。面对担心行省局势的国人同胞，恺撒再次宣布，高卢已经平定。

公元前 52 年 1 月，雪下个不停，各山口处的积雪特别深厚。恺撒的军团驻扎在遥远的北部，与他们的将军断了联系。恶劣的天气还不是他们面对的最严重问题。尽管大雪纷飞，高卢人完全能够互相联系。军事联盟在海拔较低的地区迅速形成。在高卢的北部和中部，大批部落为了对抗共同的敌人而摒弃嫌隙，达成协议。这个联盟的推手与无可争辩的领袖是一位相貌堂堂、名叫维钦托利（Vercingetorix）的贵族。“他身为指挥官，对纪律和细节表现出最大的关注，因为他决心把摇摆不定者打造为坚强的战士。”[15] 这是连恺撒都会尊敬的品质，因为那是一种罗马人的品质。维钦托利痛恨罗马人，但认真研究过他们，决心掌握他们成功的秘诀。当他命令每个部落都交给他一定名额的部队时，他是在模仿罗马管理人员与税吏的工作方式，这种代理人体制已遍及整个高卢甚至更远之处。世界正在缩小。不管打赢还是打输，高卢人都不可能改变这一点。他们的新联盟既是出于绝望的抗争，也是罗马大肆扩张的结果。是恺撒教会了高卢人何谓一个民族。现在，这个成就威胁着要反噬他。

至少表面上看是如此。事实上，6年来恺撒竭力防止高卢部落联盟的出现，但现在的联盟却给了他一个诱人的机会：一个一次性粉碎所有抵抗的机会。就像他一向喜欢的那样，恺撒直奔最危险之处。眼见维钦托利的军队集结在边境，威胁着共和国对阿尔卑斯山脉另一侧所有高卢地区的统治，恺撒向着起义的中心全速前进。他在身边仅有少量随从的情况下，翻过积雪深达2米的山口，穿越大片敌人控制的地区。他的大胆获得了回报，他成功与军团会合。不过，现在他和意大利的联系一样被切断了。罗马人正在挨饿，因为维钦托利说服盟友，宁可烧掉粮草也别让敌人夺取粮草。恺撒为获得粮食，攻下了一座城池，但在攻打另一座时被击退。这是他6年总督生涯中首次在正面战斗中失败。这个消息鼓舞了更多部落投入维钦托利的怀抱。恺撒的有些副手开始感到绝望，他们建议主帅设法撤退到安全地区，以保住那些能保住的，然后放弃高卢。

但恺撒拒绝了。“这样做太丢脸，也太屈辱了。”[16] 因此这是难以想象的。不管多担心、多疲惫，他的外表仍一如既往地自信。恺撒的能量兼具魔力和崇高。勇敢、不屈不挠、追求成为最棒的——他的精神是共和国最有鼓舞性且最致命的精神。难怪他的部下会崇拜他，因为他们也是罗马人，对于能和他们的将军一起冒险而备感荣幸。他们在多年战争中久经磨炼，面对现在的危险处境并不感到恐慌。他们仍然坚信恺撒和自己会战无不胜。

当不这么想的维钦托利企图消灭对手时，恺撒的部队重创了他的骑兵，逼其撤退。维钦托利决定等待增援，他率部退到阿莱西亚（Alesia），一个位于今日第戎（Dijon）以北的要塞，它的城墙极其坚固，以前从未被攻破过。对先例不屑一顾的恺撒立即展开包围。一道巨大的土木工事建了起来，几乎长达15英里，将维钦托利和他的人马围困在城中。阿莱西亚有30日的存粮，但30日过后，它仍被牢牢包围。高卢人开始挨饿。维钦托利决心不惜任何代价要让战士保持体力，于是采取了冷酷无情的做法，把所有不能作战的人驱逐出城，妇幼、老人和病人无一幸免。但恺撒拒绝让他们通过，甚至不答应把他们纳为奴隶的请求。为了让维钦托利感到羞愧，恺撒把难民留在开阔的空地上，看着他们以草果腹，慢慢地病死或冻死。

最终，恺撒早就准备好应付的事情发生了。20万高卢人赶来解救他们的领袖。恺撒马上下令，构筑另一道土木工事，这次方向朝外。高卢战士在一波又一波的呐喊声中冲击防御工事。一整天下来，罗马人坚守阵地。夜幕降临后，战斗停息，但考验还没结束。高卢人想有所突破，到处寻找防御工事最脆弱之处，最终也找到了。城市北面有座小山，那里驻扎着两个军团，直接俯临防御工事。自黎明起，高卢人对此展开大肆攻击。他们填平壕沟，蜂拥着冲向栅栏。这时，维钦托利在罗马人的后方也带着人马出城接应。罗马军团被夹在中间，拼命抵抗。双方都知道，决定性的时刻已然迫近。罗马人成功守住了阵线——仅仅是守住而已。高卢人以钩子拖拉栅栏，看见塔楼倒塌时他们发出了欢呼声。罗马人调动人手填补空缺，但他们竟然也发出欢呼声。原来他们瞥见，在俯临他们阵地的小山顶上出现了一团红色，那是他们将军的斗篷。恺撒整天都在防御工事全线来回奔跑，给部下鼓励打气，并不停跑向战斗最激烈之处。最后，他决定出动他最后的储备队。这些罗马骑兵自各处悄悄溜出防御工事，在山上集结后猛冲下来，把敌人打得措手不及。下面的军团士兵也挥着刀剑猛刺，自防御工事中冲出来接应他们。现在轮到高卢人被夹击了。罗马人在一阵血腥屠杀后，取得了绝对的胜利。维钦托利的人马听到自己人在外线的临死哀号，赶紧撤回阿莱西亚。论人数，恺撒的部队比被他包围的军队还少，更远少于后来包围他的军队，但他把两者都打败了。这是恺撒一生事业中最惊人也最辉煌的胜利。

第二天早上，身穿耀眼铠甲的维钦托利从阿莱西亚骑马出城，跪倒在他的征服者面前。然而恺撒却无从宽发落的心情，命令人把他铐上锁链，投入监狱。虽然战争尚未结束，但恺撒已经赢定了。此次胜利的代价极高。在阿莱西亚的城墙与罗马人的防御工事之间，躺着密密麻麻的妇孺尸体。在他们之上，又堆着被罗马军团砍倒的高卢战士尸体。再过去，军团外线工事的周围还有数不清的尸体，自阿莱西亚向外延伸数英里之长。人与马的肢体可怕地交缠在一起，尸体腹部鼓胀，血水浸泡着泥泞的土地。但阿莱西亚之战仍只是一场战役。征服高卢的全部战役加起来共死了约 100 万人，并有约 100 万人沦为奴隶，800 座城市被摧毁——至少古人是这么说的。[17]

这些近乎大屠杀的数字，不管其精确性如何（有些历史学家认为可信[18]），都反映了恺撒的同代人对高卢战争的观感：这场战争在恐怖和辉煌两方面都无可比拟。在罗马人看来，要检验一个男人的能力，最好的方法莫过于看他能经受何种程度的生死考验。从这个角度来看，恺撒证明自己是共和国的顶尖人物。他坚守一个公民最严肃的责任：永不投降，永不退却。若这么做的代价是一场规模与恐怖程度均极其罕见的战争，那它带来的荣耀就更大了——对当事人和罗马来说都是如此。在阿莱西亚之战一年后的公元前 51 年，恺撒在惩罚另一个反叛的城市时，下令砍下所有拿起兵器反对他的人的手。他深信："他的宽大为怀如此众所周知，以至于别人不会把这种严厉措施误解为残忍。"[19] 他没有说错，他在罗马人中确实以宽大仁慈闻名，但他对荣耀的热爱更为闻名。整个高卢为满足他的这种热爱，不得不血流成河。

不过，毕竟伟大的任务完成了，和平也恢复了。共和国从恺撒身上受惠良多。随着他的任期接近结束，罗马想必为他准备了些盛大的奖赏。等待他的，会是国人同胞心怀感激的欢呼声还是壮观的凯旋式，抑或是另一次执政官任期？无论如何，谁又有正当理由拒绝高卢征服者享有这些荣誉呢？

恺撒在外将近 10 年后，准备回罗马了。

为大象哭泣

在罗马，当然还有个人比恺撒声誉更隆且更富有。无人可遮蔽"伟大者"庞培的光芒。恺撒显然不能，他总被庞培视为门人。庞培以一种和罗马首席将军身份相适的屈尊态度，自然会为岳父的成就感到骄傲，但仅此而已。他从不认为恺撒能和他竞争，更遑论超过他。

有人拼命想让他睁开眼睛。回到公元前 55 年（当时克拉苏准备远征东方，恺撒的眼睛盯上了不列颠），一个不速之客登门拜访庞培。此人就是加图。他刚度过了难过的几个月。1月时，他因为想阻挡庞培和克拉苏第二次当选执政官，而被庞培手下的流氓狠狠揍了一顿。之后，他又奋勇阻挡让两位执政官统治行省五年的任命，但再次徒劳无功。现在庞培想让恺撒得到同样的任命，而加图正是为了让庞培重新考虑，才放下身段登门造访。加图问庞培，难道他看不出来他以肩膀扛起了一只怪兽吗？他总有一天将不再有力气甩掉恺撒或承受其重量。届时两个人都会踉踉跄跄地跌倒在地。共和国因为经不起这两名巨人的重量，到时也一定会被压扁。

庞培未理睬加图的说法。公元前55年一整年，他对自己的权力和好运气有无比的信心。他的建筑工人已在战神大校场为建设大剧院而辛劳多年，现在终于到了可以拆下脚手架的时刻。展现在罗马市民眼前的，将是罗马历史上最为美轮美奂的一座建筑群。剧院建筑群坐落在一个漂亮的公园里，不仅包括一间剧院，还有一道公共柱廊、一间元老院的议事堂和庞培为自己兴建的新宅邸。这一切的上方，则是维纳斯神庙——当初他就是以兴建这间神庙为由大兴土木的。他希望维纳斯能保护剧院建筑群不受嫉妒他的对手们的破坏。

这是一种明智的预防措施，因为整个建筑群非常引人嫉妒。建筑的花费也毫不吝啬。花园里栽种着稀有草木，它们散发的芳香提醒人们意识到庞培征服东方的伟业。在大柱廊内，金丝壁毯挂在石柱与石柱之间，背景中，水流自无数喷泉中涌出。众多女神像衣袂飘飘，春光半露，害羞似的躲在角落，为花园增添了绮丽的氛围。一夜之间，这里成了罗马最浪漫的地方。所有雕像、绘画都是杰作，由公认的鉴赏家阿提库斯和一批其他的专家选出。庞培希望他的展品有绝对的质量保证。不过，最令人印象深刻的雕塑却不是古代的作品，而是一尊特别定做的庞培雕像。它被刻意摆在新的元老院里，以便在庞培缺席时，他的阴影仍能笼罩议事程序。

身为这样一座奇观的建造发起人，庞培还有必要通过追逐蛮族来证明自己的实力吗？不错，在分配给他的西班牙行省的北部，确实还有些野蛮人有待驯服，但那不过是些小苍蝇罢了，不值得他这个世界征服者费神。庞培倒没想过放弃西班牙总督的职位或他麾下的军团。他只是想从远处统治西班牙，并让副手代劳。克拉苏要打帕提亚人或恺撒要打高卢人就由他们去吧，庞培没这个兴趣，因为他已经征服过三个大洲。如今，他的剧院已经落成，他为共和国取得的许多胜利将被搬上舞台，成为壮观的娱乐节目。“伟大者”庞培不用跋涉到世界尽头，因为在他指挥之下，世界的尽头将在罗马交会。

它们也会以残忍的方式交会。在他 20 多岁、还是个早慧的年轻将军时，庞培曾于讨伐利比亚人期间抽空猎狮。他宣称：“即使是生活在非洲的野生动物，也应学会尊敬罗马人民的力量和勇气。”[20] 在共和国的边界，在远离军团摇曳的营火之处，狮子就像开天辟地以来那样在夜间潜行，它们是恐怖的原始象征，猎捕人心的自在安适。如今，50 多岁的庞培为庆祝剧院落成，下令运来狮子。不光是狮子。一个世纪之后，舰队还为罗马载来了其他外国猛兽，它们成了共和国鞭长及全球的最佳象征。尼禄的颂词作者佩特罗尼乌斯（Petronius）这样写道：“以黄金笼子运来的老虎舔着人类的鲜血，获得了观众的掌声。”[21]

庞培进口猛兽，不只是为了娱乐罗马人，还是为了教育他们。

这就是为什么动物极少被养在动物园。只有通过让它们和人类展开搏斗，庞培才能让公民们了解担任世界的统治者意味着什么。有时候，这种教诲血腥得令国人同胞无法忍受。有一次，当数量空前的20头大象遭到持矛者攻击时，它们的哀号声折磨着观众，以至于剧院中的每个人都哭了。也是观众之一的西塞罗满心困惑：如此壮观的场面带来的欢乐怎会如此之少？

他分析了自己的情感，暴力不只没有让他兴奋，反而使他麻木。不管是狮子攻击奴隶，还是奴隶以长矛刺穿这种猛兽，看来都不能为一个文明人带来许多欢乐。这种娱乐最令西塞罗忧郁的是它的规模。他承认，一次性屠杀20头大象是“从未有过的盛大表演”，[22]是共和国威力的空前展示。庞培以来自帝国各个角落的奇珍异兽填充他剧院的每个角落，除了狮子、老虎和大象，还有花豹、猞猁、犀牛和雄狼，更别说还有一种名叫赛佛斯（cephos）[23]的神秘生物。那是一种长着人形手脚的动物，来自埃塞俄比亚，非常稀有，罗马人仅见过一次。尽管西塞罗身为一个公民很为罗马的成就感到自豪，也尽管他是最能言善辩的罗马世界使命的代言人，但庞培提供的表演还是让他觉得无聊且有压迫性：“如果这些是你必须看的，那你已经看过它们很多次了。”[24]过量的欢乐和刺激会让人变得麻木。西塞罗再也感受不到庞培想让他感受的感情。光耀共和国的表演到头来只光耀了表演的主办人。14尊人像环绕剧院四周，谦卑地注视着杀戮的场景，每尊人像都代表一个被庞培征服的民族。[25]大理石和鲜血共同创造出一种共和国历史上从未有过的、铺张的自我宣传。此前，罗马人从没感觉到自己在某人面前是那么渺小，况且这个人与他们同为共和国的公民。是否正因为如此，他们对大象的痛苦的同情压倒了对持矛武士的钦佩？表演结束时，观众没有为“将军和他特意安排的、给他们以荣耀的奢华表演”雀跃欢呼。相反，“他们站了起来，泪流满面地大声诅咒他”。[26]

罗马人是善变的，他们对于庞培的愤怒情绪未能维持多久。但他们的疑心——怀疑他的伟大和慷慨——仍然存在。庞培的斗兽表演举行于公元前 55 年 9 月，几个星期后，罗马举行投票。尽管剧院建筑群俯临投票的地点，选民仍以选票表明了他们对剧院建造人的不满。去年，庞培挫败了多米提乌斯和加图这两名竞争对手，但在今年，也就是公元前 54 年，他们都当选了。多米提乌斯当上了执政官，加图当上了司法官。不错，庞培支持的阿庇乌斯也选上了，而且当上了执政官，但是，即使他是卢卡会晤的共谋者之一，却很难说他是个可靠的盟友。阿庇乌斯自私自利，不买任何人的账。他固然没有建造一间剧院，却有着显赫的家世，而他认为这一点更为有用。

这种结果让庞培完全认不清自己的位置。不管从哪方面来看，他都是罗马的头号公民。他刚结束第二任执政官任期；他是西班牙总督，是军队的指挥官与将领；他的慷慨造就了罗马的奇观。然而，他越想巩固自己的权力，权力就越从他指缝间溜走，每次巩固权力的努力都会带来新的挫败。虽然手段越来越流氓，但庞培在梦想上仍是个传统主义者。新任执政官阿庇乌斯和多米提乌斯都以傲慢闻名，他们对庞培这个地位不稳当的“暴发户”大加取笑。新任司法官加图也是如此，而且他说的话更刻薄。这名暴躁、倔强且卓越的人没有军团，也没有巨大的财富可收买国人同胞的心。他在官职上比不过执政官，更比不上恺撒和庞培。然而，他拥有的权威一点不比两人小。虽然元老们接受了庞培赠予的新元老院议事堂，或暗中收了来自高卢的礼物，但他们仍然认同加图，认同他代表的原则和信念。多年来，他看来已经成为合法性的化身——几乎就是共和国本身的化身。恺撒远在高卢，故可藐视加图的自命不凡。但庞培却无法这么做，他在内心深处仍然渴望得到加图的肯定。

他获得这种肯定的希望看起来越来越渺茫。他先前强抢执政官职位之举不会被轻易原谅。他的军队一直以来都对共和国构成威胁，而他连一个军团也不愿放弃。不过，他虽然持续恐吓政府，却又老希望得到它的芳心。对罗马这样一个共和国的公民来说，孤单是一种令人困惑甚至难以理解的状态。只有亡命之徒或国王才能真正懂得孤单的意义。这就是为什么庞培那么粗野地冒犯同僚，但仍千方百计讨好他们。他被人衷心爱戴已经太久，无法不继续渴望并索要这种爱戴。

说起来，这真是残忍的讽刺，就在他重新卖力讨好元老院之时，他一向极为幸福的私人生活突然蒙上一层阴影。公元前54年8月，他的爱妻朱丽亚临盆，不幸再次流产，而且这次没能活下来，她的丈夫和父亲都悲痛欲绝。对于恺撒来说，女儿的死还让警报响起。一直以来，他和庞培对朱丽亚的爱是两人之间强烈的纽带，曾帮助他们度过多次政治紧张。如今这个纽带没了。当时恺撒正忙着在高卢平乱，非常担心自己在首都的地位降低。他需要庞培多于庞培需要他，两人对此都心知肚明。有一阵子，共同的悲痛持续联结着他们，但这种情形不会长久下去。庞培的单身生活会维持多久呢？他的适婚男人的身份是宝贵的资产，不善加利用的话太可惜了。重回婚姻市场将给予他意想不到的操作空间。每当思及这点，他的前岳父都寝食难安。

然而，庞培仍然受到协议的约束。只要克拉苏这个威胁一日存在，他就一日不愿招惹恺撒。对彼此的恐惧而非友好，让“三巨头同盟”得以牢固。三人之中，没有一个人能同时对抗另外两人。这就是为何三个密谋者在瓜分共和国的帝国时会小心翼翼地把他们的权力基础扣在一起。如此一来，他们不仅能对付共同的敌人，还能防范彼此。不过，就在朱丽亚死后一年，克拉苏死在卡雷的消息也传来了。对恺撒来说，这又是个沉重的打击，但庞培不可能为克拉苏掉太多眼泪。毕竟，还有什么胜利比对手失败滋味更为甜美？让罗马人发抖吧！帕提亚人的胜利有助于提醒他们战胜东方民族并非理所当然。如果边界的局势正变得严峻，那么庞培的国人同胞自会知道求助于谁。不过，即使帕提亚人不乘胜入侵叙利亚（事实正是如此），庞培仍有理由放松自己，并沉浸在兴奋之中。他生命里的一个威胁被拔除了，再也不能遮盖、困扰与折磨他了。克拉苏不存在了。

突然间，庞培看起来诸事顺遂。丑闻开始侵蚀元老院的道德权威。在一片群情激愤中，阿庇乌斯和多米提乌斯丢掉了执政官的官职，他们被指控受贿与操纵下一届的执政官选举。四名候选人受到牵连并被起诉。随着更多肮脏交易被揭发，选举被推迟半年。对于同时担任元老院发言人的多米提乌斯来说，这桩丑闻别具杀伤力。正如西塞罗恶毒地指出的，阿庇乌斯没有什么名声好损失，但“他的同僚却彻底名誉扫地，成了一根折断的芦苇”。[27] 在一片混乱中，看来只有一个人能够恢复秩序。庞培的应声虫开始喃喃细语，疾呼该让他担任独裁官。加图听到这个建议后，当然气炸了。庞培表面上推辞，但窃窃私语没有平息。在多事之秋的首都，不管是在元老院、罗马广场还是在贫民区，人们总能听见这样的私语。共和国正在瓦解，罗马需要一个强人，只有庞培能够胜任。庞培本人没什么动静，他正谦逊地等待时机。

这是最佳策略。随着危机逐步加深，共和国的气氛不只恶化了，还开始带有血腥味。快发狂的加图为了找到一个可以抗衡庞培的人物，做了个异常的选择。他属意的公元前 52 年执政官候选人是克洛狄乌斯的死对头米洛。米洛曾是庞培的狂热支持者，后来被庞培不客气地抛弃。米洛现在乐于把命运押给加图和他的计划。庞培要求米洛退选，见他拒绝后，便全力支持他的竞争对手。不过，庞培的怒气远不及米洛的最大死对头的大。克洛狄乌斯循规蹈矩了三年，企图为自己创造出一个负责政治家的形象，但米洛可能会当上执政官的前景仍让他忍无可忍。如同戒了酒的酒鬼再次拿起酒瓶，克洛狄乌斯重回街头，一批他从前的打手宣布复出。米洛买下了一些角斗士学校作为回应。公元前 53 年快年底时，罗马陷入了混乱状态，共和国也是如此。行政官选举在四年内已三度延期，这次延期是由于主事官员被一块砖头打晕了。随着政府的一切事务停摆，暴徒们手持棍棒，呼啸着穿过大街小巷。守法的公民则蜷缩在他们所能找到的任何角落里。

正当局势看起来不可能更糟糕的时候，公元前 52 年 1 月 18 日，更糟的局势出现了。克洛狄乌斯和米洛在阿庇安大道不期而遇。二人互相奚落，然后米洛的一个角斗士掷出标枪，刺中了克洛狄乌斯的肩膀。保镖们簇拥着受伤的领袖进了附近的一个小酒馆，但米洛的手下穷追不舍，制服了他们。克洛狄乌斯被扔到街上，性命很快被了结。他赤裸的尸身血肉模糊地躺在一座良善女神庙旁。看来女神终于报仇了。

克洛狄乌斯的朋友当然不这么认为。人们找到他的尸体并将其带回罗马，他被谋杀的消息迅速传遍每个十字路口，贫民区开始出现哀悼的声音。没多久，人们就聚集在巴拉丁诺丘克洛狄乌斯的豪宅外。富尔维娅让他们看丈夫的尸体，详细指出每一处伤口，人群又愤怒又悲伤。第二天，这位人民英雄的尸体被抬下巴拉丁诺丘，抬过罗马广场，并被放上了“讲坛”。同时，在附近的元老院里，长凳被踢飞，桌子被砸烂，文档被抢走。然后，暴徒在议事堂的地板上摆放了一大堆木材，然后把克洛狄乌斯的尸体放在上头，用一支火把点燃了木材。朱庇特神庙发生火灾已是30多年前的事了，而这次罗马广场再度被熊熊火焰照得通红。在摇曳火光的映照之下，克洛狄乌斯的支持者与谋杀者开战了，血腥程度到达新的高峰。大火肆虐，将元老院烧成一片灰烬，火势继而又蔓延到旁边的波尔恰会堂（Basilica Porcia）。这座会堂是罗马第一个常设法庭的所在，建造者不是别人，就是加图的祖先。它被大火吞噬了，这很具有象征意义。当晚，克洛狄乌斯的党羽设宴纪念他们死去的领袖，筵席其实是摆在元老院权威的灰烬中。

现在，庞培的时刻终于到了。眼见祖先建造的会堂被烧成灰烬，就连加图都不得不接受他，任何局面都胜于混乱状态。加图仍不能接受独裁官，但提出了一项折中方案，同意让庞培担任当年唯一的执政官。这个职位的矛盾之处恰好显示出时局的危急。元老们在庞培的剧院集会，并根据比布卢斯的提议，邀请这位“伟大者”拯救共和国。庞培以迅速的军事行动响应了此项要求，自内战结束后第一次有武装部队开进罗马。克洛狄乌斯和米洛的党羽完全不是军队的对手。米洛迅速被起诉。由于米洛被指控的罪名是谋杀克洛狄乌斯，西塞罗便跳出来为米洛辩护，希望借此机会发表自己一生中最重要的演讲。这个机会在审判的最后一天到来。那天早上，他离开巴拉丁诺丘的府邸前往法庭，发现罗马笼罩在一片从未有过的怪异寂静中。所有商店都关门了，每个街角都有卫兵站岗。庞培本人就驻守在法庭旁，被部队的人墙包围着，太阳把他的头盔照得闪闪发亮。这里可是罗马广场，是罗马城最中心的地区。西塞罗被这个场面吓了一跳，从而失去了勇气。一则资料指出，他这天发表的演说“失去了他一贯的自信”。[28] 其他资料则说，他结结巴巴，几乎说不出话来。米洛被判有罪，在一个星期内流亡到马赛。其他暴民头目也受到了类似惩罚。罗马不到一个月便恢复了平静。

就连加图都不得不承认庞培干得很漂亮，不过他也一如既往地毫无风度。当庞培把他拉到一边感谢他的支持时，加图严肃地反驳，说自己只支持罗马，又说：“如果你向我要忠告，我会私下给你；若你不跟我要，我也会当众说出来。”[29] 庞培听到这个，假装像是挨了一记耳光，心里却很高兴。10 年前他从东方回来时，便期待着这样的时刻。不管多勉强，加图总算承认了庞培头号公民的地位。庞培等了这么久，终于同时得到了权力与尊重。

他会拒绝恺撒的提亲也就不奇怪了。这一年，恺撒为了给他找到合适的新娘而绞尽脑汁，最后向他推荐了自己的甥孙女屋大维娅（Octavia）。庞培推辞了。他不是想结束和恺撒的友谊，只是不想让恺撒把这友谊视为理所当然。既然已重获元老院的敬意，他有了比恺撒所提的更好的人选。庞培留意那些最好人家的千金已有一段时日，其中一个特别合他的意。克拉苏年轻的儿子帕布琉斯在卡雷战死之后，他的妻子科尼莉亚成了寡妇。这个女人美丽、有教养又人脉丰富。她父亲的显赫血统充分反映在他响当当的名字上：昆图斯·卡西利乌斯·梅特卢斯·皮乌斯·西庇阿·奈西卡（Quintus Caecilius Metellus Pius Scipio Nascia）。不过，梅特卢斯本人除了举办色情表演外，并没有出名之处。但对庞培而言，这无关痛痒。真正重要的是，梅特卢斯是梅特里家族的族长，而这个家族与许多显赫贵族有关，例如击败汉尼拔与占领迦太基的西庇阿就是他们的祖先。科尼莉亚自身的优点更是额外的红利。庞培在扫荡罗马街道的间隙，戴上了婚礼花冠。这是他第五次结婚，此次他的年龄比新娘长一倍，可想而知肯定会有不少讥笑声，但庞培不在乎。婚姻生活适合他，最重要的是，再婚可让他走出失去朱丽亚的悲痛。很快，这对新婚夫妻便情浓至化不开的地步。

一个男人躺在科尼莉亚这样的女人的怀抱里，便知道自己正躺在贵族的怀抱里。更让庞培觉得甜蜜的是以下事实：加图（就是那位声称庞培配不上他侄女的加图）自己曾被科尼莉亚的母亲甩掉过。久远的积怨埋藏在心中，加图和梅特卢斯对彼此没什么好感可言。饶是如此，当庞培宣布罗马的紧急状态已经结束，并邀请岳父和他共同担任公元前 52 年剩余时日的执政官时，加图也无法反对，毕竟庞培的做法完全符合宪制精神。共和国曾经生病，如今已康复。一切悉如旧观。

庞培的国人同胞急着相信这点，就连那些一直怀疑他有野心的人，现在也有了承认他卓越的理由。看着庞培为他的色情鬼岳父所做的一切，高傲的贵族开始学会掩饰他们的不屑。加图在庞培说些不合宪制的话时仍会掩耳不听，但一般来说他已愿意听听这位老对手在说些什么，长久以来他第一次如此。再来当然还有恺撒。在高卢，在阿莱西亚的鲜血与烟雾中，恺撒仍对他和庞培的友谊有所指望。所以，许多不同的利益集团（它们大部分时候势不两立）都指望同一个人的支持。

在共和国的历史上，这种情况从未出现过。这也就难怪，西塞罗会惊异于庞培的“能力和好运气，这让他做成了前人不曾做成的事”。[30] 然而，尽管庞培为自己的卓越地位感到得意扬扬，但每个争取庞培眷顾的派别都试图消灭别的派别，逼着庞培和它们站在同一边。究竟谁在利用谁？暂时还没有答案。但很快，答案便呼之欲出——这是一个直抵毁灭的答案。

相互毁灭保证

建造剧院的艺术没有随着庞培那宏伟大剧院的落成而湮灭。为了争取人心，野心勃勃的贵族纷纷起而效仿。其中，最不同凡响的是克洛狄乌斯的死党、年轻聪慧的库里奥所建的一间剧院。话说，他父亲在公元前 53 年过世，当时他还在亚细亚的行省政府任职。为了给父亲的葬礼增添光彩，他回罗马前便计划举行一系列表演活动。在上演这些节目的剧院竣工后，观众们兴奋地发现，他们也成了表演的一部分。剧院包括两个舞台和两套观众席位，它们在一个旋转轴上维持着危险的平衡。两出戏可同时上演。到了中午，当表演结束时，剧院便在巨大机械曲柄的带动下旋转起来，两个舞台会扣在一起，合并为一个舞台。一个多世纪后，老普林尼仍觉得这种设计不可思议。他说：“那是角斗士打斗之处，只不过那些坐在椅子上旋转的观众的处境比角斗士的还危险。但这还不是最令人吃惊的。更不可思议的是，观众竟对于坐在不牢靠且会随时垮掉的椅子上感到欢天喜地。”[31]

也许有人会认为，在对凶兆十分敏感的罗马，库里奥的剧院会被看成充满危险的奇观。在后世人的眼中，把罗马共和国比作库里奥的圆形剧场再自然不过了，因为二者均既璀璨又不稳定。事实上，也正是这个原因，有关剧院的记忆才会被保存下来。不过，即便曾有观众意识到他们在做的事情有多危险，也没有相关记录流传下来。共和国的心绪固然焦虑不安，却非大难临头的预感，事情很难不是如此。罗马共和国毕竟已存在了快500年，它赢得了惊人的霸权，世界上没有一个国王可与之抗衡。更重要的是，它给了每个公民自我度量的尺度，让他知道自己并非属于他人的物体或奴隶，而是一个人。一个罗马人不可能想象共和国会崩溃，正如他无法想象自己是一个埃及人或高卢人。他也许会担心诸神发怒，但不会为不可能发生的事担惊受怕。

尽管库里奥的剧院嘎吱作响，但无人把它看成大灾难逼近的兆头。恰恰相反，它那令人熟悉的旋律催眠了选民。库里奥有志于保民官一职，他的剧院不只是为了纪念亡父而建，还是为了服务于自己的野心。为此，它必须搬出人兽对抗的戏码，因为虽然人们曾为庞培的大象掉泪，但这类表演已成为时尚。库里奥特别喜欢让黑豹上场，小凯利乌斯在这一点上也是如此，他不断要求行省提供更多这种猛兽。两个人都知道在选民面前摆阔有多重要。他们如同之前的恺撒，为了押前程的宝而债台高筑。过去人们认为，只有轻量级的人物才会这么做，但现在，做这种事被认为是明日之星的标志。

另一些更久经时间考验的天赋也是如此。当那么多野心、仇恨与阴谋共存时，共和国的旋涡仍狂暴如昔。但库里奥和小凯利乌斯都擅长航行于凶险的水流中，知道何时该坚持立场，何时该顺应新的风向。原则很少成为他们前进的障碍，两人的关系就是个例子。虽然在克洛狄乌斯被谋杀后，在共和国接近混乱状态的时期，两人曾站在敌对阵营，但他们都认识到，对方是有用的盟友。库里奥是克洛狄乌斯的老同盟，对死去的朋友始终忠诚，这给了克洛狄乌斯的遗孀富尔维娅极大的安慰，两人后来也因此结了婚。反之，小凯利乌斯始终仇恨克洛狄娅和她弟弟。公元前 52 年时，时任保民官的他动用所有资源支持米洛。饶是如此，一年后当小凯利乌斯急需黑豹时，库里奥想也不想，便把自己的 20 头黑豹转卖给他。两面下注从来都是政治家最明智的策略。

只不过在当时最重大且最难解决的问题上，两面下注变得有点棘手。说来讽刺，正是小凯利乌斯自己把这个问题摆上了台面。话说，在公元前 52 年年中，恺撒在阿莱西亚大捷的消息传到罗马，这让一直对高卢局势忧心忡忡的罗马人大大松了一口气，他们知道复仇心重的野蛮人将不会再挥军南下，展开扫荡。元老院投票批准了 20 天的感恩假期。身为保民官的小凯利乌斯提出了一项补充法案，要给恺撒一项特权：允许他不回罗马，待在高卢参加执政官选举。小凯利乌斯的九个保民官同事都赞成此项提议。法案顺利变成了法律。

然而，这种做法几乎没有解决任何问题。相反，它在元老院里制造了一道每个月都扩大一点的裂痕，最终把全体罗马公民推到深渊边缘。危机的核心为一简单的事实：若恺撒可在高卢直接再次当上执政官，那他两次担任职务是连续的，中间没有做回平民。这令许多人难以忍受，因为只有一个平民才能被起诉。小凯利乌斯的法案刚通过，加图就暴跳如雷地加以反对。他没有忘记恺撒在首次执政官任期内犯下的罪行，也不打算原谅他。近10年来，恺撒的敌人一直在等待将他绳之以法的机会，如今时机迫近，他们不愿让猎物溜掉。

许多人想方设法调和这种不可调和的状况。小凯利乌斯提出法案时得到了西塞罗的鼓励，后者自认为是恺撒和加图的共同朋友。但更关键的是，庞培显然也这样自认为。在危机重重的几个月里，他成功平衡了老盟友和一大群恺撒反对者（包括加图）之间的利益。庞培因为赢得了渴望已久的无上权威，所以现在不希望被迫在自己那些相互对立的支持者之间选边站。但不管他多么坚决地装聋作哑，两难的困局仍无法化解。在辩论恺撒的未来时，双方都拒绝让步，都相信自己绝对正确。

恺撒则对事态的发展备感愤怒。他是堂堂的总督，正在高卢作战，却不得不防备后方，以免遭到加图之类的小人暗算。将近10年了，他都在为共和国拼命，难道现在罗马要以审判他作为回报吗？米洛被定罪是前车之鉴。罗马广场被钢铁严密地保护起来，辩护律师遭到恐吓，判决草草做出。一旦在法庭上被定罪，恺撒的伟大功勋将帮不上他半点忙。他将在敌人的欢呼声中被迫流亡，而这些敌人在他们的一生中不曾集结过一支遭伏击的军团，不曾带兵血战两大群蛮族，也不曾把鹰旗插在北方冰冷海水之外的地方。此外，他还将在瓦莱斯之类的人的陪伴下度过余生，而他的壮气将埋没于马赛的阳光中。

但恺撒越吹嘘自己的傲人成就，他的敌人就越讨厌他。恺撒背后有军队撑腰，这支军队因非法征兵而兵员众多，又因长年东征西讨而历经锤炼。恺撒若能以执政官的身份回到罗马，便可强行通过一些法律，保障他的老兵获得土地。如此，他便有了一支让庞培相形见绌的后备武装力量。为防止这样的事发生，加图和他的盟友准备不惜一切代价阻挡。元老院每次开会，就恺撒兵权展开的争论都会没完没了。该允许他保留几个军团？该何时任命一个继任人？该何时让恺撒离开岗位？小凯利乌斯对西塞罗抱怨说："你知道那是什么情形。每次就高卢做出一些决定后，都有人站起来反对。然后又有其他人站起来反对前一个人……如此不断拖下去。"[32]

尽管辩论令人感到乏味，但小凯利乌斯厌倦的哈欠却是装出来的。在罗马，他对愚蠢和野心的分析不比任何人差，他看出一场空前的大灾难不远矣。私人仇怨固然一直存在于共和国，但如今怨气和敌意已扩散开来，超出两个敌对派系的范围。加图铁了心想一次性摧毁恺撒，准备重复自己的老战术：拒绝一切和解的可能，尽量孤立敌人，奉共和国的名义反对恺撒。恺撒则以巨额金钱收买人心，并以不费吹灰之力的魅力魅惑国人同胞。大部分人仍希望保持中立。那不是他们的争吵。然而，这场争斗事关重大，以至于他们无法不被卷入旋涡。逐渐地，罗马人分裂成两派。一个自苏拉后就很少听到的字眼——内战——又开始被人低声呢喃。

这倒不是说真的有人相信内战会发生。敌对双方的期望只是赢得庞培的支持并赢得争论。庞培本人则摇摆不定。他仍不想疏远任何一方，对恺撒伸出一只手的同时，又抽回了另一只手。正如小凯利乌斯指出的那样，这个策略的问题在于"他不够狡猾，不会隐瞒自己真正的想法"。[33]到了公元前51年夏天，庞培的想法已越来越清晰。加图的阴森警告产生了效果，因为恺撒的最终靠山是他的军队，庞培不禁认为那是一个对自己的威胁。荣誉感和虚荣心同时逼他不再让步，罗马最伟大的将军绝不能向高卢人的军团示弱。到了9月底，他终于做出一个毫不含糊的决定：恺撒应在来年春天卸下指挥官职位。因为春天离执政官选举仍有数月，这让加图有足够的时间起诉恺撒。但万一恺撒找到一个保民官否决了这道命令，在继续掌控军队的情况下赢得了执政官选举，那该怎么办呢？庞培被人问到这个问题时轻声细语但威吓意味十足地回答："你为什么不问我，如果我儿子举起棍棒反对我，我会怎样做？"[34]

现在，两个老盟友终于公开决裂了。当过恺撒女婿的庞培如今宣称自己对恺撒拥有父亲一般的权力。高卢征服者若敢乱来，将受到叛逆儿子要受的对待。这是一种对恺撒利益和自尊心的攻击，所以更加不可原谅。不过，若恺撒想抵抗，他将需要一些新的支持者，尤其需要一个保民官，这样一位重量级人物需要兼具勇气和精神，并敢于对抗他们背后拥有绝对实力的庞培。恺撒知道，要是不能否决庞培的命令，自己就完蛋了。

不过，当公元前50年的选举结果公布时，恺撒的运气看来变得更坏了。在新任的保民官中，最能干且最有魅力的一名为库里奥，他是拜他的壮观剧院而当选。自恺撒担任执政官的那个夏天以来，有将近10年，库里奥一直受到罗马人民的喜爱。当时20多岁的他因胆敢不理会执政官的威胁，而在大街小巷赢得了人们的欢呼。此后9年，两人的关系持续恶化。所以，可想而知谁最害怕库里奥这位高人气的新任保民官。因此，想必人们已开始预想恺撒将会让步，危机将得到解除。

那年冬天非常寒冷，看来事态发展也和人们的预想一样。小凯利乌斯在写给西塞罗的一封信中感叹整座城市冰冷而且了无生气，就连库里奥这位保民官也无所作为，仿佛“处于永冻中”。但信写到一半时，他的口气却来了个大转弯：“我收回上面说过的一切。我先前说，库里奥做事的方式冷冰冰的。因为我刚刚得知，他突然加热了！怎么会这样！”[35]小凯利乌斯刚刚听到的消息很惊人，简直令人难以置信：库里奥倒向了老敌人一边。人们原本都信心十足地认为，他一定会和加图及其他宪制拥护者站在同一边，却没想到他竟反其道而行。现在，恺撒有了他所需要的保民官。

这是一次耸人听闻的伏击。小凯利乌斯把他朋友的大转弯归咎为不负责任，但就像后来他才知道的，这种说法并不公道。其他人猜测，库里奥是被高卢的黄金收买的，这比较有可能，但仍解释不了整件事。事实上，这位保民官是在玩一个经典游戏。库里奥想为恺撒做的，正是恺撒曾为庞培做的，库里奥通过包抄加图，也指望得到类似回报。这当然完全将原则置之度外，不过几个世纪以来，政治游戏就是这么玩的。

加图、庞培、恺撒，又有谁不是这样干的？在共和国的全部历史中，伟大的人物莫不致力于赢得荣耀，打垮敌人。现在，除了机会更多、相互毁灭的能力更强以外，其他的一切都没有变。一个稍后时代的罗马人在哀叹失去自由之余，对于这个悲剧性事实也看得更清楚了。例如，身为共和国最后一代人的佩特罗尼乌斯便写道：“如今，包括陆地、海洋和星星的轨道在内，整个世界已落入罗马人手中。但他们还想要更多。”[36]因为想要更多，所以要拿更多；又因为要拿更多，所以想要更多。要在古代风俗和道德的界限内满足这么大的胃口几乎不可能。庞培和恺撒都是罗马最伟大的征服者，为自己赢得的资源超过前人的想象。现在，这种可怕权力导致的后果已经很明显了，两人都有能力摧毁共和国。两人都不想这样做，但威慑的考虑逼他们做出最坏的打算。因此，恺撒争取了库里奥。因为赌注如此之高，权力平衡如此恰到好处，以至于恺撒希望单凭一位保民官的行动就足以打破恐怖的平衡，让和平不致于沦为无可挽回的灾难，库里奥也是这样想的。

但他们的敌人仍决心和他们摊牌。由于库里奥否决了所有剥夺恺撒指挥权的企图，人们要求庞培出手，逼恺撒让步，而庞培的反应是躲到床上去。不管他是否是在装病，意大利都焦虑万分。共和国境内的每座城市都在向诸神献祭，为庞培祈福。不令人感到奇怪的是，病人对此感激万分。在他终于走出病房后，他对自己的人望有了百分之百的信心，并已取得为战争做准备的终极授权。当一名紧张的支持者问他，万一恺撒进军罗马，他有什么力量可以投入战场时，庞培静静地微笑，叫对方不用担心："只要我一跺脚，千军万马就会从整个意大利的地上冒出来。"[37]

但不是人人都像他这么有把握。小凯利乌斯认为，恺撒的军队显然比庞培能调动的任何军队都精良许多。他在写给西塞罗的信上说："在和平时期，参与国内政治最重要的是站在对的一边；但在战争时期，站在最强的一边才最重要。"[38]并非只有他一人这样想。这种想法背后，是库里奥也打过的算盘：支持恺撒可以得到一条通往权力的快捷路径。就这样，渴望尽快功成名就的心态让一整代人背离对合法性的追求。元老院的资深元老（他们因职位和年纪而有尊严）与年轻一代的关系一向紧张，但如今，在人人都谈论战争的氛围中，他们对彼此的藐视已升级至不祥的程度。

一场激烈的选举使这种情况变本加厉。竞选的两人一为建制派的代表多米提乌斯，一为年轻的安东尼。在那个弥漫着烟雾与不祥征兆的郁闷夏天，霍腾修斯死了，身后留下了意大利最大的一个私人动物园、一万瓶葡萄酒和占卜官的职位。在共和国似乎面临大难的时刻，怎么可以少了占卜官？有赖于占卜官，人们才能通过研究小鸟的飞行路线、闪电的样式或圣鸡的饮食习惯解释诸神的心意，找出平息他们怒气的最佳方法。由于占卜官的职位格外尊崇，多米提乌斯自然觉得非他莫属。但他的年轻对手不同意。不错，人们还记得这位浪荡子种种不名誉的事，包括他和库里奥的暧昧关系，还有他和克洛狄乌斯之妻的瓜葛，但那已是很久以前的事了。后来他在高卢从军，为自己赢得了多项荣耀，被认为是恺撒属下最杰出的军官之一。多米提乌斯获得了元老院建制派的全力支持，拥有压倒性的优势。不过，安东尼已习惯于在阿莱西亚与其他强弱悬殊的情况下取胜。果然这次又是如此：几可媲美恺撒赢得大祭司选举，安东尼也在占卜官的选举中获胜。多米提乌斯气得七窍生烟，元老院两派的裂痕又扩大了一点。

现在，政治圈的每个小摩擦看来都有着扩大裂痕的效果。对两派都漠不关心的绝大多数民众备感绝望。西塞罗悲叹道："我喜欢库里奥，我希望恺撒得到他应得的荣耀。至于庞培，我愿为他献出生命。但无论如何对我来说，真正重要的是共和国本身。"[39]但他或和他想法一样的人又能做些什么呢？呼吁和平的人日益被看成姑息主义者。敌对的派系正在走向注定灭亡的命运，如同在悬崖边眺望，眩晕感令他们想往下跳。杀戮的欲望日渐高涨，人们开口闭口都是战争。

公元前 50 年 12 月，执政官盖乌斯·马塞卢斯（Gaius Marcellus）带着所有随从造访庞培位于阿尔班丘（Alban Hills）的别墅。他的执政官同事在这年年初原本属于反恺撒派，但现在也像库里奥一样，被说服换边站了。但马塞卢斯不为所动，拒绝一切试探，他对恺撒的敌意也丝毫不变。如今，在执政官任期不剩几天的情况下，他希望加强庞培的决心。在众多元老注视下，马塞卢斯递给庞培一把剑，肃穆地说："我们责成你对抗恺撒，拯救共和国。"庞培回答说："倘若没有其他办法，我将照办。"[40] 说罢他接过了剑，也接过驻扎于卡普阿的两个军团的兵权。他还开始招募更多兵员。这些举动都极度不合法，也成为恺撒支持者的话柄。库里奥把这些消息带给了恺撒，当时恺撒正率领第 13 军团威胁性地驻扎于拉韦纳。库里奥的保民官任期已经结束，他不想留在罗马受审或遭到其他更糟的对待。同时在首都，安东尼接替了他的保民官职位，而安东尼在整个 12 月都在猛烈攻击庞培，又否决了一切提案。随着形势日益紧张，僵局仍在持续。

接着，在公元前 49 年 1 月 1 日，安东尼虽然受到两位执政官的激烈反对（如同马塞卢斯，两人都是强硬的反恺撒派），仍在元老院读出了一封恺撒的亲笔信。信件为库里奥亲送。在信中，总督把自己形容为和平的爱好者。在详列了自己的许多丰功伟绩后，他建议庞培和他一起放下兵权。元老院担心，这封信会对公共舆论产生影响，于是把它扣压下来。接着，梅特卢斯站了起来，对和解的最后希望予以致命一击。他定下一个日子，规定恺撒届时一定要放下兵权，否则便会被视为共和国的敌人。这个提议立即付诸表决，只有库里奥和小凯利乌斯投下反对票，但提议马上遭到保民官安东尼否决。

对元老院来说，这是压垮骆驼的最后一根稻草。它在 1 月 7 日宣布国家进入紧急状态。庞培马上把军队调进罗马，宣布保民官的人身安全不再受到保障。安东尼、库里奥和小凯利乌斯化装成奴隶，藏身于马车中，往北逃到了拉韦纳。在那里，恺撒和他的一个军团仍在观望。1 月 10 日，听说庞培被紧急授予兵权后，他立刻派出一支分遣队向南进击，占领距边境最近的一个意大利城镇。部队出发后，他在下午洗了个澡，然后又主持了一场宴会，席间与客人闲聊，仿佛毫无心事。直到黄昏，他才从躺椅上站起来，匆匆忙忙上了一辆马车，沿着黑暗与蜿蜒的小路赶路，最后在卢比孔河岸边赶上了部队。一阵犹豫后，他渡过了涨满水的河流，然后进入意大利，朝罗马而去。

当时没有人知道，460 年历史的罗马共和国即将结束。

第十章

世界大战

闪电战

恺撒在高卢对付蛮族时，喜欢不计风险，以最快的速度出现在敌人最意想不到的地方。现在，他在投入人生最大的一场赌局后，计划以同样的策略对付他的国人同胞。恺撒不像庞培预期的那样，等待后续部队从高卢赶来和他会合，而是决定利用奇袭的效果。他在卢比孔河另一侧没有遇到阻拦。他的办事人一直忙着以贿赂软化意大利。如今，在他出现的那一刻，边界城镇都向他敞开大门，通向罗马的大道畅通无阻。恺撒一路南行，始终没遇到从首都开来的部队。

成群结队的难民把恺撒采取闪电战的消息带到罗马，他们的到来让罗马也出现了大量离城出走的难民。来自北方的侵略唤醒了共和国古老的噩梦。一直关注着恺撒推进状况的西塞罗怀着恐惧纳闷道："我们正在谈的，是一位罗马人民的将军还是汉尼拔？"[1] 然而，最近一段时期还有其他一些鬼魂出没。在马略坟墓旁边田里劳作的农民声称他们看到老将军从他的石棺里走出来；又有人在战神大校场中央苏拉被火葬之处看见他的鬼魂，嘴里说着共和国“即将灭亡的预言”。[2] 几天前，人们谈到战争时还兴高采烈、信心十足，但现在人们对战争的热情消退了。虽然庞培向元老们保证得胜易如反掌，但现在他们则开始担心自己的名字会出现在恺撒公布的人民公敌名单上。他们围住庞培，一个元老指责他欺骗了共和国，把它引向了灾难。另一个元老，加图的密友法弗里乌斯（Favonius），讽刺地要庞培跺跺脚，好召唤出他承诺过的千军万马来。

但庞培已经决定放弃罗马，并向元老院发出撤退令，警告任何留下来的元老都会被视为叛徒。然后他向南而去，任首都自生自灭。他的最后通牒让共和国产生了无可挽回的分裂。每场内战都会割裂家庭和友谊，但罗马社会在忠诚方面尤其复杂，而且鄙视非黑即白的敌我之分。对许多公民来说，在恺撒和庞培之间选边站仍万分艰难。要他们中的一些这么做更是格外残忍。所以，所有眼睛都看向他们。例如，马尔库斯·尤尼乌斯·布鲁图（Marcus Junius Brutus）会怎样选择呢？他为人真诚、尽责、谨慎，却与两边都有密切关系，所以他的取舍在人们心中特别有分量。那么，他将投靠哪个阵营呢？

鼓励他加入恺撒阵营的因素并不少。他妈妈塞维利娅是恺撒生命中最爱的女人，甚至有传言说，布鲁图就是两人爱的结晶。无论这个谣言是否属实，他法律上的父亲都在第一次内战时死在年轻的庞培手上，所以人们一般认为，他会青睐母亲的旧情人而非杀父仇人。不过，庞培虽然曾是“少年屠夫”，现在却是共和国的捍卫者，而布鲁图身为极为正直的知识分子，无法违心地背弃正义的立场。他虽然和恺撒关系密切，但和加图更亲，因为加图同时是他的舅舅和岳父。最后，布鲁图遵照庞培的命令抛弃了罗马。绝大部分元老在经过一夜犹豫后也这么做了，只有极少数的元老留下。罗马城从未有过行政官员这么少的时候。恺撒渡过卢比孔河还不到一星期，整个世界已翻转了过来。

庞培当然可以辩称，他放弃罗马城是出于很好的军事理由，而这些理由也确实存在。不过，这个决定仍是个灾难性的错误。共和国不能以抽象概念的形式存在。它的生命力蕴藏在罗马城的街道和公共场所，以及古老神庙的袅袅烟雾中，也蕴藏于年复一年的选举韵律中。共和国被连根拔起后，它还能忠于诸神的意向或了解罗马人民的愿望吗？逃离首都的元老院与绝大多数的人民断了联系，而人数众多的人民没有打包跑路的能力。至此，即使最贫穷的公民亦是国家一员的共同体意识遭到背弃。难怪那些显贵在抛下祖先留下来的房子时，会担心打劫者与贫民区的愤怒。

如果战争像庞培保证的那样很快就会结束，这本来也没什么大不了的，但日趋明显的是，只有恺撒有希望轻易取胜。当庞培向意大利南方撤退时，追击者也加快了脚步。现在看来，从四处招来保卫共和国的军队可能会步上斯巴达克军队的后尘：被钉死在意大利半岛的靴跟。只有完全撤出意大利，这种灾难才可望避免。元老院开始想象那不可想象之事：在意大利半岛之外的地方举行会议。各行省已被分配给几名重要领袖：加图得到了西西里，梅特卢斯得到了叙利亚，庞培自己则分得了西班牙。自此以后，这些共和国命运的主宰者看来将不再跻身于罗马这座赋予他们身份地位的城市，而将成为住在远方和蛮族中间的军阀。他们的权力将仅靠武力背书。如此一来，他们与恺撒何异？如此一来，不管哪一方获胜，共和国要如何才能恢复?

就连那些最认同建制派追求的人都备受这个问题的折磨。加图因预想到了他投入的这个灾难性豪赌的后果，没对追随者说些鼓励士气的话，只是穿上丧服，（不管输赢地）为每场战事的结果哀哭。至于中立派，当然，他们不认为共和国被摧毁是出于正当的理由，因此心里更没着落。西塞罗服从了庞培下达的抛下罗马的命令，但在离开首都后完全失去了方向感，变得歇斯底里，有几个星期什么都没做，只管给阿提库斯写一封封哀怨的信，问他自己该怎样做、该去哪里还有支持谁。他把恺撒的支持者看作一帮凶手，把庞培看作无能的罪犯。西塞罗不是军人，却清楚地看出，放弃首都是个大灾难，因为此举让所有他心爱的事物（从房地产到共和国本身）全面崩盘。“我们像乞丐一样带着妻儿流浪，把所有希望寄托在一个每年大病一场的人身上。甚至我们不是被驱逐，而是被召唤离开我们的城市！”[3]带着难以愈合的伤口，西塞罗总是如此痛苦与烦恼。他已了解一件其他元老即将明白的事：流亡中的公民几乎不算是公民。

放弃罗马后，也没有其他可作为立足点的地方。唯一一次阻挡恺撒的尝试以崩溃告终。多米提乌斯对于庞培和恺撒的痛恨不分轩轾，因此拒绝了撤退的命令。这不是因为他有什么了不起的战略眼光，纯粹是因为愚蠢与固执。眼见恺撒横扫意大利中部，多米提乌斯决定在位于交叉路口的城市考菲尼姆拦截他。考菲尼姆就是40年前被意大利起义军定为首都的城市，而那场大起义的记忆还没完全从人们的记忆中消失。许多意大利人虽然已得到公民权，但仍感到自己被罗马疏远了。共和国的大业对他们来说没有什么意义，但对恺撒来说却是另一回事。恺撒毕竟是意大利人的大保护者马略的继承人，又是庞培的敌人，而庞培是苏拉的门人。久远的仇恨复活了，这让多米提乌斯必败无疑。显然，考菲尼姆人不打算为多米提乌斯牺牲自己，所以恺撒一出现在城墙下，他们便乞求投降。多米提乌斯新组建的部队看见恺撒的5个精锐军团后，马上同意了。他们派去见恺撒的使节受到热烈欢迎。多米提乌斯尽管愤怒，却无可奈何。

他被自己的军官揪到恺撒面前。他乞求一死，但恺撒不答应，反而放了他。这个姿态看似仁慈，但对一个公民来说，没有比欠人一命更大的耻辱了。多米提乌斯像只斗败的公鸡，垂头丧气地离开了考菲尼姆。他认为恺撒的仁慈只是一种谋略，这是不公平的，若两人位置对调一下，多米提乌斯肯定会处死恺撒。不过，仁慈确实符合恺撒的利益。此举不仅能满足他那难以言喻的优越感，还有助于让各地的中立派相信，他不是另一个苏拉。即使是他最大的仇人，只要愿意低头，都有可能获得赦免与宽恕。恺撒没有计划在罗马广场公布人民公敌名单。

人们对此欢欣鼓舞。没几个人像多米提乌斯那样骄傲。他所招募的部队，还有他占领城镇的居民，都毫不犹豫地欢庆他们征服者的宽大为怀。"赦免考菲尼姆"的消息很快传开。自此，抵抗恺撒的民众起义将不会出现，而意大利人不可能在庞培身后突然出现并拯救他的行动。随着多米提乌斯的人马转投他老敌人的阵营，共和国的军队更少了。它剩下的唯一要塞是著名港口、通向东方的门户布林迪西。庞培现在就在那里拼命征集船只，准备渡海前往希腊。他知道，自己不能冒险和恺撒正面交战，至少现在不能。恺撒这边则知道，如果他能拿下布林迪西，便可一举结束战争。

所以，双方展开了一场不择手段的时间竞赛。恺撒在从考菲尼姆向南高速奔袭的途中得到消息称，敌人的一半军队已在两位执政官带领下扬帆出海，但庞培指挥的另一半军队仍挤成一团留在港口，等待舰队自希腊返航。恺撒一到布林迪西外围，立刻命人划平底船去兴建一道封锁港口的堤坝。庞培的对策是派出甲板上加盖三层塔楼的商业船只，到港口外攻击恺撒的工兵。战斗在接下来几天持续进行，两军奋力向对方投掷石块、木头和火把。最后，在堤坝完成前，有帆船从大海慢慢驶近，那是自希腊返航的共和国舰队。它们冲进港口，成功靠岸，撤出布林迪西的行动终于可以展开了。庞培以一贯的高效率执行这次行动。随着暮色越来越深，舰队的船桨划开港口的海水。恺撒得到城中支持者的通风报信，下令对城墙发起猛攻。不过，他攻入城中时为时已晚。庞培的舰队穿过未完成堤坝留下的缝隙，开进开阔的大海中。恺撒速战速决的最后希望破灭了。这时距他渡过卢比孔河还不到两个半月。

黎明时分，大海一片空空荡荡。庞培的舰队已无影无踪。现在，罗马人民的未来不再寄托于他们自己的城市，甚至不再寄托于意大利，而是寄托于地平线之外的、远离罗马广场、元老院和投票所的蛮夷国度。

随着共和国摇摇欲坠，全世界都感受到了震动。

庞培的庆功宴

不同于罗马，在东方，人们熟悉的是帝王。他们不理解精致的共和制度，也无法想象君主制之外的政府形式，有时甚至会把君主当成神明膜拜。罗马人自然觉得这种迷信很可笑。尽管如此，东方行省的总督一样被治下人民高抬至神明的地位：人们敬拜他的祷词伴着香气飘荡在空中，他的人像被放入供奉各种奇怪神明的神庙。在罗马共和国，伟大成就的夸示总伴随着嫉妒与怀疑；而当那些共和国公民受到上述的恭维时，他们愉悦地陶醉其中，但这也十分危险。他们在罗马的政敌总急于谴责任何有帝王排场的迹象。“莫忘你只是一个凡人。”[4] 一个奴隶曾在庞培耳边如此警告他。当时这位东方的征服者正在罗马接受第三次凯旋式表扬，正陶醉得飘飘若仙。这句忠告与共和国未来的健康如此息息相关，以至于庞培的敌人显然不愿只让一个奴隶来说一说。他们非常嫉妒庞培，以各种手段反对他，最终把他送到恺撒的刀口下。现在这批敌人成了他流亡中的盟友。元老院瑟缩在帖撒罗尼迦（Thessalonica），不得不忍耐庞培被奉若神明的地位。毕竟，有赖于他这种地位，他们才能回家。

幸运的是，庞培的新亚历山大大帝的威名仍然管用。除了把东方各行省的军团集中起来之外，他又传唤那些他曾扶持或认可的各个地方统治者。他们的热情响应表明，在东方真正有主宰权的是庞培，而不是共和国。在希腊，大批稀奇古怪的辅助军与公民士兵组成的军团一起受训，率领他们的王公的名字也稀奇古怪：加拉太的迪奥塔卢斯（Deiotarus of Galatia）、卡帕多奇亚的阿里欧巴赞内斯（Ariobarzanes of Cappadocia）、科马基尼的安条克（Antiochus of Commagene）。这些大老爷聚集在帖撒罗尼迦附近的军事训练营里，难怪庞培更像一个东方的万王之王，而非罗马的总督。

至少多米提乌斯这么讽刺他。这个典型的辱骂来自那名在考菲尼姆打了败仗后脾气毫无改善的男人，但他这话不无道理。长久以来，庞培这位伟人身上都不乏些许东方的味道。西塞罗在他背后曾开玩笑地称他为“萨姆西凯拉姆斯”（Sampsiceramus），这个佶屈聱牙的名字最适合一个波斯的独裁君主。不过，如今饱受烦恼困扰的西塞罗在坎帕尼亚再也看不出这种说法有什么好玩了。在他眼中，庞培这名共和国的捍卫者越来越像一个米特拉达梯，让人难以感到自在。他告诉阿提库斯，庞培曾向他透露打算以什么战略打败恺撒，而那是个可怕的策略：占领各个行省，截断它们对意大利的粮食供应，让意大利挨饿，然后大开杀戒。“从一开始，庞培的计划就是掠夺整个世界，还有掠夺所有海洋，驱使蛮族国王为他卖命，然后把武装的蛮夷送到我们意大利的海岸。此外还有动员大量军队。”[5]这番话出自共和国最雄辩的代言人笔下，呼应了至少一个世纪之前的预言。西塞罗的想象让人得以瞥见长久以来在罗马属民之间流传甚广的世界末日画面。西比尔不是预言过罗马将被自己的儿子们强暴吗？米特拉达梯不是也预言过东方将出现一位统治世界的大君王吗？难怪意大利人在听说庞培的计划后都吓到发抖，并对共和国感到失望。

不过，人们对一个军阀的恐惧并不会为另一个军阀的形象加分。恺撒的确是政治宣传的天才，极其成功地消除了人们对他可能实施血腥报复的疑虑，也孜孜不倦地把自己的权利同那些受到诽谤和侮辱的人的权利等同起来。但他高明的宣传本领无法掩盖自己犯下叛国大罪的事实。在 3 月底终于进入罗马后，他发现这个城市闷闷不乐，而且对他冷淡。不管他承诺为罗马人民提供多少免费谷物，他们都拒绝被他迷倒。留在罗马的元老们更不领情。当恺撒召集他们前来听他自我辩解时，几乎没人出席。

恺撒向出席的少数元老要求支配罗马应急储备的权力。最后他指出，高卢人入侵的危险已不复存在，而且谁又比他这名高卢征服者更有资格掌管这笔财富？胆怯不安的元老们准备要让步，没想到保民官卡西利乌斯·梅特卢斯（Caecilius Metellus）勇敢站出来，投下了否决票。恺撒失去了耐性，不再以人民权利的保卫者自居。相反，军队开进罗马广场，萨图恩神庙被强行撬开，公共财富遭到掠夺。当固执的梅特卢斯仍试图阻止这种亵渎行为时，恺撒大发雷霆，威胁说若梅特卢斯不让开，就会把他砍倒在地。9 年来，恺撒已习惯人们服从他的每道命令，现在没有时间或心情去改变这个习惯。梅特卢斯让到一边去，而恺撒拿到了黄金。

在首都过了屡受挫折的两星期后，他如释重负地回到军中。一如往常，他急于发起新的攻势。庞培派的军团在西班牙十分活跃，正等待他前往征伐。他留下一名听话的司法官马尔库斯·雷必达（Marcus Lepidus）管理难搞的首都。元老院则被甩在一边。雷必达的贵族血统十分高贵，他还是一名当选的行政官，但这些事实都无法掩盖恺撒这项任命的不合法性。人们自然感到愤怒，然而恺撒置之不理。他在乎合法性的门面，但更重视实权在握。

然而，对那些把法律看成自由屏障的人来说，现在一切都乱透了。一个高尚的公民应该怎么做？没有人知道。旧的路径图只会把人带到死胡同。内战让共和国成了使人晕头转向的迷宫，熟悉的大街在其中也许会突然变成羊肠小道，过去被珍视的地标如今也许成了瓦砾堆。以西塞罗为例，他虽然最后鼓起勇气跳进庞培的阵营，却仍失去了方向。加图曾把他叫到一边，说他不该跟着出来，表示如果他“留在家里保持中立，对国家与朋友更好”。[6]即使是庞培，在他发现西塞罗对战争的唯一贡献是说些失败主义者的俏皮话后，也曾公开表示希望他改投敌人阵营。西塞罗没有去，只是郁郁不乐地坐着。

不过，这种绝望实为有钱知识分子的特权。一般公民无法坐享这种奢侈。大部分人寻求其他方法在时代的混乱中恢复秩序。对罗马人来说，没有比失去共同体更让人沮丧的事了。为改变这种情况，他们愿意做任何事。但在一场内战中，公民要向谁付出自己的忠诚呢？不是他的城市，不是他祖先的祭坛，也不是共和国本身，因为交战双方都声称拥有这些。但他可以把自己和一位将军的运气绑在一起，也一定可以在该将军的部队中找到同志情谊，并于将军的名声中找到自己的位置。这就是为什么高卢的军团愿意渡过卢比孔河。历经九年征战后，遥远的罗马广场和他们在军营中结成的同志情谊相比，算得上什么？共和国与他们的将军相比，算得上什么？恺撒在激发军队热情献身方面无人能及。虽然战争有种种不确定因素，但这点大概是造就他丰功伟绩的最确定因素。早在公元前49年夏天，他到西班牙讨伐庞培派的三支老兵部队，便因能激励士兵忍受最大的苦难，在几个月内就消灭了敌人。有如此钢铁之师为后盾，难怪恺撒敢于嘲弄其他人的局限性，有时甚至是肉身的局限性。西塞罗日后会对恺撒这么说：“你的精神总不甘于受上天为我们设定的狭窄界限的限制。”[7]他的部队的精神也是如此。他自夸，他的军团“能把天拆下”。[8]

在恺撒与他部队的灵魂交融中，一种新秩序初露端倪。对彼此忠诚为罗马社会提供了组织与结构，内战时期依然如此，但原有的精致与复杂则逐渐消失。在矛盾的义务中拉拉扯扯一直是公民生活的特征，而听到军号吹奏就冲锋，相较之下就简单多了。但要把那些义务甩在一边也没那么容易，因为它们是由几个世纪的禁忌和传统所锻造而成的，共和国没有了它们就会死亡。那些把追求个人荣耀与野心导向造福国家的制衡手段很快就会消失。古老的习俗和法律遗产也将不复存在。事实上，在内战头几个月，这种灾难性后果的苗头已然显现。政治生活虽然继续维持，但只不过是谐仿自己。说服的艺术逐渐遭到抛弃，由暴力和恐吓取而代之。现在行政官员的野心不再靠选票实现，而是可以拿公民同胞的鲜血买单。

难怪许多恺撒的追随者在摆脱麻烦的传统和惯例的束缚后，会觉得自己在这样一个世界里取得的成就将没有上限，这让他们其中有些人因为走得太快太远而付出代价。例如，库里奥仍和过去一样鲁莽大胆，率领两个军团在非洲作战，结果大败。他战败后耻于逃命，和部下死在一起。部下紧紧把他围在中间，所以死后他的尸体没有倒下，就像田里捆绑在一起的玉米。小凯利乌斯仍醉心于阴谋，企图以喀提林的老方法解决自己的债务。被驱逐出罗马后，他在乡村地区煽动了一场亲庞培的暴动，结果被抓并被杀，落了一个卑劣的结局。当初逃向恺撒的三个朋友中，唯一没摔倒的是安东尼。这倒不是因为他踏实稳健，而是因为别的事情占据了他的心思。恺撒把他留在意大利指挥军队，他却把大部分精力用于欣赏女演员的表演、在民众大会上吐酒，或穿得像酒神狄奥尼索斯一样（当时宴会中很受欢迎的小把戏），驾着马车冲向狮群。因为他是一名天生的战士，所以恺撒容忍了他的粗野行为。因此安东尼擢升很快，也胜任他的职务。当恺撒在公元前 48 年年初冒着严寒横渡亚得里亚海，与庞培正面对决时，安东尼躲过风暴与庞培的舰队，带着另外四个军团增援恺撒。当两军交锋时，他总是出现在战斗最激烈之处，不知疲倦地冲杀，从而成了两边最引人注目且被讨论最多的人。

恺撒那种邪恶的、巨大的精力似乎会感染全军。这支军队如同死灵，似乎能靠着敌人的鲜血维持力量。恺撒的老对手比布卢斯指挥着庞培的亚得里亚海舰队，“即使在严寒冬天也露宿船上，事必躬亲，竭尽全力对付敌人”，[9]但恺撒仍成功突破了他的封锁。被击垮的比布卢斯因发烧不治身亡。庞培在随后的消耗战中企图以饥饿让敌人屈服，但恺撒的士兵挖掘草根烤成面包。他们把这种面包扔到敌人的防御工事后面，展示出不屈不挠的决心。难怪庞培的部下“惧怕敌人的凶猛与坚韧，他们仿佛是野兽而非人”。[10]庞培看见恺撒士兵所烤的面包后，下令封锁消息。

但私底下他却觉得没什么好担心的。他知道，即使是恺撒的人，老吃草根也受不了。他在加图的支持下，静待恺撒的军队崩溃（加图还是老样子，不分敌我地为每个阵亡的公民哀悼），而这个战略似乎成功了。公元前 48 年 7 月，恺撒因为军队在两军之间的一块空地上受挫，突然放弃了亚得里亚海海岸的阵地，向东进击。现在，回意大利的道路向庞培开放了。如果他就是西塞罗预言的独裁者，他现在本可入侵意大利。但他没这么做，反而向东追击恺撒，只留下一小批驻军交由加图指挥。他紧追敌人东转西转，自巴尔干半岛的荒原一直追到希腊北部。法萨卢斯（Pharsalus）附近是一片开阔平坦的空地，非常适合决战。恺撒迫不及待地展开正面对决，并把军团部署于庞培军营的视线范围内。庞培不肯出战，他知道无论钱粮供应还是当地人心的向背，优势都在他这边，所以他有本钱耗下去。恺撒日日求战，庞培却日日高挂免战牌。

但他的军事顾问团却感到不耐烦。庞培阵营中的元老想速战速决歼灭恺撒的部队，他们纳闷：他们的大将军怎么了？为什么不出战？由于10多年来的怀疑和仇恨，这个问题的答案是现成的。“他们抱怨庞培耽于指挥，喜欢像对奴隶一样对待前执政官和前司法官。”[11] 他那位有同理心的对手这样写道。恺撒没有这些麻烦，可随意命令属下，不用担心会被取笑。这是因为他并非以共和国捍卫者的身份而战，而庞培却是。庞培非常看重这个身份。他的同僚仍和过去一样，嫉妒妄自尊大的人。现在他的同僚要求他顺从大多数人的意愿，以证明他适合领导他们——也就是要求他一举粉碎恺撒的军队！庞培勉为其难同意了。他命令第二天开战。“伟大者”庞培通过把自己与共和国的未来抵押在一场战役上，终于证明自己是个好公民。

那天晚上，元老们开始准备庆功宴，以月桂树枝装点营帐，并争论谁该继承恺撒的大祭司职位。庞培做了一个梦，梦见自己走进战神大校场的大剧院，爬上通往维纳斯神庙的台阶，在神庙里接受罗马人民的欢呼声和掌声，并把战利品献给女神。这个梦把他惊醒了，并让他满身大汗。其他人也许会为这个梦境感到高兴，但庞培却想起恺撒是维纳斯的后人，因此担心自己的荣耀与不朽会溜走，而且一去不返，成为对手的荣耀。

事实证明确实如此。第二天早上，庞培的人马尽管是敌人的两倍有余，却被他们击溃了。恺撒的士兵接到命令，不许投标枪，而要将其用作长矛，刺向敌人骑兵的脸。这些骑兵都是贵族，人人都很在乎自己的脸。这个战术为恺撒所发明，他自己就曾经是名十足的花花公子。庞培的骑兵掉头就跑。接着，他的弓箭手和投石手因装备不好而被驱散。率领军队左翼的多米提乌斯在军团崩溃时死于乱军中。恺撒的人马迂回绕过庞培的战线，从背后发动攻击。战斗到中午便结束了。当天黄昏，恺撒坐在庞培的营帐里，使用着庞培的银制餐具，享用着庞培厨师准备的庆功宴。

夜色渐深，酷热的 8 月之夜星光闪烁，恺撒起身回到战场去。他的四周堆着罗马人的尸体，伤兵的哀号回荡于法萨卢斯大平原。恺撒巡视着这个屠宰场，既怨恨又伤感地说："是他们想要这么做的。"[12] 但他错了，没有人想要一场大屠杀。那是一出悲剧，而悲剧还未结束。恺撒的胜利是决定性的，但共和国离解决痛苦却没有更近一步。罗马和世界已落在征服者手中。事已至此，但他准备拿它们怎么办呢？他能做些什么呢？恺撒经过这场大灾难后，将如何重建？重建什么？

他对庞培的残余部队表现出他众所周知的慈悲为怀。在那些肯接受这种慈悲的人中，最让他感到高兴的是布鲁图。战争结束后，他曾特别下令搜寻这个旧情人的儿子，很担心他的安危。毫发无损的布鲁图被找到后，马上成为恺撒最亲密顾问中的一员。这个任命既有个人感情因素亦包含利害的盘算。布鲁图是一个广受敬重之人，恺撒希望他的归附会鼓励其他死硬分子效法。他没有完全失望。例如，和加图待在一起的西塞罗就认为结束战争比什么都好，因此决定投靠恺撒。此举差点要了他的命，幸得加图出面干预，他才没被忠于庞培的人杀掉。加图本人自然不会想投降，他带着自己的驻军航向非洲。只有这样，才能确保战争持续下去。加图为表明不屈服的决心，宣布不再剃须理发，不再躺在躺椅上吃饭。对罗马人来说，这真是一种决心如铁的表现。

再来，当然还有庞培，他仍然在逃。在法萨卢斯战败后，他从军营后面逃走，抵达爱琴海海岸，并在那里躲过赏金猎人的追踪，乘船到了米蒂利尼。先前，他就是把妻子科尼莉亚留在米蒂利尼，此地坐落在一座剧院的阴影下，该剧院是他在罗马所建的剧院的仿制品，也能让他想起过往快乐的日子。现在，首次尝到战败滋味的庞培需要安慰，只有妻子能给他这种安慰。她父亲是个春宫画家，这也许让祖先蒙羞，但科尼莉亚没有让庞培失望，她在听说法萨卢斯之战的结果后，清楚知道自己该做些什么。一阵神魂颠倒之后，两人在米蒂利尼街头相拥而哭，而科尼莉亚严正告诫丈夫，永远不可放弃希望。庞培大感震撼，也许这名扮演古代英雄的老手甚至相信了妻子的话：没错，他打输了一场战役，但还没有失去东方，所以战争也还没失败。许多欠庞培人情的国王投入了法萨卢斯之战，他们不是被杀就是投降，但不是全部国王都来了。缺席的国王中有一人特别重要，他坐拥地中海最富裕且船只最多的王国。另外，这个国王只是个少年，他的姐姐因觊觎王位而公开叛变，所以要把他的王国弄到手很容易。至少庞培是如此希望。于是他命令他的小舰队往南方开去。就这样，庞培的船只在法萨卢斯之战后不到一个月，就停靠在埃及的平坦海岸边。

他向国王派出使者。在沙洲外摇晃了几天后，庞培看见一艘小渔船划过浅浅的海湾，直向他的船而来。这天是公元前 48 年 9 月 28 日。来人先后以拉丁语和希腊语向庞培致敬，然后邀他登上渔船。登船前庞培先和科尼莉亚吻别，当小渔船朝着海岸划去时，他试图和船上的人交谈，但没有人理他。他不安地望向岸上，看见头戴冠冕且身穿紫袍的少年托勒密十三世（Ptolemy XIII）正等着他。他放心了。当感到船底碰到沙地时，他站了起来，但就在这时，一名罗马叛徒突然拔剑，刺穿他的背部。更多剑刺了过来，鲜血喷涌而出。“庞培忍耐着，双手掀起长袍遮住脸，什么也没说，什么也没做，只是发出虚弱的呻吟。”[13]“伟大者”庞培就此一命呜呼。

科尼莉亚在甲板上目睹了一切，但除了眼睁睁看着埃及人割下直到最近仍是罗马共和国最伟大人物的首级外，什么都不能做。庞培的无头裸身像漂流物一样被留在沙滩上。科尼莉亚一行人不但什么都不能做，还得赶紧掉头逃往外海，只留下一名先前和庞培一起登上渔船的仆人，在岸上为主人准备火葬用的柴堆。根据普鲁塔克奇异且令人难忘的记载，一名从前庞培麾下的老兵过来帮忙料理了这件事。尸体被焚烧后，一个石堆被堆起作为标记。但沙丘很快就淹没了石堆，记忆散失了，不留一丝痕迹。无边无际的贫瘠沙洲兀自向远方延伸而去。

大都会的女王

尼罗河三角洲的海岸线险恶无比，地势低又没有突出的特征，无法为水手指引道路。不过，接近埃及的水手并非完全缺乏指引。夜晚，在离海岸很远的地方，南方天空下有一点闪烁的光芒。白天时可以看见，那不是一颗星星，而是一座巨大的灯塔，人们从大老远就看得见法罗斯岛（Pharos）灯塔。它是希腊人兴建过的最高建筑，同时，由于以它为模型的旅游纪念品广泛流传，它也是辨识度最高的建筑物。这座大灯塔是视觉与工程方面的奇迹，也是地球上最大的都会亚历山大里亚（Alexandria）的完美象征。

就连来此观光的罗马人都不得不承认，亚历山大里亚有其特别之处。庞培被杀害后三天，恺撒航行经过法罗斯岛时，来到一个比罗马更大、[14]更国际化且显然美丽多了的城市。若说破旧的、迷宫似的罗马代表共和国的简朴美德，亚历山大里亚则见证了一位国王所能达到的最高成就。当然，不是所有的国王。亚历山大大帝的陵寝如同护身符，坐落于他建造的这座城市中。街道的格局呈棋盘式，中间排列着闪闪发光的柱廊，是这位马其顿征服者在三个世纪之前设计的，静静聆听着孤寂的海涛声。这里曾经只是一片有沼泽鸟类盘旋上空的空旷沙地，如今一个精巧的人造庞然大物在海边绵延伸展开来。亚历山大里亚是世界上第一个有地址编号的城市。它的银行同时润滑东、西方的商业，运往世界各地的货物在其码头装卸。它的图书馆拥有 70 万卷藏书，其雄心壮志是收有人们写下的每一本书。亚历山大里亚还有售货机与自动门。它的一切都是顶级的。难怪西塞罗虽然常把罗马之外的地方称为“可怜的乡下”[15]，却把亚历山大里亚看作一个例外。他承认：“是的，我梦想到亚历山大里亚去看看——梦想很久了。”[16]

他不是唯一一个对亚历山大里亚浮想联翩的罗马人。埃及肥沃的土地无处可比，任何征服亚历山大里亚的总督等于掌握了地中海的面包篮。长久以来，这种野心毒化了罗马原本就十分混浊的政治空气，孕育出无数要手段和贿赂的丑闻。然而，无论是克拉苏还是庞培，都未能成功统治埃及。根据不成文的规则，太诱人的奖赏遥不可及。在大多数公民看来，让埃及的王朝自己管理自己，更加安全也更有利可图。这个连续的王朝非常适合扮演罗马共和国傀儡的角色。它稳定地为它的保护者压榨自己的人民，同时又很虚弱，对罗马不构成一丁点儿威胁。它建立在这样一个令人羞耻的基础上，是希腊人最后一个独立王国，最初由亚历山大大帝麾下一名将领所建立，一度成为东方的最大强权。

不过，埃及的国王都懂得生存之道。看着庞培在海涛中被杀死的托勒密，是一长串名为托勒密的国王之一，他们都准备好为保持权力而咽下任何侮辱、犯下任何暴行。所有东方的希腊人王朝都以贪婪、堕落与纵情声色闻名，托勒密们也不例外，但除此之外，他们又有了一项源自法老时代的恶癖：习惯性乱伦。近亲繁殖的恶果不仅体现于许多嗜杀的宫廷阴谋上，还体现于极度羸弱的身体上。罗马人公然把托勒密们说成怪物，甚至认为，利用每个机会指出这点是他们身为共和主义者的责任。若在位国王身体肥胖且虚弱，到访的总督就会兴致勃勃地拉他一起走在亚历山大里亚街头，看着他在他半透明的龙袍里摇晃，大汗淋漓地跟着。其他罗马人则找到了更生动的方式表达他们的藐视。加图在治理塞浦路斯期间，有一位托勒密来访，当时他刚好拉肚子，竟然就在众目睽睽下坐在马桶上会见国王。

恺撒也是如此。就在埃及上演争夺王位的生死斗争时，他只带着不到 4 000 人便去到亚历山大里亚，让人觉得仿佛他缺少军队。但他只是故意显示自己不把埃及的实力放在眼里。他对托勒密王朝的藐视在他上岸的那一刻便显露出来。码头上，庞培的首级被当成礼物呈献给他。恺撒不但不高兴，反而哭了。不管对手的死私底下多么让他松了一口气，女婿的命运都让他感到难过，特别是知道了对方遇害的详细情形之后。

原来，庞培是阴谋集团的牺牲品。该阴谋集团的成员包括托勒密的几名主要大臣、一名太监、一名雇佣兵和一名学者。在恺撒心中，没有比这种极不合乎罗马格调的阴谋更可恶的了。然而，策划谋杀的太监波提纽斯（Pothinus）还在等待他的感激，而且很有把握地预期，恺撒会帮助国王对付他造反的姐姐。不过，恺撒被困在亚历山大里亚诡谲的气氛中，很快就像国王一样开始发号施令。选择住处时，他自然地选择了王宫。王宫是个有城墙的庞大建筑群，几个世纪以来一再扩建，如今覆盖的面积近乎亚历山大里亚的三分之一，成了亚历山大里亚另一项世界纪录。恺撒在这个要塞中提出了惊人的财务要求，并彬彬有礼地宣布，准备解决托勒密姐弟的内战，但并非以托勒密支持者的身份解决，而以裁判的身份。他命令姐弟二人解散军队，然后到亚历山大里亚见他。托勒密没解散多少军队，但在波提纽斯劝说下回到王宫。他姐姐克娄巴特拉进不了首都，只能徘徊在托勒密的防线之外。

一天晚上，随着夜色逐渐加深，一艘小船偷偷靠近王宫旁边的栈桥。一名西西里商人爬出船舱，肩上扛着卷成一卷装在袋子里的波斯地毯。当波斯地毯在恺撒面前摊开时，妖媚的克娄巴特拉意外地从中现身。一如她所料，恺撒很喜欢这种戏剧化的情节。克娄巴特拉擅于让人留下深刻的印象。她虽然可能没有传说中那般美丽（从硬币上的图案来看，她骨瘦如柴，长着鹰钩鼻），但有着惊人的魅惑力。普鲁塔克写道："她性感的吸引力与迷人的谈吐，还有所说所做的每件事都魅力十足，让人无法抗拒她。"[17]看看克娄巴特拉的生活记录，谁又会怀疑这点呢？她不随便陪睡——才不是这样。被她看中的都非凡人，权力是她唯一的春药。托勒密家族的女性总比男性可怕：聪明、不择手段、野心勃勃与意志坚强等特质，经过蒸馏后汇聚于克娄巴特拉一身。她正是恺撒欣赏的类型。戎马生涯十几年后，有名聪慧的女性陪伴，想必是罕有的乐趣吧。当然，克娄巴特拉的年龄也是优势，才 21 岁。恺撒当晚就和她上床了。

托勒密得知姐姐征服恺撒后暴跳如雷，在街上大吼大跳，把冠冕扔在泥地上，尖叫着要求人民集结起来保护他。亚历山大里亚的居民本来就对罗马人有诸多不满，而恺撒狮子大开口地要钱也让他不得民心。所以现在，当托勒密要求暴民攻击罗马人时，他们踊跃地包围了王宫。恺撒的处境岌岌可危，不得不同意托勒密和克娄巴特拉共掌王权，还答应把塞浦路斯让给他们姐弟。即使如此，他仍无法摆脱这个令人为难的困境。几周后，托勒密所有的军队都加入围困王宫的行列，人数高达 2 万多。恺撒发现自己的处境每况愈下。他身陷埃及王宫，周围是奸诈的太监与乱伦的王族，与外界的联系也完全中断。在法罗斯灯塔照不到的遥远地方，共和国在打内战，但如今恺撒连偷偷送封信到罗马都办不到。

接下来 5 个月，恺撒有如演出滑稽剧一般，重演了他在以前战役中的可怕胜利。爱书的恺撒在火烧港口的埃及舰队时，无意间点燃了堆放珍贵图书的仓库；[18] 为能登上法罗斯岛，他不得不跳船，然后把将军斗篷留给敌人。虽然有这种种尴尬，但他总算成功逃离了王宫和港口。他还用别的方式重建了权威。除处死满肚子坏水的太监波提纽斯外，他又让克娄巴特拉怀孕了。这种造王的行为胜过庞培的所有成就。公元前 47 年 3 月，当增援部队终于抵达埃及时，女王在恺撒呵护下腹部明显隆起。托勒密慌慌张张地逃出亚历山大里亚，但被沉重的黄金铠甲拖累，淹死在尼罗河中。这桩便利的意外让克娄巴特拉名正言顺独揽王权。恺撒重新成为赢家。

但他付出了什么代价？看来十分沉重。随着通信重建，恺撒与各处部下恢复了联系，但传来的却不是让人高兴的消息。他在亚历山大里亚忙里偷闲的这段时间，已挥霍了在法萨卢斯之战赢得的许多优势。在意大利，安东尼的管理引起了广泛憎恨；在亚细亚，国王法纳西斯（Pharnaces）入侵本都，证明自己就像父亲米特拉达梯一样难缠；在阿非利加，梅特卢斯和加图正在集结一支大军；在西班牙，庞培派开始重新制造不安。总之不管东西南北，整个世界都是战火。尽管每个地方都需要恺撒前往，但他仍在埃及多待了两个多月。恺撒不曾餍足的野心引起了内战，让共和国深陷重大危机，但此时，他却懒洋洋地依偎在情妇身边。

难怪许多罗马人觉得，克娄巴特拉的魅惑力近乎带有妖魔的成分。她让一个以精力无限闻名的公民变得懒散，让他远离自己的职责，让他对罗马不闻不问，让他无视诸神授予的天命——这一切都值得以伟大与令人敬畏的诗歌记述，也值得以淫秽的小曲传唱。长久以来，恺撒强烈的性欲都是部下津津乐道的话题。他们会如此唱道："锁起你的老婆，我们的指挥官是个危险的家伙。他虽然秃头，却会操任何会动的东西。"[19] 另一些笑话不免拿他和尼科米德斯的旧传言做文章。甚至在曾跟随将军度过最艰苦岁月的那些人看来，旺盛的性欲也会把他弄得萎靡不振。虽然恺撒证明了自己的伟大，证明自己的身心都坚如钢铁，但共和国的道德准则仍不饶人。只要一个公民的长袍沾上了污点，他便总会遭人指指点点。

这类对嘲讽的顾忌当然有助于一个罗马人成为真正的男人。恺撒时代最伟大的学者写道，习俗是"塑造日常行为的思维模式"。[20]

它被共和国所有公民分享与接受，为罗马的伟大提供最稳固的基础。亚历山大里亚的情形是多么大相径庭啊！这座城市建于浅浅的沙地上，缺乏深厚的根基。难怪在罗马人眼中，它与妓女如此相像。没有风俗就没有廉耻，没有廉耻人们就什么都干得出来。一个民族的传统若枯萎了，便会滋生出最令人反胃与堕落的习惯。托勒密家族就是最好的例子。克娄巴特拉刚送走一个弟弟，便嫁给了另一个。大腹便便的女王下嫁 10 岁弟弟的情形让克洛狄娅的一切丑行黯然失色。虽然克娄巴特拉是希腊人，而希腊文化哺育了罗马人，但她在罗马人眼中完全是个异类。对恺撒这样喜欢触犯禁忌的人来说，克娄巴特拉想必加倍地有魅力。

虽然克娄巴特拉让一名罗马行政官员纵情声色、放松警戒了几个月，但恺撒绝不会忘记自己和罗马的未来。在他思考这两者时，想必他在亚历山大里亚的见闻给他提供了不少食粮。这座城市如同它的女王，是让人既熟悉又感到奇怪的事物的混合体。它的图书馆与神庙让它显得非常希腊，并在实际上让它成为希腊世界的首府。然而有时候，当风向发生变化，不再有来自大海的清风时，城市里就会弥漫着来自南方灼热沙漠的沙尘。埃及的内陆太广袤也太古老，不容许人们全然忽略。由于这块内陆的存在，亚历山大里亚呈现出一种梦幻般的混合风格。它的宽阔街道不只装饰着希腊雕刻家制作的四肢匀称的杰作，还装饰着尼罗河沿岸的各种狮身人面像、兽首神像与面带神秘微笑的法老人像。然而，更让罗马人感到古怪的是，城中有些区域完全看不到神像。除了希腊人和埃及人，亚历山大里亚还是众多犹太人的家，其人数比耶路撒冷的犹太人还多。他们雄霸城市五个行政区中的一个，虽使用希腊文翻译的律法书，但在其他方面却强烈抗拒同化。犹太人在他们的会堂里敬拜，叙利亚人在一尊宙斯人像下敬拜，二者又同时处于一尊被掠夺回来的方尖碑的阴影下。这就是国际大都会的风貌。

罗马的未来也是如此吗？许多公民肯定害怕这样的事发生。对罗马人来说，担心罗马被蛮族文化淹没，总是被害妄想症的肥沃源头。统治阶级特别厌恶外国的影响力，担心共和国会因此而变软弱。罗马城可以当世界的主人，却不可以当一座世界性的城市。本质上，这就是元老院为罗马发表的宣言。出于这种考虑，犹太人与巴比伦占星师不断被逐出罗马，埃及的神明也是如此。即使在恺撒渡过卢比孔河之前数月的紧张气氛中，一位执政官仍有拿起斧头、前去拆毁伊西丝（Isis）神庙的工夫。不过，犹太人和巴比伦占星师总有办法找到门路返回罗马，而圣母暨天后伊西丝太过深入信徒的心，不那么容易被赶走。那位执政官会被迫自己抡起斧头，是因为找不到其他肯做这件事的人。罗马正在改变。一波波移民潮接踵而至，这并非元老院所能阻挡。新的语言、风俗和宗教传入罗马，而这些都是共和国霸权的果实。条条大路通罗马事出有因。

因为恺撒不怕想象不可想象之事，也因为他长期不在罗马，所以对于这点他看得比其大部分同侪清楚，而且他大概一直都看得清这点。小时候他就有犹太人邻居，还曾以朱利安家族的名义保护他们。罗马多了那么多新居民不仅没让他慌张，反而有助于支撑他的自负。现在，他身为法萨卢斯之战的得胜者，有能力保护各民族的人了。在整个东方，雕刻家们忙于凿去铭文中庞培的名字，换上恺撒的名字——自然，共和国在任何地方都不被提及。在一座座城市中，这位维纳斯的后人被称颂为住在凡间的神。他在以弗所

（Ephesus）被看作人类的救主。即使冷静沉着如恺撒者，也难免会为此感到醉醺醺。他不必全盘接受这些恭维就能领会它们的暗示。人类救世主的角色显然不易与共和国的宪制安排兼容。若恺撒想要灵感，他就会望向别处。难怪他在流连于亚历山大里亚时，会觉得克娄巴特拉魅力非凡。他模糊、扭曲地从这位年轻的埃及女王身上瞥见了自己可能的未来。

公元前 47 年晚春，这对爱侣畅游尼罗河。这是一趟从一个世界到另一个世界的旅行。不管亚历山大里亚让罗马人感觉多奇特，它终究不是全然的怪异。它的公民就像罗马人一样，以其图书馆自豪。表面上，亚历山大里亚是一座自由的城市，女王仅仅被认为是“同侪之首”，基本上与国人同胞平起平坐。源于希腊古典时期的公民传统仍为人珍视，不是克娄巴特拉可完全置之不理的。不过，一旦离开首都，随着游船轻轻驶过金字塔与卡纳克神庙（Karnak），她就完全变成另一个人了。这时，她以最严肃的态度扮演法老。她是第一个能说埃及语的希腊人君主。和弟弟作战期间，她是向外省原住民而非亚历山大里亚寻求支持。她不仅是古老神明的虔诚信徒，而且是他们之中的一员，是天后的人间化身。

克娄巴特拉同时是亚历山大里亚的头号公民和新伊西丝。对恺撒来说，相较于和一位女神上床，对遥远共和国的种种顾虑又算得了什么呢。据说，若非部下开始抱怨，他将和情妇一路航行到埃塞俄比亚。这不过是毁谤的谣言，但它道出了一个危险、貌似可信的事实。恺撒确实打算在一个未经勘探的地域展开旅行。当然他首先还有场内战要打赢，也正因为如此，他才会在 5 月底结束他的尼罗河之旅，率领军团展开新的征战。但胜利之后他要做什么？和克娄巴特拉在一起的时光里，他对此问题深思良久。思考结果决定了日后的许多事。事情不仅有关他自己的未来，还有关罗马与更广大的世界。

反对加图

公元前 46 年 4 月，太阳没入尤蒂卡（Utica）另一边的城墙。自海岸往南走 20 英里，已成为废墟的迦太基笼罩于一层薄雾中，其海岸外的非洲海面上船只星星点点，满载逃亡者。黑夜已然降临。恺撒很快就要追来了。先前虽然他的兵力远远不及对手，但他再次打了一场大胜仗。在恺撒不在埃及与亚细亚的这几个月，梅特卢斯所招募的军队遭到击溃与屠杀。阿非利加已注定落入恺撒手中。尤蒂卡根本不可能守得住，现在城防的负责人加图十分确定，共和国没救了。

虽然他为梅特卢斯的残兵提供逃走的船只，自己却不肯走。逃走不是加图的作风。那晚，如同法萨卢斯之战以来的规矩，他正常用餐，没半点慌张的神色，甚至从头到尾都没提恺撒的名字。反之，他边喝葡萄酒，边把话题转向哲学。他谈到自由的概念时，强调只有善良的人能真正得到自由。一位客人引经据典地反驳这个主张，加图越听越恼火，拒绝听完该客人说的话，这是他有心事的唯一证据。但见到大家陷入沉默后，他赶紧改变话题。他不想让任何人猜到他的情绪或料到他的计划。

当晚回寝室看了一会儿书后，他挥刀自戕。随从发现他倒地了，但他还没断气。当大家忙着为他包扎时，他推开医生，拉扯自己的肠子，很快就因失血过多而死亡。恺撒抵达尤蒂卡时发现全城正在守丧。他来到海边加图的坟墓前，痛苦地对这个像庞培一样埋在海边的死者说："加图啊，正如你嫉妒我有机会饶恕你，我也嫉妒你已死去。"[21] 恺撒确实不喜欢加图的壮烈牺牲。没有人比加图更能代表罗马的自由精神，若恺撒有机会饶恕他，将可摧毁他对共和国理想的强烈执着。然而，通过壮烈成仁，如今他的执着已获得确认。即使化作幽灵，加图仍是恺撒最顽强的敌人。

鲜血、荣誉和自由，加图的自杀浓缩了罗马人最喜爱的三个主题。擅长操弄大众的恺撒知道这点。他在公元前46年7月底回罗马后，准备将死去的敌人放到他认为他们应该属于的地方。虽然加图之死戏剧张力十足，但恺撒决心要以更有戏剧张力的方法将它比下去。当年9月，他的公民同胞被邀请参加其庆功活动。多年来，罗马人已看惯了铺张奢靡的场面，但恺撒安排的表演与景观如此壮观，让他足以推翻回报递减率。长颈鹿、不列颠战车、丝绸华盖、人工湖上的海战，这些全都取得了让观众目瞪口呆的预期效果。就连庞培曾提供的表演相较之下都黯然失色。他也从没有像恺撒这样，一口气连办四场凯旋式。

高卢人、埃及人、亚细亚人和阿非利加人——这些外国敌人轮流被锁链串起来，在群众的欢呼声中游行。即使恺撒厌恶以这种方式庆祝胜利，但他无法抗拒这种偶尔为之的幸灾乐祸。恺撒在阿非利加打败法纳西斯之后，在尚未与克娄巴特拉展开埃及之旅的空当儿，写下一句名言，炫耀自己取胜的速度："我来，我看见，我征服。"[22] 现在，这句话写在牌子上，随着游行队伍穿越罗马，他借此把庞培比下去，因为庞培把自己打败法纳西斯的父亲米特拉达梯说成一件很了不起的事。不过，如果追随在恺撒战车后的博学的公民可以辨识出一个敌人的幽灵，那么另一个幽灵则拒绝遭这名征服者囚禁。恺撒打败了庞培，但没打败加图。这个事实让恺撒罕有地在宣传活动中出丑了。在庆祝他征服阿非利加的第四场凯旋式中，恺撒下令，游行队伍中加入一辆描绘加图自杀的花车，用意在于表达如下观点：加图及其他与他为敌的公民都是阿非利加人的奴隶，已被作为共谋者遭到消灭。但群众不同意这种观点。他们看到花车时哭了。加图的影响力并非恺撒的仇恨可以消灭的。

但显然，恺撒现在已牢牢掌控共和国本身。元老们对恺撒的丰功伟绩与巨大权力感到惊惧，他们在心慌意乱中认可其胜利的同时，也尝试调和这种胜利与过往备受珍视的传统之间的矛盾。共和主义者对于这种扭曲的尝试备感痛苦。恺撒已当过两次独裁官：第一次在公元前 49 年年底，为期 11 天，当时他正匆忙准备参选执政官；另一次在公元前 48 年 10 月，为期一年。如今，在公元前 46 年春天，他第三次被委任为独裁官——任期是史无前例的 10 年。他本来就是执政官，现在还有权力提名共和国所有行政官员的人选，并滑稽可笑地创立和自任罗马的“风纪长官”。苏拉当政时，权力也不曾如此集中于一人手上。不过，苏拉的先例也给人带来了一点希望。10 年的独裁官任期的确让人难以忍受，但起码还不是终身制。重药治重症，这个道理的有效性有过先例。毕竟谁又能否认，共和国真的病得很重了？

甚至有人对肩负治病重任的人深表同情。西塞罗写道：“我们都是他的奴隶，但他是时代的奴隶。”[23] 没人真的知道恺撒对共和国的计划，因为没人知道如何治疗共和国在内战中所受的伤。然而，人们仍模模糊糊把希望寄托在恺撒身上，认为若有谁可为当前的危机找到出路，当非恺撒莫属。他的杰出和仁慈显然都无与伦比，也无人有足够的威望与他匹敌。庞培、多米提乌斯和加图都死了，连梅特卢斯都在非洲海岸的风暴中丧命。庞培的两个儿子格尼涅斯（Gnaeus）和塞克斯图斯（Sextus）还活着，但他们年轻且臭名在外。当公元前46年冬天他们在西班牙成功发动起义时，连庞培从前的支持者都希望前来征讨的恺撒旗开得胜。典型的例子是卡修斯·朗吉努斯（在法萨卢斯之战后恺撒原谅他之前他是庞培最杰出的海军司令官）。他在和西塞罗论及恺撒挺进西班牙的消息时表示："我宁愿要这个熟悉、仁慈的老主人，也不要一个嗜血的新主人。"[24]

即使如此，卡修斯的话里仍有一丝苦涩。不管主人多么宽宏大量，他仍是主人。绝大多数公民对于能自内战中幸存感到高兴，没工夫计较太多。但恺撒的同僚却备受嫉妒感、无力感与羞辱感困扰。宁死也不当奴隶——这是一个罗马人从小受到的教导。一个人可以服从独裁者，甚至钦佩独裁者，但永远无法压抑被羞辱的感受。"对于接受恺撒赏钱的自由人来说，他的施舍能力是种冒犯。"[25]在尤蒂卡发生的事件让人们对这个道理的感受尤为深切。

加图的鬼魂仍萦绕着罗马的良知。他那些改投恺撒阵营并因而获得奖赏的前盟友，不能自已地把他的死看成一种对自己的谴责。最明显者莫过于加图的外甥布鲁图。他最初从哲学角度批评舅舅自杀，后来却日益被舅舅所树立的榜样弄得心神不安。他正直、思想高尚，不愿被视为共谋者。他因为心里仍相信恺撒是个共和主义者，所以不觉得支持这位独裁者与忠于加图的英灵有所冲突。为了让这点表现得更明显，他与妻子离婚，另娶加图的女儿鲍西娅（Porcia）

为妻。由于鲍西娅的前夫是比布卢斯，恺撒对于这桩婚事感到不快是可想而知的。布鲁图借此表明了自己的立场。

这还不算完。布鲁图为了让舅舅永垂不朽，着手写了一篇讣闻。他又请求罗马最伟大的写手西塞罗做同样的事。这种委托是种恭维，但西塞罗于再三考虑后接受，却是愧疚与虚荣心共同促成的。正如他痛苦地意识到自己未曾英勇作战，而接受恺撒的原谅更证明他是根墙头草。西塞罗面对众人的轻蔑，想继续以共和国美德的无畏代言人自居，但现实的情况却是，自他与恺撒和解以来，他最勇敢的行为不过是偶尔说一个恶毒的笑话。现在，通过公开为牺牲于尤蒂卡的烈士鼓掌，他大胆为自己争回了一些名声。西塞罗提到，加图是少数比自己的名声还显赫的人。这显然话中有话，不只剑指独裁者，还暗中贬低了所有向其霸权屈服的人，当然包括西塞罗自己。

这时恺撒虽然远在西班牙，但在尘埃与鲜血养肥的苍蝇包围下，仍留意罗马的文学动态。他读到西塞罗和布鲁图的文章时怒不可遏，等到赢得一场决定性的战役后，便撰文大加挞伐。他反驳称，加图根本算不上什么英雄，不过是个可鄙的酒鬼、不识时务的疯子，完全不值一提。在这篇题为《反加图》（*Anti Cato*）的文章传回罗马后，人们读得兴高采烈。但恺撒的攻击不仅丝毫无损加图的名声，反而将它推到一个新的高度。

恺撒恨得牙痒痒。还在西班牙战争期间，便有迹象显示他的耐性快用光了。这场仗特别残酷。恺撒不仅没以一贯的仁慈对待战败的叛军，反而根本拒绝承认他们是公民。他们的尸体被用作建筑材料，首级被插在杆子上。庞培的小儿子逃脱了，但长子被抓到并遭到处决，首级被用作战利品加以展示。通常只有高卢人才会受到这种对待。不过即使恺撒变得嗜血，他仍拒绝为自己的军队沦为猎头族负责，反而认为，这是对手的阴险和愚蠢造成的。命运之神把罗马人民交到他手中，若现在他们拒绝他为他们包扎与疗伤，那四溅的鲜血亦无法平息诸神的怒火。如此一来，罗马和世界将陷入一片黑暗，野蛮主义将大行其道。

面对对抗这种末日情境的需要，西塞罗或布鲁图的思想与感情有何意义？甚至共和国的思想与感情有何意义？恺撒对于仍被其他公民同胞看得极其神圣的传统日益感到不耐烦。他不急着返回首都咨询元老院，也不急于把他的政策提交给人民，反而流连于行省，为老兵辟建殖民地，并把罗马公民权授予原住民的上层阶级。罗马的贵族阶层听到这个消息后深表震惊。有一则笑话说，高卢人已经脱掉发臭的裤子、换上长袍，开始打听如何才能进入元老院了。这种仇外心理显然始终是罗马的特权。就定义上来说，那些最为共和国自由骄傲的人几乎最为势利眼。但恺撒对他们嗤之以鼻，他不再有在乎传统主义者如何想的闲情逸致。

他对传统也兴致不大。这对他来说也无妨，因为他的政策已经为共和国的运作带来了实际的困难。若说意大利的公民去罗马投票已经很不实际，海外行省的公民更不可能行使投票权。恺撒对此置之不理，不想为这种小问题分神。他为一个真正的世界帝国奠定了基础，同时也顺便为自己的世界威望奠定了基础。每个获得公民权的原住民和获得土地的老兵都是恺撒用来打造新秩序的砖瓦。罗马的贵族习惯收揽被保护人，但恺撒的恩主身份将涵盖天涯海角。如此一来，叙利亚人、西班牙人、阿非利加人和高卢人等各色人种往后将不是效忠于罗马共和国，而效忠于一个人。作为这种未来的象征，没有比恺撒对迦太基与科林斯的计划更重要的东西了。他准备重建这两个当年被罗马军团夷平的城市，以其作为一个普世和平的新时代的纪念碑。新殖民地迦太基将永远掩盖尤蒂卡的光芒。未来将自过去的瓦砾堆中诞生。生活在罗马的公民将会首次意识到，他们除了是世界的主人之外，还是世界的一部分。

这不表示恺撒打算忽略他的城市。他对罗马同样有些重大计划：建立一间图书馆；在卡比托利欧丘盖一座可匹敌庞培剧院的新剧院；在战神大校场上建造世界最大的神庙。由于台伯河阻碍了他的建筑计划，恺撒甚至决定将其改道。这再好不过地显示了他拥有无上权力，因为他不只可以决定盖些什么，以及盖在哪里，还可以像个神明一样，动动手指尖，便能改变罗马的地形地貌。显然，恺撒 10 年独裁官的任期将让罗马改头换面。这座城市一向都借助众多临时建筑展现它的古老自由——很快，这种情形将发生剧变，罗马将变为近乎希腊城市的样貌。

它和亚历山大里亚尤其相像，这在恺撒选择请进家门的客人时已有迹可循。公元前 46 年 9 月，克娄巴特拉为赶上观赏情人的凯旋式，一阵风似的来到罗马。她住进恺撒在台伯河另一侧的豪宅，毫不在意罗马人的共和主义情感，从头到尾扮演埃及女王的角色。她不仅带着丈夫（弟弟）和一群太监，还带着继承人——1 岁大的小王子。因为恺撒已婚，所以他拒绝承认这个私生子，但克娄巴特拉毫不畏缩，炫耀地给儿子取名为恺撒里昂（Caesarion）。自然，罗马又有丑闻了。同样自然的是，所有蜂拥过台伯河的人都目瞪口呆。克娄巴特拉对待访客的态度反映出他们在她眼中的斤两。例如，西塞罗认为她可恶，她也冷冷以待。当然，女王真正看上眼的只有一个男人。公元前45年8月，恺撒终于回到意大利，她匆匆赶去与他会合。[26]两人奢侈地在乡间度了个长假。直到10月恺撒才回到罗马。

他发现首都小道消息满天飞，谣传他计划把帝国首都搬到亚历山大里亚。还有人说他虽然已经有妻子，但打算娶克娄巴特拉为妻。恺撒没花什么工夫辟谣，反而在维纳斯神庙为情妇设立了一尊黄金像。这是一种前所未有、令人震惊的荣誉。由于维纳斯被认为是最接近伊西丝的女神，恺撒此举似乎有个更可怕的暗示。如果克娄巴特拉在共和国的心脏地带被表现为一名女神，那她的情人又为自己做何打算？为何建筑工人会在他的宅邸增设一面人形山墙，让它看起来如同一间神庙？安东尼已被任命为恺撒的大祭司的谣言是否属实？从恺撒抛出的许多暗示观之，他几乎不想隐瞒自己的打算。

迎娶女神，并将新娘与自我神格化，他知道他的国人同胞肯定会对此大吃一惊。不过也有些人不会感到惊讶，尤其是住在东方的那些人。罗马固然已向恺撒俯首，但世界上仍有些地方还没有。最倔强的是帕提亚，它的骑兵利用共和国内战之机，大胆越过边界入侵叙利亚。对于帕提亚，共和国当然还有卡雷之战的仇没报，还有被俘虏的军团等着解救，这些都是独裁官值得关注的责任。不过恺撒才刚回罗马，若他立刻策划新的战争，这座城市难免会有被忽略甚至被抛弃的感觉。似乎共和国的问题已令他厌烦，或罗马是个不够他施展手脚的小舞台。在东方，人们会欣赏他如此。东方人业已把他奉为神明。在东方，凡人可变为神明，人人信仰万王之王，这样的传统比共和国的历史还要久远。

对焦虑不安的罗马人来说，问题就出在这里。公元前45年年底，元老院宣布此后把恺撒尊为“神圣的朱利乌斯”。至此，还有谁不怀疑他准备打破最后的禁忌，自封为王？这些可怕的猜想显然不无根据。公元前44年年初，恺撒开始穿上高筒红靴。传说中，意大利过去的国王都是穿这种靴子。差不多同一时期，一顶王冠神秘地出现在他的一尊人像上；后来，当有人挪走了王冠后，他还勃然大怒。公众的疑虑不断增加。看来，恺撒知道自己做得太过头了。2月15日，他身穿紫色长袍，头戴金色花环，拒绝了安东尼所呈献的王冠。当天是节日，罗马到处挤满了人，当安东尼再次献上王冠时，“呻吟声响遍整个罗马广场”。[27]恺撒再次拒绝，这次的态度很坚决，显然不想有第三次。若人群发出的是欢呼声，他说不定就接受了。他知道，罗马人绝不能容忍一个国王朱利乌斯。不过说到底，他并不在乎国王的名分。表彰伟大的方法，各民族有所不同，这是他停留在亚历山大里亚时学到的一课。如同克娄巴特拉既是埃及人眼中的法老，也是希腊人眼中的马其顿女王，他恺撒，无妨也同时是亚细亚人眼中的下凡神明与罗马人眼中的独裁官。为什么要废除共和国，伤害国人同胞的思想感情呢？共和国如同恺撒所指出的，已经“没有身体和实质了，只剩下名义而已”。[28]真正重要的并非门面而是实权。恺撒不同于苏拉，他根本没有打算放下权力。

安东尼向他献上王冠的几天前，元老院正式任命他为终身独裁官。[29]这项要命的举措一出，对恺撒会还政于民的最后一丝希望破灭了。但罗马人在乎吗？在恺撒的盘算里，他们不会在乎。他为人民带来了表演、福利和太平。他让元老院噤若寒蝉，不是通过公然威胁的方法，而是指出除掉他将导致什么可能的后果：“不合法的暴君总胜过一场内战。”[30]这也是加图最忠实的仰慕者法弗里乌斯的观点。因为恺撒明白这个道理，所以他不把同僚对他的恨意放在心上。他解散了自己多达2 000人的卫队，大大咧咧地走过罗马广场，身边只带着法定数目的扈从官。当有眼线告诉他，传闻中，有人计划暗杀他，并催促他赶紧铲除阴谋者时，恺撒不当一回事，“他表示，他宁愿死也不愿生活在恐惧中”。[31]

他也不准备在罗马久待。他预定3月18日出发前往帕提亚。的确，一名占卜官提醒他注意“望日”（Ides）——每月的15日，但恺撒不太把迷信放在心上。只有在他的私人谈话中，我们才能窥见他有死亡的预感。14日黄昏，正好是他被任命为终身独裁官一个月后，恺撒和雷必达共进晚餐。公元前49年雷必达加入恺撒的阵营，现在是他的副手，正式官衔为“骑兵统帅”。恺撒因为相信在座的都是朋友，所以屏退了卫兵。席间有人询问：“怎样才是最愉快的死法？”恺撒不假思索地回答：“毫无警告的那一种。”[32]有警告就会让人产生恐惧，有恐惧就会让人失去勇气。那晚，恺撒的妻子做了噩梦，乞求丈夫第二天不要前往元老院。恺撒听了只是笑一笑。第二天早上，他坐轿来到元老院，途中遇见了提醒他当心3月“望日”的占卜官。他微笑着说：“你提醒我要小心今日，但我还活着。”占卜官快速回答说：“对，但今日还没过去。”[33]

那天早晨，元老们在庞培所建的大议事堂里集会。旁边的剧院正在进行角斗士厮杀，恺撒下轿时，应该会听到观众受血腥场面刺激而发出的阵阵惊呼。但这些噪声很快便被柱廊以及大议事堂阴凉的大理石吸去了不少。庞培的人像仍雄视着元老开会的地方。在法萨卢斯之战后，这尊人像曾一度被匆忙地移走，但恺撒以他一贯的宽容下令恢复旧观——同庞培的其他人像一起。西塞罗认为，恺撒此举作为一种投资型的政策，是为了预防日后自己的人像被移走，但他的这项指控意在伤人，而且不公道，恺撒没理由担心自己人像的命运。当他走进议事堂，看见元老们一一站起来向他打招呼时，他也没有理由担心自己的命运。然后，一批元老向他走过来，围着他团团转，纷纷亲吻他，让他在镀金的椅子上动弹不得。突然间，他感到身上的长袍被人自肩上扯下。“怎么搞的，这样太暴力了！”[34]他惊呼道。霎时间，他感到喉头传来钻心的疼痛。挣扎扭过头后，他看见一把匕首沾满了他的鲜血。

大约有60个人挤在他身边，每个人的长袍里都藏着一把匕首。他们都是恺撒熟悉的人。其中许多是获得他宽恕的之前的敌人，但更多的是他的朋友。[35]有些是他在高卢时在他麾下效力的军官，包括曾歼灭维内蒂人的舰队指挥官德西莫斯·布鲁图。不过，最让人心情沉重的背叛，则来自一名和恺撒更亲近的人，正是他的一击才让恺撒动弹不得，停止徒劳的抵抗。在幢幢人影中，恺撒瞥见一把刀插上了自己的腹股沟，而握刀的则是另一个布鲁图——传说是恺撒私生子的马尔库斯·布鲁图。“你也有份吗，我的孩子？”[36]恺撒气若游丝地说，说完就倒地不起了。因为不想让别人看见他痛苦的死状，他把头埋在长袍的丝带中。他的鲜血染红了庞培人像的基座。恺撒死了，倒在大对手的阴影中。

不过，若有人从中看出了象征寓意，那只是个假象。恺撒并非死于党派斗争。作为行刺计划两大领袖之一的卡修斯从前的确是庞培的军官，然而，当他主张除了除掉恺撒外，还要除掉安东尼和雷必达时（换言之，他主张摧毁独裁者所建立的整个政权），他的建议遭到否决。另一个领袖布鲁图拒绝听从。他力主他们只是执行死刑判决，不是搞政治斗争。布鲁图的意见胜出。他是个备受尊敬之人，所以够格充当共和国的代言人和复仇者。

罗马一开始是由国王统治，末代国王是个暴君。一个名叫布鲁图的人赶走了他，设立了执政官和共和国的所有制度。现在，时隔465年后，他的后人，另一个布鲁图，打倒了另一名暴君。他带着同谋们走出庞培的剧院建筑群，兴奋地跑过战神大校场，骄傲地高举染血的匕首，朝罗马广场而去。在那里，在那个属于人民的地方，他宣布了个好消息：恺撒死了，自由恢复了，共和国得救了。

如同嘲笑他一般，战神大校场传来了尖叫声。庞培剧院里的观众骚动起来，在恐慌中乱成一片。缕缕烟雾飘向天空，抢劫者砸毁商店。在更远处，犹太人开始哀哭，为那个始终作为他们保护者的人哀悼。不过在其他地方，人们听到恺撒遇刺身亡的消息后都沉默不语。他们不但没跑到罗马广场为刺客喝彩，反而跑回家关紧了门。

共和国得救了，但如今共和国是什么？整个城市鸦雀无声，听不到任何回答。

第十一章

共和国之死

最后的抵抗

不管危机是否存在，四季更替如常。百花盛开的春天是上层阶级出城度假的季节。公元前 44 年 4 月，情形并无二致。恺撒遇刺身亡后几个星期，罗马渐渐人去城空。那些锁起府邸出远门的人想必对于能离开充满恐慌的城市感到松一口气。不过乡村也有乡村的问题，例如西塞罗去了罗马以南他最喜欢的一栋别墅，却发现那里到处都是建筑工人。他决定再到远一点的地方，往南朝那不勒斯湾而去，在那里，他很快地被房屋鉴定人包围。他在普特里继承的零售业生意岌岌可危，两间店铺已经关门。他感叹道："连老鼠都搬出去了，更不用说是承租人了。"不过，这位包租公以苏格拉底为榜样，不以为意地说："永生的诸神，这些俗事与我何干？"[1]

但哲学的安慰有其限度。在其他时候，西塞罗承认他的心绪老处于一种恼怒的状态。他抱怨道："上了年纪让我消化不良的症状越来越严重。"[2] 60 多岁的他觉得自己的人生是一场失败。不仅政治事业走入低谷，过去几年来家庭生活也出了问题。首先，历经无数次争吵后，他与结婚 30 多年的妻子离了婚，接着又娶了自己一名年少富有的被监护人。人们嘲笑他一大把年纪了还娶一个处女，他反驳说，她不会继续是个处女。不过，她也没当多久新娘。婚礼才过几周，西塞罗的女儿图利娅便死于分娩并发症，这让西塞罗悲痛欲绝。没想到他的新婚妻子从一个可人儿变成了唠叨婆，他因为受不了而把她打发回娘家，一个人沉浸在悲痛中。图利娅既热情又聪明，是父亲身边最贴心的人，现在她走了，留下西塞罗备感凄凉。朋友难过地看着他这样自伤自怜，试图唤醒他身为公民的责任感，但这些曾经激动人心的话语，如今只加深了他的绝望感。西塞罗对一个前来安慰他的朋友痛苦地指出："从前，在公共生活中碰到挫折时，我可以在家里找到避风港。但现在家里发生了不幸，我无法在国家事务里找到安慰。所以我同时远离了罗马广场与家。"[3] 通过西塞罗悲伤的映照，罗马共和国和他的女儿看起来依稀相像：一名女神似的年轻女子，深深地被爱着……但死了。

然后，3 月望日悄然来到。布鲁图举起沾着恺撒鲜血的匕首，高喊西塞罗的名字，为了自由得以恢复而向他道贺。西塞罗既惊讶又高兴地称刺客为英雄，把恺撒之死称为光荣事件。但行刺只是个开端，西塞罗很快就不安地意识到，它可能连开端都算不上。布鲁图和卡修斯固然联手扳倒了恺撒，却没有想要摧毁他建立的政权。相反，行刺者与恺撒心腹订立了和平协议，结果让自己一天天失去优势。布鲁图和卡修斯在亲恺撒煽动家的威胁下，被迫离开罗马。西塞罗曾呼吁他们采取更无情与决绝的做法，现在更是批评他们的战略"荒谬"。据说，这群刺客当初没把西塞罗拉入行刺计划，是担心他因年纪大而感到胆怯。现在这位老人家以其人之道还治其人之身，指出在执行消除独裁与恢复共和国的神圣任务时，行刺者具有“成年人的勇气，但只有小孩子般的见识”。[4]

即使身处深刻的绝望中，西塞罗仍乐于自居练达的年长政治家。没人能否认他有这个权利。对年青一代来说，这位来自阿尔皮努姆的“新贵”已成为近乎传奇的人物，而且是传统的化身，是业已逝去的巨人时代的活化石。虽然西塞罗对于行刺抱持肯定态度，但恺撒派仍对他很感兴趣。一名恺撒派分子还特地到西塞罗位于普特里郊外的别墅向他致敬。此人一头金发，眼睛明亮，年仅 18 岁，是独裁官的甥孙盖乌斯·屋大维（Gaius Octavius）。一个月前，他还在巴尔干半岛，效力于准备讨伐帕提亚的远征军。他听到恺撒遇刺身亡的消息后，立即乘船前往布林迪西。根据恺撒的遗嘱，他已被恺撒正式收养，名字也应改为盖乌斯·朱利乌斯·恺撒·屋大维（Gaius Julius Caesar Octavianus）。养父的老兵团团簇拥着他。耳边回响着他们的欢呼声，屋大维离开布林迪西前往罗马，途中先去了那不勒斯湾，在不同的度假别墅向各式恺撒派的重量级人物请教，然后再到西塞罗之处拜访。这次，令人尊敬的共和主义者难得对恭维免疫，他拒绝被迷倒。毕竟屋大维作为恺撒的继承人，有责任缉拿杀死他养父的凶手，这样的人又怎能成为一个好公民？“不可能。”西塞罗轻蔑地说。[5]他刻意以这个年轻人的本名屋大维称呼他，而非喊他朱利乌斯·恺撒。[6]对西塞罗而言，有一个朱利乌斯·恺撒就够了。

即使如此，他对屋大维的前途却几乎没有警觉心。离开普特里时，这个年轻人除拥有一个有点魔力的名字与继承养父全部遗产的决心外，别无所有。在龙蛇盘踞的罗马，这样的资历并不够。事实上，对恺撒派的头号人物来说（更遑论恺撒的敌人），这种资历甚至令人恼火。独裁官固然立了屋大维为法定继承人，但还有许多身居高位、手握大权的人也紧盯着死去主人的遗产。既然恺撒走了，罗马大人物们的野心便再次有了自由表现的空间——但并非以布鲁图和卡修斯预期的方式表现。西塞罗困惑地指出："自由恢复了，共和国却还没恢复。"[7]

如同他进一步指出的，这种事"前所未有"，前景令人觉得可怕。受内战荼毒的旧规则与传统是否永远无法修复？若是如此，那么罗马就离一种扭曲的、被鲜血浸透的新秩序不远了。在这种新秩序中，行政官不如军队重要，合法性不如赤裸的暴力有力。事实上，公元前 44 年夏天，这种新秩序的苗头已出现。有心成为军阀的人纷纷走访恺撒安置老兵的殖民地，大量撒钱收买人心。就连布鲁图和卡修斯都加入他们的行列。但老兵对他们态度冷淡也不奇怪。到了夏天快结束时，他们不得不认为，他们在意大利已不再安全。据说，他们静悄悄溜到东方去。对曾自称解放者的他们来说，流亡到任何地方都是一种惨痛的失败。

对那些指望他们领导的人来说，他们的流亡更是一场灾难。在布鲁图和卡修斯走了之后，留在共和国最重要的地方——在元老院与罗马人民面前，在曾是自由诞生地的这座城市——保卫共和国，需要更多勇气。如今谁该站出来？大家的眼睛望向西塞罗，但这位惊恐且天生是平民的人从罗马消失了。他在犹豫良久后，痛苦地决定前往雅典。他的儿子说是在希腊雅典念书，但实际上已成为学校中最出名的酒鬼。焦虑的父亲急于把儿子带回正轨。但他的船刚出发，就被恶劣的天气赶回港口。就在他等待风暴平息的这段时间，他得知了罗马人对他的看法。就连一向沉着的阿提库斯也在信中写道："你抛弃了国家，干得好！"[8]西塞罗感到羞愧难当。但羞耻心与虚荣心总算让他鼓起一点勇气，他从行李舱中提出行李，掉头往罗马去了。

这是他人生中最有勇气的决定，但此举并非完全不顾后果。他固然没有军团帮他进行生死斗争，但他有无人能及的演讲才能、老到的政治技巧与崇高的威望。罗马市民听到他回来的消息后，夹道欢迎他。西塞罗在恺撒派最高层人士中并不缺乏熟人，而他心想，只要把这些熟人中的一些引向支持宪制，大事便有可为。他格外属意两名人选：奥卢斯·希尔提乌斯（Aulus Hirtius）和维比乌斯·潘萨（Vibius Pansa）。两人是恺撒派的著名军官，已被独裁官内定为公元前43年的执政官候选人。当然，在西塞罗看来，不经选举就事先分配行政官官职是严重的违法行为，不过他暂时不打算追究。以此多事之秋的标准来看，两人还算谦虚，甚至会向西塞罗请教公开演讲的方法，但西塞罗非常不乐见另一些恺撒派分子担任执政官。依照他的看法，安东尼是他们当中最危险的。安东尼已是执政官，还掌握一支军队与恺撒的财富。

西塞罗认为，即使是安东尼那些最吸引人的性格特征——大胆、有魅力与慷慨——都只会让他更危险。安东尼在追求富尔维娅多年后，终于将克洛狄乌斯的跋扈遗孀追到手。西塞罗觉得，安东尼好色又爱炫耀，所以是克洛狄乌斯床铺的够格继承人，也是一个大众祸害。不过，还有另外一个更让人讨厌的幽灵站在安东尼肩上。西塞罗沉思道："为何我的运气总是这么差？过去20年来，为何共和国的敌人总会变成我的敌人？"[9]无疑，喀提林的幽灵会无声地嘲笑这个问题。事实上，在公元前44年的此刻，西塞罗比他担任执政官的那个年头还自负。他谴责安东尼时，并不是对一个喀提林般的叛乱分子宣战，而是对一个国家元首宣战，但西塞罗毫不在意。他认为安东尼像喀提林一样是个妖魔，不砍下他的头共和国不可能复原。所以西塞罗身为合法性的捍卫者，正准备打垮安东尼。

就像以前的许多次战役一样，这位大演说家对安东尼的攻击既慷慨激昂又华而不实。借着在元老院发表一系列动人的演讲，西塞罗试图把公民同胞从绝望的麻木中唤醒，唤起他们内心最深处的理想，提醒他们自己曾是何人。“活着并非只是呼吸。奴隶没有真正的生命。其他民族都能忍耐奴役，但我们的城市不行。”西塞罗这篇演讲堪称罗马自由的挽歌，既高度肯定共和国威风凛凛的过去，也表达对荣光黯淡的愤怒。“恢复自由是如此光荣的事，以至于宁死也不可畏缩不前。”[10]

古代先贤曾就这种主张树立榜样。最终，西塞罗通过以生命为赌注，证明自己并未偏离他毕生捍卫的理想。不过，他的演讲还涉及其他一些古老传统。共和国政治生活的党派之争一向凶狠，政治辩论的特征是不留余地。现在，西塞罗在攻击安东尼时，把这点发挥到了极致。激昂的战斗呼吁之间，夹杂着恶狠狠的人身攻击，而贯穿全部演讲的主轴之一，则是对醉鬼安东尼的讽刺：呕吐出一堆堆的肉食、追求男孩子、调戏女演员，这些都扣连在一起。这些言论恶毒、不公道，不过言论自由正是一个自由共和国的标志。西塞罗已压抑了太久，现在他在他的最后挽歌中，放言无忌。他的演讲以只有他做得到的方式，一下子把调子拉得极高，一下子又坠落至谷底。

如同在大风中点火，他的演讲若要有实际的效果，则需要引火物，也就是需要幕后活动。他必须让恺撒派的军阀掉转枪头来对付安东尼，如同在整个罗马的历史上，对立的贵族总被说服去共同对付那些过度强大的人。希尔提乌斯和潘萨对安东尼早有疑心，对他们二人仅仅需要一点鼓动。但西塞罗还想拉拢一名重要得多的人物。仅仅几个月前他曾怠慢屋大维，但在公元前44年仅剩的日子里，不会再有几个人这样做。

就连诸神都清楚地表达了他们对小恺撒的喜爱。当屋大维首次进入罗马时，天空万里无云，太阳由一个彩虹光晕包裹着。三个月后，更壮观的现象出现了。当屋大维主办竞技比赛，以纪念被谋杀的养父时，一颗彗星划过罗马上空。兴奋的观众欢呼起来，认为那是恺撒的灵魂从天而降。屋大维私下认为，彗星的出现预示他前途伟大，但表面上他同意大众的意见。他理应这么做，因为成为神明的儿子给他加分可不少，哪怕对恺撒的继承人来说也是如此。“孩子，你得到的一切都是靠你的名字得到的。”[11] 安东尼曾如此取笑他。不过，若说屋大维是靠走狗屎运崛起的，他利用恺撒遗产的技巧也是可圈可点，连安东尼这名讨好大众的老手也被比下去了。例如，当人们要求以恺撒的财富支付恺撒答应过给民众的好处时，安东尼不愿意，但屋大维则抓住机会表现，拍卖了一些自己的房地产，垫付了那笔钱。

这让他大得人心——不只民心，还有恺撒老兵的心。屋大维与安东尼竞相招兵买马，很快有了一支3 000人的非法私人卫队。他曾靠着这支卫队短暂占领罗马广场，后来虽然在面对安东尼为数更多的军队时不得不撤退，他仍是安东尼野心的眼中钉。

此时已是年底，安东尼的执政官任期即将结束。这位执政官为确保自己的权力基础而去了北方，渡过卢比孔河进入高卢，宣布自己是该行省的总督。挡在他前面的，是曾参与行刺恺撒的德西莫斯·布鲁图，他也自称是高卢总督。他没有把行省拱手交给安东尼，而是固守在摩德纳（Modena），想与安东尼比比看谁能熬得过冬天。安东尼继续前进，包围摩德纳，让城里的人饿肚子。酝酿良久的新内战终于爆发。在恺撒两名前副手斗得难分难解时，恺撒的继承人坐山观虎斗，成了个动向不明的危险因素。没人知道他会支持哪一边，更没人知道，他的野心有多大。

屋大维自称只对西塞罗吐露过心事。自首次见面起，屋大维就没停止过讨好西塞罗。西塞罗仍怀疑他的动机，所以痛苦地对抗屋大维所代表的诱惑。一方面，如他向阿提库斯抱怨的："看看他的名字就好！看看他的年纪就好！"[12]既然如此，西塞罗又怎能信得过他，哪怕屋大维不断向他请教，称他为"我父"，又坚称自己在为共和国效劳。但另一方面，想到这场危机糟透了的局面，西塞罗又觉得，相信屋大维没什么好损失的。到了12月，随着北方送来了战报，西塞罗终于下定决心。12日，他向坐得满满的元老院发表演讲。他虽然继续攻击安东尼，却又呼吁以公共荣誉奖励屋大维，容许屋大维招募一支私人军队，但他不忘了表示："对，他仍只是个年轻人，几乎还是个少年。"[13]当一些元老对这个建议表示惊讶时，西塞罗申辩称，屋大维已是共和国闪闪发光的荣耀。"我可以担保，元老们。我可以宣誓保证这一点！"他说。当然，正如西塞罗自己清楚地知道，他的保证太多了。不过，他私下并非完全不看好屋大维。这名年轻人多次坐在他旁边，吸取他的智慧与共和国的古老理想，谁又能说得准他能走多远呢？又若屋大维真的被证明是扶不上墙的烂泥，那么当时机一到，西塞罗便会有办法对付他。在那之前，应该“给这个年轻人鼓掌喝彩，把他捧上天去”。[14] 换言之，是以对待恺撒的方法对待他。

显然，这就是过去让西塞罗惹上麻烦的那类不谨慎的俏皮话。这句玩笑话如野火般传开，最后连屋大维自己都听到了。对此，西塞罗只好尴尬地耸耸肩。毕竟，屋大维只是他编织的联盟中的一环，甚至还不是最重要的一环。公元前 43 年 4 月，希尔提乌斯和潘萨两位执政官终于与安东尼拔刀相向。屋大维带着两个军团跟随他们，并担任副手。两场战斗接连发生了，安东尼战败，被迫撤退到阿尔卑斯山脉另一侧。胜利的消息传到罗马后，似乎证实了西塞罗高风险、高赌注的策略有效。如同自己担任执政官时那样，西塞罗被誉为国家的救星，安东尼则被正式宣布为人民公敌。看来，共和国得救了。

但是，接着又传来了残酷的新消息。两位执政官都死了，一位死于战阵，一位伤重不治。不让人意外的是，屋大维拒绝和德西莫斯·布鲁图联手。安东尼则困惑地逃走了，沿着阿尔卑斯山另一侧的海岸进入恺撒另一个副手雷必达的行省。雷必达这位“骑兵统帅”拥有 7 个军团，兵强马壮；随着安东尼的接近，这些军团的动向引起了极大关切。雷必达在写给元老院的一封信中表示，他将继续效忠。但他的人马全是恺撒的老兵，他们已打定主意，逼迫自己的将军改变立场。5 月 30 日，两支军队联欢数日后，安东尼和雷必达订立协议结盟了。德西莫斯·布鲁图寡不敌众，深陷绝境，他企图逃走，但遭到一位高卢酋长出卖，一命呜呼。元老院的军队迅速瓦解，几星期前仍在逃的安东尼变得更加兵强马壮。现在，只有小恺撒可能挡住他通往罗马的去路。

屋大维会选哪一边站？首都谣言满天飞，人们焦虑地等待答案揭晓。他们不会等太久。7 月底，屋大维军中一名百夫长突然现身元老院，要求把仍然空缺的执政官职位授予他的将军。元老们予以拒绝。百夫长把斗篷撩到一边，手握剑柄警告说："若你们不立他为执政官，这把剑将立他。"[15] 后来，事情果然如他所料。又一名恺撒渡过了卢比孔河。截至目前，屋大维共拥有 8 个军团，罗马没人可以对抗他。西塞罗的希望全破灭了，只好痛苦地和其他元老一起迎接征服者。他在万般无奈中，给屋大维提出新建议与新计划。"不过，屋大维没理他，只是讽刺地说，西塞罗是最后一个前来欢迎他的朋友。"[16]

西塞罗获准——应说被命令——离开罗马，去了他最喜爱的乡间别墅。建筑工作已全部完成，但屋主被毁的政治事业却无法修复。这个事业已经完蛋，还有些别的东西也随之完蛋了。西塞罗在绝望的沉默中，看着他旧日的门人取得更多胜利。8 月 19 日，屋大维当选执政官，此时他还未满 20 岁。接着，在把杀死恺撒的刺客定为叛徒后，他离开罗马往北进发，迎向安东尼与雷必达南下的军队。不过，这三个恺撒派领袖没准备对战。安东尼和屋大维在麦迪纳（Medina）附近一条河流中的小岛上见了面，他们互相拥抱，亲吻彼此的脸颊。然后，他们和雷必达一道坐下来瓜分世界，宣布共和国的死亡。

他们自然以冠冕堂皇的措辞掩饰真相。他们宣称，不是要为共和国写讣告，而是要恢复它的秩序。但事实上，他们正对它执行死刑。小岛会议促成了一个新的“三巨头同盟”。它不像庞培、恺撒和克拉苏的联盟那样松散不稳，而是获得了元老院的正式认可，并被赋予了巨大权力。未来 5 年，三巨头将对整个帝国行使总督的权力，无须经过元老院或罗马人民的同意，便可随意通过或取消法律。军法将适用于神圣的罗马本身。罗马享受 400 多年的自由终结于此。

共和国之死以鲜血来确认再合适不过了。三巨头不认同他们死去领袖的宽大政策，改为向更早期的一名独裁官寻求灵感。在罗马，人民公敌名单的再现早有不吉之兆：狗像狼一样嚎叫；狼跑过罗马广场；天空发出巨大的叫喊声、武器碰撞声及看不见的马的蹄声。三巨头进入罗马城几天后，人民公敌名单上的名字不断增加。三人对于把谁列入名单展开了激烈的讨价还价。有个因素较之其他因素更能影响他们的决定：他们共有 60 个军团要养，急需军费。因此，如同苏拉统治的时期，财富的果实导致了死亡。一些流亡在外的人也进了名单，例如在阳光下享受不义之财的瓦莱斯也被杀了。据说，这和他拥有一套“科林斯青铜器”[17]有关。有些人因派系因素被杀（他们被认为是新政权的潜在反对者），还有些人则成为私人恩怨的牺牲品。最显得无情的是，安东尼、雷必达和屋大维为证明对“三巨头同盟”的忠诚，同意各自牺牲一名他们本来会营救的人。就这样，安东尼同意牺牲自己的叔叔，雷必达同意牺牲一个弟弟，屋大维则同意将那名他称其为“我父”的人列入人民公敌名单。

即使如此，西塞罗仍有机会逃走。他比赏金猎人还早知道自己被列入名单。不过，他就如同往常一样，被吓得六神无主，不知该如何是好。他没有出海去找布鲁图和卡修斯（两人正在东方招募一支庞大的军队），反而手忙脚乱地从一间别墅逃到另一间，不情愿地走上了流亡之路。毕竟，正如加图向他显示过的，比死亡更糟的梦魇的确存在。最终，西塞罗被赏金猎人发现，他从轿子中伸出头来，引颈就戮，这种角斗士姿态是他始终钦佩的。西塞罗在最重大且最致命的格斗中败北后，决定毫不眨眼地接受命运。显然，他如同他所希望的那样死去，成为捍卫自由的烈士。

他的敌人也知道这点。赏金猎人割下西塞罗的首级与双手后，将其送到罗马。克洛狄乌斯的遗孀富尔维娅（现在是安东尼之妻）得知消息后，急急忙忙跑出来对着西塞罗的头吐痰，并猛地扯出他的舌头，以发簪用力戳刺了几下。毁损够了以后，她才愿意让人把头拿去公开展示。西塞罗那只曾写过攻击安东尼的演讲词的手也被钉在柱子上。他的舌头虽然已经沉默并遭发簪刺穿，但在罗马人民的眼里仍然雄辩滔滔。西塞罗曾是共和国无与伦比的政治演说家，只不过演讲术与政治自由的时代已经过去。

胜者全拿

“三巨头同盟”建立一年后，共和国的最后一丝希望在马其顿城市腓立比（Philippi）郊外破灭。一支恺撒派军队本已被困在巴尔干半岛一处平原上，粮草短缺，但它却成功地引诱敌人展开决战。布鲁图和卡修斯募尽了东方的兵力，又掌控了制海权，拥有无可匹敌的优势。就像庞培在法萨卢斯时那样，他们完全有本钱和敌人耗下去。然而，他们选择了战斗。在两场罗马历史上规模最大的战役中，卡修斯和布鲁图先后倒下。还有些罗马名人也阵亡于大屠杀中：一个卢库勒斯、一个霍腾修斯、一个加图。最后这位丢掉了头盔，冲入恺撒派军中，显然想效法自己父亲的榜样，宁死不受奴役。他的姐姐也一样。在罗马，高贵的鲍西娅一直在等待腓立比之战的消息。她在得知弟弟和丈夫布鲁图都死了后，挣脱担心她做傻事的朋友们的手，冲向火盆，吞下燃烧的煤炭。罗马女人毕竟也是罗马人。

但在一个不再有自由的国家，“罗马人”指的又是谁？旧的回答——罗马人是重视自由多于生命者——不再适用。尽管鲍西娅死得很有英雄气概，但没多少人效仿她。当然，那些最忠于共和国理想的人随着腓立比之战尘埃落定而逐一身死。这个损失无可弥补，尤其是死者之中有很大比例的贵族。在罗马人心中，古老家族后代的血管中流淌着罗马的历史。这也是为什么一个大家族绝嗣后总会引起公众哀悼。现在，整整一代贵族灰飞烟灭，不管他们是死于赏金猎人之手还是死于腓立比的战场，对共和国来说，这都是致命的大灾难。罗马失去的远远不只是四溅的鲜血。

在得胜的三巨头中，安东尼对这点看得最清楚。在他成长的年代，自由不仅是口号，所以他不能不对自由之死感到悲痛。他命人在腓立比的战场上找到布鲁图的尸体，恭敬地以斗篷盖上，火化后将骨灰寄给塞维利娅。他的权力已经稳固，不必再以更多的血腥玷污它。所以，他决定不回到被愁云惨雾笼罩的意大利，而是留在东方扮演“伟大者”庞培的角色。随着他在希腊与亚细亚不断推进，他表现出的乐趣——狠狠剥削希腊人——与传统的总督没有两样，同时他也表现得像一个希腊文化的仰慕者；他还扶植地方王公，与帕提亚人作战。这些熟悉的做法令死硬派的共和主义者感到舒适，所以布鲁图的残部在腓立比之战后的岁月逐渐归向安东尼。自此，合法性的大业在东方失去了人力的基础。

若说共和国还有一丝恢复的希望，那只能在罗马，但罗马偏偏正被共和国最凶恶的敌人掌握在手中。腓立比的战败者视冷酷且一心只想报仇的屋大维为杀死自由的主要凶手。战场上，当这些被锁链串在一起的俘虏走过征服者面前时，他们向安东尼致敬的同时却对年轻的恺撒报以诅咒与嘲笑。屋大维的名声在腓立比之战后也没有好到哪里去。当时，雷必达被他的另外两名同僚派到阿非利加行省，安东尼在东方作威作福，所以最不讨好的差事——安置解甲士兵——只能落在最年轻的巨头身上。有30万老兵等着他安置，这让屋大维无法再拖延。另一方面，他在高效率地实施安置计划的过程中，无法避免社会革命带给乡村的苦难。尊重私有财产一直是共和国的基石之一。如今，随着共和国倾覆，一个高级专员有权任意处置私有财产。农民们被从自己的土地上赶走，得不到一丁点儿补偿，而且极易沦为奴隶或盗匪。如同斯巴达克的时代，意大利再次土匪横行。武装匪徒甚至胆敢抢劫城镇，痛苦与绝望四处蔓延。乡村陷入混乱状态，庄稼歉收，罗马开始挨饿。

饥荒因为另一种为人们所熟悉的灾祸而更显严重。庞培20多年前曾扫荡海盗，但此时他们回来了，而这次的海盗头子就是庞培之子塞克斯图斯。他在西班牙逃脱了恺撒的追击，趁乱占领了西西里，并拥有250艘海盗船。由于专挑货运航道下手，他很快扼住了罗马的咽喉。随着市民因饥饿而消瘦，城市的肌肉也开始从骨架上层层掉落。商店封上木板，神庙遭抢，纪念碑的金子被扒下，一切繁华景象都让位给战争的需求。甚至在美丽的巴亚，屋大维的工兵也举起铁锤。在不远处的卢克林湖，原先著名的蚝塘建起了海军船坞。历史看来是缩小了，熟悉的史诗展开重复的、为人所熟悉的故事，并沦为一场拙劣的模仿戏：一个庞培再次和一个恺撒对打，只不过，和他们的巨人父亲比起来，他们如同矮小的窃贼。他们一个是海盗，一个是流氓，最适于争夺一个不再拥有自由的城市。

不过，塞克斯图斯虽然是一个持续的威胁，而且其无疑给国家带来了苦难，却从来不是恺撒派的致命威胁。更大的危险存在于其阴影笼罩了整个世界的“三巨头同盟”内部。如同前三巨头最终互咬到彼此体无完肤，后三巨头看来也将步其后尘。公元前 41 年，屋大维刚从腓立比返回罗马没几个月，这种事就差点发生。趁着安东尼远在东方时，他好斗的妻子富尔维娅在意大利煽动了一场叛乱。屋大维迅速反应，他手段残忍，勉强镇压了叛乱。他对富尔维娅的报复仅是写些骂她是花痴的诗歌，这是因为他在意大利的权力还不稳固，所以他不想招惹安东尼。富尔维娅因此被允许前往东方找丈夫去。

巧的是，她在见到丈夫之前便死了。公元前 40 年 9 月，安东尼和屋大维的代表在布林迪西见了面，经过一番讨价还价后，两人之间的协议得到重新确认。屋大维为了巩固这项约定，把心爱的姐姐屋大维娅嫁给鳏夫安东尼。现在，对帝国的瓜分方式比原来更为清楚分明：一分为二。只有塞克斯图斯和雷必达仍对这种二分法构成障碍，但他们很快就会被清除。

公元前 36 年 9 月，屋大维终于摧毁了塞克斯图斯的舰队。海盗头子逃往东方，后来被安东尼的人处决了。同时，雷必达越来越多地抱怨自己被撇在一边，这惹怒了屋大维，因此被赶出三巨头同盟。屋大维这么做时没问过安东尼的意思，也不怕他抗议，因为现在小恺撒对罗马的掌控比他的养父还要牢。他年仅 27 岁便成就非凡。包括罗马和意大利在内的半个世界都归他统治。

但他的统治，还有安东尼的统治仍是独裁的。三巨头协议在到期的前一年匆匆续签，除了带给罗马人民苦难外，它并没有先例可引为自身合法性的基础。共和国如今也遍尝它以前带给其他民族的无助感。早在公元前 44 年恺撒遇刺后，他的一个朋友就指出，罗马面对的问题非常棘手，因为“如果这样的天才都不能解决，那又有谁能解决？”[18] 自此，罗马人民发现自己遭到了越来越多的风暴折磨，日益漂泊不定。作为北极星的传统一去不返，却又没有什么取代它们。

共和国的公民如此绝望与彷徨，难怪会有些奇思怪想产生：

> 西比尔之诗预言的加冕年已经来临，
> 一个伟大的循环又开始了。
> 圣洁的正义和黄金时代回来了，
> 它的第一个孩子自高天降下。
> 随着这个男孩的出生，铁的一代将成为过去，
> 黄金的一代将继承整个世界。[19]

这些诗句写于公元前 40 年，正值意大利的苦难最为深重的时代。它们的作者 P. 维吉利乌斯·马洛（P. Vergilius Maro），也就是维吉尔，来自肥沃的波河盆地，土地高级专员在那里特别活跃。维吉尔在其他诗歌中描写了失地农民之苦，让人萦怀于心，不过就连他那乌托邦愿景的灵感也源于绝望的心绪。席卷罗马人的灾难如此深重，以至于他们能有的安慰只剩下希腊人和犹太人一向沉迷其中

的模糊的先知愿景。上面提到的“西比尔之诗”并非藏在卡比托利欧丘的那些预言书中的诗句。它们不包含平息神怒的处方与恢复共和国和平的方法。它们只是一些梦想，别无其他。

不过对独裁者而言，这些梦想有利用的价值。不管维吉尔诗歌中的弥赛亚婴儿指的是谁，现实生活中可以扮演救星的只有两名候选人。这两人之中，安东尼又比屋大维握有更多现成的可用传统。东方因罗马连续内战而流尽鲜血，因此比意大利更加渴求一个新时代的开始。世界末日的景象仍在希腊人、埃及人、叙利亚人和犹太人的想象中舞动着。米特拉达梯曾证明过，这类希望对于一个有野心的军阀来说有多好用。不过，从前会这么做的人都是罗马的敌人。若换成一个罗马人把自己打扮成东方神谕里预言已久的救世主会怎么样？在罗马公民看来，这是让人发指的大罪。一个多世纪以来，每个去到东方的总督都听到自己被呼为神明，他们模仿亚历山大大帝，分发王冠。他们总担心自己会溺于此道。元老院不允许他们如此，罗马人民也不允许。但如今共和国已死，安东尼是三巨头之一，不用理会元老院或罗马人民的看法。最终，诱惑随着一个令人意乱神迷的女王到来了。

克娄巴特拉曾靠着藏身于一卷地毯中迷倒恺撒，她也从一开始迷住了安东尼。她知道他的底细，知道他爱出风头、爱享乐、爱打扮成狄奥尼索斯，所以也盘算出了赢得他欢心的最好方法。公元前 41 年，安东尼巡视东方期间，克娄巴特拉从埃及出发前往见他。她的船桨为银造，船楼包金，她的侍从穿得像丘比特一样，而她的宫娥穿得如同水仙女；她自己则打扮成为爱神阿弗洛狄忒（Aphrodite）。安东尼召她觐见，这是个无心的羞辱，不过克娄巴特拉高傲地阔步走进他的行宫，镇住了在场的所有人。她很聪明，没占住焦点太久，而是很快地就让安东尼有机会充分表现自己。“人们到处在说，阿弗洛狄忒是为了亚细亚的共同利益，才来找狄奥尼索斯饮宴。”[20] 没有什么比这个角色更能满足安东尼的想象。正如克娄巴特拉所预想的，她很快就成了安东尼的情妇，两人在亚历山大里亚共度了一个愉快的冬天。罗马的主妇非常信任埃及的避孕方法，但克娄巴特拉和世界领袖上床时，没工夫去管鳄鱼卵所做的子宫帽。就像恺撒一样，安东尼很快让她怀了孕。上次克娄巴特拉为恺撒生了一个儿子，而这次阿弗洛狄忒为狄奥尼索斯生下了一对双胞胎。

对那位当父亲的人来说，这里有一个危险的诱惑在萌发：建立一个代代相传的王朝。这是最要命的终极禁忌，难怪安东尼会转身而去。与他痴迷于克娄巴特拉的传言不同，整整四年他都对情妇避而不见。美丽、聪慧、忠贞的屋大维娅已足以补偿他。安东尼住在雅典时，常和他聪明的新娘子一起聆听讲座，扮演起模范丈夫。然而，即使有屋大维娅相伴，他仍无法忘怀克娄巴特拉让他开眼看见的闪亮可能。可怕的谣言开始流传：安东尼穿着豹皮，打扮得像狄奥尼索斯，在酒神剧院里狂欢；他引领着举着火把前往帕台农神庙的游行队伍；他喝醉了，纠缠着雅典娜女神，说要与她成婚。太不像罗马人的做派了。这些传言在不断的转述中反复遭到添油加醋。不过，在雅典人或安东尼的其他属民中，这些其实算不上什么丑闻。相反，东方人相信统治者就是神明。

到了公元前 36 年，身为罗马世界两个主人的安东尼与屋大维继续相安无事，但作为其权力基础的不同传统，却越来越多地影响着他们的统治。两人面对同样的挑战：为自己的权力塑造合法性，不仅仅以武力为后盾。就此而言，屋大维身为西方的统治者，拥有一个关键优势。他和安东尼都是罗马人，但只有他拥有罗马。他打败塞克斯图斯回到首都后，首次受到真正热诚的欢迎。失去自由并没有让其国人同胞天性中的保守主义淡化。现在，因感激屋大维为他们赢得太平，他们向他献上一种古老的权利：让他像保民官一样，享有人身安全不容侵犯的权利。这种权利只在一个恢复了的共和国里才有意义，而屋大维则通过接受它，来象征性地表示他有恢复共和国的打算。当然，光是这种姿势并不能保证什么，罗马人也已学会不相信花言巧语。不过，随着塞克斯图斯舰队的覆灭与雷必达被迫退休，屋大维终于可以落实他所宣称的为和平而做的努力了。税收减轻了，粮食供应恢复了，专门人员被派到农村地区恢复秩序。内战时期的相关文件被当众销毁，一年一任的行政官也重新担起了他们的责任。过去的种种做法似乎都将再现于未来。

但显然不是每个方面都如此。屋大维无意在安东尼仍握着巨头权力时放下自己的权力。另一方面，由于安东尼远离罗马，恢复共和国之于他并非一个急迫的议题，所以野心正在朝一个极为不同的方向发展。自亚历山大大帝以来的近 300 年里，建立世界帝国的梦想都萦绕着希腊人的想象，最后这个梦想亦为罗马共和国所分享。不过，它对这个梦想的猜疑从未停止，以至于连它最伟大的公民，包括庞培和恺撒，都不敢将该梦想推进到极限。安东尼也一样，所以他才会逃避马其顿女王的诱惑，成为一名端庄罗马仕女的好丈夫。然而随着时间流逝，四年过去了。这四年间，他行使着不曾有罗马人在东方行使过的大权，持续受到诱惑并开始屈服于诱惑。最后，他的自尊自大膨胀开来，再也无法抵抗诱惑。屋大维娅尽管对丈夫非常忠诚，仍被送回罗马。同时，阿弗洛狄忒再次受狄奥尼索斯传召。

这次，安东尼没走回头路。这件丑闻在罗马引起轩然大波。共和国历史上最能引起道德责难的莫过于公民遭到东方人同化；若相关报告可信的话，安东尼已变得太像东方人。他令人发指的行径看似没有下限。他不只使用黄金夜壶，坐在蚊帐里出巡，还为情妇按摩足部。奢靡、娘娘腔与奴性——这些对安东尼的指控为任何罗马政治家所熟悉。安东尼对此不屑一顾。他对屋大维抱怨说："我想跟女王睡觉，我在哪里勃起，关他们屁事？"[21]

但安东尼触怒罗马人的不仅在性事方面。虽然中伤克娄巴特拉为妓女只是罗马人厌女症的体现，但这种中伤并非无关紧要。她的敌人有理由害怕她，觉得她的魅惑力很邪恶。问题不在于她胴体的吸引力，而在于她更阴险的一面。她不是靠性欢愉来迷倒安东尼的，而是依靠奉他为神明与世界帝国主人的甜言蜜语。

安东尼被这些梦想所迷惑，开始踏入连恺撒都不敢涉足的领域。他曾放下建立王朝的野心，如今却开始将它拿来炫耀。首先，他承认了克娄巴特拉为他所生的两个小孩，然后授予他们具有挑衅性的头衔：亚历山大·赫利俄斯（Alexander Helios）和克娄巴特拉·塞勒涅（Cleopatra Selene）——这两个名字分别意为"太阳"和"月亮"。这些头衔既意味着神明，也意味着王朝，这在亚历山大里亚也许还能被接受，但会引起罗马的反感。安东尼会在乎吗？看着他陶醉在奴性的希腊人与东方人的欢呼声中，他的公民同胞疑惑地皱起眉头。就在人们认为他的出格之举无法更过火时，他和克娄巴特拉做出了最惊人的举动。

公元前34年，亚历山大里亚的市民被邀请见证一个世界新秩序的揭幕典礼。仪式由罗马巨头、新狄奥尼索斯安东尼主持。他身旁坐着马其顿女王、埃及法老克娄巴特拉。她穿得光彩夺目，俨然新一代天后伊西丝。在市民们面前，克娄巴特拉与恺撒和安东尼生下的三个孩子一字排开，身穿同样颇具异国情调的民族服装。在亚历山大里亚市民看来，这些王子与公主都是古老预言中提到的救世主，将给世界带来和谐。小亚历山大打扮得像波斯的万王之王，获得帕提亚与更遥远的地方为封地。赐给另外两个孩子的封地不那么夸张，都位于安东尼实际控制的地域之内。虽然这些封地包括一些罗马人民的行省，但此一事实对安东尼的慷慨无碍，因为在某种意义上，他一点都不慷慨。他并非真的打算把罗马行省的管理权交给子女，从这个角度来看，典礼只是一场表演，别无其他意义。但典礼自有它的象征意义，安东尼想以它传达的信息也见于他发行的银币上。银币的一面是他的头像，另一面是克娄巴特拉的，即一面为一罗马人的头像，另一面为一希腊人的头像。一个新时代悄然降临，实现了西比尔预言的长久应许：在一个世界皇帝与世界皇后的主持下，东方与西方结合起来，一切差异因此消失。

但显然，亚历山大里亚的好消息却是共和国的坏消息。在罗马，安东尼的朋友们大惊失色。安东尼意识到，自己在公共关系方面遭遇了大麻烦，于是赶紧给元老院写了封信，含糊地答应放下巨头的权力，并恢复共和国。但他来迟了，共和主义的旗帜早被别人先一步偷走。东方梦占据了他太多心思，如今回神望向罗马时，他看到一幅最令他感到窘迫的景象：恺撒的继承人（同时也是一个冒险家和恐怖分子）把自己打扮成共和国和人民自由的捍卫者——不只是打扮，还大张旗鼓地表演起来。

当然，不是每个人都相信小恺撒的共和主义者伪装，而他的面具也不时滑落。公元前32年，屋大维为吓唬两位执政官（他们都是安东尼的支持者），派兵进入元老院，让他们站在两位执政官的椅子后面做出威吓。此次肌肉展示起了预期的效果，屋大维政权的反对者立即跑路了。两位执政官到东方去找安东尼，元老院300名元老中，三分之一跟着他们走了。他们之中许多都是安东尼的人，但也有些人是因为原则性的理由出走，他们拒绝接受一个恺撒作为共和国的保护者。例如，逃到安东尼那里的执政官多米提乌斯·阿诺巴布斯（Domitius Ahenobarbus）就是朱利乌斯·恺撒老对头的儿子。难怪加图的孙子也在安东尼的阵营里。

屋大维对他们的选择嗤之以鼻，取笑他们堂堂大男人竟愿当一个女王的朝臣。事实上，阿诺巴布斯只要有机会，总不忘表现出对克娄巴特拉的轻蔑，又不断规劝安东尼让她收拾包袱回埃及。另一方面，屋大维一向擅于在人们意想不到之处出拳。公元前32年夏天，根据一个告密者提供的线索，他不在乎亵渎神明，带兵进入安东尼存放遗嘱的维斯塔神庙，自维斯塔贞女手中抢走了遗嘱。屋大维急切地浏览了一遍，果然发现了预料中的惊人内容。他板起脸向元老院公布遗嘱内容：承认恺撒里昂是恺撒的合法儿子；克娄巴特拉的子女获赠庞大的遗产；安东尼死后葬在克娄巴特拉旁边。遗嘱内容非常震撼，甚至让人怀疑它是否为真。

即使屋大维的政治宣传有不少造假成分，但它们并非全是瞎掰。公元前32年，安东尼抛弃屋大维娅，正式和克娄巴特拉在一起，此举马上被大部分罗马人视为对共和国最高原则与价值的背叛。共和国已死的事实没有让罗马人对此的愤怒少一点，或让他们的偏见中少一点野蛮。向一些公民不值得做的事屈服，这是最令罗马人发指的事。因为他们自己已不自由，他们很高兴有机会嘲弄安东尼甘愿当一个外国女王的奴隶，完全不像个男人。最后一次，罗马人同心协力准备战争，在内心想象着共和国和他们自己的美德尚未完全死去。

许多年后，屋大维得意地说："整个意大利在无人催促的情况下向我宣誓效忠，要求我率领它投入战争。包括高卢、西班牙、阿非利加、西西里和撒丁在内，所有行省都发誓效忠于我。"[22] 半个世界举行了一场史无前例的投票，刻意进行了一次胜过安东尼与克娄巴特拉的普世主义的展示，其依据不是来自东方，而是来自罗马共和国自身的传统。屋大维既是无可置疑的权威，又是罗马最古老理念的捍卫者，他以这种双重身份投身战场。这个结合被证明无坚不摧。不到20年，两支罗马军队第三次在巴尔干半岛迎头相向，恺撒再次胜利了。公元前31年整个夏天，安东尼都被封锁在希腊东海岸，舰队坐困愁城，士兵饱受疾病折磨。他的阵营逐渐空虚。让人大吃一惊的是，就连阿诺巴布斯也逃跑了。最后，当失败迹象越来越明显时，安东尼决定放手一搏。9月2日，他命令舰队强行突破封锁，经亚克兴角（Cape of Actium）进入外海。两军在碧蓝的海湾中面对面，大半天没有动静。然后到了下午，突然有动静了：克娄巴特拉的舰队突然展开行动，在屋大维的舰队中冲出一条空隙，脱离了战场。安东尼放弃了巨大的旗舰，换了艘较快的船，跟着冲了出去。但他的大部分舰队和军队被留在后头，他们很快就投降了。这场短暂的丢脸战争毁灭了安东尼的全部梦想与新伊西丝的所有憧憬。之后几天，海浪不断把金、紫两色的衣服冲到岸上。

一年后，屋大维逼近并展开击杀。公元前30年7月，他的军团兵临亚历山大里亚城下。第二天晚上，当暮色渐浓快到午夜的时候，看不见的乐队演奏着音乐穿过街巷，最后乐声向星空而去。“后来人们思考这起神秘事件时，便明白那是狄奥尼索斯（安东尼最喜欢模仿的神）抛弃了他的宠儿的表现。”[23]翌日，亚历山大里亚陷落。安东尼拙劣地模仿加图的自杀方式，死在情人怀里。9天后，克娄巴特拉得知屋大维准备把她锁上镣铐于凯旋式上游行示众后，选择随安东尼而去。她的死法符合法老的身份：让一条眼镜蛇咬死她。埃及人相信，这种蛇的毒能让人不朽。原想成为世界之王与世界之后的两人，以适合他们的多元文化式的死法终结了生命。

克娄巴特拉带给罗马的惊吓导致她的王朝注定灭亡。她为恺撒生下的儿子恺撒里昂很快被处决了，托勒密王朝正式被废。在全埃及的神庙，工匠开始为他们的新国王屋大维塑像。此后，这个国家将不再是一个独立王国，甚至不是一个罗马行省，而变成了一块私人领地。不过，新法老喜欢假装它是一个罗马行省。日后，屋大维将如此自夸他的慈悲：“如果外国人不惹麻烦，我乐于保全而非消灭他们。”[24]自迦太基以来，亚历山大里亚是罗马人攻下过的最大城市，但它的命运与迦太基截然不同。虽然屋大维不择手段追求权力，但他在行使权力时经过了仔细盘算。亚历山大里亚太富有了，摧毁它不划算。就连克娄巴特拉的人像都被保全了。

这般宽大为怀显然是胜利者的特权，是他伟大与权力的展示。整个世界落入屋大维的手中，既然敌手不再存在，杀戮与野蛮行为已不适用于他的目的。塞涅卡在近一个世纪后写道：“我极不愿把残忍的耗竭称为仁慈。”[25]不过，即使屋大维真的耗竭了，他也不能有所流露。他造访亚历山大大帝的坟墓时，不小心敲掉了尸体的鼻子。他以类似的方式削掉了这位大征服者的名声，因为他主张，最大的挑战不在于赢得一个帝国，而在于管理好它。他信誓旦旦地表示，这是他为自己设下的挑战。他将饶恕而不再屠杀，将提供和平而不再战斗，将恢复而不再摧毁。

无论如何，至少屋大维扬帆回航时乐于如此宣称。

共和国复苏

公元前 27 年 1 月 15 日，元老院里充满了期待。元老们三五成群，焦急地交头接耳。看来，一个重大的宣告即将发布。种种迹象早就显示，一些元老院的领袖人物不仅听到风声，而且知道该如何回应。在等待执政官发表演讲时，他们准备好摆出吃惊的表情，又在心里彩排着适当的回答。

元老院的嘈杂声突然平静下来，35 岁的执政官站了起来。在这位年轻的恺撒、国家的救星面前，大家一片肃静。他演讲起来如同往常般从容，字斟句酌、语气平静，每句话都意味深长。他宣布内战结束，他被授予的特权虽经过了一致同意但仍然不合共和国宪制，因此没理由继续保留。他的使命已经完成，共和国已获得拯救。所以现在，既然历史上最险恶的危机已经结束，是时候把权力交回它应归属的人——元老院和罗马人民了。

他坐了下来，不安的窃窃私语声逐渐增大。元老院的领袖们抗议说，若没有恺撒的拯救，罗马人民肯定已经完蛋，为什么现在他要抛弃他们呢？元老院的确该感激他恢复宪制的好意，但为什么共和国的传统在重获生机后，恺撒就不能继续当国家的保护人了呢？难道，他愿意看见他的人民永远陷于混乱与内战状态吗？没有了他，罗马人民肯定命运悲惨。

或许为了使共和国免于灾难，请他听听一个相反的建议，好吗？虽然恺撒已宣布他所获得的任何荣誉若抵触宪制便不合法，但我们不妨就像对待以前的执政官那样，只赏给他一个行省。这个行省要能让他掌握20来个军团，所以必须包含西班牙、高卢、叙利亚、塞浦路斯和埃及——尽管如此，它仍只是一个行省。任期定为10年吧。10年的任期也非前所未闻，恺撒自己的父亲——伟大的朱利乌斯——不就统领了高卢10年吗？一切都有先例可援。这样一来，共和国将繁荣兴旺，恺撒将能履行他对罗马的责任，这两件事都将让诸神满意，元老院响起了一片附和之声。

屋大维又凭什么拒绝这种恳请？所以他宣布，既然共和国需要他，那么身为公民，他将承担起他的义务与责任。对此，元老院的感激难以言表。元老们为表扬恺撒的宽宏大度，投票通过在屋大维家的门柱上缠绕月桂枝，在他家门上挂上公民冠。元老院内将放置一面金盾，上面列明他的各种美德：勇敢、仁慈、正义与责任感。最后，还有一项新颖的、出众的、非常适合他的荣耀：赋予他“奥古斯都”（Augustus）的称号。

对这位生来名叫盖乌斯·屋大维的人来说，“奥古斯都”标志着他毕生搜集各种名号的事业的巅峰。19岁时，他成了“恺撒”；两年后，随着他养父被正式神格化，他开始自称“迪维·弗利维”（Divi Filius），其意为“神之子”。这个名号显然获得了诸神的肯定，因为恺撒·迪维·弗利维如获神佑，所做的事无一不成功。现在他被称为“奥古斯都”，得以进一步和芸芸众生区分开来。有了这个称号后，他就像升入云端，获得了超越世俗的权力。“因为它表明了他不仅是一个凡人。只有最神圣、最荣耀的事物能被称作‘庄严的’（august）。”[26]

可称为“庄严的”事物包括罗马城本身。有个人人熟知的说法：这座城市是“顺着庄严的预言（august augury）而建立的”。屋大维通过变成奥古斯都，把这个说法据为己有。重建罗马是他毕生的使命，每次他的国人同胞提到他的名字，就会想起上述说法。这种近乎下意识的联想是经过仔细盘算的产物。屋大维曾考虑过另一个更加显赫的名字：“罗慕路斯”（Romulus）。但因为罗慕路斯是个国王，又杀死了自己的兄弟，二者都不是好事，所以屋大维弃用此名。他已经掌握了最高权力，因此任何能让人们联想到他是如何赢得最高权力的东西都被压制了下去。10 年前，恭顺的元老院曾为他打造了 80 尊银制人像，但这些人像后来都被熔化掉了。在关于他生平事业的官方纪念物品中，从腓立比到亚克兴角之间的这段时期是一片空白。当然最关键的是，“屋大维”的名字已被埋葬起来，不再被人记得。奥古斯都·恺撒完全明白改头换面的重要性。

他明白这点，是因为他了解罗马人民。奥古斯都曾与他们分享最深切的梦想与欲望，他因此赢得天下。身为最后且最伟大的一名共和国强人，他以病理学家的锐利眼睛看出，恶意的毁谤败坏了罗马最高贵的理想，就连他自己也从未停止过利用这些理想。“总是勇敢战斗，总要胜人一筹。”波希多尼曾引用荷马的这两句话劝勉庞培。但英雄的时代已经过去了，想勇敢战斗与胜人一筹的欲望也许已消失在罗马的废墟中。赌注已变得太高，野心家可运用的资源变得太多，结果将共和国与它的帝国带到了毁灭边缘。传统体制消亡了，公民们不再有共同的假设与边界为限制。罗马变成了猎头们无所顾忌的竞技场，只有最毒辣、最残忍的人有望胜出。屋大维 19 岁就进入了这个竞技场，无疑，他的目标从一开始就是得到天下。如今这个目标实现了，但他的对手或死去或被驯服，人民已疲惫不堪，无力再挑战他的权威。接下来他得面对一个重大抉择，他要么继续践踏罗马传统，以军队为后盾，赤裸地行使权力并成为军事巨头，就像他的养父或安东尼一样，像个神一样；要么把自己打扮成罗马传统的继承者。他通过变成“奥古斯都”，表明了自己的选择。他将与元老院合作而非对抗，并以古代名训教导国人同胞：野心若非用来追求普遍的利益，则是犯罪。他身为“罗慕路斯的人民的最佳监护人”，将恢复公民责任的理念，使人们不再过分追求荣誉，从而不再被贬入奴役状态，而且不再遭到内战荼毒。

当然，这只是一种大权独揽的伪装，只不过罗慕路斯的人民已无力计较。现在公民们已经相信，他们的毁灭无法避免：

> 有什么是嗜血的时光流逝不会吸走的？
> 我们双亲的一代，糟于他们双亲的一代，
> 又生出更糟的我们，
> 不久后我们又将生下更不堪的子女。[29]

这种悲观主义不是厌战情绪所能完全解释的。人们对于“何谓罗马人”的传统认知被动摇了，惶惑不安的人们渴盼曾把他们联系在一起之物：他们的尊严、对荣耀的热爱与军事热情。自由背叛了

他们，共和国不仅丧失了自由，更糟的是丧失了灵魂。至少罗马害怕这样。

奥古斯都面临的挑战——也是巨大的机遇——是说服他们相信相反的观点。若能成功，他便可以稳固政权的基础。若一个人不只能为公民同胞恢复和平，还恢复了他们的风俗、传统与骄傲，他确实堪称“庄严”。但他不能光靠立法的手段，“因为若没有传统激励他们，空洞的法律有何用呢？”[30] 只有法令不足以复活共和国。只有罗马人民做得到这点，但是他们得证明自己值得奥古斯都费力。这是此项政策别出心裁与伟大之处，新时代要被形塑为罗马人过去经常面对并胜利克服的那种道德挑战。奥古斯都说过，他只要求得到与其成就和声望相匹配的权威，他号召国人同胞和他一起投身恢复共和国活力的伟业。简言之，他鼓励他们再次感觉自己像个公民。

这项计划和传统的计划一样，依靠战败者的钱来当资金。奥古斯都通过克娄巴特拉的废墟，得以实现他的梦想。公元前29年，屋大维自东方回到罗马，随身带着托勒密王朝的巨大财富，随即开始花用。他在意大利与各行省买下大片土地，从而不用重犯他年轻时犯过的可怕罪行：把老兵安置在没收而来的土地上。当年的做法造成了极大的苦难与不安，沉重摧残了罗马人的自我形象。现在，奥古斯都以天文数字的花费补偿前行。“确保每个公民的财产权”将成为新政权一个持久的口号，这是它大获人心的一个重要原因。对罗马人来说，财产安全除了是一种社会或经济上的良善，也是道德上的良善。对于受惠者来说，一个新的黄金时代开始了：“田地重新被耕种，神圣事物被尊重，人们享有免于焦虑的自由。”[31]

但享受这个黄金时代好处的人也要承担责任。不同于维吉尔描写的乌托邦，新时代并非一个没有劳苦与危险的天堂。如此天堂对于培养刻苦耐劳的公民毫无帮助。奥古斯都大量花费托勒密王朝的财富，并非想让国人同胞像娘娘腔的东方人那样坐吃等死。反之，他的梦想与所有罗马改革者的一样，那就是：复活古代农民的粗犷美德，让共和国回到原有的根基上。这引起了深深共鸣，而且确实是罗马神话的本质：怀念过去伟大的时代，也诉诸一种严苛且远离感性的精神，正是这种精神造就了几代钢铁般坚强的公民，并将共和国的标准推向了世界的边缘。“艰苦的劳动与严峻贫穷的刺激——这些可以战无不胜。”[32] 在屋大维在东方击败克娄巴特拉，结束内战后，维吉尔如此写道。懒惰无为的伊甸园幻想可休矣，取而代之的是更大的野心与更大的挑战。在共和国，荣耀从来不是目标，而是达成一个终极目标的手段。之于公民是如此，之于共和国自然也一样。它的存在就是不停斗争，不停对抗灾难。对于经历过内战的一代人民来说，这就是历史给他们的安慰。伟大可自大灾难中诞生，失去一切可以带来文明秩序的更新。

恺撒·奥古斯都不就是一位流亡者的后人吗？在罗马城出现许久以前，王子埃涅阿斯——维纳斯女神的儿子，朱利安家族的祖先——逃离了陷入大火的特洛伊，带着一小支舰队去到意大利，开创了朱庇特允诺他的新生活。罗马人就是衍生自这批特洛伊人，所以灵魂里仍保留着一些流浪者精神。他们不以已有的为满足，总为争取更多而战斗。这是共和国公民的天命，也让奥古斯都与他的使命多了一层神圣的历史光晕。

罗马人的开端暗含着他们的结束。公元前 29 年，也就是屋大维从东方回来推动他复兴计划的同一年，维吉尔开始写一首以埃涅阿斯为题的诗。它将成为罗马人民的伟大史诗，上溯至他们最早的根源，一直写到最近期的历史。未来英雄的鼎鼎大名如鬼魂般出没于特洛伊英雄的灵视中，当然包括恺撒·奥古斯都这个“带回黄金时代的神之子”[33]，但也包括其他人，例如“在复仇之神面前颤抖”的喀提林和“把公正带给法律”[34]的加图。当读到埃涅阿斯在非洲海岸遭遇船难，从而忽略了神明赋予他的对罗马未来的责任，并与迦太基女王狄多（Dido）鬼混时，读者不禁会想到发生在特洛伊人后代——恺撒与安东尼——身上的事。迦太基让人联想到亚历山大里亚，狄多让人联想到克娄巴特拉这第二个致命的女王。过去的预示着将来的，它们相遇、交融，然后再次分开。最终，埃涅阿斯乘船进入台伯河，在岸边田野放牧牛群。1 000 年后，那儿成了奥古斯都的罗马广场。

对经历多次内战但生性依然保守的罗马人来说，过去带有现在的影子并不让人惊讶。不过，奥古斯都独一无二的成就在于，他不但改变了现在，还把光辉投射于过去。他声称将为罗马人恢复失去的道德优越感，这在罗马人内心深处激起了强烈的感情和想象，也激发了一位维吉尔的想象力，让罗马景观再次神圣并为神话萦绕。但这些向往也服务于一些更实际的目标。例如，它们鼓励老兵待在田里，不再一次次地聚集到罗马来；让他们满足于现在的生活，任由刀剑在谷仓的阁楼里生锈。它们也掩盖了一些大农场是由被锁链串在一起的奴隶耕作的事实。维吉尔的朋友贺拉斯（Horace）这样写道：

什么是幸福？就是退出你死我活的竞争，

像古人一样，
用你的牛队耕种古老的土地，
免于体力透支的恐惧，
不用因为听到激昂的军号声而血液翻涌，
不用因为害怕愤怒的大海而瑟瑟发抖。[35]

这些诗句中带有不露痕迹的反讽，因为贺拉斯完全清楚，他对美好生活的设想与农村现实没什么关系。不过，这无碍于他对乡村的向往。贺拉斯在内战中效力的是失败的一方，曾不光彩地从腓立比逃跑，回到意大利后发现父亲的农场已被没收。如同他的政治立场，他对别墅和田园生活的梦想都源于对过去的留恋。奥古斯都不在意贺拉斯年轻时的不检点，而是与他为友，并投资他的梦想。当新政权仍忙于把安东尼派的庞大产业分配给支持者时，奥古斯都就开始资助贺拉斯在罗马郊外过起田园生活，让他享有花园、喷泉和小树林。贺拉斯太细致、太独立，不可能被收买为吹鼓手，但奥古斯都也不想从他或维吉尔那里得到露骨的政治宣传。许多世代以来，如何在自私自利与传统理想间做出选择，让罗马的头面人物备感头痛。不过，奥古斯都有化圆为方的天才。他的做法很简单：让自己成为二者的保护人。

他之所以能做到这点，是因为他像明星级表演者一样，可选择自己想扮演的角色。他不能说出口的是，他不想被人谋杀于元老院。所以他竭力争取不敢面对现实的公民同胞自愿合作，以共和国的传统装扮自己，拒绝担任任何过去未曾有过的官职，还常常不担任任何官职。真正重要的是权威而非官职，正是权威的神秘性带给卡图卢斯和加图高耸的威望。西塞罗有次承认说："加图拥有的特质让他成为头号公民（princeps）。"[36] 奥古斯都清楚地表明，他最想得到头号公民这个光荣头衔。他希望朱利乌斯·恺撒的养子也能被视为加图的继承人。

他如愿以偿，难怪奥古斯都会对自己演员般的演技自鸣得意。只有一个极具模仿天赋的人可以将那么多不同角色演得丝丝入扣。他的印章指环上有狮身人面兽的图案。这十分吻合他的身份，因为对他的国人同胞来说，他始终是个谜。罗马人习惯看见杰出的公民炫耀自己的权力和伟大，但奥古斯都却是另一个模样。他对国家掌控得越严密，他就越不招摇。当然，共和国本身就充满悖论，而奥古斯都对此深有体会，所以他也像只变色龙那样表现出相同的特征。公民生活所包含的矛盾与张力全被奥古斯都吸纳入自己的性格和角色中，他就像在一种最高的悖论中化身为共和国本身。

当 75 岁的他生了人生中最后一场大病时，他询问朋友，他在"人生模拟戏剧"[37] 里的表演是否称职？他掌管国家最高权力超过 40 年。在这么长的时间里，罗马和它所拥有的世界没有发生内战，他也未给自己加上法律许可之外的任何特别职位，军团驻守在沙漠与森林里，驻守在生活着野蛮人的边疆地带，而非他的周围。濒死之际，他平静地躺在床上，而不是躺在敌人人像的基座旁，身上也没有刀剑伤。这一切是任何一个公民都期望拥有的成就。所以我们可以认为，奥古斯都一生的表演很称职。事实上，他让自己成了罗马唯一的明星。

公元 14 年夏天，他死于诺拉。一个世纪前，苏拉就是从诺拉进军罗马。为防止奥古斯都的尸体腐烂，元老们连夜将尸体护送回罗马，并像当年处理苏拉的遗体那样，在战神大校场将其火化。不过如果老独裁官天上有灵，会发现他和奥古斯都死后的待遇大相径庭。人们恭敬地把奥古斯都的骨灰收集起来，安放在为他准备的陵墓中。陵墓占地极广，包含一个单独的公共公园。据说从规模到造型，这个陵墓都是模仿亚历山大大帝的坟茔。曾经是罗马年轻人军训地点的战神大校场，从此成了展示“头号公民”各种美德的地方。他的一种美德是宽宏大量：庞培的剧院就位于陵墓南面，虽然庞培是奥古斯都养父的敌人，但奥古斯都却没有下令拆掉剧院。他的另一种美德是仁慈：在原为共和国公民练习使用武器的地方，一座和平祭坛建立起来。还有，为表现出奥古斯都造福人民的美德，一条 1 英里长的闪亮柱廊在公元前 26 年完工，很快成为罗马最主要的娱乐场所。它比庞培的剧院要长。在这里，奥古斯都举办了一些这座城市有史以来最奢华的表演。它的正式用途是取代原来的木制“羊圈”，成为投票的地方，但它极少被用于投票。从前，罗马人选举行政官员的地方被用于角斗士比武与展示稀有动物（例如 90 英尺长的大蟒蛇）。没有表演的日子，公民们也可到那里进行高档购物。

共和国早就死了，人们不再留恋。“粗陋简朴是从前的事。现在的罗马是由黄金打造的，享用着被征服的世界各地的财富。”[38] 罗马人固然失去了自由，却换来了世界征服者的荣耀。在奥古斯都统治下，罗马军团持续骁勇善战，持续大杀蛮族，将边界推向更远的地方。不过，对战神大校场的高雅消费者而言，那只是遥远的噪声。战争不再烦扰他们，道德、责任和对过去的记忆也一样。甚至上天也不再发出警告。当时一位历史学家困惑地写道：“现在已没有人报告或记录征兆了。”[39] 不过，这件事很好解释：看见罗马一片悠闲与太平的光景，诸神认定他们没什么好说的。

西塞罗哀痛地说：“太多的自由会结出奴役的果实。”[40] 他那一代人——自由共和国的最后一代——已证明此说为真。但奴役又会结出怎样的果实呢？这有待一个新世代与新时代来发现。

大事年表

除非另有说明，以下年份皆为公元前。

753 年	罗马建城。
509 年	君主制度覆灭，共和国成立。
390 年	高卢人攻陷罗马。
367 年	禁止平民担任执政官的法律被废除。
343—340 年	第一次萨谟奈战争。
321 年	罗马人在寇定叉口战败。
290 年	罗马人完成对萨谟奈的征服。
264—241 年	第一次迦太基战争。
219—218 年	第二次迦太基战争开始。汉尼拔穿过高卢南部，翻越阿尔卑斯山，入侵意大利。
216 年	坎尼之战。
202 年	汉尼拔在非洲被击败。
148 年	马其顿变为罗马的行省。
146 年	罗马摧毁迦太基和科林斯。
133 年	提比略·格拉古出任保民官然后被杀。帕加马国王阿塔罗斯三世遗命把他的王国赠送给罗马。

123 年 盖约 · 格拉古第一任保民官任期（始于 124 年 12 月 10 日）。罗马对帕加马展开系统性征税。

122 年 盖约 · 格拉古第二任保民官任期。

121 年 盖约 · 格拉古遭杀害。

118 年 在高卢南部建立行省，通往西班牙的陆路获得确保。卢库勒斯可能于本年出生。

115 年 克拉苏出生。

112 年 米特拉达梯自封为本都国王。

107 年 马略第一任执政官任期。他废除了当兵的财产资格限制。

106 年 庞培和西塞罗出生。

104—100 年 马略担任执政官，打败了从北部入侵的蛮族。

100 年 恺撒出生。

93 年 克洛狄乌斯出生。

92 年 鲁提利乌斯 · 卢福斯被控敲诈聚敛，罪名成立后被流放。

91 年 反对罗马的意大利人起义爆发。

90 年 忠于罗马的意大利人被授予公民权。

89 年 苏拉在萨谟奈作战，终结意大利人的起义。米特拉达梯入侵罗马的亚细亚行省。

88 年 苏拉担任执政官。马略在保民官苏尔皮基乌斯帮助下，夺得东征米特拉达梯的主帅职位。苏拉进军罗马。苏尔皮基乌斯被处决，马略逃亡。在亚细亚，米特拉达梯下令屠杀 8 万罗马人和意大利人。

87 年　秦纳担任执政官。苏拉前往希腊，征伐米特拉达梯。“斜眼”庞培身亡。马略回到罗马掌权。

86 年　秦纳再次担任执政官。马略身亡。苏拉攻陷雅典。

85 年　秦纳再次担任执政官。苏拉与米特拉达梯签订和约。

84 年　秦纳再次担任执政官。他在兵变中被杀。

83 年　克拉苏在希腊加入苏拉阵营。苏拉渡海前往意大利，并得到庞培加盟。科林门之战。萨谟奈人俘虏在公共别墅中遭到屠杀。

82 年　人民公敌名单公布。恺撒躲了起来。

81 年　苏拉担任独裁官。他发起重大宪制改革，包括限制保民官的权力。西塞罗打了第一桩官司。

80 年　苏拉担任执政官。恺撒前往亚细亚从军。

79 年　苏拉卸下所有官职。西塞罗前往东方旅行两年。

78 年　卡图卢斯担任执政官。苏拉去世。

77 年　庞培被委以在西班牙作战的指挥权。

75 年　西塞罗担任财政官。米特拉达梯对罗马宣战。

74 年　卢库勒斯担任执政官。米特拉达梯第二次入侵亚细亚行省。马尔库斯·安托尼乌斯被任命为讨伐海盗的主帅。

73 年　斯巴达克领导的奴隶起义爆发。卢库勒斯将米特拉达梯逐出亚细亚。

72 年　克拉苏被任命为征伐斯巴达克的主帅。庞培在西班牙的战事结束。卢库勒斯在本都打败米特拉达梯。安托尼乌斯在克里特岛外海被海盗打败。

71 年　斯巴达克战败身亡。庞培返回意大利。卢库勒斯完成对本都的征服。米特拉达梯向亚美尼亚的提格兰寻求庇护。

70 年　庞培和克拉苏担任执政官。保民官的权力在遭到苏拉废止后得到恢复。瓦莱斯被起诉。

69 年　提格拉诺塞塔战役。

68 年　卢库勒斯的军队哗变。克娄巴特拉出生。

67 年　庞培横扫大海，肃清海盗。

66 年　庞培取代卢库勒斯，成为东方的总督。西塞罗担任司法官。

65 年　西塞罗担任市政官。

64 年　庞培在叙利亚建立新的罗马行省。加图担任财政官。

63 年　西塞罗担任执政官。恺撒成为大祭司。卢库勒斯接受凯旋式表扬。庞培攻破耶路撒冷。米特拉达梯身死。喀提林派阴谋造反，败露后主犯被处决。喀提林在意大利北部组织了一支军队。屋大维出生。

62 年　恺撒担任司法官。喀提林战败身亡。庞培返回意大利。克洛狄乌斯亵渎良善女神节仪式。

61 年　恺撒担任西班牙总督。克洛狄乌斯受审并被无罪开释。庞培第三次接受凯旋式表扬。

60 年　恺撒返回罗马。恺撒、庞培和克拉苏之间形成非正式同盟。

59 年　恺撒和比布卢斯担任执政官。前三巨头同盟。庞培迎娶恺撒女儿朱丽亚。克洛狄乌斯成为平民并当选保民官。

58 年　恺撒对海尔维第人开战。克洛狄乌斯担任保民官。西塞罗离开罗马开始流亡。加图前往塞浦路斯。

57 年　恺撒对比利其人开战。克洛狄乌斯和米洛的人马发生街头械斗。西塞罗结束流亡，回到罗马。

56 年　小凯利乌斯受审并被无罪开释。卢卡会议再次确认三巨头同盟。加图从塞浦路斯返回罗马。

55 年　庞培和克拉苏担任执政官。庞培献出石头剧院。恺撒渡过莱茵河，随后展开对不列颠的远征。

54 年　多米提乌斯和阿庇乌斯担任执政官。加图担任司法官。克拉苏前往叙利亚。恺撒对不列颠展开第二次远征。庞培之妻朱丽亚去世。

53 年　卡雷之战，克拉苏身死。

52 年　克洛狄乌斯被谋杀，米洛被定罪。庞培担任唯一的执政官直到 8 月。庞培迎娶西庇阿的女儿科尼莉亚为妻。小凯利乌斯担任保民官。维钦托利领导高卢人起义反抗恺撒，但在阿莱西亚兵败投降。

50 年　库里奥担任执政官。霍腾修斯去世。执政官马塞卢斯呼吁庞培"拯救共和国"。

49 年　恺撒横渡卢比孔河。元老院撤出罗马。多米提乌斯在考菲尼姆投降。庞培离开意大利，前往希腊。库里奥在阿非利加战败身亡。恺撒在西班牙打败庞培的军队，被选为独裁官。

48 年　米洛和小凯利乌斯死亡。法萨卢斯之战。庞培被杀。

恺撒被困在亚历山大里亚。

47 年　恺撒和克娄巴特拉乘船巡游尼罗河。恺撒里昂出生。恺撒击败米特拉达梯之子法纳西斯，返回意大利，然后渡海前往阿非利加。

46 年　恺撒击败梅特卢斯·西庇阿。梅特卢斯·加图自杀，梅特卢斯·西庇阿淹死。恺撒获得第四次凯旋式表扬。克娄巴特拉抵达罗马。恺撒前往西班牙。

45 年　恺撒击败庞培的几个儿子后回到罗马。恺撒发表了《反加图》。

44 年　恺撒被委任为终身独裁官。安东尼担任执政官。恺撒在 3 月 15 日遭到刺杀。屋大维抵达罗马。布鲁图和卡修斯前往东方。西塞罗发表一连串反对安东尼的演讲。

43 年　希尔提乌斯和潘萨担任执政官。他们在和安东尼作战时被杀。后三巨头同盟由安东尼、屋大维和雷必达组成。屋大维首任执政官任期。大整肃。西塞罗之死。

42 年　恺撒被神格化。腓立比之战：布鲁图和卡修斯自杀。

41 年　安东尼会见克娄巴特拉，接着两人一起在亚历山大里亚过冬。意大利的土地被没收。屋大维和富尔维娅开战。

40 年　富尔维娅从意大利出走，并在途中死去。安东尼和屋大维达成协议，并娶了屋大维的姐姐屋大维娅。克娄巴特拉产下双胞胎。

37 年	安东尼迎娶克娄巴特拉。
36 年	雷必达被后三巨头同盟除名。塞克斯图斯·庞培兵败，逃往东方。
35 年	塞克斯图斯·庞培身死。
34 年	安东尼在亚历山大里亚把王国和行省分配给几个儿子。
32 年	安东尼抛弃屋大维娅。屋大维搜出安东尼的遗嘱，将其交给元老院。
31 年	亚克兴角之战。
30 年	安东尼和克娄巴特拉自杀。屋大维占领亚历山大里亚，并处决恺撒里昂。埃及托勒密王朝结束。
29 年	维吉尔开始创作《埃涅阿斯纪》。
27 年	屋大维得到“奥古斯都”的称号。罗马共和国得以“恢复”。
19 年	维吉尔去世。
公元 14 年	奥古斯都去世。

注 释

如无特别交代，相关作者的引文均出自下列著作：

阿庇安（Appian），《内战史》（*The Civil Wars*）；

阿斯科尼乌斯（Asconius），《对西塞罗五篇演说的评论》（*Commentaries of Five Speeches by Cicero*）；

奥卢斯·格利乌斯（Aulus Gellius），《阿提卡之夜》（*The Attic Nights*）；

卡修斯·狄奥（Cassius Dio），《罗马史》（*The Roman History*）；

卡图卢斯（Catullus），《诗篇》（*Poems*）；

狄奥多如斯·西库卢斯（Diodorus Siculus），《史集》（*The Library of History*）；

福楼如斯（Florus），《罗马史纲要》（*The Epitome of Roman History*）；

李维（Livy），《罗马史》（*The History of Rome*）；

卢坎（Lucan），《法萨利亚》（*The Pharsalia*）；

卢克莱修（Lucretius），《物性论》（*On the Nature of Things*）；

迈克罗比乌斯（Macrobius），《农神节》（*The Saturnalia*）；

奥罗西乌斯（Orosius），《反异教徒史》（*The History against the Pagans*）；

佩特罗尼乌斯（Petronius），《萨梯里恩》（*The Satyricon*）；

老普林尼（Pliny the Elder），《自然史》（*The Natural History*）；

波里比阿（Polybius），《历史》（*The Histories*）；

普里琉斯·塞卢斯（Publilius Syrus），《格言集》（*Maxims*）；

昆体良（Quintilian），《雄辩术原理》（*The Education of an Orator*）；

斯特拉波（Strabo），《地理志》（*The Geography*）；

瓦勒里乌斯·马克西姆斯（Valerius Maximus），《良言善行》（*Memorable Deeds and Sayings*）；

瓦雷乌斯·帕特库卢斯，《罗马史》（*The Roman Histories*）。

前　言

1. 引用时人们通常写作拉丁语“alea iacta est”。事实上，这句话出自雅典剧作家米南德（Menander），剧中恺撒说的是希腊语。参见 Plutarch, *Pompey*, 60 and *Caesar*, 32。

2. Hobbes, *Leviathan*, chapter 29.

3. *Hitler's Table-Talk*, introduced by Hugh Trevor-Roper (1988, Oxford), p. 10.

4. In a review of Hughes-Hallett's book *Cleopatra: Histories, Dreams and Distortions* for the *New York Times* (1990).

5. Niccolò Machiavelli, *Discourses on the First Decade of Livy*, 3.43.

6. Sallust, *Catiline*, 8.

7. Velleius Paterculus, 2.36.

第一章 自相矛盾的共和国

1. 根据共和国晚期博学的瓦罗（Varro）的说法，西比尔造访的是罗马的第五位国王，塔奎尼乌斯·普里斯克斯（Tarquinus Priscus）。

2. 起初，执政官被称作 praetors（司法官）。早期罗马史晦暗不清，类似的含混之处比比皆是。

3. Polybius, 6.56.

4. Cicero, *Concerning the Manilian Law*, 19–21.

5. Polybius, 10.15.

6. Ennius, quoted by Cicero, *The Republic*, 5.1.

7. Livy, 40.5.

8. Cicero, *On the Agrarian Law,* 2.96.

9. Vitruvius, *The Ten Books on Architecture*, 6.1.10.

10. See in particular Cicero, *The Republic*, 2.10–11.

11. See Brunt, *Italian Manpower*, p. 618.

12. Horace, *Odes*, 3.29.12.

13. Dionysius of Halicarnassus, *Roman Antiquities*, 3.43.

14. Horace, *Epistles*, 2.2.72–5.

15. Strabo, 5.3.8.

16. Publilius Syrus, 31.

17. 判断的依据是有关丧葬的文字材料，如今我们能看到的文字证据只有这些。

18. 对于平民第一次罢工的地点，皮索（Piso）与李维看法不同。前者认为在阿文提诺丘，李维认为在靠近圣山（Sacred Mount）的地方。

19. Livy, 4.4.

20. Sallust, *Catiline*, 1.7.

21. Polybius, 6.11.

22. Cicero, *In Defence of Plancius*, 11.

23. Cicero, *In Defence of Murena*, 36.

24. 虽然缺乏直接证据，但几乎可以肯定，担任公职有财产资格限制。

第二章 西比尔的诅咒

1. *The Sibylline Oracles*, 3.464–9.

2. *Ibid.*, 3.175–80.

3. *Ibid.*, 184–8.

4. *Ibid.*, 182–3.

5. 有一个广泛流传的故事，说罗马人用犁把城市犁了一遍，还在地里撒了盐。但这只是一个传说，古代的材料从来没有提到这些。

6. Appian, *The Punic Wars*, 132.

7. 巴迪安（Badian）认为，早在公元前131年，帕加马的税吏体系就开始运转了。参见 *Publicans and Sinners,* pp.63。格伦（Gruen）提供了较有说服力的反驳意见，见于 *The Hellenistic World and the Coming of Rome,* pp.606–8。

8. 1 Maccabees, 8.3.

9. 这是诗人卡图卢斯（Catullus）说的（37和39）。可能只是个玩笑，是罗马人用来嘲笑西班牙人的卫生标准的。

10. 罗马人直到公元前23年才控制了整个伊比利亚半岛。

11. See Hughes, *Pan's Travail,* p. 127.

12. 有关这一时期罗马货币供应增长的情况，参见Crawford, *Coinage and Money under the Roman Republic*, pp. 173–81。

13. 根据瓦勒里乌斯·马克西姆斯的说法（9.2）。对这些数字人们有怀疑。

14. Sallust, *Histories*, 4, fragment 67. 这些话不像米特拉达梯说的，但仍很有价值。从中我们可以了解罗马人是如何认识敌人对自己的仇恨的。

15. 奥拉塔“悬在空中的浴池”的确切原理人们一直没搞清楚。一些人说是热水淋浴，一些人说奥拉塔发明的是中央供热系统（hypocaust），即宫殿式别墅中建在地板下的中央供热系统。然而如果是淋浴的话，为什么用浴池来描述它？如果是中央供热系统，为什么还要造出一个新词？在法冈（Fagan）所著的《塞尔吉乌斯·奥拉塔》一书中，他对各种可能性做了详尽的分析。

16. Strabo, 5.4.2.

17. Diodorus Siculus, 37.15.

18. 这是卢斯（Luce）的理论。相反的观点请参照McGing, *Foreign Policy*, p.76。

第三章 有幸生为女人

1. Cicero, *On Duties*, 1.123.

2. Plutarch, *Sulla*, 8.

3. Appian, 1.58.

4. Valerius Maximus, 9.7.

5. Appian, 1.60.

6. 在共和国的长期历史中，这句话被无数次地重复着。事实上，共和国刚刚诞生几个月，人们便开始这么说了。见西塞罗《反安东尼》（*Philippics*）第 6 章第 19 节。

7. Cicero, *Laws*, 1.53.

8. Livy, 31.44.

9. Posidonius, fragment 36.

10. Plutarch, *Sulla*, 13.

第四章 主人归来

1. Cicero, *On Duties*, 1.25.

2. Valerius Maximus, 6.2.

3. Velleius Paterculus, 2.26.

4. Plutarch, *Cato the Elder*, 16.

5. Valerius Maximus, 2.9.

6. Plutarch, *Sulla*, 30.

7. Lucan, 2.220.

8. Appian, 2.95.

9. Plutarch, *Sulla*, 31.

10. Sallust, *Catiline*, 51.34.

11. Appian, 1.99.

12. See Cicero, *Laws*, 3.23.

13. Cicero, *On the Ends of Good and Evil*, 5.2.

14. Appian, 1.103–4.

15. Plutarch, *Sulla*, 36.

16. Cicero, *To Atticus*, 9.10.

17. Appian, 1.106.

第五章 声誉是马刺

1. Lucretius, 5.222–5.

2. Cicero, *On the Ends of Good and Evil*, 5.55.

3. Cicero, *Tusculan Disputations*, 1.39.

4. Cicero, *On the Ends of Good and Evil*, 5.55.

5. Tacitus, *The Dialogue on Orators,* 28.

6. Polybius, 6.53.

7. Sallust, *The War against Jugurtha*, 4.5.

8. Cicero, *On Duties*, 1.139.

9. Suetonius, *The Deified Julius*, 56.

10. Plutarch, *Caesar*, 4.

11. Cicero, *Philippics*, 14.17.

12. Lucretius, 2.11–13.

13. Cicero, *Against Verres*, 2.5.180.

14. Cicero, *In Defence of Murena*, 16.

15. For instance, Cicero, *In Defence of Plancius*, 14–15.

16. Cicero, *On the Orator*, 1.197.

17. Cicero, *In Defence of Murena*, 29.

18. By Quintilian, 6.3.28.

19. Aulus Gellius, 1.5.

20. 虽然差不多可以肯定，但已有的证据还不足以让我们做出最后结论。

21. Cicero, *Brutus*, 313.

22. Cicero, *On Duties*, 1.87.

23. Posidonius, fragment 59.

24. Cicero, *Brutus*, 316.

25. Cicero, *In Defence of Plancius*, 66.

26. Cicero, *Against Verres*, 1.36.

27. *Ibid*., 1.47.

28. *Ibid*., 2.4.47.

29. *Ibid*., 2.3.207.

30. Quintus Cicero, *Electioneering Handbook*, 2. 作者究竟是谁，人们的意见极不一致。即便如此，即使是一部托名伪作，它的价值仍不可低估。在共和国晚期，选举是如何进行的？新人的心态怎样？《手册》提供了重要的见解。

31. Cicero, *Against Verres*, 2.4.69.

32. Cicero, *On Duties*, 1.109. 这段描述针对的是苏拉和克拉苏。

33. Plutarch, *Crassus*, 7.

34. Seneca, *Letters*, 2.4.

35. Plutarch, *Pompey*, 14.

36. Cicero, *Tusculan Disputations*, 2.41.

37. Sallust, *Histories*, 3, fragment 66 (A).

38. Publilius Syrus, 337.

39. Orosius, 5.24.

40. Sallust, *Histories*, 3, fragment 66 (A).

41. Plutarch, *Crassus*, 12.

第六章 腐尸宴

1. Plutarch, *Lucullus*, 11.

2. *Ibid*., 27.

3. Valerius Maximus, 8.14.5.

4. Cato the Elder, *On Agriculture*, preface.

5. Plutarch, *Tiberius Gracchus*, 8.

6. Plutarch, *Lucullus*, 34.

7. *Ibid*.

8. Appian, *The Mithraditic War*, 92.

9. Cicero, *On Duties*, 3.107.

10. Appian, *The Mithraditic War*, 93.

11. Velleius Paterculus, 2.31.

12. Cassius Dio, 36.24.

13. *Ibid*., 36.34.

14. Strabo, 11.1.6. 荷马诗句出自 *The Iliad*, 6.208。

15. Pliny the Elder, 7.99.

第七章 通向快乐的债务

1. Plutarch, *Lucullus*, 41.

2. Livy, 39.6.

3. Varro, *On Agriculture,* 3.17.

4. Macrobius, 3.15.4.

5. Varro, *On Agriculture,* 3.17.

6. Plutarch, *Lucullus,* 51.

7. Seneca, *Letters,* 95.15.

8. 对于克洛狄娅和克洛狄乌斯的名字与家族名的明显差别，这是最合理的解释。参见 Tatum, *Patrician Tribune,* pp.247–8。

9. 公元前 56 年，在为自己辩护时，小凯利乌斯这样说。引自 Quintilian, *An Orator's Education,* 8.6.52。实际上，他是说她在客厅里做爱，在卧室里性冷淡。

10. Lucretius, 4.1268.

11. Cicero, *In Defence of Murena*, 13.

12. Cicero, *Laws*, 2.39.

13 .Cicero, *In Defence of Gallio*, fragment 1.

14. Plutarch, *Cato the Younger*, 9.

15. *Ibid.*, 17.

16. Cicero, *To Atticus,* 2.1.

17. Catullus, 58.

18. 拉丁语写作"*discinctus*"。

19 .Plutarch, *Caesar*, 7.

20. Sallust, *The Catilinarian War,* 14.

21. Cicero, *On Duties*, 3.75.

22. Cicero, *In Defence of Murena*, 50.

23. Plutarch, *Cicero*, 14.

24. Valerius Maximus, 5.9.

25. Cicero, *In Defence of Caelius*, 14.

26. Plutarch, *Cicero*, 15.

27. Cicero, *To Atticus*, 1.19.

28. Suetonius, *The Deified Julius*, 52.

29. Plutarch, *Caesar*, 12.

30. Plutarch, *Pompey*, 43.

31. Cicero, *To Atticus*, 1.14.

32. *Ibid.*

33. *Ibid.*, 1.16.

第八章 三巨头同盟

1. Valerius Maximus, 2.4.2.

2. Plutarch, *Pompey*, 42.

3. Cicero, *In Defence of Murena*, 31.

4. Plutarch, *Cato the Younger*, 30.

5. Cicero, *To Atticus*, 1.18.

6. Cassius Dio, 38.3.

7. Plutarch, *Cato the Younger*, 22.

8. Appian, 2.9.

9. Cicero, *To Atticus*, 2.21.

10. *Ibid.*, 2.3.

11. Plutarch, *Cicero*, 29.

12. Catullus, 58.

13. Cicero, *To Atticus*, 2.15.

14. 准确地说就是西塞罗，16 年以后，《反安东尼》中提到了这件事。在西塞罗充分发挥谩骂天赋时，真相如何并不重要。不过，安东尼和库里奥的关系肯定亲密过了头，人们才会传出那些丑闻。

15. Cicero, *On the Answer of the Soothsayers*, 46.

16. Caesar, *Commentaries on the Gallic War,* 2.1.

17. Quoted by Strabo, 17.3.4.

18. Diodorus Siculus, 5.26.

19. Cicero, *The Republic*, 3.16.

20. Caesar, *Commentaries on the Gallic War*, 4.2.

21. *Ibid*., 1.1.

22. *Ibid*., 2.35.

23. Cicero, *On the Consular Provinces*, 33.

24. Plutarch, *Pompey*, 48.

25. Cicero, *On his House*, 75.

26. Cicero, *To Quintus*, 2.3.

27. *Ibid*.

第九章 伊卡洛斯的翅膀

1. Cicero, *In Defence of Caelius*, 49–50.

2. Cicero, *To Friends*, 1.7.

3. *Ibid*., 1.9.

4. 或者毁掉了。究竟怎样不是很清楚。

5. Cicero, *To Atticus*, 4.8a.

6. Cicero, *On Duties*, 1.26.

7. Cicero, *To Atticus*, 4.13.

8. Lucretius, 2.538.

9. Plutarch, *Crassus*, 17.

10. *Ibid.*, 23.

11. Caesar, *Commentaries on the Gallic War*, 3.16.

12. *Ibid.*, 4.17.

13. Cicero, *To Atticus*, 4.16.

14. Goudineau, *César*, p. 335.

15. Caesar, *Commentaries on the Gallic War*, 7.4.

16. *Ibid.*, 7.56.

17. Plutarch, to be specific: *Caesar*, 15.

18. See, for instance, Goudineau, *César*, pp. 317–28.

19. Caesar, *Commentaries on the Gallic War*, 8.44.

20. Plutarch, *Pompey*, 12.

21. Petronius, 119.17–18.

22. Cicero, *Against Piso*, 65.

23. 一般认为它是一种狒狒。参见 Pliny the Elder，8. 28。

24. Cicero, *To Friends*, 7.1.

25. Pliny the Elder, 36.41. 可能 14 个民族的塑像不是安置在剧院里，而是在庞培像的周围。拉丁语讲得模棱两可。

26. Pliny the Elder, 8.21.

27. Cicero, To *Atticus,* 4.17.

28. Asconius, 42C.

29. Plutarch, *Pompey*, 54.

30. Cicero, *In Defence of Milo*, 79.

31. Pliny the Elder, 36.117–18.

32. Cicero, *To Friends*, 8.7.

33. *Ibid.*, 8.1.

34. *Ibid.*, 8.8.

35. *Ibid.*, 8.6.

36. Petronius, 119.

37. Plutarch, *Pompey*, 57.

38. Cicero, *To Friends*, 8.14.

39. *Ibid.*, 2.15.

40. Appian, 2.31.

第十章 世界大战

1. Cicero, *To Atticus*, 7.1.

2. Lucan, 1.581. 比较诗意，也比较贴切。

3. Cicero, *To Atticus*, 8.2.

4. 这句有名的话只出现在后来的资料中，虽然有可能是杜撰的，但完全符合共和国的精神和价值观。

5. Cicero, *To Atticus*, 8.11.

6. Plutarch, *Cicero,* 38.

7. Cicero, *In Defence of Marcellus*, 27.

8. Anon., *The Spanish War,* 42.

9. Caesar, *The Civil War*, 3.8.

10. Plutarch, *Caesar*, 39.

11. Caesar, *The Civil War*, 3.82.

12. Suetonius, *The Deified Julius*, 30.

13. Plutarch, *Pompey*, 79.

14. 至少，狄奥多如斯·西库卢斯是这么说的（17. 32），而亚历山大里亚和罗马他都去过：“亚历山大里亚的人口比任何城市都多。”

15. Cicero, *To Friends*, 2.12.

16. Cicero, *To Atticus*, 2.5.

17. Plutarch, *Antony*, 27.

18. 可能是整个亚历山大里亚图书馆。后来，人们也谴责基督徒和伊斯兰教徒犯了这种罪行。

19. Suetonius, *The Deified Julius*, 51.

20. 瓦罗，波希多尼的另一位学生。他是庞培派，在恺撒的第一次西班牙战役中，他是被打败的3位将军之一。他也被广泛认为是罗马最博学的人。引语出自他的文章《论习俗》，转引自Macrobius，3. 8. 9。

21. Plutarch, *Cato the Younger*, 72.

22. Suetonius, *The Deified Julius*, 37.

23. Cicero, *To Friends*, 9.15.

24. *Ibid.,* 15.19.

25. Florus, 2.13.92.

26. 没有材料特别提到这一点，但从上下文来看，那几乎是肯定的。

27. Cicero, *Philippics*, 2.85.

28. Suetonius, *The Deified Julius*, 77.

29. 公元前 44 年 2 月 9—15 日的某一天。

30. Plutarch, *Brutus*, 12.

31. Velleius Paterculus, 2.57.

32. Plutarch, *Caesar*, 63.

33. Cassius Dio, 44.18.

34. Suetonius, *The Deified Julius,* 82.

35. 塞涅卡是这么说的。参见 *On Anger*, 3.30.4。

36. Suetonius, *The Deified Julius*, 82.

第十一章 共和国之死

1. Cicero, *To Atticus*, 14.9.

2. *Ibid*., 14.21.

3. Cicero, *To Friends*, 4.6.

4. Cicero, *To Atticus*, 14.21.

5. *Ibid*., 14.12.

6. 由于盖乌斯·屋大维在自己的早期生涯中不断地改名，历史学家一般使用屋大维这个名字，以免混淆。

7. *Ibid*., 14.4.

8. *Ibid*., 16.7.3.

9. Cicero, *Philippics*, 2.1.

10. *Ibid*., 10.20.

11. *Ibid*., 13.24–5.

12. Cicero, *To Atticus,* 16.8.1.

13. Cicero, *Philippics,* 3.3.

14. Cicero, *To Friends,* 11.20.

15. Suetonius, *The Deified Augustus,* 26.

16. Appian, 3.92.

17. Pliny the Elder, 34.6.

18. Cicero, *Letters to Atticus*, 14.1.

19. Virgil, *Eclogues*, 4.4–9.

20. Plutarch, *Antony*, 26.

21. Suetonius, *The Deified Augustus*, 69.

22. *The Achievements of the Divine Augustus*, 25.2.

23. Plutarch, *Antony*, 75.

24. *The Achievements of the Divine Augustus*, 3.2.

25. Seneca, *On Mercy*, 1.2.2.

26. Cassius Dio, 53.16.

27. Ennius, *Annals,* fragment 155.

28. Horace, *Odes*, 4.5.1–2.

29. *Ibid.*, 3.6.45–8.

30. *Ibid.*, 3.24.36–7.

31. Velleius Paterculus, 2.89.

32. Virgil, *Georgics*, 1.145–6.

33. Virgil, *Aeneid*, 6.792–3.

34. *Ibid.*, 8.669–70.

35. Horace, *Epodes*, 2.1–6.

33. Cicero, *Philippics*, 13.30.

37. Suetonius, *The Deified Augustus*, 99.

38. Ovid, *The Art of Loving*, 3.112–13.

39. Livy, 43.13.

40. Cicero, *The Republic*, 1.68.

参考书目

古代

古典材料常被称为“第一手”材料，哪怕它们离第一手也许甚远。例如，如果我们可以说，普鲁塔克（他生于克劳狄皇帝的时代）是罗马共和国覆亡的第一手资料提供者，那么我们也大可把卡莱尔称为腓特烈大帝生平的第一手资料提供者。不过，本书涵盖的那个时代，有些文件确实保存了下来，且就古代史的标准来看数量也非常多。它们多数为西塞罗所写，有演讲词、哲学作品，还有书信。若干他的同代人所写的作品也流传了下来，最重要的是恺撒所写的几本记述、撒路斯提乌斯的两部专论、大博学者瓦罗作品的一些片段、从默剧作家普里琉斯·塞卢斯戏剧中精选的格言，以及诗人卢克莱修和卡图卢斯的作品。卢克莱修的《物性论》与西塞罗的书信形成了对照，它是一部刻意从公共生活引退之人的作品。卡图卢斯肯定是克洛狄娅的一个情人和克洛狄乌斯的朋友，他对于首都的派对一族有传神的描绘，他的刻画有时充满同情，但更多时候是风趣和谩骂。

希腊人也会写罗马人的事。首先这么做的是波里比阿，公元前 168 年，他以人质身份被带到罗马，被西庇阿·埃米利安努斯友善相待，也是迦太基遭到毁灭的一名目击者。他的著作《历史》对罗马宪制与共和国称霸整个地中海的过程有锐利的分析。波希多尼的作品传世极少，只留下一鳞半爪。狄奥多如斯·西库卢斯庞大的 40 卷《史集》留下的片段则多得多。他是西西里人，在共和国覆灭后还继续写作。一代人之后，地理学家斯特拉波对罗马世界，包括意大利和罗马本身有广泛的记述，他来自米特拉达梯的本都王国。其著作得到了哈利卡纳苏的狄奥尼修斯（Dionysius of Halicarnassus）的补充，后者的《古罗马史》（*Roman Antiquities*）包含引自更早期罗马编年史家作品的无价信息。

某种意义上，奥古斯都一朝的全部作品都可被视为对共和国覆亡的评论，这个主题以极为不同的方式贯穿维吉尔、贺拉斯和奥维德的诗歌，还有李维的伟大罗马史著作。虽然该著作中关于晚期共和国的部分已经散失，但公元1世纪晚期的诗人福楼如斯为它编的一个删节本流传了下来。再者，还有屋大维本人的证言《圣奥古斯都神的伟业》（*The Achievements of the Divine Augustus*），这是一篇自辩之作，也是瞎掰的最高杰作。

即使奥古斯都死后，罗马作家仍继续回到共和国终结前的英雄时代。有关该时期的细节充满瓦勒里乌斯·马克西姆斯的历史逸闻汇编《良言善行》和瓦雷乌斯·帕特库卢斯的《罗马史》，两本书都编撰于奥古斯都的继承人提比略统治时期。尼禄皇帝的师傅和顾问塞涅卡曾沉思共和国覆亡的教训。他的外甥卢坎在论内战的史诗《法萨利亚》里也是如此。佩特罗尼乌斯在他不那么文雅正式的散文体作品《萨梯里恩》中也是如此。这三人最终都以自杀收场。这是罗马贵族在罗马皇帝统治下，被容许表现共和主义者不顺服的唯一方式。“一种单调与过多的堕落。”塔西佗在公元1世纪伊始如此描写他的国家被司法谋杀污染的近代史。看来，罗马古老的自由遗产消失了，并被鲜血淹没。在最苍凉的历史学家塔西陀笔下，共和国的鬼魂始终缠绕着罗马城。

在与他同时代的人当中，没有人能像塔西佗那样清晰而冷静地看待问题。在多数人眼中，共和国的历史变成了一个挖掘趣闻轶事的矿坑。老普林尼的《自然史》为恺撒、庞培与西塞罗提供了人物素描，此外还有数不胜数、杂七杂八的信息。昆体良在他专论修辞学的论著《雄辩术原理》中常常提到西塞罗和共和国晚期的其他雄辩家，引用了许多不见于其他地方的作家话语，非常宝贵。奥卢斯·格利乌斯的《阿提卡之夜》也是如此。在风格活泼的《罗马十二帝王传》中，苏维托尼乌斯揭示了恺撒和奥古斯都这两个被神化的军阀的一些丑闻。不过，传记家之王当然是普鲁塔克。他对共和国晚期伟人的素描始终是历史作品中最有影响力的，因为它们最具可读性。它们充满道德说教和八卦，不是把共和国的崩溃描绘为一场革命或社会解体，而是如同古人那样，倾向于把它看成一出由野心家与非凡人士共同演出的戏剧。

普鲁塔克是个爱国的希腊人，他证明了罗马帝国的属民持续着迷于罗马的历史。自公元2世纪起，历史学家越来越爱用希腊文撰写共和国的崩溃。他们之中最重要的是阿庇安，他是亚历山大里亚的律师，写了一本罗马及其帝国的详细历史。对于从保民官提比略·格拉古到公元前70年的事件，他的《内战史》是流传下来的唯一叙事材料。对于起于公元前69年的事件，他得到了另一个历史学家卡修斯·狄奥的补充。卡修斯·狄奥写作时，罗马世界自公元3世纪起再次把自己撕成碎片。不过，即使罗马帝国迈入末期，垂死帝国的公民仍不断回望在当时来看已非常古老的罗马共和国晚期的历史。这么做的最后几个人之一是公元400年之际的迈克罗比乌斯，他的《农神节》充满各种自晚期共和国档案中精选出来的趣闻轶事。

一些年后，圣奥古斯丁的朋友奥罗西乌斯写了一本世界历史，也涵盖这个时期。不过到了当时，罗马帝国（和古典传统本身）已无几十年可活。随着罗马陷落，它的历史也走入神话。

现代

APA = The American Philological Association
JRS = Journal of Roman Studies

Adcock, F. E.: *Marcus Crassus: Millionaire* (1966, Cambridge)
Badian, E.: *Foreign Clientelae, 264–70 BC* (1958, Oxford)
——: 'Waiting for Sulla' (1962, *JRS* 52)
——: *Roman Imperialism in the Late Republic* (1967, Oxford)
——: *Lucius Sulla, the Deadly Reformer* (1970, Sydney)
——: *Publicans and Sinners: Private Enterprise in the Service of the Roman Republic* (1972, Oxford)
Balsdon, J. V. P. D.: 'Sulla Felix' (1951, *JRS* 41)
——: *Julius Caesar: A Political Biography* (1967, New York)
Barton, Carlin A.: *The Sorrows of the Ancient Romans: The Gladiator and the Monster* (1993, Princeton)
——: *Roman Honor: The Fire in the Bones* (2001, Berkeley and Los Angeles)
Beard, Mary and Crawford, Michael: *Rome in the Late Republic: Problems and Interpretations* (1985, London)
Beard, Mary, North, John and Price, Simon: *Religions of Rome, Volume 1: A History* (1998, Cambridge)
Bell, Andrew J. E.: 'Cicero and the Spectacle of Power' (1997, *JRS* 87)
Broughton, T. R. S.: *The Magistrates of the Roman Republic*, 2 vols (1951/2, New York)
Brunt, P. A.: 'Italian Aims at the Time of the Social War' (1962, *JRS* 52)
——: *Italian Manpower, 225 BC–AD 14* (1971, Oxford)
——: *Social Conflicts in the Roman Republic* (1971, London)
——: *The Fall of the Roman Republic, and Related Essays* (1988, Oxford)
Cambridge Ancient History: The Last Age of the Roman Republic, 146–43 BC, ed. J. A. Crook, Andrew Lintott and Elizabeth Rawson (1994, Cambridge)
Cambridge Ancient History: The Augustan Empire, 43 BC–AD 69, ed. Alan K. Bowman, Edward Champlin and Andrew Lintott (1996, Cambridge)

Carney, Thomas F.: *A Biography of C. Marius* (1961, Assen)

Casson, Lionel: *Travel in the Ancient World* (1994, Baltimore)

Chauveau, Michel: *Egypt in the Age of Cleopatra*, trans. David Lorton (2000, Ithaca)

Claridge, Amanda: *Rome: An Archaeological Guide* (1998, Oxford)

Clarke, M. L.: *The Noblest Roman: Marcus Brutus and His Reputation* (1981, London)

Collins, J. H.: 'Caesar and the Corruption of Power' (1955, *Historia* 4)

Crawford, M. H.: *The Roman Republic* (1978, Glasgow)

——: *Coinage and Money under the Roman Republic* (1985, London)

Dalby, Andrew: *Empire of Pleasures: Luxury and Indulgence in the Roman World* (2000, London)

D'Arms, John H.:*Romans on the Bay of Naples: A Social and Cultural Study of the Villas and Their Owners from 150 BC to AD 400* (1970, Cambridge, Mass.)

——: *Commerce and Social Standing in Ancient Rome* (1981, Cambridge, Mass.)

Dixon, Suzanne: *The Roman Family* (1992, Baltimore)

Dupont, Florence: *Daily Life in Ancient Rome*, trans. Christopher Woodall (1992, Oxford)

Edwards, Catharine: *The Politics of Immorality in Ancient Rome* (1993, Cambridge)

Earl, D. C.: *The Moral and Political Tradition of Rome* (1967, London)

Epstein, David F.: 'Cicero's Testimony at the *Bona Dea* Trial' (1986, *Classical Philology* 81)

Evans, John K.: *War, Women and Children in Ancient Rome* (1991, London)

Evans, Richard J.: *Gaius Marius: A Political Biography* (1994, Pretoria)

Everitt, Anthony: *Cicero: A Turbulent Life* (2001, London)

Fagan, Garrett G.: 'Sergius Orata: Inventor of the Hypocaust?' (1996, *Phoenix* 50)

Favro, Diane: *The Urban Image of Augustan Rome* (1996, Cambridge)

Frederiksen, Martin: *Campania* (1984, British School at Rome)

Gabba, Emilio: *Republican Rome, the Army and the Allies*, trans. P. J. Cuff (1976, Oxford)

Galinsky, Karl: *Augustan Culture* (1996, Princeton)

Garnsey, Peter, Hopkins, Keith and Whittaker, C. R. (eds): *Trade in the Ancient Economy* (1983, London)

Gelzer, Matthias: *Julius Caesar: Politician and Statesman*, trans. Peter Needham (1968, Cambridge)

——: *The Roman Nobility*, trans. Robin Seager (1975, Oxford)

Goudineau, Christian: *César et la Gaule* (2000, Paris)

Grant, Michael: *Cleopatra* (1972, London)

Green, Peter: *Classical Bearings: Interpreting Ancient History and Culture* (1989,

Berkeley and Los Angeles)
——: *Alexander to Actium: The Historical Evolution of the Hellenistic Age* (1990, Berkeley and Los Angeles)
Greenhalgh, Peter: *Pompey: The Roman Alexander* (1980, London)
——: *Pompey: The Republican Prince* (1981, London)
Griffith, R. Drew: 'The Eyes of Clodia Metelli' (1996, *Latomus* 55)
Gruen, Erich S.: *The Last Generation of the Roman Republic* (1974, Berkeley and Los Angeles)
——: *The Hellenistic World and the Coming of Rome* (1984, Berkeley and Los Angeles)
——: *Culture and National Identity in Republican Rome* (1992, New York)
Gurval, Robert Alan: *Actium and Augustus: The Politics and Emotions of Civil War* (1998, Ann Arbor)
Hallett, Judith P. and Skinner, Marilyn B. (eds): *Roman Sexualities* (1997, Princeton)
Hanson, J. A.: *Roman Theater-Temples* (1959, Princeton)
Harris, William V.: *War and Imperialism in Republican Rome, 327–70 BC* (1979, Oxford)
Higginbotham, James: *Piscinae: Artificial Fishponds in Roman Italy* (1997, Chapel Hill)
Hoff, Michael C. and Rotroff, Susan I.: *The Romanization of Athens* (1992, *Oxbow Monograph* 94)
Hopkins, Keith: *Sociological Studies in Roman History, Volume I: Conquerors and Slaves* (1978, Cambridge)
——: *Sociological Studies in Roman History, Volume II: Death and Renewal* (1983, Cambridge)
Horden, Peregrine and Purcell, Nicholas: *The Corrupting Sea: A Study of Mediterranean History* (2000, Oxford)
Horsfall, Nicholas: 'The Ides of March: Some New Problems' (1974, *Greece & Rome*, 21)
Hughes, J. Donald: *Pan's Travail: Environmental Problems of the Ancient Greeks and Romans* (1994, Baltimore)
Hughes-Hallett, Lucy: *Cleopatra: Histories, Dreams and Distortions* (1990, London)
Jashemski, W. F.: *The Origins and History of the Proconsular and Propraetorian Imperium* (1950, Chicago)
Jenkyns, Richard: *Virgil's Experience: Nature and History, Times, Names and Places* (1998, Oxford)
Kahn, Arthur D.: *The Education of Julius Caesar* (1986, New York)
Keaveney, Arthur: *Sulla: The Last Republican* (1982, London)
——: *Lucullus: A Life* (1992, London)

Keppie, L.: *The Making of the Roman Army: From Republic to Empire* (1984, London)
Lacey, W. K.: 'The Tribunate of Curio' (1961, *Historia* 10)
——: *Cicero and the End of the Roman Republic* (1978, London)
Lintott, Andrew: *Violence in Republican Rome* (1968/99, Oxford)
——: 'Cicero and Milo' (1974, *JRS* 64)
——: *The Constitution of the Roman Republic* (1999, Oxford)
Lo Cascio, E: 'State and Coinage in the Late Republic and Early Empire' (1981, *JRS* 71)
Luce, T. J.: 'Marius and the Mithridatic Command' (1970, *Historia* 19)
Machiavelli, Niccolò: *The Discourses*, ed. Bernard Crick (1970, London)
Marshall, B. A.: *Crassus: A Political Biography* (1976, Amsterdam)
Mattern, Susan: *Rome and the Enemy* (1999, Berkeley and Los Angeles)
McGing, B. C.: *The Foreign Policy of Mithridates VI Eupator, King of Pontus* (1986, Leiden)
Meier, Christian: *Caesar*, trans. David McLintock (1995, London)
Millar, Fergus: 'The Political Character of the Classical Roman Republic, 200–151 BC' (1984, *JRS* 74)
——: *The Crowd in Rome in the Late Republic* (1998, Ann Arbor)
——: *The Roman Republic in Political Thought* (2002, Hanover)
Mitchell, Thomas N.: *Cicero: The Ascending Years* (1979, New Haven)
——: *Cicero: The Senior Statesman* (1991, New Haven)
Mouritsen, Henrik: *Plebs and Politics in the Late Roman Republic* (2001, Cambridge)
Néraudau, Jean-Pierre: *Être Enfant* à *Rome* (1984, Paris)
Nicolet, Claude: *L'Ordre Équestre à l'Époque Républicain*, 2 vols (1966/74, Paris)
——: *The World of the Citizen in Republican Rome*, trans. P. S. Falla (1980, London)
—— (ed.): *Des Ordres* à *Rome* (1984, Paris)
North, J. A.: 'The Development of Roman Imperialism' (1981, *JRS* 71)
Ormerod, Henry A.: *Piracy in the Ancient World* (1924, Liverpool)
Parke, H. W.: *Sibyls and Sibylline Prophecy in Classical Antiquity* (1988, London)
Patterson, John R.: 'The City of Rome: From Republic to Empire' (1992, *JRS* 82)
Plass, Paul: *The Game of Death in Ancient Rome: Arena Sport and Political Suicide* (1995, Madison)
Pomeroy, Sarah B.: *Goddesses, Whores, Wives and Slaves: Women in Classical Antiquity* (1994, London)
Porter, James I.: *Constructions of the Classical Body* (1999, Ann Arbor)
Raaflaub, Kurt A. and Toher, Mark (eds): *Between Republic and Empire* (1990, Berkeley

and Los Angeles)
Rathbone, D. W.: 'The Slave Mode of Production in Italy' (1983, *JRS* 71)
Rawson, Elizabeth: 'The Eastern Clientelae of Clodius and the Claudii' (1973, *Historia* 22)
——: *Cicero: A Portrait* (1975, London)
——: *Intellectual Life in the Late Roman Republic* (1985, London)
Richardson, J. S.: 'The Spanish Mines and the Development of Provincial Taxation in the Second Century BC' (1976, *JRS* 66)
Richardson, Keith: *Daggers in the Forum: The Revolutionary Lives and Violent Deaths of the Gracchus Brothers* (1976, London)
Robinson, O. F.: *Ancient Rome: City Planning and Administration* (1992, London)
Rosenstein, Nathan: *Imperatores Victi: Military Defeat and Aristocratic Competition in the Middle and Late Republic*(1990, Berkeley and Los Angeles)
Rousselle, Aline: 'The Family under the Roman Empire: Signs and Gestures', in *A History of the Family*, Vol. 1 (1996, Cambridge)
Sacks, Kenneth S.: *Diodorus Siculus and the First Century* (1990, Princeton)
Salmon, E. T.: *Samnium and the Samnites* (1967, Cambridge)
——: *The Making of Roman Italy* (1982, London)
Santosuosso, Antonio: *Storming the Heavens* (2001, Boulder)
Schiavone, Aldo: *The End of the Past: Ancient Rome and the Modern West*, trans. Margery J. Schneider (2000, Cambridge, Mass.)
Scullard, H. H.: *From the Gracchi to Nero* (1959, London)
Seager, Robin J.: *Pompey: A Political Biography* (1979, Oxford)
—— (ed.): *The Crisis of the Roman Republic* (1969, Cambridge and New York)
Sedley, David: 'The Ethics of Brutus and Cassius' (1997, *JRS* 87)
Shackleton-Bailey, D. R.: *Cicero* (1971, London)
Shatzman, Israël: *Senatorial Wealth and Roman Politics* (1975, Brussels)
Shaw, Brent D.: *Spartacus and the Slave Wars* (2001, Boston)
Sherwin-White, A. N.: 'Violence in Roman Politics' (1956, *JRS* 46)
——: *The Roman Citizenship* (1973, Oxford)
Skinner, Marilyn B.: 'Pretty Lesbius' (1982, *APA* 112)
——: 'Clodia Metelli' (1983, *APA* 113)
Staveley, E. S.: *Greek and Roman Voting and Elections* (1972, London)
Stockton, David: *Cicero: A Political Biography* (1971, Oxford)
——: *The Gracchi* (1979, Oxford)

Syme, Ronald: *The Roman Revolution* (1939, Oxford)

Tarn, W. W.: 'Alexander Helios and the Golden Age' (1932, *JRS* 22)

Tatum, W. Jeffrey: *The Patrician Tribune: Publius Clodius Pulcher* (1999, Chapel Hill)

Taylor, Lily Ross: *The Divinity of the Roman Emperor* (1931, Middletown)

——: *Party Politics in the Age of Caesar* (1948, Berkeley and Los Angeles)

Tchernia, André: *Le Vin de l'Italie Romaine* (1986, École Française de Rome)

Ulansey, David: *The Origins of the Mithraic Mysteries: Cosmology and Salvation in the Ancient World* (1989, Oxford)

Walker, Susan and Higgs, Peter: *Cleopatra of Egypt: From History to Myth* (2001, London)

Wiseman, T. P.: 'The Census in the First Century BC' (1969/70, *JRS* 61)

——: *Catullus and His World: A Reappraisal* (1985, Cambridge)

Woolf, Greg: *Becoming Roman: The Origins of Provincial Civilization in Gaul* (1998, Cambridge)

Yakobson, A.: *Elections and Electioneering in Rome: A Study in the Political System of the Late Republic* (1999, Stuttgart)

Yavetz, Zwi: 'The Living Conditions of the Urban Plebs in Republican Rome' (1958, *Latomus* 17)

——: *Plebs and Princeps* (1969, Oxford)

——: *Julius Caesar and His Public Image* (1983, London)

致 谢

我能写成这本书，其实受惠于许多人。感谢我的编辑：伦敦的理查德·贝斯威克（Richard Beswick）和斯蒂芬·吉斯（Stephen Guise），还有纽约的比尔·托马斯（Bill Thomas）和格里·霍华德（Gerry Howard）。感谢最好的经纪人和我最好的朋友帕特里克·沃尔什（Patrick Walsh）。感谢杰米·缪尔（Jamie Muir），他是第一个读本书书稿的人，也对他慷慨的友谊、鼓励和忠告致上感谢。感谢卡罗琳·缪尔（Caroline Muir）在每次我当不了一个严肃的家长时帮助我。感谢玛丽·比尔德（Mary Beard），她帮我改正的错误数不胜数。凯瑟琳·爱德华兹（Catharine Edwards）也一样。莉齐·斯佩勒（Lizzie Speller）和我一样对庞培的额发入迷，感谢她和我的所有谈话与她所提供的支持。感谢罗马英国学校的每个人，感谢希拉里·贝尔（Hilary Bell），在被我拉去展开另一回钱币搜集时没有抱怨太多。感谢伦敦图书馆馆员和罗马研究促进会图书馆的职员。感谢阿瑟·贾维斯（Arthur Jarvis）和迈克尔·西蒙兹（Michael Symonds），是他们先把我引向晚期的罗马共和国。当然，最需要感谢的是我心爱的妻子萨狄（Sadie）和小女凯蒂（Katy），因为每当我看似除了搞罗马人以外没时间做任何事时，是她们让我恢复理智。我的时间如此之少，以至于仅剩的一点点休闲，全和妻子及小女共度。（ita sum ab omnibus destitutus ut tantum requietis habeam quantum cum uxore et filiola consumitur.）

地图

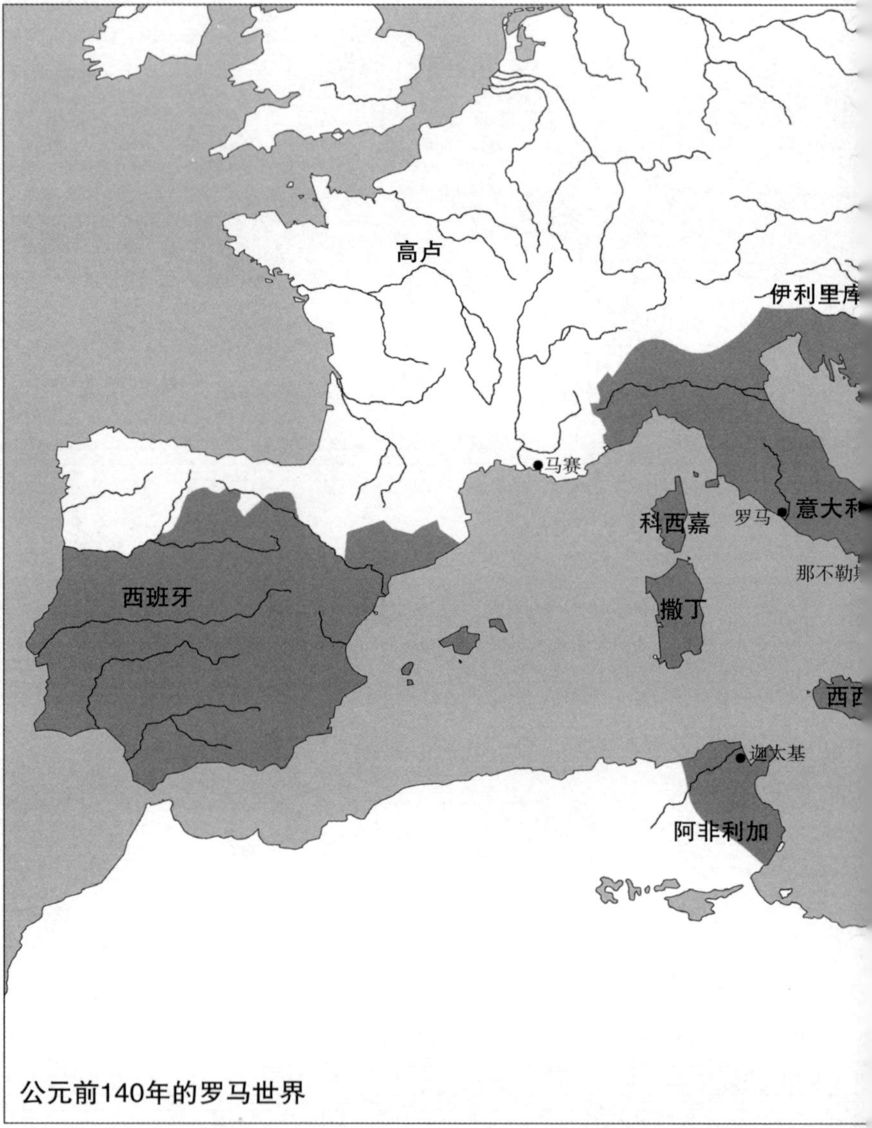

公元前140年的罗马世界

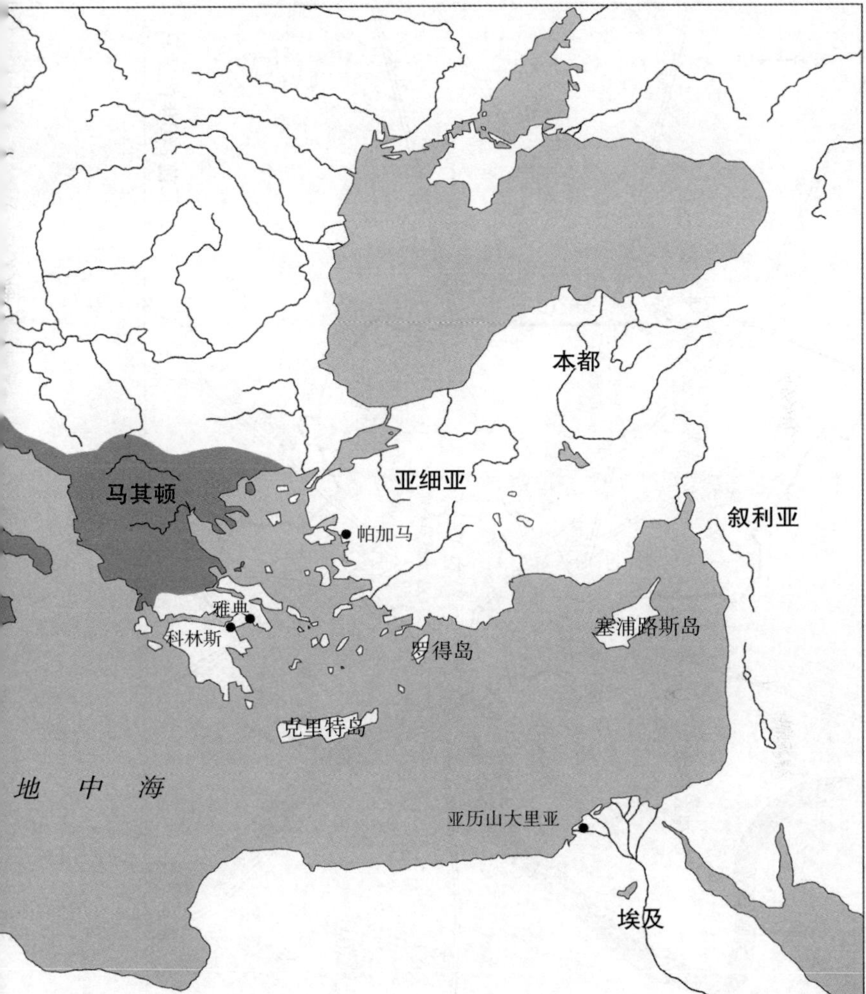
本都
亚细亚
叙利亚
马其顿
帕加马
雅典
科林斯
罗得岛
塞浦路斯岛
克里特岛
地 中 海
亚历山大里亚
埃及
阴影部分由罗马共和国直接管辖

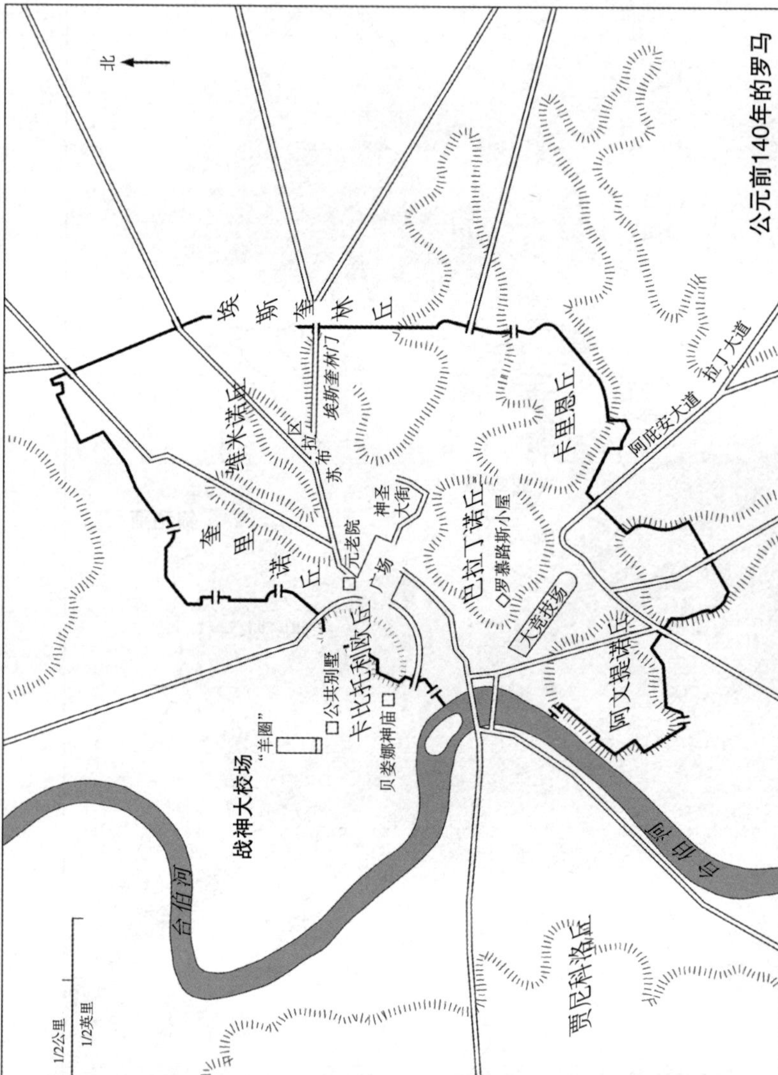

公元前140年的罗马
北
埃斯奎林丘
埃斯奎林门
维米诺丘
苏布拉区
奎里诺丘
元老院
神圣大街
广场
卡比托利欧丘
公共别墅
贝娄娜神庙
"羊圈"
战神大校场
巴拉丁诺丘
罗慕路斯小屋
大竞技场
卡里恩丘
阿庇安大道
拉丁大道
阿文提诺丘
台伯河
台伯河
贾尼科洛丘
1/2公里
1/2英里

阿尔卑斯山脉
长袍高卢
伊利里库姆
拉韦纳
卢卡
卢比孔河
亚平宁山脉
皮西努姆
阿斯库伦
科西嘉
亚得里亚海
考菲尼姆
罗马
普雷尼斯特
奥斯蒂亚
阿尔皮努姆
拉提乌姆
萨谟奈
坎帕尼亚
坎尼
卡普阿
诺拉
那不勒斯
布林迪西
撒丁
第勒尼安海
墨西拿
西西里
伊奥尼亚海
迦太基
公元前1世纪的意大利
阴影部分海拔较高

公元前1世纪的坎帕尼亚

阴影部分海拔较高

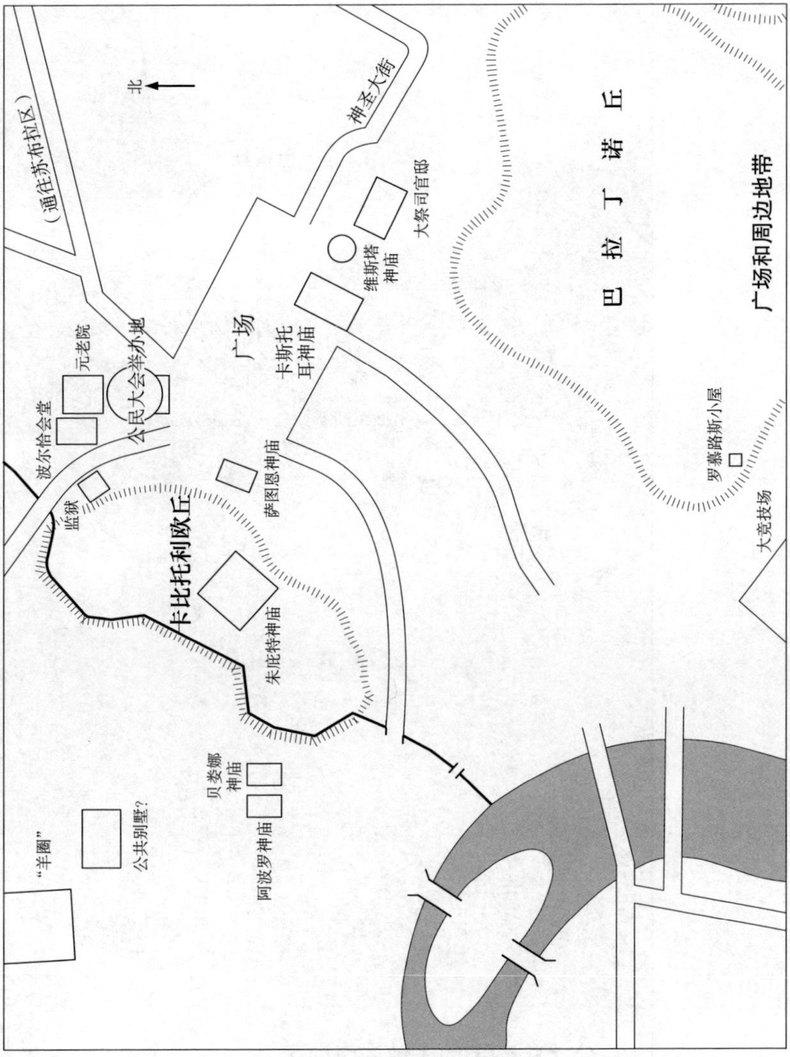
广场和周边地带
北
（通往苏布拉区）
神圣大街
大祭司官邸
维斯塔神庙
卡斯托耳神庙
广场
元老院
公民大会举办地
波尔恰会堂
监狱
卡比托利欧丘
萨图恩神庙
朱庇特神庙
巴拉丁诺丘
罗慕路斯小屋
大竞技场
贝娄娜神庙
阿波罗神庙
公共别墅？
“羊圈”

公元前50年的东地中海地区

亚美尼亚
科马基尼
提格拉诺塞塔
卡雷
安条克
叙利亚
帕提亚
耶路撒冷
佩特拉
公元前100年的罗马行省
公元前50年的罗马行省

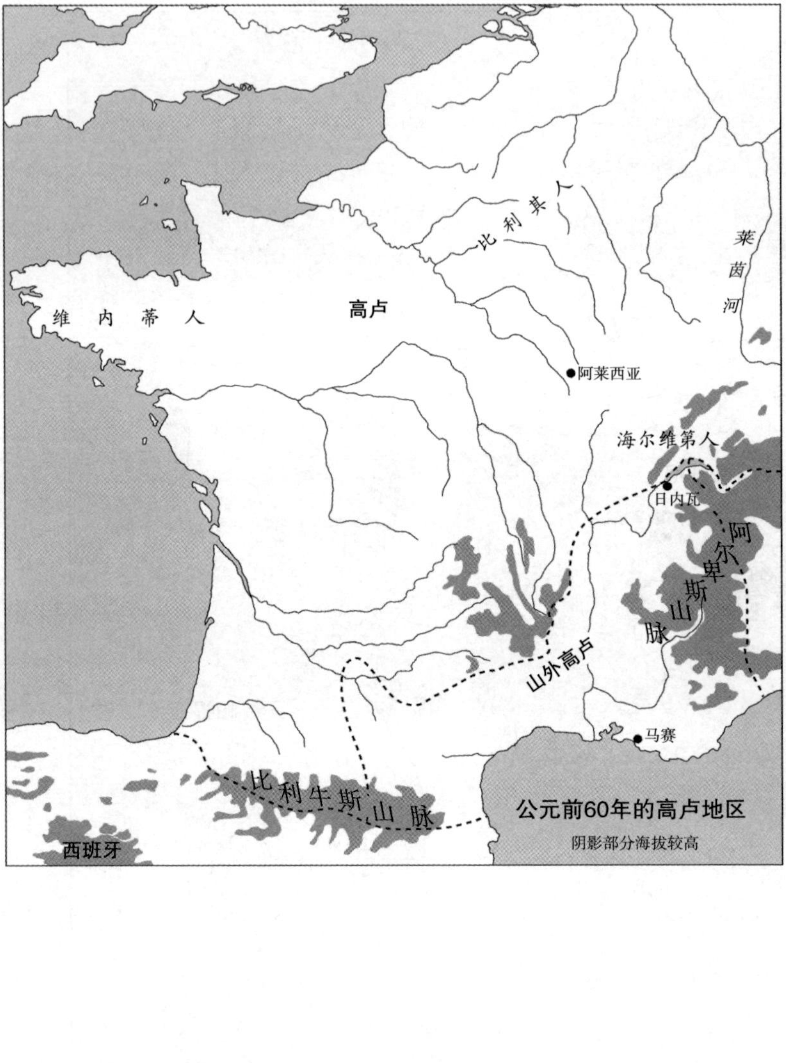
公元前60年的高卢地区
阴影部分海拔较高
比利其人
维内蒂人
高卢
莱茵河
阿莱西亚
海尔维第人
日内瓦
阿尔卑斯山脉
山外高卢
马赛
比利牛斯山脉
西班牙

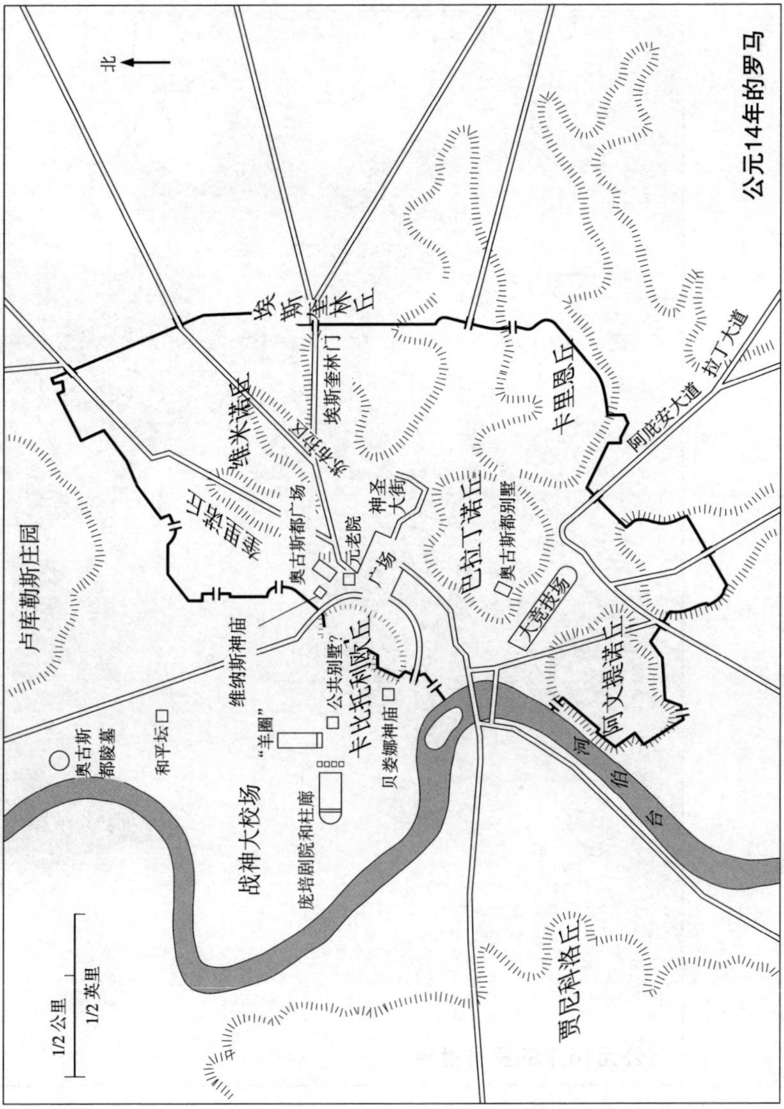
公元14年的罗马
北
1/2公里
1/2英里
卢库勒斯庄园
奥古斯都陵墓
和平坛
维纳斯神庙
战神大校场
“羊圈”
庞培剧院和柱廊
公共别墅？
卡比托利欧丘
贝娄娜神庙
奎里纳尔丘
维米诺丘
埃斯奎林丘
埃斯奎林门
苏布拉
奥古斯都广场
元老院
神圣大街
广场
巴拉丁诺丘
奥古斯都别墅
大竞技场
卡里恩丘
阿庇安大道
拉丁大道
阿文提诺丘
台伯河
贾尼科洛丘

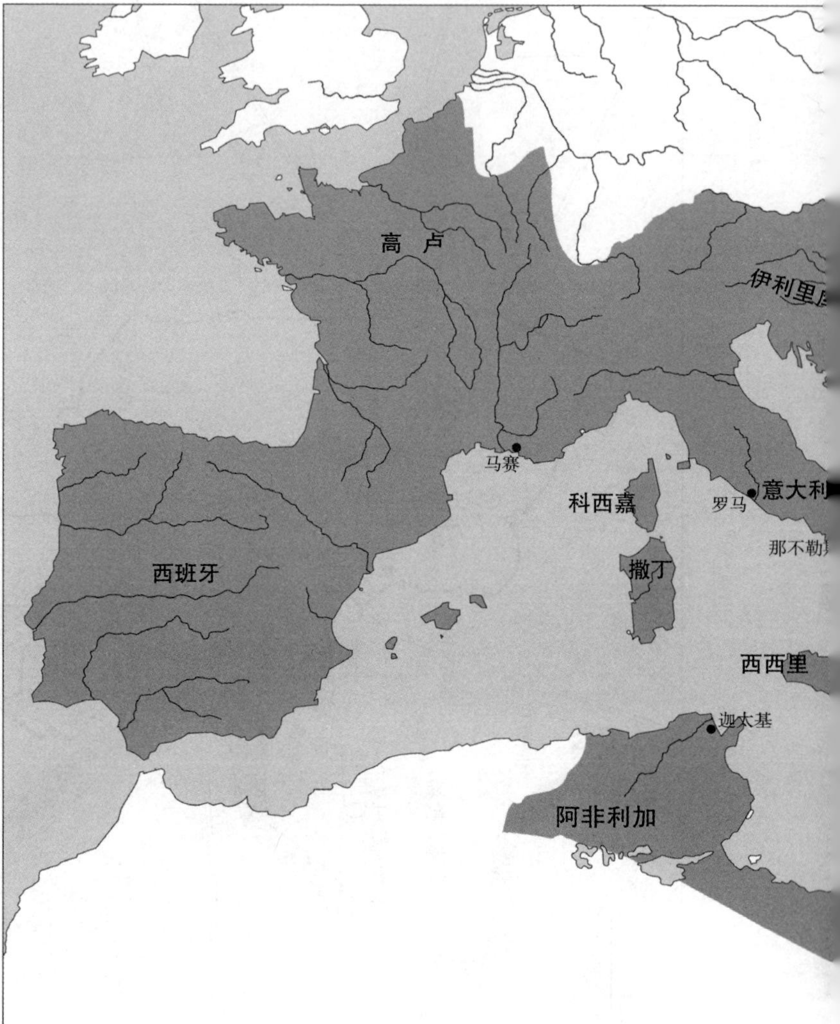

公元14年的罗马世界

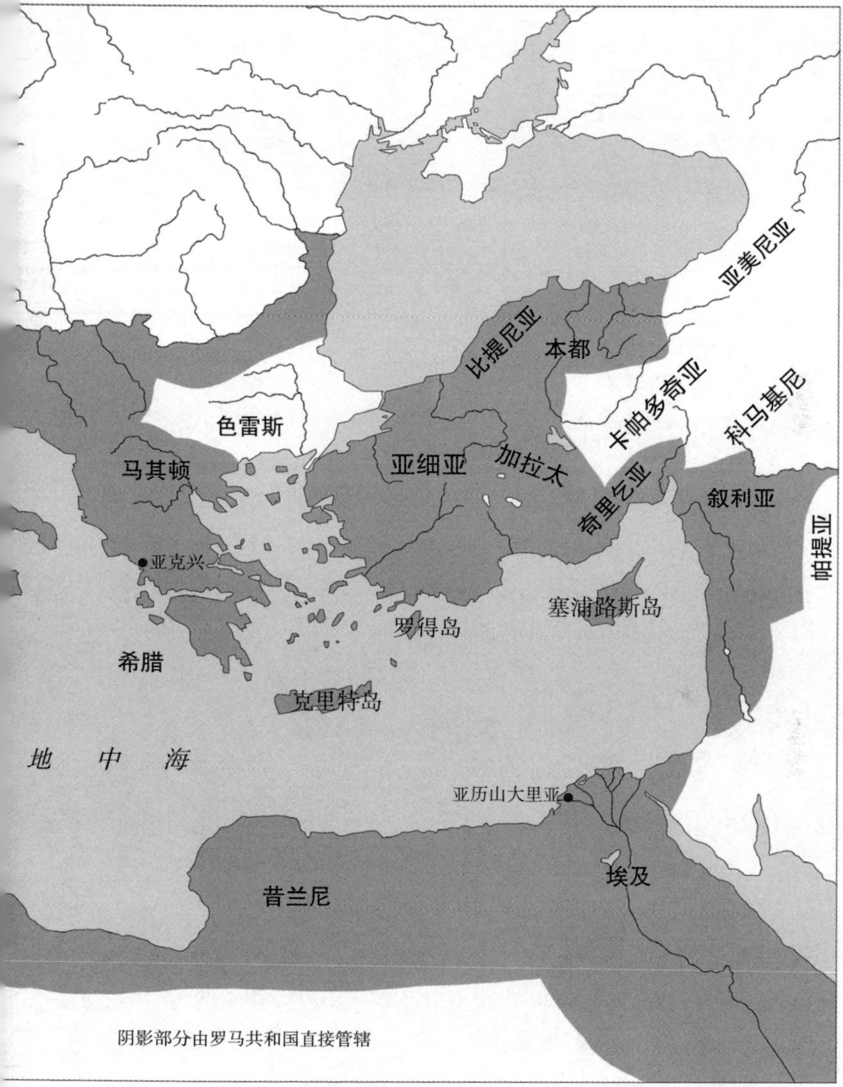
亚美尼亚
比提尼亚
本都
卡帕多奇亚
科马基尼
色雷斯
马其顿
亚细亚
加拉太
奇里乞亚
叙利亚
帕提亚
亚克兴
塞浦路斯岛
罗得岛
希腊
克里特岛
地中海
亚历山大里亚
埃及
昔兰尼
阴影部分由罗马共和国直接管辖